Alban Lachiver

Histoire et historiens

Antiquité, Moyen Age, France moderne et contemporaine

Jean Maurice Bizière
Pierre Vayssière

HACHETTE

Document de couverture : Martin Le Franc, Le Champion des Dames (1451), manuscrit français B.N.

ISBN 2.01.020802.1

Introduction

Pour nous, Européens, l'Histoire est née il y a environ 2500 ans aux confins du monde grec et des sociétés orientales. Du premier coup elle a atteint à une plénitude incontestable avec l'œuvre d'Hérodote et à une perfection certaine avec celle de Thucydide. Trois objectifs présidèrent alors à sa naissance : le désir d'arracher à l'oubli les actions des hommes, bonnes ou mauvaises ; l'intérêt de comparer les diverses cultures alors en synergie ; la volonté de donner un sens à la manière dont ces relations étaient vécues avec l'idée implicite qu'une telle analyse pourrait être utile aux générations futures.

On n'a pas cessé depuis d'écrire des ouvrages d'histoire. Bien sûr, on ne s'est pas toujours maintenu au niveau des pères fondateurs. Au cours des siècles, il y a eu des hauts et des bas, les circonstances ont été plus ou moins favorables, l'histoire a pu être récupérée à des fins idéologiques ou politiques, les historiens ont été plus ou moins libres ou plus ou moins désireux de s'exprimer. Pourtant il apparaît que d'emblée, le contenu, les méthodes et les enjeux de la nouvelle discipline ont été alors définis et qu'à quelques additions de technique, de méthode ou de problématique près apparues au cours des âges, c'est sur ce patrimoine que l'histoire n'a cessé d'être pratiquée depuis ses origines, qu'elle continue de l'être et qu'elle le sera demain. C'est ainsi que, paraphrasant Bossuet, on peut dire qu'il y a une « suite de l'historiographie ».

C'est cette réalité que cet ouvrage, délibérément conçu à deux, car l'histoire de l'historiographie a tout à gagner à être plurielle, a l'intention de faire comprendre. Son objectif prioritaire est de permettre aux étudiants de découvrir un domaine qui, sauf exception, risque d'être peu familier à la plupart d'entre eux. En France, et contrairement à d'autres pays, faut-il le rappeler malgré quelques efforts isolés, l'historiographie est un genre encore trop négligé. Dans ce livre, Jean-Maurice Bizière s'est occupé de la production historique de l'Antiquité, du Moyen Age et de l'époque moderne, tandis que celle des XIXe et XXe siècles revenait à Pierre Vayssière.

Dans les limites du cadre imparti par la collection, les auteurs se sont efforcés de concilier deux impératifs à première vue peu compatibles : respecter une certaine continuité et, dans la mesure du possible, une certaine homogénéité dans l'exposé de l'évolution de l'historiographie depuis les origines jusqu'à nos jours ; privilégier la contribution de quelques historiens qu'ils considèrent comme « incontournables », soit parce que leur fréquentation doit faire partie du bagage culturel minimal de tout historien, soit parce que l'analyse de leurs œuvres permet de mieux discerner un certain nombre de problèmes liés à l'écriture de l'histoire, comme par exemple, entre autres, la nature et l'utilisation des sources, la subjectivité de l'historien ou la permanence de la psychologie humaine. Le prix à payer a été de centrer progressivement notre propos sur l'historiographie française qui occupe la totalité de notre ouvrage à partir de Villehardouin (XIIe siècle) et de réserver à la philosophie de l'histoire une place que nous aurions préférée plus étendue.

Tel qu'il se présente, cependant, nous espérons que cet ouvrage rendra service aux étudiants auxquels il s'adresse. Il aura atteint son but s'il les incite à pénétrer plus profondément dans l'univers passionnant, foisonnant et bigarré de ces historiens qui, au fil des siècles, ont pris l'initiative de consacrer leur existence à empêcher que le passé qu'ils voyaient s'estomper devant eux ne devienne un univers à jamais exclu de la mémoire des hommes.

L'histoire avant l'Histoire

En Europe et dans les pays occidentaux, l'historiographie relève de deux traditions, qui après s'être développées séparément, fusionnèrent progressivement dans le cadre heuristique et idéologique mis en place par le christianisme.

La tradition grecque

Au début, il y eut la guerre de Troie, Achille « aux pieds légers » et Hector le dompteur de chevaux, la belle Hélène et les femmes que le « divin » Ulysse trouvait sur la route du retour, les locataires de l'Olympe qui, avec plus ou moins de succès, tentaient d'intervenir en faveur de leurs protégés, et puis Homère qui, dit-on, fut aveugle, et le charme un peu monotone de l'hexamètre dactylique, même toiletté par les Aristarques alexandrins. L'*Iliade* se penche déjà vers un passé révolu, l'*Odyssée* ouvre les Grecs vers la mer et vers leur avenir, mais la société héroïque de l'une et l'univers fantastique de l'autre ne semblent pas avoir eu beaucoup de rapport avec les pratiques bureaucratiques des royaumes mycéniens, si l'on en croit les tablettes parvenues jusqu'à nous. Ce que l'on sait aujourd'hui, c'est qu'entre les événements (vers le XIIe siècle av. J.-C.) et le moment où la tradition orale soumise aux variations de multiples rhapsodes, se coule dans le moule d'une forme en voie d'écriture, pour empêcher définitivement que le souvenir des exploits des Achéens et des gens d'Ilion ne sombrent dans la nuit des temps, quatre siècles environ, dont on ne sait à peu près rien, auront passé.

À la fin du VIIIe siècle av. J.-C., du fond de sa Béotie, le bon Hésiode trouva le temps au fil des *Travaux et les Jours* d'établir dans sa *Théogonie* la généalogie de « la race sacrée des immortels ». Choisi par les Muses, filles de Mémoire, pour dire « ce qui sera et ce qui fut », il raconta la genèse de l'univers, depuis le règne d'Ouranos et la manière dont, grâce à Zeus, l'ordre s'était installé à la place du chaos ainsi que la suite des cinq races d'hommes qui s'étaient succédées sur la terre.

Ensuite, passibles de cette clé des mythes, il y eut les récits plus ou moins fabuleux, non pas des œuvres en vers comme les épopées, mais des recueils *(logoi)* de traditions ayant trait soit à la fondation d'une cité soit à la généalogie d'un héros ou d'une famille, qui pouvaient être singulièrement entremêlées. L'esprit critique y faisait son apprentissage. Le Milésien Hécatée (v. 540-v. 480 av. J.-C.) incarne l'aboutissement des travaux de ces logographes. Dans ses *Généalogies*, où il fait remonter l'histoire de sa famille sur seize générations jusqu'à la fondation de Milet vers l'an 1000 av. J.-C., ce qui, selon Hérodote, fera bien rire les prêtres égyptiens de Thèbes, habitués à beaucoup mieux, il se propose d'écrire les choses « comme elles lui semblent vraies » et dans les rares fragments qui nous restent de lui, on le voit ne pas accepter ce qui lui semble ridicule et chercher une explication positive derrière le merveilleux des légendes. Il y ajouta l'enquête géographique émaillée d'observations ethnographiques dans une *Périégèse* en deux volumes (l'un pour l'Europe, l'autre pour l'Asie et l'Afrique) où il pratiqua l'enquête sur le terrain, de l'Égypte au Caucase, et perfectionna l'emploi des cartes que son compatriote Anaximandre avait mises au point au milieu du VIe siècle av. J.-C. L'observation et la réflexion tendaient à prendre la place de l'imagination et de l'exaltation, mais d'Histoire, il n'y en avait toujours pas.

La tradition juive

On comprend dès lors, l'amertume de Flavius Josèphe (37-v. 100 ap. J.-C.), quand il s'élevait contre l'antériorité que les Grecs s'attribuaient dans le domaine historiographique alors que Moïse est né à une « époque lointaine à laquelle les poètes n'ont même pas l'idée de faire remonter la naissance de leurs dieux et encore bien moins les actions ou les lois des humains » *(Archeologia* I, 16*)*. Il n'est pas question de nier ici la solidité de ce genre d'arguments. Encore convient-il de s'entendre sur la signification du concept d'Histoire et de remarquer d'emblée que faire de la *Bible* un livre à vocation historique a pour conséquence d'en réduire considérablement la portée. Même s'il y a dans le contenu et l'élaboration de celle-ci une composante indiscutablement de nature événementielle, le principal enjeu se trouve naturellement ailleurs : non pas seulement dans la volonté de préserver de l'oubli les faits et gestes de certains, mais dans celle de célébrer la toute-puissance de Dieu à travers la trajectoire temporelle, aussi significative dans ses succès que dans ses épreuves, d'un peuple élu.

La tradition historique de la *Bible* doit s'inscrire d'autre part dans le contexte de la relation au temps que l'on trouve dans les sociétés orientales anciennes. Ce n'est pas tout d'avoir construit des pyramides aux pharaons disparus de la quatrième dynastie ou d'avoir préservé depuis des siècles la trace de faits ou d'activités de nature diverse sur des tablettes, comme ce fut le cas en Égypte ou en Mésopotamie, pour que l'on puisse parler d'activité historique ou déclarer que l'histoire commence à Sumer. Et lorsqu'Hérodote écrit que « les Égyptiens [...] sont de tous les hommes, les gens les plus attachés à leur passé », (*L'Enquête*, II, 77), c'est qu'il voit, lui, les problèmes que soulève l'existence de ces documents mis ainsi de côté et le parti que l'on peut en tirer pour la connaissance du passé. C'est qu'il raisonne en historien et non en conservateur des hypothèques. Il n'en demeure pas moins vrai toutefois, que chez les Hittites, vers le milieu du second millénaire av. J.-C., le préambule de certains actes royaux ou de certains traités montre que ceux-ci s'inscrivent dans une suite d'événements passés auxquels l'initiateur de ces décisions a donné un sens. Après les Hittites, ce furent les Phéniciens qui, d'après Josèphe, « firent le plus grand usage de l'écriture à la fois pour les affaires de la vie quotidienne et la commémoration des événements publics » (*Contra Apionem*, II, 6). Après tout, ils avaient inventé l'alphabet et peut-être, si l'on en croit un obscur compilateur du IIe siècle (ap. J.-C. !), comptent-ils parmi eux le premier historien digne de ce nom, un prêtre de Béryte vivant au XIe siècle av. J.-C. et nommé Sanchuniathon (M. Grant, 1970).

Enfin sonna l'heure des Juifs, pour l'antiquité desquels Josèphe devait rompre des lances. A juste titre, si l'on considère que ce que l'on appelle la *Bible* depuis l'époque hellénistique, et plus particulièrement en ce qui nous concerne, ce que l'on désigne depuis le IIIe siècle ap. J.-C., par l'expression d'*Ancien Testament*, a considérablement marqué de son empreinte la civilisation et la culture européennes, et plus précisément la nature de ce mode de relation que nous entretenons avec le temps et qui a reçu le nom d'« histoire ». Mais la *Bible* n'a pas jailli d'un seul élan. Elle est le résultat d'initiatives successives ayant aussi pour but de préserver au moyen de l'écrit le souvenir d'un ensemble de faits disparates, d'origine plus ou moins ancienne, propres à une société semi-nomadique et véhiculés par tradition orale.

L'*Ancien Testament* comprend à ce titre des Livres « historiques » (le *Pentateuque*, qui se termine avec la mort de Moïse et les Livres allant de *Josué* à *Esther*) sans compter les informations que l'on peut trouver dans certains Livres prophétiques *(Isaïe, Ezéchiel)* ou les Livres des *Maccabées*, tous reflets du passé d'un peuple qui a forgé son identité progressivement au fil de nombreuses péripéties. Ainsi, dès le douzième chapitre de la *Genèse*, pénétrons-nous dans un univers de caractère historique quand il est écrit que lorsqu'Abraham arriva en Égypte avec Sara son épouse « les principaux du pays en informèrent Pharaon ». La première fixation par écrit de cette tradition peut être située vers le XIe siècle av. J.-C. L'établissement de la monarchie au siècle suivant permettra, autour du temple de Jérusalem, le rassemblement de toutes les versions, l'instauration d'une trame chronologique depuis la fondation du monde et la découverte d'une unité constitutive, celle d'une « histoire de salut » conduite par Dieu (J.-P. Sandoz). Elle suscitera bientôt des interprétations différentes après le schisme entre le Nord et le Sud, jusqu'à ce que l'on arrive, au cours du IIIe siècle av. J.-C., à une sorte de maturation acceptable à une majorité écrasante par la communauté.

Tous ces éléments expliquent pourquoi l'histoire n'a pas vu le jour en Israël, mais il est bien difficile de comprendre pourquoi l'histoire, de même que la poésie, le théâtre, la philosophie, la science et la médecine, est née, tardivement en ce qui la concerne, dans le monde grec. Ce phénomène est d'autant plus surprenant que, comme le note H. van Effenterre (1967), il était difficile de trouver une civilisation qui fut aussi réfractaire à l'historicité. Il est encore plus difficile de comprendre pourquoi, d'emblée et en l'espace de deux générations, l'histoire atteignit au chef-d'œuvre avec des contributions aussi différentes que celles d'Hérodote et de Thucydide, suivies à deux siècles de distance par celle de Polybe. On se bornera donc, faute de mieux, de parler là encore de « miracle grec » et de regrouper les trois chapitres de cette première partie autour de la personnalité des trois grands maîtres de l'historiographie grecque dont la supériorité est d'autant plus écrasante que, sauf exception, la plupart des œuvres de cette période, et ceci est également valable pour l'époque romaine, ont disparu ou ne sont parvenues jusqu'à nous que plus ou moins gravement mutilées, sous forme d'extraits, de fragments, de citations ou d'allusions dans les écrits d'autres historiens ou de compilateurs ultérieurs.

1

Le miracle grec

Ce premier chapitre est consacré à l'histoire écrite par les Grecs depuis l'œuvre d'Hérodote et de Thucydide jusqu'à celle de Polybe. Cela ne signifie pas, bien au contraire, qu'après la mort de celui-ci (126 av. J.-C.), les Grecs n'écriront plus d'histoire, mais qu'au cours de cette première période, la production historique prendra son essor dans un contexte culturel bien spécifique, celui de l'hellénisme. Pour peu que l'on puisse s'en rendre compte d'une manière détaillée, car beaucoup d'ouvrages ont disparu ou n'ont subsisté que par lambeaux, il serait par ailleurs illusoire de penser que les contributions admirables des trois grands auteurs qui dominent cette période d'environ trois siècles donnent une idée exacte de la nature de cette production historique. Très rapidement, en effet, le genre a essaimé, s'est diversifié et, il faut bien le dire, a dégénéré sous l'effet de préoccupations surtout d'ordre politique ou commercial, au grand scandale d'un Polybe qui s'efforcera, sans grand succès, de mettre un frein aux dérives de l'histoire.

HÉRODOTE ET LA NAISSANCE DE L'HISTOIRE

Dans l'histoire de l'historiographie, la place d'Hérodote (v. 485-v. 430 av. J.-C.) est au sens propre fondamentale. C'est le premier des historiens. Même si son œuvre ne tarda pas à être controversée (Thucydide, Ctésias, Aristote, etc.), les Anciens en eurent rapidement conscience et Cicéron n'hésita pas, dans son *De Oratore*, à l'introniser comme « père de l'Histoire » car si l'Histoire n'est pas née d'un néant, avant lui il n'existait rien de comparable à ce récit d'événements passés restitué à partir d'enquêtes sur le terrain et de témoignages oraux et écrits. Par ce coup d'essai, qui fut aussi un coup de maître voué à une longue et fructueuse postérité, il convient d'ajouter par ailleurs qu'Hérodote donnait aussi à la prose grecque ses lettres de noblesse.

Naissance d'un historien

On sait très peu de choses de sa vie. Il serait né à Halicarnasse, un des ports de la côte sud-ouest de l'Asie mineure fondé par des Grecs mais passé sous le contrôle des Lydiens puis des Perses comme les autres villes de la région. Il semble qu'il ait accompli de longs voyages qui le menèrent du sud de l'Égypte aux rives de la Crimée en passant par la Mésopotamie, l'Asie mineure et le bassin oriental de la Méditerranée. Il accumula tout au long de son périple une documentation impressionnante sur les populations locales et travailla à son récit des guerres médiques. La tradition le fait réapparaître dans les années 440 av. J.-C. à Athènes, qui succédait à l'Ionie comme principal foyer culturel de la Grèce. Fréquentant les milieux intellectuels et artistiques qui gravitaient autour de Périclès (v. 495 - 429 av. J.-C.), il aurait vécu en donnant des conférences publiques. Sans que l'on sache pourquoi, il fut de ceux qui, comme l'architecte Hippodamos de Milet, allèrent en Italie du Sud fonder la ville de Thourioi sur les bords du golfe de Tarente (444 av. J.-C.). Il y passera sans doute le reste de son existence en se consacrant surtout à la rédaction définitive de *L'Enquête*. D'après quelques allusions à des événements du début de la guerre du Péloponnèse, on en déduit qu'il a vécu au moins jusqu'en 430 av. J.-C., et l'on dit que son tombeau aurait été érigé sur la place de la ville.

Fort heureusement, et c'est là le principal, l'œuvre d'Hérodote est l'une des mieux conservées qui nous soit parvenue de l'Antiquité. L'objectif de l'auteur est clairement précisé dès les premières lignes qui constituent la fondation de la démarche historique. « Hérodote d'Halicarnasse présente ici les résultats de son enquête afin que les travaux des hommes et que les grands exploits accomplis soit par les Grecs, soit par les Barbares, ne tombent dans l'oubli » (I). Pour des raisons de commodité liées au fait que les ouvrages étaient alors écrits sur des rouleaux de papyrus qui pour être maniés commodément ne devaient pas être trop volumineux, le texte a été divisé à l'époque alexandrine en neuf livres portant le nom des Muses, ce qui ajoute encore à la portée symbolique de l'œuvre.

De l'enquête à l'histoire

❑ ***Un genre à la recherche de son identité.*** L'œuvre d'Hérodote n'a pas manqué de susciter un certain nombre de remarques dont les premières sont relatives à son titre et les autres à sa structure. Pour désigner ce récit en prose, rédigé dans le style fluide et détendu propre au dialecte ionien et qui se différenciait de tout ce qui avait été écrit jusqu'alors, un mot s'est imposé qu'Hérodote est allé puiser dans le vocabulaire de l'époque. Il figure dans la première phrase de l'ouvrage, c'est celui d'*Historia* qui naturellement n'avait pas alors le sens qui deviendra ultérieurement le sien. *Historia* voulait ainsi dire « information, recherche, enquête ». De même le verbe *historeô* signifiait « s'informer, apprendre par soi-même ou par les autres, être témoin » et le nom *histôr*, « celui qui sait, qui est témoin, l'arbitre ». L'« histoire » est donc à l'origine une démarche fondée sur la recherche de l'information, une sorte d'enquête conduite à travers l'espace et le temps et l'« historien » est, par conséquent, celui qui, à la suite de cette démarche, est en possession d'un savoir, un expert et un arbitre qui peut être consulté pour démêler le faux du vrai.

Les secondes remarques concernent la composition de l'ouvrage et en particulier la présence, notamment dans les premiers Livres, d'imposantes digressions, les fameux *logoi* (dont celui relatif à l'Égypte est le plus connu), d'incessantes parenthèses et d'innombrables anecdotes qui, à en croire les censeurs que l'œuvre ne manqua de s'attirer de tout temps, ne cesseraient de briser l'harmonie et de ralentir le rythme du récit d'une manière insupportable. Et de parler d'archaïsme et de maladresse, tandis que d'autres exégètes, plus favorables à l'auteur, invoquaient la spécificité d'un récit destiné à être débité oralement par morceaux devant des auditoires et rédigé à des dates différentes : ce qui expliquerait qu'au fur et à mesure que l'historien parvenait à maturité et maîtrisait de mieux en mieux son sujet, ces fameux *logoi* auraient peu à peu disparu.

Tout cela est loin d'être sans fondement mais semble relever davantage d'une approche littéraire que d'une conception historienne de l'œuvre. Il aurait été en effet pour le moins surprenant, que l'ouvrage d'Hérodote, comme lieu d'élaboration d'une pratique novatrice nourrie à la source d'une réflexion sur des influences culturelles antérieures et diverses, n'eût pas présenté quelques imperfections. Il est vrai que l'œuvre souffre de quelques déballages de « fiches » mal assimilées, de quelques béances dues aux lacunes et à l'hétérogénéité de la masse pourtant énorme d'informations rassemblées et de quelques décrochements inévitables dans la structure du gros œuvre. Mais on ne peut qu'apprécier le soin avec lequel Hérodote entend traiter de chaque question en remontant jusqu'aux origines et en s'efforçant de ne laisser aucun aspect dans l'ombre : on notera à cet égard que le recours aux *logoi* n'intervient pas au hasard, mais permet le plus souvent de mieux comprendre ce qui va suivre. On ne peut qu'admirer, enfin, le tour de force qui consiste pour le génial néophyte à nous offrir en guise d'ouverture à la grande saga historiographique, une histoire du Moyen-Orient depuis le temps des héros jusqu'à Xerxès, une *Odyssée* qui se terminerait par une *Iliade* et une « Méditerranée et un monde méditerranéen à l'époque de Thémistocle » d'une facture toute braudelienne !

❑ ***La « révolution hérodotienne »***. Contrairement à l'opinion de Polybe qui affirmera que l'on ne peut faire œuvre d'historien sans avoir été mêlé aux affaires publiques, Hérodote, si l'on excepte une hypothétique participation aux luttes intestines de sa cité natale, a mené la vie d'un citoyen ordinaire. Mais il n'est pas indifférent de noter que ce citoyen ordinaire a consacré la totalité de son existence à ses « recherches », et qu'avec lui est né le métier d'historien. La démarche intellectuelle d'Hérodote est, par ailleurs, inséparable du contexte culturel dans lequel son œuvre s'est développée, celui de la révolution scientifique dont la Ionie venait d'être le théâtre, lorsque s'était affirmée une volonté de fonder la connaissance sur des bases rationnelles et empiriques. Elle avait été l'œuvre d'une pléiade de penseurs, dont le plus connu est Pythagore, et qui étaient originaires de Milet comme Thalès, Anaximandre ou Anaximène, d'Ephèse comme Héraclite, de Colophon, comme Xénophane, sans oublier l'île de Cos où l'on étudiait la médecine et où devait s'épanouir le génie d'Hippocrate.

A quoi tient donc la « révolution hérodotienne ? ». Initialement, à la suppression du hiatus chronologique existant entre le temps mythique des poètes et le temps de l'historien. En effet, pour Hérodote, nourri comme tous les Grecs de son époque dans la tradition homérique, mais grandi au milieu des récits patriotiques racontant l'affron-

hommes, pour leur malheur, mais les divinités ne sont pas beaucoup mieux loties, sont incapables de surmonter leurs appétits, leurs jalousies, leurs haines et se trouvent finalement impuissants devant le grand livre du Destin où tout semble être écrit par avance (I, 91). Il en découle chez lui une dualité permanente de références au niveau de l'explication des phénomènes. L'une renvoie au monde des réalités concrètes et psychiques, elle est donc d'ordre rationnel, l'autre à un univers mythologique et religieux dont il est très difficile de savoir jusqu'à quel point il y adhère (I, 45), même s'il ne met pas en doute l'existence d'une substance divine *(to théion)* (VII, 129).

Il résulte de tout cela que l'histoire d'Hérodote se cristallise autour de grands personnages d'autant plus fragiles qu'ils sont puissants et dont l'action est, qu'ils le veuillent ou non, décisive sur le cours des événements. Dans ce monde où règnent l'incertitude et l'angoisse (I, 32), il n'est pas surprenant que pour guider sa conduite, chacun soit, en règle générale, à la recherche de présages ou de signes précurseurs (VI, 27), de prophéties et d'oracles (celui de Delphes est particulièrement mis à tribut), de songes, de coïncidences, de prodiges (VII, 57) ou de visions prémonitoires (VII, 12-18) et, sous peine d'effroyables malheurs, il y a intérêt à ne pas se tromper dans leur interprétation ou à découvrir trop tard leur signification.

Dans cet univers, où le hasard *(tukhê)* ajoute à la confusion, tout est donc fugitif et instable, à commencer par la gloire, la richesse, le bonheur qui apparaissent comme autant d'infractions au cours naturel des choses car, comme le dit Solon à Crésus, « Nul vivant n'est heureux et mieux vaut, pour l'homme, être mort que vivant » (I, 31). Crésus, dont l'histoire édifiante emplit une bonne partie du Livre I, et Masistès (IX, 108...) l'apprendront à leurs dépens mais, contrairement au second, qui n'a rien compris à ce qui lui arrivait, Crésus sera sauvé de justesse sur le bûcher pour avoir découvert que « la fortune des hommes est une roue et ne laisse pas toujours les mêmes au sommet » (I, 207) et parce que le Destin lui a réservé un vainqueur plein de sagesse, Crésus (I, 86). Ainsi, pour Hérodote, ne serait-ce que parce qu'il déchaîne la jalousie et la vengeance *(némésis)* des dieux (VIII, 110), tout excès *(hybris)* dans un domaine ou dans un autre, induit l'apparition en sens inverse d'un autre excès, qui, par compensation, ramènera l'ordre des choses à son juste milieu.

Mais on aurait tort de croire qu'il s'agisse là d'une morale frileuse de petit bourgeois, d'abord parce que le modèle que se propose Hérodote est celui du citoyen d'une cité libre, et qui est prêt à affronter la mort pour préserver l'indépendance de sa patrie (I, 30), et ensuite, comme il en donne de multiples exemples, parce que ce n'est pas l'esprit d'entreprise mais l'excès et la provocation qui ne peuvent manquer d'être punis par les dieux, jaloux du bonheur des hommes. Comme le note A. Barguet (1964), « le thème de la démesure et de la punition devient pour Hérodote la loi même de l'histoire ; il ne l'impose pas aux événements, il la voit se dégager d'eux », ce qui fait de lui aussi le père de la philosophie de l'histoire.

Ce serait cependant lui faire injure que de terminer sur une note aussi sombre. Comme pour la plupart des grands pessimistes, le sourire est chez lui la politesse du désespoir. L'Histoire, en fait, n'aura jamais été aussi fréquentable que chez son fondateur, observateur inlassable et flegmatique des faits et gestes de ses frères humains auxquels il n'a cessé de prodiguer cette attention et cette affection sans lesquelles il n'est pas de « gai savoir ».

THUCYDIDE ET L'AFFIRMATION DU GENRE HISTORIQUE

Au XVIIIe siècle, le philosophe écossais D. Hume (1711-1776) a écrit que « la première page de Thucydide était le commencement de toute vraie histoire ». Pour celle-ci, donc, autre temps, autre père. Un père qui tourne le dos au premier, comme le montre symboliquement une célèbre statue du musée de Naples. Ce qui est incontestable, c'est qu'une génération, un monde, le séparent d'Hérodote et qu'avec Thucydide (v. 460-v. 396 av. J.-C.), l'histoire prend un second départ et se construit sur des exigences nouvelles. A l'approche baladeuse, souriante et comparée du premier répond, chez le second, au nom de la recherche de la vérité, l'instauration d'un univers clos, défini par une règle de quatre unités de lieu, de temps, de problème et de composition.

L'œuvre d'une vie

Nous n'avons pas non plus beaucoup d'informations sur la vie de ce contemporain de Socrate d'autant plus qu'il a été très discret sur lui-même. Il appartenait à l'une des plus anciennes familles athéniennes et c'est en 431 av. J.-C. qu'il découvrit sa vocation d'historien. « L'auteur, écrit-il d'entrée, a entrepris ce travail dès le début des hostilités. Il avait prévu que ce serait une grande guerre et qu'elle aurait plus de retentissement que tous les conflits antérieurs. Il avait fait ce pronostic en observant que, de part et d'autre, les États entrant en lutte se trouvaient dans tous les domaines à l'apogée de leur puissance. Il constatait d'autre part que tout le reste du monde grec ralliait l'un ou l'autre camp [...]. Et ce fut en effet la crise la plus grave qui eût jamais ébranlé la Grèce et avec elle, une partie du monde barbare. On peut dire que la majeure partie de l'humanité en ressentit les effets » (I, 1). Le propos, comme on le voit, est bien différent de celui d'Hérodote même si le résultat de leurs démarches respectives aboutit finalement au même résultat : une œuvre d'histoire. Pour le premier, il s'agissait d'inventorier et de conserver, quant au second, ce qui l'intéresse, c'est d'analyser et de démontrer.

L'ouvrage, distillé au cours d'une quarantaine d'années est relativement bref, et divisé en huit livres. Comme dans le cas d'Hérodote, il ne s'agit pas d'une décision de l'auteur mais d'un découpage accompli à l'époque alexandrine pour des facilités de manipulation. Après une préface consacrée à une mise au point sur l'histoire de la Grèce depuis les origines *(Archéologie)* et à des réflexions sur la méthode historique, Thucydide adopte un plan strictement événementiel, année après année, abordant les uns après les autres tous les théâtres d'opérations.

On s'est demandé par ailleurs si son œuvre ne recouvre pas un double projet : une histoire de ce que l'on appelle la guerre de Dix Ans, ou d'Archidamos (un roi de Sparte), couvrant les péripéties de la lutte de 431 av. J.-C. jusqu'à la paix de Nicias (421 av. J.-C.), soit les livres I, 1 à V, 24 ; puis un prolongement, à partir de ce que l'on appelle la « seconde préface » (V, 26), ne se contentant pas de raconter la suite des événements mais modifiant le contenu primitif de la première partie à la lumière de ceux-ci (« guerre de Vingt-sept Ans »).

Le discours de la méthode

Par delà tous ses autres mérites, l'œuvre de Thucydide est passée à la postérité comme un modèle de méthode historique déployée au service de la vérité. Pour simplifier, on peut dire qu'elle est cantonnée dans un champ épistémologique défini par ce que nous avons appelé la règle des quatre unités : unité de lieu, le monde grec entendu au sens large dans un quadrilatère délimité grossièrement au nord-ouest par Epidamne (Durazzo), là où tout commence, l'Hellespont au nord-est, Samos et les îles voisines au sud-est et la Sicile au sud-ouest. Unité de temps, et c'est la durée du conflit opposant les Athéniens aux Péloponnésiens, ce qui signifie que, pour Thucydide, il n'y a d'histoire sérieuse possible que contemporaine, et prouve que ce genre historique n'est pas une création du XXe siècle. Unité de composition qui confine à la démonstration dans laquelle tout compte, tout se tient et dont les discours, auxquels le nom de Thucydide est lié, apparaissent comme l'expression la plus achevée.

Unité de problème surtout : la guerre, rien que la guerre, mais toute la guerre, puisque dès l'éblouissante démonstration d'approche pré-marxiste des phénomènes du passé à laquelle il se livre au début de l'ouvrage, il ressort que Thucydide s'impose également comme le père de l'histoire-problème. En effet, une fois après avoir posé les données de la question dont il va traiter, il ne cherche pas des faits, mais des indices et c'est en se pliant à cette discipline et en se contentant « pour ce passé lointain d'un savoir fondé sur des données absolument indiscutable » qu'il considère qu'une histoire des périodes antérieures est à la rigueur possible (I, 21). Pour le reste, la méthode à suivre, telle qu'il la décrit lui-même, est simple mais ardue : « J'ai évité de prendre mes informations du premier venu et de me fier à mes impressions personnelles. Tant au sujet des faits dont j'ai moi-même été le témoin que pour ceux qui m'ont été rapportés par autrui, j'ai procédé chaque fois à des vérifications aussi scrupuleuses que possible. Ce ne fut pas un travail facile, car il se trouvait dans chaque cas que les témoins d'un même événement en donnaient des relations discordantes variant selon [leurs] sympathies ou selon leur mémoire » (I, 21), et dans sa « seconde préface » il ajoute : « Mon âge m'a permis d'assister de bout en bout au conflit *avec la maturité d'esprit nécessaire pour comprendre ce qui se passait* (c'est l'auteur qui souligne) et j'ai pu suivre attentivement le cours des événements afin de m'en faire une idée exacte » (V, 26).

Une telle rigueur, admirable en soi, présente cependant trois faiblesses, d'abord Thucydide est tellement imbu de la véracité de ce qu'il avance, et de livrer la version des faits, qu'il néglige de citer ses sources, sauf quand il intègre à son récit le texte de documents officiels, notamment des traités.

L'impératif méthodologique qu'il s'impose, de rejeter tout ce qui n'est pas indispensable à son projet, implique par ailleurs, mais il ne pouvait en être autrement car la vie humaine a des limites et lui-même ne pourra aller au terme de son projet, de renoncer à l'exhaustivité et, par là même, de négliger, notamment dans le domaine socio-économique, des informations qui, même non dûment estampillées, auraient fait le bonheur de générations d'historiens de la Grèce antique (Hérodote de ce point de vue est irremplaçable) ; cela sans compter quelques lacunes inévitables.

S'il est enfin conscient du caractère subjectif du témoignage humain, il oublie qu'en dépit de tous les efforts qu'il déploie pour en limiter les séquelles sur son œuvre, l'historien, même Thucydide, n'est pas bâti d'une argile différente de celle des autres hommes. A cet égard, sa vision des événements et des hommes, pour exemplaire d'honnêteté intellectuelle qu'elle soit, n'est pas totalement neutre : il en va ainsi du cas de Cléon dont les débordements démagogiques, tout comme ceux du régime des Quatre Cents, indisposent ce patricien partisan d'une démocratie fondée sur le respect des lois et gardienne de l'ordre social (VIII, 48).

Reste la présence des discours qui, au nombre de quarante, constituent 24 % de la masse textuelle (M. Grant, 1970). Thucydide s'est expliqué dès le début à leur propos : « Il était difficile d'en donner le texte exact, aussi bien pour moi, lorsque je les avais personnellement entendus, que pour ceux qui me les rapportaient de telle ou telle provenance. J'ai prêté aux orateurs les paroles qui me paraissaient les mieux appropriées aux diverses situations où ils se trouvaient, tout en m'attachant à respecter autant que possible l'esprit des propos qu'ils ont réellement tenus » (I, 22). Ces discours offrent souvent à Thucydide l'occasion de fournir, sous une forme rhétorique, les renseignements nécessaires pour mieux comprendre les données spécifiques d'une situation telle qu'elle se présente à un moment précis aux responsables de chaque camp, quitte à franchir parfois les limites du vraisemblable (I, 68-71 et 73-78). Il ne faut pas oublier non plus que Thucydide peut se révéler un conteur remarquable (peste d'Athènes, II, 48-54 ou fuite de la garnison de Platée, III, 20-24, entre beaucoup d'autres).

Moins raconter que comprendre et faire comprendre

❑ ***Une physiologie des relations internationales.*** On aura deviné que l'essentiel n'est pas là. Refusant tout manichéisme, le premier il a eu l'intuition que les comportements politiques relevaient d'une analyse méthodique. Et que s'il était peut-être illusoire d'en tirer des lois, compte tenu du rôle important joué par le hasard et la (mal)chance dans les affaires humaines, on pouvait y faire apparaître des constantes et poser, comme il l'affirme d'entrée, un « pronostic » (I, 1). Ainsi, contrairement à l'univers chargé de religiosité que l'on trouve encore chez Hérodote, celui de Thucydide se présente-t-il comme un monde où les préoccupations religieuses ne sont certes pas exclues (VI, 27-29), mais où le surnaturel n'a plus sa place sur le plan heuristique (V, 26). Ce sont donc les hommes qui, sauf exception, sont les artisans, de leur propre histoire, d'autant que la sagesse voudrait qu'ils prennent en compte les impondérables avant que d'agir (I, 78). A cet égard, ce n'est pas la vengeance des dieux qui, pour lui, est responsable des malheurs d'Athènes, mais l'incapacité des successeurs de Périclès (II, 65).

Profitant d'une guerre à nulle autre pareille (I, 23), qui agit comme un révélateur, même si elle conduit à des débordements qu'il déplore (massacres de Corcyre, III, 81-84), mais s'interdisant tout moralisme, Thucydide distingue donc les causes immédiates des causes profondes et les manifestations visibles des réalités cachées. « Pour ce qui est des motifs de la rupture, écrit-il ainsi, j'ai exposé [...] les griefs des deux adversaires et leurs démêlés, afin qu'on n'en vînt pas à se demander pourquoi une guerre de cette importance avait éclaté parmi les Grecs. Mais la cause la plus vraie, celle qui fut la moins mise en avant, se trouve selon moi dans l'expansion athénienne, qui inspira des inquiétudes aux Lacédémoniens et ainsi les contraignit à se battre » (I, 23). A partir des positions respectives au début du conflit, l'objectif de Thucydide est donc de montrer comment les deux camps vont utiliser les atouts dont ils disposent, quelles seront, à mesure que les coups échangés créeront des situations nouvelles, les diverses possibilités qui s'offriront à eux et pourquoi ils choisiront l'une plutôt que l'autre (D. Roussel, 1973).

Cette analyse de l'enchaînement des événements soulève naturellement la question de la responsabilité passive d'Athènes dans le déclenchement des opérations et de l'impérialisme athénien, traitée par J. de Romilly (1951). Avec une imperturbable lucidité, il expose donc qu'il est dans la nature des choses que l'occasion fasse le larron et que l'appétit vienne en mangeant (I, 76). Quant aux Méliens, à l'instar de certains États d'Europe centrale du XXe siècle, ils apprendront à leurs dépens les règles de cette « realpolitik » malgré les avertissements prodigués : « Il nous paraît que vous êtes bien le seul peuple à fonder son jugement sur ce qu'il attend de l'avenir plutôt que sur les données concrètes qu'il a sous les yeux » (V, 113). Leçon qui, à travers les siècles, n'a pas pris une ride. Machiavel (1469-1527) ne dira pas mieux et l'on comprend dès lors pourquoi Hobbes (1588-1679) en fut tellement pénétré.

❑ ***L'accent mis sur la psychologie.*** De telles remarques témoigneraient également, s'il en était besoin, de la maîtrise remarquable, et rare chez les historiens, dont Thucydide, formé à l'école des sophistes, fait preuve dans le domaine de l'analyse psychologique. Son talent s'exerce qu'il s'agisse des individus, dont il trace des portraits pleins de pénétration ; des groupes (IV, 28), où il annonce G. Le Bon (1841-1931) ; des comportements, enfin, lorsqu'il note qu'« au cours de ces luttes civiles, les cités virent fondre sur elles des calamités innombrables, comme il en arrive et comme il en arrivera toujours tant que la nature humaine sera ce qu'elle est » (III, 82).

Ce qui ressort de ces quelques exemples, que l'on aurait pu multiplier tant ils jalonnent l'ensemble de l'œuvre, c'est qu'ils évoquent des réalités qui nous sont familières et ne nous désorientent nullement à deux millénaires et demie de distance, de même qu'ils ont soulevé l'admiration de générations de lecteurs au cours des siècles précédents. Une telle constatation ne peut manquer de soulever le problème de l'anachronisme, et plus particulièrement de l'anachronisme psychologique qui, paraît-il, serait le pire de tous (L. Febvre), et que l'on ne peut donc évacuer d'une boutade ou d'un anathème. Ceci d'autant plus qu'en établissant ce constat de familiarité et de compatibilité, c'est tout simplement l'affirmation du statut d'une histoire authentique et de sa possibilité de mise en œuvre qui sont en jeu : comment, en effet, pourrais-je faire l'histoire de ce que je ne peux comprendre, sauf à projeter inconsciemment à la surface d'un passé indéchiffrable mes préoccupations du moment ?

Thucydide, pour sa part, semble avoir été persuadé de la permanence de la nature humaine. Se plaçant délibérément *sub specie aeternitatis* (« pour l'éternité »), il considère que l'histoire n'est pas seulement le récit d'une succession d'événements mais le décodage de situations devenues, de par l'analyse de l'historien, exemplaires des relations humaines où, dans des conditions identiques et toutes choses égales par ailleurs, les mêmes causes produisent des effets comparables, mais où rien n'est jamais acquis. Dès lors, il estimait que son œuvre avait une vertu pédagogique et que les leçons qu'il avait tirées du déclin de l'empire athénien permettraient aux générations futures d'éviter de commettre quelques grosses bêtises, ce en quoi ce grand psychologue, qui se faisait une très haute idée de son œuvre, péchait quand même par naïveté et par vanité d'auteur. « Je m'estimerais [...] satisfait, écrivait-il, si [elle est jugée] utile par ceux qui voudront voir clair dans les événements du passé, comme dans ceux, semblables ou similaires, que la nature humaine nous réserve dans l'avenir. Plutôt qu'un morceau d'apparat composé pour l'auditoire d'un moment, c'est un capital impérissable qu'on trouvera ici » (I, 22). L'œuvre de Thucydide, mais qui en aurait douté, est gravée sur le marbre.

Xénophon et la prolifération du genre historique

❑ ***Xénophon (v. 426-355 av. J.-C.).*** « *Meta tauta* » (après cela), le flambeau de l'histoire passa des mains majestueuses de Thucydide à celles plus détendues de Xénophon dont la vie aventureuse fut ponctuée de nombreuses œuvres littéraires. On trouve, en effet, de tout sous la plume prolifique et séduisante du maître de Scillonte : des souvenirs de ses années socratiques (les *Mémorables*), des traités d'économie (l'*Économique*), des manuels d'art militaire (l'*Hipparque*), des réflexions sur la politique où il cède à l'attrait d'un despotisme éclairé (la *Cyropédie*).

Des œuvres historiques enfin : une biographie trop favorable à Agésilas, si on la compare aux anonymes *Helléniques d'Oxyrhynchos,* mais qui lui permet de promouvoir l'idée panhellénique, et surtout l'inoubliable *Anabase*, titre plein d'humour pour évoquer une entreprise qui se termine en désastre par la retraite des bords de l'Euphrate jusqu'aux rivages de la mer Noire (« Thalatta ! ») d'une armée de mercenaires piégés dans un Orient peu engageant, mais qu'il décrit avec minutie et vivacité. Les *Helléniques*, enfin, ont pour ambition de reprendre l'histoire de Thucydide là où il l'avait laissée, c'est-à-dire qu'elles traitent des événements allant de 411 à 362 av. J.-C. (bataille de Mantinée). Naturellement, il ne faut pas y chercher un ouvrage de la valeur de celui de son prédécesseur. Les qualités sont ailleurs, dans l'expérience acquise dans les deux camps par un homme d'action et qui sait présenter les faits et les hommes d'une manière alerte non dépourvue de clarté et de finesse.

A Kounaxa, dans l'armée adverse, se trouvait un médecin grec nommé Ctésias de Cnide. Il était donc particulièrement bien placé pour écrire des *Persica* en 33 livres traitant du passé des Assyriens, des Mèdes et des Perses depuis les origines jusqu'en 398 av. J.-C. Très critique à l'égard d'Hérodote, l'ouvrage donnait en revanche des informations utiles sur la cour impériale. Ctésias fut aussi l'auteur d'un ouvrage sur l'Inde *(Indica)*, précurseur de celui beaucoup plus étoffé que Mégasthène écrivit à la fin du IVe siècle av. J.-C. et qui devait par la suite faire le bonheur de nombreux compilateurs.

❑ ***Entre rhétorique et poétique.*** Ne pouvait être Thucydide qui voulait. Cela demandait du temps, des dons et une grande ascèse intellectuelle. Il ne manqua pas de bonnes volontés pour faire redescendre l'histoire des sommets qu'elle avait atteints. Les rhéteurs et les philosophes leur fournirent des arguments. Deux tentations s'imposaient tout naturellement à l'esprit des premiers sur lesquels Isocrate (436-338 av. J.-C.) régnait comme un oracle : remplacer en matière de références le vieux fonds épique par un nouveau répertoire puisé à la source de l'histoire ; jouer sur la présentation des faits pour les rendre plus attrayants, et même carrément manipuler la matière historique pour flatter les goûts d'un public dont il s'agissait de s'assurer les faveurs.

En dévalorisant dans la *Poétique* (création esthétique) l'histoire par rapport à la poésie, Aristote (384-322 av. J.-C.) devait apporter involontairement de l'eau au moulin des falsificateurs. Pour lui, en effet, la « poétique » se définit par une imitation *(mimèsis)* qui n'est pas seulement une simple reproduction mais une recréation de la réalité comme vraisemblable et possible. La poésie, notamment au théâtre, l'emporte ainsi sur l'histoire parce que celle-ci se contente de raconter ce qui est arrivé, et est de l'ordre du singulier, tandis que la poésie met en scène ce qui pourrait arriver, atteint en cela à l'universel et est donc « plus philosophique que l'histoire ». Comme il fallait s'y attendre, celle-ci n'eut rien à gagner d'une telle promotion de la fiction. Puisque la manière de dire devenait aussi, sinon plus, importante, que le contenu, l'histoire emprunta donc à la rhétorique ses tics les plus spectaculaires. Il devint de bon ton de faire dramatique, voire pathétique, de rechercher le sensationnel, et d'enrichir la matière lorsque celle-ci semblait trop banale, et au besoin d'inventer.

Le premier représentant de cette nouvelle forme d'histoire, déjà sensible chez Ctésias, fut Théopompe de Chios, né vers 378 av. J.-C., que les circonstances politiques de son temps amenèrent à se déplacer perpétuellement. Comme Xénophon, il eut l'ambition de poursuivre l'œuvre de Thucydide. Il le fit de manière tellement rhétorique qu'on en déduisit qu'il avait été l'élève d'Isocrate. On lui doit également un résumé de l'œuvre d'Hérodote. Mais son ouvrage le plus important fut une biographie de Philippe II de Macédoine *(Philippica)* qui, tout en faisant l'éloge du souverain et de la monarchie, offre une étude d'ensemble des événements de 362 à 336 av. J.-C.

Callisthène (v. 370-327 av. J.-C.), pour sa part, était un petit-neveu d'Aristote qu'il avait accompagné à la cour de Macédoine. Il écrivit des *Helléniques* qui traitent de la période allant de la paix d'Antalcidas (386 av. J.-C.) jusqu'aux débuts de la guerre sacrée (356 av. J.-C.). Sa participation à l'expédition d'Alexandre lui permit d'écrire un récit enthousiaste des exploits du souverain, ce qui n'empêcha pas celui-ci, qui le soupçonnait de comploter, de le faire exécuter. Il n'en avait pas moins ouvert un créneau appelé à durer et dans lequel bon nombre de ses successeurs, à commencer par Anaximène, dont la production est comparable à la sienne, allaient s'engouffrer.

Ephore, quant à lui, inaugura le genre de l'histoire universelle (en fait, du monde grec) avec ses *Histoires*. C'est une œuvre prenant ses distances avec les mythes et allant de la conquête du Péloponnèse par les Doriens (XIIe siècle av. J.-C.) jusqu'au début du règne de Philippe II. Il n'en reste plus que quelques fragments. Première synthèse pour la connaissance du passé grec, c'est un travail sérieux, bien documenté, ce qui en fait une mine d'informations qui sera abondamment pillée, exprimé avec une certaine sobriété et non dépourvu de considérations d'ordre moral, penchant auquel céderont de nombreux historiens et qui se développe alors.

A l'époque hellénistique, comme le rappelle A. Lesky, le genre historique ne fit que proliférer et Denys d'Halicarnasse déclarait que, si l'on voulait citer tous les auteurs, un jour n'y suffirait pas. La plupart des œuvres ont à peu près disparu, et on n'en a qu'une connaissance indirecte. Le style rhétorico-pathétique continua d'exercer ses ravages avec des auteurs ne reculant devant aucun effet.

A l'opposé, quelques tenants d'un style plus sobre s'efforçaient de faire passer en priorité la recherche de l'information. L'histoire d'Alexandre, l'un des sujets d'inspiration favoris du moment, fut l'un des terrains encombré de cette confrontation entre des anciens combattants qui racontaient leurs souvenirs, parfois en les enjolivant, mais avec un souci indéniable d'authenticité, et les « poètes », désireux de broder et de donner aux faits qu'ils évoquaient une dimension spectaculaire et baroque. Dans le premier camp on trouve, entre autres, Ptolémée Sôter (367-282 av. J.-C.), vétéran des campagnes d'Alexandre et fondateur de dynastie, dont nous connaissons l'œuvre par Arrien (95-175 ap. J.-C.) qui en pensait beaucoup de bien. Dans l'autre camp, on retiendra le nom de Clitarque.

Une génération plus tard, on trouve la même opposition. Hiéronymos de Cardie écrivit une histoire du monde hellénistique de la mort d'Alexandre à celle de Pyrrhos (272 av. J.-C.) bien documentée et qui devait être sollicitée à maintes reprises. A l'opposé, Douris de Samos fut un adepte convaincu de la nécessité d'une mise en scène des événements, au besoin en inventant de toutes pièces des péripéties de nature à déclencher des réactions émotionnelles chez le lecteur. Phylarque imita ce style avide de sensationnel dans une *Histoire* aujourd'hui à peu près perdue, qui prenait la suite de celle de Hiéronymos et allait jusqu'en 220.

La Sicile avait déjà donné plusieurs historiens. Aucun n'atteignit la réputation de Timée. Pour Polybe, qui dénoncera ses erreurs avec acharnement, il représentait néanmoins le comble de l'incompétence pour un historien digne de ce nom : l'homme de cabinet qui n'a exercé aucune responsabilité politique ou militaire, bref qui parle de ce qu'il ne connaît pas. Il admettait toutefois qu'il l'emportait sur ses semblables « par la rigueur avec laquelle il établit la chronologie et utilise les documents écrits, ainsi que la conscience professionnelle dont il fait preuve en ces matières » (*Histoires*, XII, VII). Recourant le premier, systématiquement, à la chronologie par olympiades, Timée renoua avec le genre de l'histoire universelle avec ses *Histoires* où il traite de l'Occident grec depuis les origines jusqu'à la première guerre punique. Elles furent pillées par les compilateurs ultérieurs mais il n'en reste à peu près plus rien.

POLYBE

Enfin Polybe (v. 208-v. 126 av. J.-C.) vint. Et pourtant si l'œuvre a ses admirateurs enthousiastes, son caractère parfois fastidieux, ce dont il se défend (*Histoires,* III, 38), ne va pas sans susciter des réserves, de même que la personnalité de son auteur. C'est ainsi que Fénelon (1651-1715) estime « qu'il raisonne trop quoiqu'il raisonne bien ». Il est vrai que l'on pourrait le préférer moins complaisant vis-à-vis des Romains et plus gracieux à l'égard de ses confrères historiens, plus délié dans son style et moins didactique dans son propos. Mais ne se payant pas de mots et méprisant les négateurs d'évidence, Polybe a assumé avec succès le double héritage d'Hérodote, par l'ampleur de sa vision comparative et sa connaissance du terrain, et de Thucydide par la rigueur de sa méthode et l'accent qu'il met sur l'analyse des événements contemporains. En introduisant, de plus, la modélisation dans l'analyse de l'évolution des systèmes politiques, il a réussi à dégager ceux-ci de l'emprise de la volonté divine et des impondérables de la Fortune et à franchir le pas décisif qui fit de l'histoire « pragmatique » une science humaine.

L'historien des « cinquante-trois glorieuses » de la puissance romaine

Si l'on se fonde sur les informations que l'on a au sujet de sa vie, on peut dire qu'elle se divise en deux parties. Nous ne savons pas grand-chose de la première. La seconde, qui témoigne d'un destin exceptionnel, nous est plus familière dans la mesure où il nous parle de lui à plusieurs reprises dans ses *Histoires*. Né dans une Grèce placée dans la mouvance macédonienne, Polybe appartenait à une des familles dirigeantes de la petite ville de Mégalopolis en Arcadie où il passa son enfance et sa jeunesse. Après Pydna (168 av. J.-C.), il fut du millier d'otages déportés en Italie. Ce fut la chance de sa vie, car bien accueilli par les familles de ceux qu'il avait côtoyés en Grèce, il devint le mentor et le protégé du jeune Scipion Aemilien (185-129 av. J.-C.) auquel devait le lier une longue amitié (XXXI, 23-30). Faisant partie de son « cercle » et fasciné par le développement de la puissance romaine, il décida de profiter de la situation privilégiée dont il bénéficia durant seize ans, pour en devenir l'historien. De retour en Grèce, avec la confiance du Sénat (XXXIX, 3-5), il fut chargé d'accoutumer ses concitoyens à la domination romaine. Il serait mort d'une chute de cheval vers 126 av. J.-C.

On ne peut qu'être admiratif devant l'ampleur et la qualité de l'entreprise conduite d'une main ferme par Polybe : une œuvre immense connue sous le titre d'*Historiai* (Histoires), aux deux tiers disparue, dont l'ambition est de répondre en 40 livres « à la question de savoir comment et grâce à quel gouvernement l'État romain a pu, chose sans précédent, étendre sa domination à presque toute la terre habitée et cela en moins de cinquante-trois ans » (I, 1), c'est-à-dire de la date cruciale de 220 av. J.-C. (IV, 2), à 168 av. J.-C., qui marque la ruine de la monarchie macédonienne. Sujet royal s'il en fût pour un historien, puisqu'il s'agit des guerres puniques et de l'emprise progressive de Rome sur les royaumes hellénistiques.

Après une *prokataskeue,* sorte d'entrée en matière, où il se livre à un survol de la période 264-220 av. J.-C., l'œuvre se répartit en deux grandes masses : la conquête romaine qui occupe les Livres III à XXIX et qui constituait le projet initial de l'auteur ; puis, « formant comme un nouvel ouvrage », la manière dont Rome a assumé sa nouvelle hégémonie, jusqu'à la destruction de Carthage et de Corinthe (146 av. J.-C.), qui forme le contenu des dix Livres suivants. En effet, explique-t-il, « il importe de faire suivre le récit des événements indiqués ci-dessus d'un exposé portant sur la politique suivie par les vainqueurs. Comment se comportèrent-ils à la suite de leur victoire ? Comment exercèrent-ils l'empire universel ? Quels furent les sentiments et les diverses réactions des nations vis-à-vis de ceux qui les dominaient ? [...] On voit en quoi ces observations pourront éclairer nos contemporains [...] tandis que les générations futures, elles, pourront voir si par la façon dont ils ont exercé l'empire, les Romains méritent l'éloge ou l'admiration ou au contraire le blâme ».

A quelques exceptions près, comme le Livre VI, consacré aux institutions romaines, ou le Livre XII où il est question de la méthode en Histoire, l'œuvre suit un plan chronologique qui avance plus ou moins rapidement au rythme des olympiades en fonction de l'abondance ou de l'importance des événements en cours, généralement un livre pour deux années. Très méthodiquement, et sauf exception, les faits sont présentés d'ouest en est : d'abord les affaires d'Italie, d'Espagne et d'Afrique (Carthage), puis celles de Grèce, d'Égypte et d'Asie.

Une histoire immédiate, universelle, pragmatique et démonstrative

Il y a quelque présomption à prétendre aborder ce sujet à la suite de l'ouvrage définitif de P. Pedech, *La Méthode historique de Polybe* (1964) auquel il convient de se reporter en permanence. Ainsi, pour ce tard venu à l'Histoire par le biais des vicissitudes humaines, une chose est claire : « l'histoire n'ira bien que lorsque les hommes d'État entreprendront de l'écrire, non pas comme aujourd'hui en la considérant comme une occupation accessoire, mais avec l'idée qu'il s'agit de la plus belle et de la plus nécessaire des tâches [...] ou lorsque les hommes qui se destinent à cette tâche songeront que la formation acquise dans l'action politique est pour cela indispensable. En attendant les historiens ne cesseront pas de s'égarer par ignorance» (XII, 28). A cela il convient d'ajouter des compétences en matière stratégique, d'où la critique acerbe assénée à Callisthène à propos de la bataille d'Issos (XII, 17-22). L'expérience personnelle constitue donc la première des sources de l'historien. Les informations qu'apportent les voyages et l'observation sur le terrain (V, 21), les entretiens qu'il a pu avoir avec les témoins et les survivants, les documents officiels auxquels il a pu avoir accès, notamment à Rome, viennent en second; les connaissances livresques seulement après (XII, 25). Il résulte de cette hiérarchie que, pour lui, comme pour Thucydide, une histoire authentique ne saurait être qu'immédiate (IV, 2).

Fort de cette immense documentation, Polybe ne connaît qu'une sorte d'histoire adaptée à l'ampleur de son sujet et permettant d'observer et de comprendre l'enchaînement des faits: «l'Histoire universelle». «Jusqu'à cette date, écrit-il et malgré la tentative d'Ephore (V, 33), l'histoire du monde était restée en quelque sorte compartimentée car, entre toutes les actions humaines, il n'y avait pas plus d'unité de conception et d'exécution que d'unité de lieu. A partir de ce moment au contraire, l'histoire du monde s'est mise à former un tout organique [...] la Fortune a dirigé pour ainsi dire tous les événements dans une direction unique et elle a contraint toutes les affaires humaines à s'orienter vers un seul et même but. Aussi l'historien se doit-il, de son côté, de faire en sorte que ses lecteurs puissent embrasser d'un seul regard les ressorts qu'elle a partout fait jouer pour produire tous ces effets ensemble» (VII, 2). Et il ajoute: «A la vérité, c'est cela avant tout qui m'a donné l'idée de ce travail et qui m'a incité à l'entreprendre. Il y a eu aussi le fait qu'aucun de nos contemporains n'avait tenté de composer une histoire universelle [...]» (I, 2, 4).

Universelle, l'histoire est pour Polybe également «pragmatique» (I, 2) et démonstrative. Par le premier terme, qui a fait couler beaucoup d'encre, il faut entendre un genre qui existait avant Polybe, mais dont celui-ci a défini la substance et qu'on peut définir comme l'étude s'attachant exclusivement à la narration exacte des événements publics et aux actes politiques, diplomatiques et militaires, c'est-à-dire l'histoire des États et de leurs dirigeants. Il s'agit en plus d'une histoire contemporaine, s'opposant par là au genre généalogique et à l'histoire des migrations et de la fondation des cités (IX, 1). Renouvelée à chaque génération, elle peut ainsi bénéficier des derniers progrès dans le domaine des connaissances (IX, 2), contrairement aux ouvrages antérieurs qu'il ne faut pas accabler quand leurs auteurs sont de bonne foi (III, 58-59).

Mais pour être utile, aussi bien aux futurs hommes d'État qu'aux individus dans leurs affaires privées, cette histoire ne peut se limiter à une présentation même exacte et exhaustive des événements, elle doit les expliquer. Elle doit dévoiler les causes, commenter les actions, indiquer les conséquences, et le cas échéant, en tirer des enseignements pour fournir des principes d'action. Elle doit expliquer et prouver. Elle doit être démonstrative. «Ceux qui écrivent l'histoire, affirme-t-il, doivent appliquer leur attention moins au récit des faits eux-mêmes qu'à ce qui précède, à ce qui accompagne et à ce qui suit les événements proprement dits. Supposons que l'on retranche de l'histoire l'analyse des causes, des moyens et des intentions qui expliquent les faits et que l'on ne se pose pas la question de savoir si ce qui est finalement arrivé devait normalement arriver, alors [...] un tel récit [...] n'est d'absolument aucun profit pour l'avenir» (III, 32).

Pour Polybe, l'histoire est donc un système de rapprochements abstraits imposés au réel qui cherche dans les faits une structure logique, une conjugaison d'approches complémentaires (temps, cause, modalité). Comparant l'historien au médecin (XII, 25d-e), c'est naturellement le concept de cause *(aitia)* qui entraîne chez lui l'analyse la plus fouillée. Il prend bien soin, à cet égard, de distinguer du début *(archè)*, et des motifs invoqués *(prophasis)* «[...] les causes étant à l'origine de tout tandis que le début ne vient qu'ensuite [...]. J'appelle [...] début les premières tentatives ou les premiers pas faits pour réaliser un plan déjà arrêté ; j'appelle causes ce qui est à l'origine de nos choix et de nos décisions, c'est-à-dire les intentions, les dispositions morales ainsi que les réflexions qu'elles suscitent en nous et par lesquelles nous en venons à prendre des résolutions et à former des projets» (III, 6-7).

Après avoir évoqué le problème du manque d'impartialité de l'historien soit par intérêt, soit par crainte (VIII, 8) soit, comme il est écrit joliment, à cause du «même phénomène ou presque que chez les amoureux» (I, 14), et la question de l'anachronisme («Sur tout fait historique, on ne peut porter de jugement valable [...] que si l'on tient compte du moment où il s'est produit», VI, 11), le discours polybien de la méthode, concentré dans le Livre XII, mais qui court tout au long de l'ouvrage, se positionne en fonction et (surtout) à l'encontre de ses prédécesseurs. Il en établit un inventaire des défauts dénué d'aménité, et parfois injuste, ce qui ne l'empêche pas de reconnaître ses erreurs (XXIX, 12). D'après lui, le mauvais historien, dont Timée est l'archétype, est un sédentaire, incompétent en matière de politique et de stratégie, un ignorant inculte, un mauvais coucheur, un calomniateur et un menteur qui abuse des excès de rhétorique pour masquer ses insuffisances. Pour compléter le tableau, on peut ajouter les assertions incontrôlées et les effets pathétiques de Phylarque (II, 56), la malhonnêteté (VIII, 9-11) et le recours au merveilleux (XVI, 12) chez Théopompe, les recherches stylistiques au détriment de celle de la vérité chez Zénon (XVI, 17-20), le parti pris chez Philinos ou Fabius Pictor (I, 14).

Tel n'est pas le reproche que l'on peut, en règle générale, adresser à Polybe (1, 14), notamment en ce qui concerne la présentation des affaires de la Grèce. Pour répondre aux critiques, il prend soin de marquer la distinction entre le citoyen grec qui, «à l'heure du danger [...] se doit sans doute d'aider par tous les moyens ses compatriotes», ce que j'ai fait, précise-t-il à juste titre, et l'historien dont l'œuvre «destinée à être transmise aux générations suivantes doit être pure de tout mensonge» (XXXVIII, 4).

Toutes les civilisations sont mortelles

Il n'en demeure pas moins vrai, et il revendique pour l'historien ce droit à l'admiration (II, 61), que Polybe a été très favorablement impressionné par la supériorité des institutions civiles et militaires de Rome, dont il présente une description détaillée (VI, 19-42) et qu'il caractérise comme un régime mixte où tous les pouvoirs sont équilibrés, « chacun d'eux pouvant faire obstacle aux deux autres ou, au contraire, collaborer avec eux » (VI, 15). Il écrit ainsi à propos de la République : « A qui [...] portait toute son attention sur les pouvoirs des consuls, elle apparaissait comme un régime entièrement monarchique, avec toutes les caractéristiques d'une royauté. A qui considérait le Sénat, elle apparaissait comme une aristocratie. Et si l'on observait les pouvoirs dont disposait le peuple, il apparaissait à l'évidence qu'il s'agissait d'une démocratie » (VI, 11). Il considère ainsi les institutions comme l'un des facteurs régissant l'évolution historique pour le meilleur et pour le pire.

Mais auparavant, l'étude comparée du fonctionnement de différentes constitutions en vigueur l'a conduit à l'élaboration de la théorie inédite et novatrice de l'*anacyclosis* où il démontre à partir d'un modèle biologique fondé sur la loi naturelle (croissance, maturité, déclin) que les régimes politiques se succèdent dans un ordre nécessaire. Chaque forme pure engendre une forme dégénérée, qui par réaction suscite à son tour une nouvelle forme pure (VI, 4-9). Ainsi, la monarchie fondée sur la force, donne-t-elle naissance à la royauté fondée sur le droit ; mais les abus de la royauté dégénèrent en tyrannie. La réaction substitue à la tyrannie l'aristocratie, qui se corrompt en oligarchie. Puis la démocratie renverse l'oligarchie et se dégrade à son tour en démagogie. A ce moment le désordre populaire (ochlocratie) suscite un monarque et le cycle recommence (P. Pedech).

Les meilleurs régimes ne sont pas, pour lui, exempts d'une telle destinée. « Tous les États, quels qu'ils soient, doivent périr et cela peut arriver de deux manières : par une agression venue de l'extérieur, ou par le développement d'un mal inhérent à leur nature. Dans le premier cas, il s'agit d'un accident imprévisible, dans l'autre, d'un aboutissement inéluctable » (VI, 57). Ce ne sont pas les nouvelles habitudes de luxe qui se répandirent à Rome avec les victoires successives, qui remirent en cause dans l'esprit de Polybe, admirateur des vertus romaines traditionnelles, la pertinence de sa démonstration. Et les faits ne tardèrent pas à lui donner raison.

Pourtant, malgré tous ses efforts pour inscrire la totalité des comportements humains dans sa grille de décryptage, Polybe se trouve confronté à des phénomènes dont les causes lui échappent et qui sont gouvernés par la Fortune *(tukhê)* dont il souligne d'entrée le rôle capital (I, 4) mais dont il essaiera tout au long de son ouvrage de démasquer les pseudo-manifestations, pestant contre ceux qui, à cause de leur esprit étroit, de leur inexpérience ou de leur paresse intellectuelle « attribuent aux dieux et à la chance ce qui est l'effet d'une sagacité appuyée par la réflexion et la prévoyance » (X, 5 et XXXVI, 17). Il n'en demeure pas moins vrai que pour lui, comme pour Hérodote, si les hommes sont le plus souvent responsables de leurs malheurs à cause de leur bêtise (XV, 21), la Fortune, « qui se tient libre de tout engagement vis-à-vis de nous [...] qui déjoue nos prévisions en innovant sans cesse, qui se plaît à manifester sa puissance par les coups les plus imprévus » (XXIX, 21), mais qu'il compare à un bon arbitre dans un match de boxe (I, 57-58), intervient comme un principe rationnel de retour à l'équilibre, gommant tout ce qui est excessif dans un sens où dans l'autre.

C'est ce dont Scipion Æmilien est fort conscient après la chute de Carthage, dans un passage, qui symboliquement réunit l'historien et son ami, et d'où se dégage la signification morale et philosophique de l'œuvre : « Être capable, à l'heure du plus grand triomphe, quand l'ennemi est au fond du malheur, de réfléchir à sa propre situation et à la possibilité d'un renversement du sort, de ne pas oublier, dans le succès, que la Fortune est changeante, voilà le fait d'un grand homme, qui atteint à la perfection ; d'un homme, en un mot, qui mérite de ne pas être oublié » (XXXVIII, 21).

DOCUMENTS

■ La méthode d'Hérodote : à la recherche d'Héraclès

Ce texte, extrait du livre II de L'Enquête, *celui consacré à l'Égypte, nous en dit plus qu'un long discours sur la méthode avec laquelle l'auteur mène ses recherches. Il s'intéresse ici à la religion et, par le biais des sacrifices offerts aux dieux, il en vient à évoquer la figure d'Héraclès. Cela lui fournit une occasion d'insister sur l'antériorité de la civilisation des Égyptiens sur celle des Grecs. On n'aura garde de négliger la notation chronologique et on comparera avec Eusèbe de Césarée et l'historiographie chrétienne (pp. 53-54).*

Cet Héraclès est, d'après ce qu'on m'a dit, l'un des douze dieux. Pour l'autre Héraclès, celui des Grecs, nulle part en Égypte je n'ai pu en entendre parler. Je puis du moins affirmer que les Égyptiens ne l'ont pas reçu des Grecs : ce sont plutôt les Grecs qui ont pris ce nom à l'Égypte, et plus précisément ceux des Grecs qui ont ainsi nommé le fils d'Amphitryon. J'en vois bien des preuves, entre autres celle-ci : les parents de cet Héraclès, Amphitryon et Alcmène, descendaient tous les deux d'Égyptos ; de plus, les Égyptiens ne connaissent, disent-ils, ni Poséidon ni les Dioscures, et ces divinités ne figurent pas au nombre de leurs dieux ; or s'ils avaient pris à la Grèce quelque divinité, ils auraient probablement gardé, plus que de tout autre, le souvenir de ces dieux-là, si dès cette époque ils s'aventuraient en mer et s'il y avait des marins chez les Grecs, comme je le suppose, – et la chose est sûre. Ces divinités leur seraient donc bien mieux connues qu'Héraclès. En fait Héraclès est pour les Égyptiens une divinité très ancienne : d'après eux c'est dix-sept mille ans avant le règne d'Amasis que les huit dieux primitifs ont donné naissance aux douze dieux, au nombre desquels ils placent Héraclès.

J'ai voulu demander à des personnes compétentes quelques précisions sur ce sujet et me suis rendu à Tyr en Phénicie, parce qu'il s'y trouvait, me disait-on, un sanctuaire d'Héraclès particulièrement vénéré. J'ai vu les offrandes riches et nombreuses qui ornent ce temple et, en particulier, deux stèles, l'une d'or fin, l'autre d'émeraude qui brille la nuit d'un vif éclat. J'ai pu m'entretenir avec les prêtres du dieu et leur ai demandé depuis combien de temps leur temple existait ; j'ai constaté alors qu'ils n'étaient pas non plus d'accord avec les Grecs : leur temple, me dirent-ils, remontait à la fondation de la ville, et leur ville était habitée depuis deux mille trois cents ans. J'ai vu là encore un autre temple d'Héraclès, invoqué sous le nom d'Héraclès Thasien. Je me suis alors rendu à Thasos où j'ai trouvé un temple d'Héraclès, élevé par des Phéniciens qui, partis sur mer à la recherche d'Europe, ont établi dans l'île une colonie, – et cela cinq générations d'hommes avant la naissance en Grèce de l'Héraclès qui est fils d'Amphitryon. Donc, mon enquête prouve clairement qu'Héraclès est un dieu fort ancien et, à mon avis, les Grecs les plus sages sont ceux qui ont deux sanctuaires différents dédiés à deux Héraclès et sacrifient à l'un comme à un immortel sous le nom d'Olympien, mais accordent à l'autre le culte dû à un héros.

Hérodote, *L'Enquête,* II, 43-44,
(trad. A. Barguet), « Bibliothèque de la Pléiade », Gallimard, Paris, 1964, pp. 159-160.

■ Thucydide rapporte un discours de Périclès à la gloire d'Athènes

L'originalité de Thucydide est liée, entre autres, à la présence dans son œuvre de nombreux discours. Le plus célèbre d'entre eux est l'éloge prononcé par Périclès à l'occasion des obsèques des premières victimes athéniennes de la guerre. Après avoir évoqué la bravoure des ancêtres puis souligné les qualités de tolérance, de lucidité et d'équilibre qui distinguent Athènes des autres cités, il poursuit :

Voilà en quoi notre cité est admirable. Mais il y a plus. Nous apprécions la beauté, sans pour cela aimer le faste et nous avons le goût des choses de l'esprit, sans tomber dans la mollesse. Nous usons de nos richesses en hommes d'action, comme de moyens, et non en hâbleurs, pour en faire parade. Il n'y a point de honte chez nous à avouer qu'on est pauvre, mais il y en a à ne rien faire pour sortir de cet état. Ceux qui participent au gouvernement de la cité peuvent s'occuper aussi de leurs affaires privées et ceux que leurs occupations professionnelles absorbent, peuvent se tenir fort bien au courant des affaires publiques. Nous sommes en effet les seuls à penser qu'un homme ne se mêlant pas de politique mérite de passer, non pour un citoyen paisible, mais pour un citoyen inutile. Nous intervenons tous personnellement dans le gouvernement de la cité au moins par notre vote ou même en présentant à propos nos suggestions. Car nous ne sommes pas de ceux qui pensent que les paroles nuisent à l'action. Nous estimons plutôt qu'il est dangereux de passer aux actes, avant que la discussion nous ait éclairé sur ce qu'il y a à faire. Une des qualités encore qui nous distingue entre tous, c'est que nous savons tout à la fois faire preuve d'une audace extrême et n'entreprendre rien qu'après mûre réflexion. [...]

En ce qui concerne la générosité, notre comportement est, là encore, à l'opposé des façons d'agir ordinaires. Ce n'est pas en acceptant les bons offices d'autrui que nous nous faisons des amis, mais en offrant les nôtres. Or un bienfaiteur est un ami d'autant plus sûr qu'il tient à conserver par de bons procédés les droits qu'il a à la reconnaissance de son obligé. Ce dernier au contraire se montre plus tiède, car il a conscience que tout acte généreux de sa part lui sera inspiré non par le désir de mériter la gratitude, mais par le souci de s'acquitter d'une dette. Ainsi, quand il s'agit de venir en aide à autrui, personne ne sait autant que nous écarter les calculs intéressés et bannir toute méfiance en s'assurant dans le sentiment de sa liberté.

En bref j'affirme que notre cité dans son ensemble est pour la Grèce une éducatrice. Je crois aussi que, à considérer les individus, un homme de chez nous sait trouver en lui suffisamment de ressources pour s'adapter aux formes d'activité les plus variées et cela avec une puissance de séduction et une aisance sans égales.

Thucydide, *Histoire de la guerre entre les Péloponnésiens et les Athéniens*, II, 39, 41 (trad. D. Roussel), « Bibliothèque de la Pléiade », Gallimard, Paris, 1964, pp. 813-814.

■ Polybe et la force de l'exemple : l'illustration des vertus romaines

A la fin du livre VI de ses Histoires, *dans lequel il a montré comment s'étaient développées les institutions romaines, Polybe décide de retenir un épisode particulier de l'histoire de Rome pour mieux faire ressortir « à l'aide des faits et pas seulement de commentaires » toute la vigueur et toute la grandeur de l'État romain à son apogée « de même que, pour faire connaître le talent d'un grand artiste, nous présenterions une de ses œuvres ».*

Lorsque, après sa victoire de Cannes, Hannibal se fut emparé du camp romain et des huit mille hommes qui le gardaient, il permit aux prisonniers d'envoyer une délégation à Rome en vue d'obtenir leur libération moyennant rançon. Les captifs désignèrent alors dix hommes choisis parmi les plus considérables d'entre eux et Hannibal, après leur avoir fait prêter serment de revenir, les laissa partir [...]. Les délégués arrivèrent à Rome et adressèrent au Sénat des prières instantes pour qu'on ne refusât pas à leurs camarades les moyens d'obtenir leur libération et qu'on permît à chacun d'eux de verser les trois mines moyennant lesquelles ils pourraient se retrouver parmi les leurs. Hannibal, dirent-ils, était prêt à les laisser aller à ce prix et les prisonniers méritaient bien cela, car ils n'avaient pas cédé à la peur durant le combat et n'avaient rien fait qui fût indigne de Rome. On les avait laissés à la garde du camp et, lorsque le gros de l'armée eut succombé dans la bataille, c'était en victimes des circonstances qu'ils étaient tombés aux mains de l'ennemi. Les Romains cependant, bien qu'ils eussent subi de graves revers sur les champs de bataille, bien qu'ils se trouvassent privés pour ainsi dire de tous leurs alliés, bien qu'ils s'attendissent à ce que, d'un moment à l'autre, leur patrie se trouvât directement menacée, écoutèrent les propos de ces prisonniers, mais, loin de céder à la mauvaise fortune, n'oublièrent pas ce qu'ils se devaient à eux-mêmes. Ils surent, comme il le fallait, prendre en considération toutes les données du problème. Ils comprirent qu'Hannibal, en agissant de la sorte, visait un double but : se procurer de l'argent et abattre l'ardeur combative de ses adversaires en leur faisant bien voir que, même vaincus, ils pouvaient espérer avoir la vie sauve. Aussi, loin d'accéder en quoi que ce fût à la requête de leurs concitoyens, ne tinrent-ils compte ni de la compassion que leur inspiraient les parents des prisonniers, ni des services que tous ces hommes pourraient rendre par la suite. En refusant de payer leurs rançons, ils déjouèrent les calculs d'Hannibal et le frustrèrent de ses espérances, tandis que, à l'intention de leurs soldats, ils décrétaient qu'on devait vaincre ou mourir sur le champ de bataille et qu'aucun espoir n'était permis aux vaincus.

Polybe, *Histoire,* VI, 58 (trad. D. Roussel), « Bibliothèque de la Pléiade », Gallimard, Paris, 1970, pp. 520-521.

2

L'histoire au temps des Romains

L'histoire au temps des Romains s'écrit aussi en grec, qui demeurera des siècles durant, même si le latin devait rivaliser progressivement avec lui, une langue de culture, ainsi que l'idiome parlé dans une partie non négligeable des territoires contrôlés par Rome. Cela était évident à l'époque de Caton l'Ancien (234-149 av. J.-C.) qui vitupéra cette invasion culturelle à la suite de laquelle les Romains, selon lui, risquaient de perdre leur âme. Cela se poursuivit tout au long de la période au cours de laquelle Rome exerça sa prépondérance comme en témoigne l'existence d'œuvres comme celles, entre autres, de Diodore de Sicile (90-15 av. J.-C.), Denys d'Halicarnasse (seconde moitié du Ier siècle av. J.-C.), Flavius Josèphe (37-100), Plutarque (48-125), Appien (90-165) ou Dion Cassius (155-230), pour ne citer que les principaux.

Profondément marquée, surtout en ses débuts, par le modèle hellénistique, l'histoire apparut d'abord à Rome comme une affaire, sinon un délassement, de politiciens à la recherche de leurs racines avec tous les risques que cela peut induire au niveau de la récupération. Le cas limite étant celui de César qui pervertit à des fins personnelles, et avec un talent indéniable, le modèle thucydidien de l'histoire immédiate.

C'est avec Tite-Live (64-59 av. J.-C.–17 ap. J.-C.), le seul historien professionnel d'envergure que nous rencontrerons sur notre chemin que nous terminerons le premier chapitre que nous consacrerons à l'histoire au temps des Romains. D'abord, parce que son œuvre constitue la synthèse, en les surpassant, de toutes les œuvres précédentes ayant eu l'ambition de traiter de l'histoire de Rome « ab urbe condita » *(« depuis la fondation de la ville »). Ensuite, parce que même si cette référence n'est plus qu'un alibi de plus en plus maltraité par les faits, Tite-Live est le dernier historien « républicain », c'est-à-dire pouvant s'exprimer avec une liberté d'autant mieux tolérée par le pouvoir politique de son temps qu'elle correspondait aux valeurs patriotiques et moralisantes que celui-ci avait la volonté de faire respecter.*

Après Auguste (63 av. J.-C. – 14 ap. J.-C.), les empereurs badineront d'autant moins avec leur autorité désormais divinisée qu'ils seront soucieux de leur image publique. Bien sûr, comme le dira si bien Chateaubriand (1768-1848), « c'est en vain que Néron prospère, Tacite est déjà né dans l'Empire », mais Tacite prenait des précautions et jusqu'à Ammien Marcellin (332-397), le dernier des grands historiens de l'Antiquité, tous feront de même. L'histoire pendant la période impériale se fera donc sous l'empire surtout de la peur et de l'auto-censure.

LES HISTORIENS DE LA RÉPUBLIQUE

Dans le domaine de l'histoire, également, Rome fut donc l'héritière de la Grèce et quand Polybe fut déporté à Rome en 167 av. J.-C., l'histoire, tout comme la littérature en général, n'en était qu'à ses prémices. Les sources disponibles étaient principalement constituées par les *Annales maximi* où étaient inscrits, année par année, les faits principaux, mais les plus anciennes avaient été détruites lors de l'invasion gauloise de 387 av. J.-C. A cela s'ajoutaient les archives privées des grandes familles patriciennes, retouchées souvent pour les besoins de la cause et donc d'une fiabilité douteuse.

Une histoire de sénateurs

❑ ***Les initiateurs: Fabius Pictor et Caton l'Ancien.*** Comme on pouvait s'y attendre, ce fut encore par le biais de la poésie épique que les événements du passé furent d'abord évoqués. Naevius (v. 270-201 av. J.-C.) s'efforça de donner à Rome une épopée nationale en faisant remonter l'inimitié avec Carthage à la légende d'Énée et de Didon dans son *Bellum Punicum.* Une génération plus tard, Ennius (239-169 av. J.-C.), s'inspirant du modèle homérique, écrivit en vers, avec ses *Annales,* une histoire romaine en XVIII livres allant d'Énée jusqu'à la guerre d'Étolie dont il ne subsiste qu'environ 500 vers.

C'est alors que les premières œuvres de caractère proprement historique virent le jour. Pourtant le premier véritable historien romain, imprégné du modèle hellène d'une histoire documentée à vocation morale et désireux sans doute, dans le contexte glorieux de la fin du IIIe siècle, de mieux faire connaître Rome et son passé aux publics cultivés du pourtour de la Méditerranée, préféra s'exprimer en grec. Il s'appelait Q. Fabius Pictor et était membre du Sénat, comme bon nombre de ceux dont nous allons évoquer les œuvres. Il écrivit des *Annales* aujourd'hui disparues où il remontait aussi à Énée mais traitait également des événements contemporains. Pour la datation, il utilisait à la fois le système des olympiades, d'origine grecque, et les années des consuls.

D'autres historiens suivirent l'exemple de Fabius Pictor, mais le premier à s'exprimer en latin, et cela n'est pas une surprise, fut le champion de l'identité culturelle romaine, Caton l'Ancien. Parmi ses nombreux ouvrages, dont seul le *De agricultura* nous est parvenu, figurent également les sept livres des *Origines*, dont il nous reste quelques fragments. Il y traitait non seulement de l'histoire de Rome depuis la fondation de la ville, mais également de celle de la péninsule italienne jusqu'aux derniers mois de sa vie. Il s'était documenté consciencieusement et l'on trouvait dans cette œuvre, conçue pour faire vibrer le sentiment national et lutter contre la dégénérescence des mœurs, un souci d'expliquer les faits et d'apporter des informations concrètes, qui n'était pas étranger aux fonctions politiques qu'il avait occupées. Il s'en dégageait aussi une volonté bien arrêtée d'affirmer qu'il appartenait aux Romains d'écrire eux-mêmes dans leur langue l'histoire de leur patrie.

❑ ***L'empreinte des Annales.*** Caton devait faire école mais ses successeurs furent d'une grande médiocrité. Leurs œuvres se ressemblent dans la mesure où, après avoir traité chronologiquement de façon sommaire des événements les plus reculés, ils s'attardaient davantage sur les faits moins anciens dont ils avaient été les témoins ou dont ils avaient pu prendre connaissance, soit en consultant les ouvrages de leurs prédécesseurs, soit en recueillant souvenirs ou traditions orales, soit enfin en inventant au gré de leur imagination. C'est ainsi que dans la seconde partie du second siècle, on vit apparaître des historiens comme C. Gellius, qui s'inspira des *Annales Maximi* dont il combla les intervalles d'inventions de son cru, Calpurnius Piso, sensible à la vocation morale de l'histoire, ou C. Fannius, d'abord partisan des Gracques puis passé dans le camp adverse.

Après celui-ci, L. Coelius Antipater innova en se refusant de remonter aux origines et en se cantonnant dans un sujet limité et moins passionnel, une étude sérieuse mais boursouflée de la seconde guerre punique, celle contre Hannibal. Il n'en va pas de même de Sempronius Asellio, qui fut tribun militaire au siège de Numance. S'inspirant de Polybe pour écrire l'histoire de son temps, il entendit marquer la différence qui existait entre lui et les autres historiens : « Nous ne nous contentons pas d'énoncer ce qui s'est fait ; nous voulons aussi montrer comment et pourquoi cela s'est fait. [...] Car les Annales ne peuvent nullement ni encourager à défendre l'État, ni décourager de mal faire. Écrire qu'une guerre a commencé en telle année et s'est achevée en telle autre sans parler entre-temps ni des délibérations du Sénat [...] ni de la politique en général, c'est raconter des fables aux enfants, ce n'est pas faire œuvre d'historien ». En 133 av. J.-C., P. Mucius Scaevola n'en procéda pas moins à une publication des *Annales Maximi*, mettant ainsi les archives de la République à la portée d'un public cultivé plus large.

A l'époque de Sylla, la tradition annalistique fut poursuivie de manière conventionnelle, consensuelle et patriotique par Claudius Quadrigarius. Avec Valerius Antias, auteur d'une *Histoire romaine* en 75 livres, on atteint le niveau le plus bas de l'historiographie. Il supplée l'absence de sources en inventant des documents de toutes pièces et en recourant à une imagination tellement débordante que même Tite-Live, pourtant bon public, finit par s'en émouvoir. Beaucoup plus fréquentable, L. Cornelius Sisenna (120-67 av. J.-C.), imitant Clitarque dans une *Histoire de son temps*, témoigne cependant d'un louable souci d'information pour raconter la guerre sociale et la lutte entre Marius et Sylla vers qui penchent ses préférences.

Reprenant, enfin, en l'élargissant et en l'actualisant, l'ancienne tradition des archives familiales, des hommes politiques en vue se décidèrent à partir de la fin du IIe siècle av. J.-C. à écrire leurs Mémoires comme Æmilius Scaurus, consul en 115 av. J.-C. et « prince du Sénat » et P. Rutilius Rufus, dont Salluste s'inspirera. On y ajoutera les noms de Q. Lutatius Catulus, le vainqueur des Cimbres et naturellement, de Sylla.

❑ ***L'opinion de Cicéron (106-43 av. J.-C.).*** Ainsi en l'espace d'un peu plus d'un siècle, le genre historique s'était-il peu à peu dégagé de sa forme annalistique primitive pour donner naissance à des œuvres plus documentées cherchant, avec un bonheur inégal, à faire la lumière sur des événements encore proches. Le moment était venu d'une réflexion théorique sur le sujet. Il était impensable que Cicéron ne s'en chargeât pas.

Malgré les sollicitations de ses amis, aucun ouvrage de caractère historique ne sortit de sa plume, ce qui ne l'empêcha pas d'évoquer, et parfois de manière à première vue contradictoire (lettre à L. Lucceius), le problème de l'historiographie.

« *Historia*, avait-il écrit dans le *De Inventione*, en attribuant à ce mot l'acception qui prévaudra à la longue, *est gesta res ab aetatis nostrae remota* (le récit des faits éloignés de notre époque)». Mais c'est dans le *De oratore* qu'il revient plus en détail sur la question en se livrant d'abord à une critique des historiens romains précédents, puis en expliquant comment, selon lui, l'histoire devrait être élaborée.

Quand on connaît la répugnance de Cicéron à l'égard de la « régularité monotone des Annales dont la lecture nous fait autant d'effet que celle des calendriers officiels » (Lucceius), on ne sera pas surpris d'apprendre que c'est en s'inspirant le plus étroitement possible du traitement que la rhétorique applique à la réalité. Cicéron marque bien ici la différence entre les *monumenta,* c'est-à-dire les informations par nature fragmentaires concernant les dates, les personnes, les lieux et les circonstances, qui relèvent des Annales et ce qu'il appelle les *ornamenta.* Par ce mot, il désigne le résultat de l'élaboration, de préférence plausible, que l'historien fait subir à cette matière première et il estime que c'est en fonction de ce critère que le travail de celui-ci doit être jugé. En effet si « chacun sait évidemment que la première loi de l'historiographie est de ne pas se permettre de dire quoique ce soit de faux, et la seconde, de ne pas se retenir de dire quoi que ce soit de vrai, et qu'il ne doit se trouver aucun indice de partialité ou de malveillance », le lecteur est en droit d'exiger que cette information soit exprimée sous une forme et dans un style répondant aux canons de l'*inventio* et de la *narratio.* Il s'ensuit que le seul historien digne de ce nom sera celui qui est familiarisé aux subtilités de la rhétorique : « L'histoire, témoin des siècles passés, flambeau de la réalité [...] interprète du temps jadis ; quelle voix sinon celle de l'orateur, peut la rendre immortelle ?»

César ou les débuts de l'histoire médiatique

Si César (100-44) entre parfaitement dans les canons polybiens, selon lesquels il n'y a d'histoire authentique que celle émanant de responsables politiques, il est évident qu'il n'y a aucune mesure entre sa personnalité, qui est celle d'un des personnages les plus marquants de l'histoire du monde occidental, et celle des historiens dont nous évoquons l'œuvre dans ce livre. Le fait, par ailleurs, que ce soit lui qui ait accompli les faits et gestes dont il rend compte implique évidemment que l'histoire de César est à nulle autre pareille. L'on est pourtant obligé de constater que l'histoire en tant que telle y gagne moins qu'on aurait pu le croire puisque, comme acteur et ordonnateur de sa propre légende, il se sert plus d'elle pour sa gloire qu'il n'œuvre à la réputation de celle-ci, appelée à la rescousse par la politique ou l'idéologie en des combats ayant peu en commun avec elle. Comment ne pas souligner, enfin, que les *Commentarii* sont la pierre fondatrice de notre historiographie nationale et que cela aurait pu mieux commencer.

❑ ***Genèse et caractères des* Commentarii.** Il n'est pas question de narrer ici par le détail la vie de César, et si l'on voulait résumer l'homme en un mot, celui de surdoué viendrait immédiatement à l'esprit. César a écrit un certain nombre d'ouvrages variés dont seuls subsistent aujourd'hui ceux de nature historique, les *C. Julii Caesaris commentarii rerum gestarum, Bellum Gallicum* et les trois livres de ce que l'on appelle le *De Bello Civili.* Plutôt court et divisé en huit livres, dont le dernier est dû à la plume de Hirtius, un de ses proches collaborateurs, les *Commentarii* exposent chronologiquement (un livre par année) les exploits guerriers du grand homme de 58 à 50 av. J.-C. On notera par ailleurs que, même si l'essentiel des actions se déroule dans le quadrilatère limité par la Seine, la Manche, le Rhin et la Meuse, l'œuvre nous conduit dans à peu près toutes les régions de la France actuelle à l'exception de celles déjà placées sous administration romaine.

Ce n'est pas par hasard si l'ouvrage s'intitule *Commentarii*, ce qui signifie « notes ». Le but avoué de César au départ, n'était, en effet, tout modestement, que de fournir des *« monumenta »*, d'où le recours à la troisième personne, à ceux qui éventuellement désireraient écrire sur ces « grands événements ». Mais, comme le note Hirtius, « ils ont rencontré une admiration tellement unanime que, loin d'avoir fourni aux historiens cette possibilité, ils les en ont plutôt privés » (VIII). Il semble que la rédaction de l'œuvre ait été expédiée en trois mois à la fin de l'année 52. Il en résulte des inconvénients qui se traduisent par des négligences et des contradictions. L'auteur est, enfin, moins intéressé par l'analyse des caractères, qui prend du temps, encore que ceux-ci se révèlent dans les dialogues (Diviciacos, Arioviste), que par la relation des combats où il s'affirme comme incomparable.

C'est qu'avec César, nous avons affaire à un cas d'espèce. Pour la première fois depuis que nous étudions des œuvres historiques, l'auteur est à lui-même sa principale source d'information : soit par les rapports qu'il a envoyés au Sénat, soit par ses souvenirs, soit par les notes qu'il a pu prendre juste après les événements. A cela, il convient d'ajouter les conversations qu'il a pu avoir avec ses légats, envoyés à plusieurs reprises en expédition loin de lui (Labienus, Galba, Cicéron [le frère], Crassus [le fils], Brutus, Fabius, Marc-Antoine), les renseignements de ses espions (VII, 77) ou de ses agents, ainsi que les œuvres géographiques portant sur les mœurs des Gaulois et des Germains qu'il a insérées dans son ouvrage (notamment au Livre VI) sans toujours les vérifier (VI, 26-28). Ainsi, avec César, le protagoniste et l'historien ne font-ils qu'un, ce qui permet au second de parler en connaissance de cause, mais aussi au premier de profiter de ce privilège inestimable, mais dangereux, dans la mesure où il peut modifier la réalité des faits à sa convenance. César, bien sûr, ne s'en privera pas et il sera critiqué ultérieurement par plusieurs historiens, comme Asinius Pollion, pour les guerres civiles, ou Dion Cassius.

Il convient d'ajouter qu'avec sa langue, élégante, nerveuse, alliant clarté et concision, et compréhensible par tous, bref le contraire de l'histoire rhétoricienne, César est un maître du récit. Il s'y entend merveilleusement pour tenir ses lecteurs en haleine (notamment dans les livres I et VII et la fin du VI) en leur donnant à plusieurs reprises l'impression que l'adversaire, dont il ne mésestime jamais ni le nombre (II, 4), ni les vertus guerrières, va l'emporter, avant de leur concocter un dénouement à la gloire des armées romaines (IV, 15) et... de lui-même. Car, à vaincre sans péril...

Mais ce modèle de « style impassible » se montre également un virtuose de l'esquive quand il s'agit de masquer les cheminements de ses ambitions, comme dans son intervention contre les Helvètes (I, 1-10) dont la migration provoquera la suite des événements par une réaction en chaîne. Il en va de même quand il lui faut camoufler ses déboires, quand on doit augmenter les effectifs (VI, 1), ses demi-succès, avec ses incursions outre-Rhin (IV, 19) ou outre-Manche (IV, 38), et de manière plus globale, les ratés de sa politique gauloise avec la grande révolte de 52 av. J.-C. (Livre VII).

❑ ***Du bon usage de la Gaule et des Gaulois.*** Les *Commentarii* de César ne sont donc pas l'œuvre d'un général en demi-solde qui emploierait ses loisirs forcés à écrire des mémoires où il se donne le beau rôle. Ils constituent, au contraire, l'une des plus puissantes œuvres de propagande qui ait jamais été écrire (M. Grant, 1970). Dans une conjoncture politique houleuse, il s'agit pour lui, en effet, de fournir aux Romains sa vérité sur ce qui s'est passé en Gaule, de révéler les trahisons (I, 44) qui ont risqué de compromettre la grandiose entreprise (VII, 1) et de répondre à toutes les rumeurs malveillantes qui ont été colportées par ses ennemis durant ses absences. Il s'agit enfin de démontrer, ce qui n'était pas alors évident, que dans le domaine des armes César n'a rien à envier à personne, pas même à Pompée.

Dans une Gaule et face à des adversaires qui n'avaient pas laissé que de bons souvenirs aux Romains (III, 20), il se pose donc en redresseur de l'honneur national. Il flatte l'amour-propre de ses concitoyens en proclamant leur supériorité sur ces barbares dont il souligne le côté fourbe et terrifiant (sauf pour lui bien sûr), ce qui lui permet, en passant, d'ajuster quelques coups de griffe (« Dans tout le camp, on ne faisait que sceller des testaments », I, 39). Il s'attarde sur tout ce qui les dévalue par rapport aux Romains, ce qui, nous le verrons, agacera Pasquier (1529-1615). C'est ainsi que, même s'il leur concède, comme à tous les hommes, l'amour de la liberté (III, 10), les Gaulois sont présentés comme des êtres versatiles, impulsifs, pusillanimes (IV, 5), crédules (VI, 20), superstitieux et n'hésitant pas à pratiquer des sacrifices humains (VI, 16), divisés en clans rivaux jusque dans leurs foyers (VI, 11) et considérant les gens du peuple comme des esclaves (VI, 13).

On ne sera pas surpris qu'il fasse preuve de moins d'esprit critique quand il s'agit de lui et, une fois refermé l'ouvrage, il est difficile, même pour le lecteur le plus réticent, de ne pas être persuadé que César est un personnage formidable né pour sortir le peuple romain de la crise politique dans laquelle il se débat. César vu par César, c'est le général aux nerfs d'acier sur qui retombent toutes les responsabilités (II, 20) mais qui y fait face avec succès (IV, 13). C'est le chef prudent (II, 8), proche de ses hommes (VII, 19), sachant reprendre ses troupes en mains (I, 40), n'hésitant pas à payer de sa personne quand il le faut (II, 25), sévère mais juste à l'égard des erreurs de ses subordonnés (VII, 52). C'est le stratège à l'œil infaillible (VII, 85) dont la rapidité déconcerte l'adversaire (II, 12). C'est l'observateur clairvoyant (IV, 13), le négociateur subtil qui ne s'en laisse pas compter et qui sait faire respecter le nom de Rome (I, 33-36), le proconsul à l'autorité souveraine qui sait voir plus loin que la victoire (I, 28), faire preuve le cas échéant de générosité à l'égard des vaincus (II, 28) et protéger les amis de Rome (I, 43). C'est le patriote convaincu qui ne manque jamais une occasion de lier son action individuelle à la mission civilisatrice de Rome (IV, 17) et de maintenir la renommée de celle-ci au-delà des frontières (IV, 16). C'est, enfin et surtout, le favori de la Fortune, comme il n'hésite pas à le proclamer devant ses troupes démoralisées (I, 40). Bref, César, c'est l'inventeur du culte de la personnalité sans intermédiaire et il n'est pas étonnant dans ces conditions que les *Commentarii* aient été depuis le XVIe siècle le bréviaire des grands capitaines et des apprentis dictateurs, du moins des plus cultivés d'entre eux.

Salluste et la fin de la République

❑ ***Salluste (87-35 av. J.-C.).*** Après César, dont il fut le protégé, et dans un registre à la fois comparable par le contenu (troubles intérieurs et « guerres coloniales ») mais foncièrement différent sur le plan de l'écriture de l'histoire, C. Sallustius Crispus est considéré comme le premier véritable grand historien romain. Il reste de lui deux ouvrages : un *De Catilinae Coniuratione* relatif aux événements de 64-63 ap. J.-C. et un *De Bello jugurthino* qui traite de la guerre engagée par Rome contre le chef numide Jugurtha (111-105 av. J.-C.). A cela il convient d'ajouter des fragments de cinq livres d'*Historiae* sur les années 78-67 av. J.-C. dont il ne nous reste plus que des fragments. Comme César, mais dans un cadre chronologique beaucoup plus souple et beaucoup plus flou, et à propos d'événements moins immédiats, Salluste se situe dans la lignée de ceux qui ont rompu avec les annalistes de l'ancienne école pour se concentrer sur les « périodes les plus dignes de mémoire » (*Catilina*, IV). Mais son œuvre s'inscrit également dans un contexte socio-politique, celui des luttes dont le pouvoir était alors l'enjeu. L'histoire de Salluste est donc engagée, mais il a du moins la franchise d'annoncer la couleur d'emblée. Elle est aussi, et c'est plus paradoxal compte tenu de la personnalité de l'auteur, ouvertement moralisatrice.

Cela est évident dès le *Catilina* où les conjurés sont présentés comme de jeunes nobles débauchés, irresponsables et sans scrupules et où la part prise par Cicéron dans la défense des institutions est minimisée tandis que César est dédouané de ses compromissions. Bien que reposant sur des appréciations plus impartiales, comme l'hommage rendu à Métellus, l'enseignement que Salluste tire de la guerre contre Jugurtha est comparable. Si le conflit traîne en longueur, c'est parce que des membres influents du Sénat se sont laissés acheter, ce qui provoque la colère du peuple. Pour sortir de ce guêpier, il faudra tout le courage et l'énergie de Marius, général plébéien et fier de l'être (LXXXV, 13).

Il n'en demeure pas moins vrai que Salluste est un historien consciencieux. Sa documentation est variée et abondante. Pour le *Catilina*, il a su tirer parti de sa fréquentation des milieux politiques et pour le *Jugurtha*, il a utilisé avec beaucoup d'habileté sa connaissance du terrain et des hommes acquise lors de son séjour en Afrique. Il pratique une histoire complète où l'analyse du contexte dans lequel se produisent les événements et des motivations des uns et des autres n'est pas sacrifiée à la narration des péripéties. Le style est très travaillé, tantôt avec des tournures archaïques qui lui donnent de la grandeur, tantôt familières et populaires. Mais la recherche de l'effet ou de la formule frappante ne se fait pas aux dépens de la clarté ou de la vigueur de l'expression ni du rythme du récit qui va toujours à l'essentiel.

Enfin, ce que Salluste a apporté à l'histoire romaine, et cela d'une manière assez différente de celle de son modèle Thucydide, auquel il emprunte le procédé des discours comme moyen d'exposer les données d'une situation ou les sentiments d'un individu, c'est un éclairage psychologique d'une grande pénétration puisé à son expérience des relations humaines.

❑ ***Biographies et compilations.*** Avec l'augmentation de l'intensité des troubles et l'incertitude des lendemains, le passé avec sa part de rêve et de régression nostalgique devenait une valeur-refuge. Le recours à l'histoire permettait également de fournir à des élites désorientées les données nécessaires pour retrouver leur identité et aux fossoyeurs de la République le ciment idéologique indispensable pour reconstruire autour de leurs personnes les fondements de la communauté nouvelle. L'heure était aux grands exemples, aux bilans, aux compilations et à la recherche des origines, bref à tous ces ingrédients dont l'œuvre de Tite-Live réussira la magistrale synthèse.

Originaire d'une famille aisée de la Gaule cisalpine, ami de Catulle (87-54 av. J.-C.), Cornelius Nepos (v. 94-v. 24 av. J.-C.) se consacra principalement à la biographie des grands hommes que l'Antiquité avait connus. Auteur d'un *De viris illustribus*, dont il ne nous reste plus que les *Vies des grands capitaines des nations étrangères* ainsi que d'une vie de Caton l'Ancien et de son ami Atticus, son meilleur ouvrage, il échappe à l'insipidité par son talent de narrateur.

Avec Diodore (v. 90-v. 20 av. J.-C.), nous revenons au modèle annaliste, mais étendu aux dimensions du bassin méditerranéen et avec même des pointes jusqu'en Inde ou en Éthiopie. Né à Agyrium, en Sicile, mais ayant vécu longtemps à Rome, il consacra sa vie à l'élaboration, sous le titre de *Bibliothèque historique*, d'une histoire universelle allant des temps mythiques jusqu'à l'époque de César. Il nous reste les Livres I-V traitant de l'histoire ancienne des peuples orientaux ainsi que les Livres XI-XX relatifs à la période 480-302 av. J.-C., et donc très intéressants en ce qui concerne les débuts de la République romaine. Faisant preuve de beaucoup de sérieux, il effectua plusieurs voyages et mêla ses observations faites sur le terrain à la lecture d'un grand nombre de ses prédécesseurs qu'il reprend consciencieusement. Malgré de nombreuses erreurs et un côté hétéroclite, l'œuvre est une mine de renseignements irremplaçables pour l'étude du passé des États du pourtour méditerranéen, mais également pour celle de la mythologie, de la géographie et de l'ethnographie des peuples concernés.

Autre compilateur et polygraphe, Denys d'Halicarnasse (Ier siècle av. J.-C.) vint s'installer à Rome dans les « années trente ». Il y fréquenta les milieux aristocratiques et composa de nombreux ouvrages ayant trait à la rhétorique, et notamment aux anciens orateurs grecs, à la littérature et à l'histoire. Il est surtout connu par ses *Antiquités romaines* qui traitent de l'histoire de Rome depuis ses origines mythiques jusqu'à la première guerre punique et dont il subsiste la première moitié. Malgré ses naïvetés, c'est un ouvrage précieux dans la mesure où l'on y trouve une foule d'informations tant dans le domaine de la religion que dans ceux des institutions ou de la vie privée dans la cité archaïque.

Tite-Live

❑ ***L'historien comme metteur en scène.*** « A force de raconter l'histoire des anciens temps, écrivit-il un jour, mon âme est devenue antique » (XLIII, 13). Cette formule nous en apprend plus sur la personnalité de Tite-Live (64-59 av. J.-C. – 17 apr. J.-C.) que le récit de son existence, que nous connaissons mal. Né dans une riche famille de Padoue, il se rend à Rome et se lance à partir de 31 av. J.-C., puis régulièrement après 27 av. J.-C., dans la rédaction de son histoire qui allait l'occuper jusqu'à la fin de ses jours. Intitulée *Ab urbe condita libri* et ne comptant pas moins de 142 livres, cette œuvre colossale s'étend depuis la fondation de Rome (pour nous, 753 av. J.-C.) jusqu'à la mort de Drusus (9 av. J.-C.). Au cours des siècles suivants, on adopta une division en décades plus pratique pour découvrir le plan d'un tel monument dont les trois quarts, malheureusement, ne nous sont pas parvenus.

Le respect devant l'importance du travail accompli n'est pas en cause, mais il est évident que la volonté de Tite-Live de remonter jusqu'aux origines de Rome posait des problèmes de sources difficilement solubles pour les premiers siècles de l'histoire de la ville, expédiés d'ailleurs dans la première décade : « Je serais satisfait si ce qui ressemble à la vérité était tenu pour vrai » (V, 21). L'ennui est que lorsqu'il arrive à des périodes moins démunies en documentation, il s'accommode du même laxisme, qui n'est désormais plus de mise, et que l'ampleur de son projet constitue une excuse facile pour recourir systématiquement à des ouvrages de seconde main, même quand des documents sont disponibles. Il n'en demeure pas moins vrai qu'il a réuni une masse impressionnante de détails sur le fonctionnement des institutions romaines. D'ordinaire, pour chaque période, il suit de très près, en ne les citant généralement pas, une ou deux sources : panégyriques de grandes familles désireuses de célébrer l'ancienneté et les exploits de leurs membres (II, 48-50) ou historiens parfois d'opinion opposée (IV, 23), comme Polybe dont il ne saisit pas l'importance. Il n'est pourtant pas totalement dénué de sens critique à leur égard (IV, 26) mais la vérification n'est pas son fort et, de toute manière, son principal souci est d'écrire dans le goût de l'époque (XXVII, 38).

En fait, ce qui l'intéresse, c'est que ses sources fournissent à son imagination, plus à l'aise dans l'analyse psychologique que dans la description des réalités matérielles, une matière première événementielle à laquelle il va donner sous forme d'une succession de tableaux soigneusement ordonnancés une dimension esthétique et une signification axiologique. Cette recherche de l'anecdotique peut même se révéler positive quand, à propos des temps les plus reculés, pressentant l'importance du contexte religieux, il rassemble toute une série de légendes qui contiennent des informations irremplaçables sur les origines de Rome. Avec Tite-Live, qui suit dans le domaine stylistique les préceptes formulés par Cicéron et pour qui l'art du récit l'emporte sur le fond, nous avons donc avant tout affaire à un maître de l'histoire narrative réputé pour l'abondance et la richesse de sa prose (la *lactea ubertas* célébrée par Quintilien, 35-100). Le style évoluera avec le temps : plus familier dans les premiers livres, plus majestueux dans la troisième décade où il atteint à une grandeur vraiment épique, mais toujours limpide, charpenté et coloré. Tite-Live y témoigne d'un sens dramatique (XXX, 30), voire pathétique de la mise en scène issu de la tradition hellénistique, notamment dans les scènes de bataille ou de panique (V, 38-48) et d'un don étonnant pour rendre palpable l'impression émotionnelle du moment vécu. S'y ajoutent une grande pénétration psychologique dans de nombreux portraits (Camille, Marcellus, Hannibal, Scipion l'Africain) et plus de 400 discours (12 % du texte préservé) généralement fictifs, mais restitués ou imaginés avec un souci constant de la vraisemblance pour permettre de mieux faire apparaître les différentes facettes d'une personnalité (XXVIII, 26).

❑ ***L'Histoire et la Légende.*** Tite-Live s'est clairement expliqué à propos de ses intentions dans sa Préface : « Ce qu'il faut, selon moi, étudier avec toute l'ardeur et l'attention dont on est capable, c'est la vie et les mœurs d'autrefois, ce sont les grands hommes et la politique, intérieure et extérieure, qui ont créé l'empire. Puis, avec le relâchement insensible de la discipline, on suivra par la pensée d'abord une sorte de fléchissement des mœurs, puis un affaissement progressif et enfin un mouvement d'effondrement rapide jusqu'à nos jours, où la corruption et ses remèdes sont également intolérables. Ce que l'histoire offre surtout de salutaire et de fécond, ce sont les exemples instructifs de toute espèce qu'on découvre à la lumière de l'ouvrage : on y trouve pour son bien et celui de son pays des modèles à suivre ; on y trouve des actions honteuses tant par leurs causes que par leur conséquence et qu'il faut éviter ». Comme on le voit, Tite-Live a introduit aussi la longue durée dans l'histoire moralisatrice.

Fondée sur la reconstruction fantasmatique d'un âge d'or mythique n'ayant que peu de rapport avec les réalités du passé, l'histoire est considérée comme une forme d'exaltation nationaliste non dépourvue d'un conservatisme conformiste. Favorable à l'action du Sénat et hostile à l'égard de toute avancée de caractère social (les lois agraires et notamment l'action des Gracques au IIe siècle av. J.-C.), il estime que la plèbe a toujours tendance à prêter une oreille trop attentive aux propos démagogues des ambitieux (VI, 11-20), mettant ainsi en péril la mission civilisatrice de Rome. Son œuvre constitue aussi un répertoire de thèmes convenus, de réflexions édifiantes sur la décadence morale des États, dont il fait remonter les prémices au début du IIe siècle av. J.-C. quand Rome fut inondée du butin saisi lors de la guerre contre les Galates (XXXIX, 6).

On ne cherchera naturellement pas chez lui l'impartialité, surtout dans le regard dépourvu d'aménité qu'il porte sur les ennemis de Rome et, à cet égard, on se situe aux antipodes de l'attitude adoptée par Hérodote ou Thucydide. Face à l'hellénisme, naufrageur des vertus romaines traditionnelles, le nationalisme et, plus encore, la « Romanité » de Tite-Live sont éclatants. Il s'en dégage, parfois aux dépens de la vérité historique manipulée pour les besoins de la cause, le portrait du Romain idéal : travailleur, frugal, père de famille respecté (VII, 5) mais inébranlable (VIII, 7), courageux au combat, tenace dans l'adversité (XXII, 61), modéré et réaliste dans la victoire (XXX, 42), allergique à la monarchie (IV, 13-16), respectueux des lois (VI, 16) et de la religion et dont la ferveur patriotique pouvant aller jusqu'au sacrifice (X, 28) en fait l'incarnation « d'un peuple qui est le souverain de l'univers » (Préface), le symbole de la grandeur de Rome et l'artisan de son triomphe sur les autres puissances.

Car si Tite-Live croit à la chance *(Fortuna)*, s'il admet l'existence d'un destin *(Fatum)* que l'on ne peut éviter, s'il évoque à plusieurs reprises la bienveillance des dieux, il n'oublie pas d'y adjoindre les mérites des hommes (« Mais les dieux et les hommes ne permirent pas que les Romains vécussent rachetés. [...] Déjà la Fortune avait tourné, déjà la puissance divine et la sagesse humaine étaient pour Rome », V, 49). Ainsi, pour lui, le rôle de l'Histoire est de rappeler que ce sont, en dernier lieu, les qualités morales d'un peuple qui forgent son destin et que c'est à Rome, à une certaine époque, que ces qualités morales se sont exprimées avec le plus de grandeur et pour le plus grand bien de l'humanité.

L'EMPIRE DE LA PEUR

Sous le règne d'Auguste, Tite-Live avait pu profiter des ambiguïtés du régime pour s'exprimer avec d'autant plus de liberté que le contenu idéologique de son histoire coïncidait avec les aspirations du pouvoir. Pourtant Labienus avait déjà vu ses ouvrages brûlés par la main du bourreau. Le masque fut jeté sous Tibère et Cremutius Cordus qui avait appelé Cassius, l'un des meurtriers de J. César, « le dernier des Romains » dans son *Histoire des guerres civiles*, paya de sa vie cette audace insupportable. On ne sera donc pas surpris si les œuvres de cette période reflètent les voies dans lesquelles, pour un historien, il convenait de s'engager pour ne pas encourir l'ire des puissants et si, à quelques exceptions près, l'ère des Césars fut une période peu favorable pour l'historiographie. Après la parenthèse tacitienne, somptueuse mais solitaire, il en sera de même, mais de façon plus surprenante, au cours de celle des Antonins. La situation ne fera que se détériorer au cours des siècles suivants qui ne feront que confirmer cette longue décadence, seulement interrompue, à la fin du IVe siècle, par l'œuvre d'Ammien Marcellin (332-397), représentant du bref et ultime retour aux valeurs de la culture païenne incarné par son protecteur, l'empereur Julien. Mais, comme nous le verrons dans la troisième partie, une autre histoire était déjà en train de s'élaborer grâce aux efforts des chrétiens qui avaient compris l'importance de l'enjeu que constitue pour une société la conquête et le contrôle du passé.

Le temps des Césars

❑ ***La dictature de la censure.*** Elle eut des effets immédiats. L'époque d'Auguste avait été, sauf peut-être en philosophie, un âge d'or sur le plan intellectuel. La période qui suivit fut beaucoup moins brillante, notamment dans le domaine délicat de l'historiographie où chacun essaya, selon sa position et son tempérament, de s'adapter aux conditions qui prévalaient.

Velleius Paterculus (né v. 19 av. J.-C.), ancien officier reconverti dans la politique, choisit celle de l'adulation. Dans ses *Historiae romanae Libri duo,* abrégé de l'histoire de Rome depuis les origines jusqu'en 30 ap. J.-C., les faits et gestes de Tibère, son ancien général, font l'objet d'une louange systématique. Partisan d'un pouvoir fort, il critique toutes les agitations de caractère populaire qui dans le passé ont mis en danger le sort de l'État. L'œuvre, qui s'inscrit dans la tradition classique de l'historiographie romaine, et dont une partie seulement nous est parvenue, n'est pourtant pas sans mérites. Historien conformiste à l'inspiration un peu courte mais allant à l'essentiel, Velleius Paterculus souffrira toujours, et peut-être à tort, de s'être trouvé en contradiction avec Tacite à propos du personnage de Tibère.

Avec ses *Factorum et Dictorum memorabilium Libri IX*, Valère Maxime, autre admirateur patenté de Tibère, choisit la voie encore plus sécurisante du recueil d'anecdotes pittoresques groupées par catégories et présentées dans un style fleuri qui feront le bonheur des orateurs en mal d'inspiration.

Quant à Quinte-Curce, dont on ignore tout de l'existence, il exploita l'inépuisable filon de l'histoire romanesque avec son *Histoire d'Alexandre le Grand.* Puisant sans beaucoup de discernement ses informations chez les historiens grecs (Clitarque, Timagène), il se recommande en revanche par des qualités de composition et de style à la hauteur de la prodigieuse épopée de son héros.

Tout cela serait cantonné dans une médiocrité plus ou moins aimable si, tenue à l'écart par les Romains, l'écriture de l'histoire n'avait resurgi avec les contributions de deux étrangers, tout prêts d'ailleurs à se concilier les bonnes grâces de Rome, mais d'un tempérament on ne peut plus opposé : le juif Flavius Josèphe et le grec Plutarque.

❑ ***L'histoire colérique de Flavius Josèphe (37-v. 100).*** Son œuvre se polarise autour de deux obsessions, l'une compensant peut-être l'autre : sa trahison lors de la guerre des Juifs contre les Romains, qu'il ne cessa de justifier avec la plus grande véhémence ; la grandeur et l'ancienneté de la culture juive qu'il ne cessa de célébrer avec la plus grande conviction. Né à Jérusalem dans une des principales familles de prêtres de la ville, il s'installa à Rome après la destruction du temple (70), prenant symboliquement et de manière provocante le nom de Flavius. Il y écrivit, d'abord en araméen, puis en grec, sa *Guerre juive* en sept livres où il expose sa vision des événements en remontant à la révolte de 167 av. J.-C., conduite par Judas Maccabée contre Antiochos IV, jusqu'à la suppression des derniers nids de résistance par les Romains (Massada). D'une manière plus générale, il s'efforce de convaincre les milieux cultivés de la diaspora juive d'accepter l'idée de l'irréparable et de l'illusion de toute résistance contre les vainqueurs. Mais s'il a tendance à régler ses comptes en s'acharnant contre ses coreligionnaires qui ne pensaient pas comme lui et à présenter les faits de manière manichéenne, s'il se laisse aller à quelques exagérations, son ouvrage se recommande par l'abondance et la qualité des informations qu'il fournit. Josèphe a su capter avec sûreté les tensions, les brutalités, les fanatismes religieux et l'intense horreur de la guerre et cela même quand ses "faits" sont inventés ou déformés.

Au cours de son séjour à Rome, il continua de travailler à ce qu'il appelait son *Archaeologia*. Ces *« Antiquités judaïques »* constituent en fait une histoire des Juifs depuis la création jusqu'en 66. Il s'agit d'une œuvre qui sur le passé le plus récent de ces derniers rassemble des informations d'une importance fondamentale même si elles ne sont pas exemptes de lacunes, de partis pris, de contradictions, et si on aurait aimé qu'il en dise davantage sur Jésus. Il s'agit également d'un effort pour mieux faire connaître le peuple juif et de faire disparaître les motifs de haine que certains lui portent d'une manière irrationnelle. Il s'agit enfin également d'un hymne à la gloire de celui-ci, dont l'ancienneté de la tradition par rapport aux autres peuples est hautement affirmée par *Bible* interposée. Quant au sens de l'histoire, il est simple : « Ceux qui font la volonté de Dieu et qui n'ont pas l'audace de transgresser les lois qui ont été correctement établies voient leurs affaires prospérer au-delà de toute attente et reçoivent de Dieu le bonheur en récompense. Dans la mesure, au contraire, où ils s'écartent d'une stricte observance des lois, le possible devient impossible et tout ce que l'on peut vouloir faire de bien tourne en irrémédiable catastrophe » (I, 14-15). L'histoire providentielle est déjà là.

❑ ***Le parallélisme œcuménique de Plutarque (v. 46-v. 125).*** A Rome, le nouveau Flavius avait peut-être croisé un autre admirateur du génie romain, un philosophe béotien bien convenable nommé Plutarque. Parmi les nombreux ouvrages écrits par celui-ci et qui devaient bénéficier d'un succès considérable défiant les siècles, les *Vies parallèles* nous intéressent plus particulièrement. Faisant suite à des *Vies des Césars* dont il ne nous reste plus que celles consacrées à Galba et à Othon, il y affirme d'emblée la différence qui existe entre l'histoire et la biographie. Pour lui, en effet, le premier devoir de l'historien est de respecter la vérité alors que le biographe peut se permettre de passer sous silence ou d'embellir ses sources en fonction de ses préférences qui sont surtout liées à la description du caractère de ses personnages. Les *Vies parallèles* constituent donc une volumineuse série de 23 couples comparant de manière symbolique et très consensuelle les faits et gestes de personnages grecs et romains hors du commun dont l'existence présentait de manière plus ou moins évidente des éléments de similitudes.

Bien que maîtrisant mal le latin, Plutarque a énormément lu et ses *Vies* fournissent une fabuleuse mine d'informations concernant les grands hommes de l'Antiquité. Mais il n'a retenu que ce qui lui permettait de se fournir en arguments significatifs pour étayer et répéter jusqu'à satiété sa démonstration. Pour lui, la biographie répond avant tout à des considérations d'ordre moral. Il ne cesse donc de répéter que le pouvoir ne fait pas le bonheur, bien au contraire, qu'il risque de favoriser le débordement des aspects les moins recommandables de la nature humaine, que ceux qui se laissent aller à de telles extrémités risquent d'en payer lourdement le prix et qu'ils n'ont à s'en prendre qu'à eux-mêmes (Antoine). C'est une morale sans surprise, qui fait jouer au hasard un rôle capital, mais laisse aux individus une grande part de responsabilité, tout à fait dans la tradition hellénique donc, mais sans grandeur et sans génie, ce qui la ravale paradoxalement au niveau de l'éloge d'une honnête médiocrité et de la sagesse des nations.

Ce qui sauve néanmoins Plutarque, c'est son art du récit qui sait captiver l'attention du lecteur, c'est aussi la sympathie dont il témoigne à l'égard de la majorité de ses personnages, mais ce sont surtout l'aisance et la subtilité avec lesquelles il est capable de pénétrer et de démonter les ressorts de l'âme humaine. A cet égard, et d'ailleurs à juste titre, il estime que « les plus hauts et les plus glorieux exploits ne sont pas toujours ceux qui montrent le mieux le vice ou la vertu de l'homme; mais bien souvent un léger détail, une parole ou un geste mettent plus clairement en évidence le naturel des personnes que des batailles où tombent des milliers d'hommes». Cela dit, il est évident que les exploits militaires de ses personnages ou que leur réussite dans le domaine du gouvernement des affaires publiques ne sont pas négligés, bien au contraire, puisque le courage et la compétence alliés à la modération, le désintéressement et la vertu, constituent les qualités fondamentales de l'axiomatique plutarquienne qui fait sienne l'inscription que l'on trouvait sur le temple de Delphes: « Connais-toi toi-même et évite les extrêmes ».

Les Romains, quant à eux, continuaient de ne pas toucher à l'histoire et si l'on excepte la contribution de Pline l'Ancien (23-79) avec une *Histoire de son temps* et une *Histoire des guerres de Germanie*, c'est dans un ciel sans étoiles qu'allait se lever le soleil noir du pessimisme tacitéen.

Tacite ou le retour du refoulé

❑ ***Un illustre ambigu.*** P. Cornelius Tacitus (v. 56-v. 120) fut un homme discret et l'on sait finalement peu de choses le concernant; et pourtant aucun historien n'est plus indissolublement présent que lui dans son œuvre qu'il écrivit dans la seconde partie de son existence. Nous ne nous intéresserons ici qu'aux *Histoires* et aux *Annales.* Les premières, terminées vers 109, racontent les règnes successifs des empereurs depuis la mort de Néron (68) jusqu'à celle de Domitien (96). Dans les secondes, rédigées après qu'il eût obtenu en 112 un poste important (proconsul en Asie), il remonte jusqu'à la mort d'Auguste (14) et conduit l'histoire de Rome jusqu'au suicide de Néron. Les unes et les autres nous sont parvenues très incomplètes.

Bénéficiant d'une position privilégiée au Sénat où se trouvait concentrée la mémoire politique de Rome et une accumulation incomparable de documents écrits, il allie l'enquête orale à un dépouillement méthodique des sources: *Acta Senatus, Acta diurna populi Romani,* mémoires laissés par certains des protagonistes, œuvres historiques de ses prédécesseurs qu'il n'hésite pas à comparer ou à critiquer (*Annales*, XIII, 21), etc. Mais sa personnalité s'exprime tout de suite dans la mesure où il n'hésite pas à faire ouvertement le tri entre ce qui lui paraît accessoire, passé sous silence ou expédié en quelques mots (*Annales*, XIII, 31), et ce qu'il estime digne d'intérêt. Alors il prend son temps, parfois trop, donnant libre cours aux multiples facettes de sa maîtrise inégalée de l'expression verbale.

Cela ne l'empêche pas de proclamer vigoureusement sa volonté d'être impartial (*Histoires*, I, 1 et *Annales*, I, 1), d'autant plus qu'il s'exprime dans un contexte bien particulier qui est, après la tyrannie de Domitien, celui du retour de la liberté d'expression qu'il avait célébrée dès l'*Agricola* et qu'il considère comme une véritable résurrection. Mais il est bien évident que s'il est sincère, ce n'est pas chez lui qu'il convient de chercher une leçon de sérénité. Le tableau qu'il peint de la Rome du Ier siècle, dans l'ensemble véridique si on le compare aux ouvrages d'autres historiens (Suétone), demande à être nuancé, surtout quand il s'agit de l'action de personnages qu'il accable de sa vindicte comme Tibère ou Néron, dont l'indispensable examen en profondeur du règne est sacrifié à la description impressionnante d'une monstruosité indéniable.

Il y a, en effet, chez ce grand angoissé, un côté de provincial parvenu et ingénu en déphasage avec les réalités scandaleuses de la Rome impériale à qui il ne pardonnera jamais, en le lui faisant payer très cher pour l'éternité, d'avoir ridiculisé ses illusions. Dès le préambule des *Histoires*, la tonalité est donnée : « J'aborde un ouvrage empli de malheurs, ensanglanté de batailles, déchiré de révoltes et, au sein même de la paix, féroce : quatre princes abattus sous le fer. [...] Et puis l'Italie frappée de désastres jamais connus ou qui se reproduisaient après une longue série de siècles [...] et le Capitole même incendié par la main des citoyens. Les rites souillés, des adultères chez les plus grands ; la mer emplie d'exils, les îlots teints de sang. La cruauté encore plus déchaînée dans la Ville ». Pourtant, concède-t-il, en ne s'oubliant pas au passage, « ce siècle ne fut pas si stérile en mérites qu'il ne donnât aussi des exemples de vertu » (II-III).

Pour Tacite, contemporain de Juvénal (v. 65-v. 128), en effet, si la fonction de l'historien est de commémorer, elle ne s'arrête pas là et va indissociablement de pair avec une évaluation des actions, qu'il décrit selon les canons de l'antique système des valeurs dont il déplore, tout comme Tite-Live, la disparition. Il considère par conséquent que l'un des rôles fondamentaux de l'histoire est de juger : « j'estime que la principale fonction de l'histoire est que les qualités morales ne sombrent pas dans l'oubli et que ce qu'il y a de mauvais, en paroles ou en actes, craigne que la postérité ne le juge infâme » (*Annales*, III, 55). Il ne s'en prive pas, présentant des faits qu'il évoque une vision manichéenne opposant la minorité persécutée des bons (par exemple le couple Germanicus-Agrippine l'Ancienne) à la meute des méchants dont tous les faits et gestes témoignent d'un naturel intrinsèquement pervers.

Ce qui importe à Tacite, ce n'est donc pas tant de faire l'histoire d'un demi-siècle du nouvel empire romain, que de présenter minutieusement, même s'il se défend d'exagérer (*Annales*, XI, 27) et s'il semble s'excuser de la trivialité du sujet (*id.*, IV, 32), les signes cliniques de la dégénérescence d'un État dont la force résidait jadis dans l'équilibre de ses institutions et l'existence d'un débat public au Sénat et qui, « lorsque [...] il fallut confier le pouvoir à un seul » (*Histoires*, I, 1), n'a pas tardé à évoluer vers la tyrannie. Ces signes cliniques résident dans la pratique du mensonge, de la ruse et de la dissimulation avec, en plus, l'existence de conspirations à répétition, la suppression physique systématique des opposants, la toute-puissance de l'armée, qui a fait que les toges l'ont cédé aux armes, et l'action de la plèbe encouragée, pour le pire, à sortir de sa passivité. De plus, à mesure que s'est imposé le règne de la tyrannie, on a assisté à des débordements incroyables sur le plan des mœurs comme si la restriction de la liberté devait s'accompagner par un déferlement de la licence (*Annales,* XIV, XV).

Influencé par la subtilité des traités de Sénèque (v. 4 av. J.-C.-65), dont il ne perd pas, d'ailleurs, une occasion de dire du mal, il accorde une grande place aux motivations des individus auxquels il attribue une responsabilité fondamentale dans la marche des événements. Il ne néglige pas non plus la description des mouvements de la foule dont il méprise la stupidité à l'instar de Thucydide. Ainsi nourrit-il son pessimisme viscéral en recourant aux ressources de la psychologie qui lui permet de saisir la puissance des pulsions dans toute la profondeur et la richesse de leurs manifestations. S'y ajoute une misogynie fréquente que ne justifie pas toujours le degré de dépravation avancé (Messaline) des femmes qu'il dépeint.

❑ ***« Le plus grand peintre de l'Antiquité ».*** Dans le domaine de l'écriture, il a porté l'historiographie au niveau d'un art. Il maîtrise toutes les ressources de l'éloquence, ce dont témoignent les multiples discours dont son œuvre est émaillée. Et pourtant rien de moins académique que la manière dont il travaille sur le langage. A côté de périodes évoluant harmonieusement en mesure ou d'analyses psychologiques où la phrase restitue avec fidélité tous les méandres et toutes les nuances d'une pensée, Tacite utilise nombre de procédés ayant pour objectif de briser l'ordonnance de la rhétorique traditionnelle. Bornons-nous à en identifier quatre : d'abord une destruction préméditée de l'équilibre de la phrase pour renforcer un contraste ; une rupture du temps qui fait que l'on passe de l'imparfait au présent pour intensifier l'effet dramatique. Le même objectif est obtenu par un effet de collage « De toutes parts, armes nues et menaces, tantôt contre les centurions et les tribuns, tantôt contre le Sénat tout entier » (*Histoires*, I, 82) ; une formule bien frappée, enfin, qui vient éclater à l'esprit du lecteur comme un épigramme de Martial (40-104) : « Mais plus que tous brillaient Cassius et Brutus, pour la raison même que leurs images n'étaient pas offertes aux regards » (*Annales*, III, 76). En règle générale, on observe donc chez Tacite la volonté d'adapter le style aux exigences de la réalité d'une scène dont il veut restituer l'intensité dramatique qu'il s'agisse de ce morceau de bravoure orchestré avec la puissance et la verve d'un film de Fellini que constitue la chute de Galba (*Histoires*, I, 27-47) ou de l'admirable passage où Néron apprend que l'attentat contre sa mère a échoué (*Annales*, XIV, VII).

Le style est enfin au service des fantasmes et des obsessions de Tacite. Il faudra, en effet, attendre Michelet (1798-1874) pour trouver un historien dont l'imaginaire fasse corps de manière aussi intime avec l'œuvre. On peut relever trois thèmes, au moins, qui circulent de manière récurrente et parfois associée : les ténèbres, le feu et la mort. De ce point de vue, les *Histoires* et les *Annales* constituent un véritable « voyage au bout de la nuit » dont la sortie est symbolisée par la venue de Nerva et de Trajan au pouvoir. Et cette noirceur, qui colle aux événements comme un écrin (*Annales*, XIV, V), est déchirée par la lueur des torches qui, le temps d'un instant, arrachent de l'obscurité la physionomie d'un visage ou le geste d'un assassin. Cette fascination pour le feu se retrouve d'une manière moins contrastée dans la description de nombreux incendies, dont le plus célèbre est bien sûr celui de Rome en 64 (*Annales*, XV, 38-41), ou dans de nombreuses scènes d'orage.

La mort, enfin, omniprésente jusqu'à l'écœurement avec ces litanies d'accusations, de meurtres par le fer ou le poison, de supplices, d'exécutions, de suicides en série, de « belles morts », comme celle de Pétrone (*Annales*, XVI, 19) auxquelles viennent s'ajouter les nécrologies de fin d'année, avec ces cataclysmes naturels, ces catastrophes de tout genre, ces massacres de populations innocentes, ces batailles sanglantes ou, mieux encore, ces scènes macabres à la Lucain (39-65) de retour sur les champs de bataille où l'hommage funèbre rendu par Germanicus aux ossements des légions de Varus (*Annales*, I, 41-42) répond lugubrement à la visite rendue par Vitellius sur la plaine de Bedriacum, à propos de laquelle il ne nous épargne la vision d'aucun cadavre en décomposition (*Histoires*, II, 70).

Et la responsabilité des dieux dans cette vallée de sang et de larmes ? Tacite semble assumer les rites et les dogmes de la religion romaine. Leur présence ne cesse d'être rappelée par des augures, des signes, des prodiges ou des présages et l'historien, la postérité ne manquera pas de lui reprocher, ne se gêne pas pour critiquer les cultes des juifs (*Histoires*, V, 2-5) et des chrétiens (*Annales*, XV, 44). Plus sensible, toutefois, à l'horreur des actions, sur laquelle il n'y a aucun doute possible, qu'à leur origine, sur lesquels les philosophes disputent à perdre haleine, Tacite préfère ne pas trancher : « Mais, lorsque j'entends raconter ces faits et d'autres semblables, je ne puis décider en moi-même si c'est le destin qui conduit le déroulement des affaires humaines [...] ou si c'est le hasard, [...] beaucoup sont persuadés que ni notre origine, ni notre fin, ni en général, les êtres humains n'intéressent les dieux ; que, pour cette raison, le malheur s'abat très fréquemment sur les hommes vertueux, et que la prospérité comble les salauds. Inversement, d'autres pensent qu'un destin préside aux choses, [...] en vertu de principes premiers et de l'enchaînement des causes naturelles ; pourtant ils nous laissent le choix de notre vie, et une fois ce choix fait, ils pensent qu'il s'en suit un ordre fixe des événements » (*Annales*, VI, 22). Propos apparemment sceptiques, mais qui, en fait, n'ont pour but que de réintroduire la morale dans les rapports humains et d'en tirer les conséquences dans le gouvernement des États.

La traversée du désert

❑ ***Le relais grec.*** On aurait pu penser que le siècle des Antonins, plus calme que le précédent, eût offert des conditions plus favorables à l'écriture de l'histoire. En fait, il n'en fut rien et, à part Suétone, l'ensemble est d'une médiocrité négligeable d'où n'ont pas de mal à émerger les œuvres d'un trio de hauts fonctionnaires grecs, Arrien, Appien et Dion Cassius.

D'abord protégé de Pline le Jeune, C. Suetonius Tranquillus (v. 75-v. 160) devint un des secrétaires de l'empereur Hadrien dans la bibliothèque duquel il trouva tous les documents de première main nécessaires pour rédiger en grec et en latin une œuvre variée dont ne subsiste, à part quelques fragments, que le *De vita Caesorum* depuis J. César jusqu'à Domitien. Conçue vers 121, reposant sur des sources écrites, mais également sur des témoignages oraux, rédigée dans un style simple et clair, cette œuvre souffre cependant de défauts importants. Suétone a été, en effet, incapable de dominer la matière qu'il avait accumulée et s'est borné à déverser ses fiches sous quatre rubriques : famille, vie publique, vie privée et mort ! Ensuite, il a tendance à privilégier la « petite histoire » *[« Berenicem [...] dimisit invitus invitam »]* (« Il quitta Bérénice malgré elle et malgré lui »), ce qui nous vaut une surabondance d'anecdotes savoureuses, voire épicées, au détriment d'une vision plus structurée et plus approfondie de la personnalité de ceux dont il évoque l'existence.

Contemporain de Suétone, P. Annaeus Florus a eu la curieuse idée de comparer les périodes de son histoire des *Guerres de Rome* aux quatre stades de la vie humaine (enfance, jeunesse, maturité, vieillesse). Cela manquait d'amabilité pour ses contemporains et n'était pas très habile, mais, en bon rhéteur, il s'en sortit en affirmant qu'après Trajan, le peuple romain avait recouvré une nouvelle jeunesse !

Quant à Justin, dont la vie nous est totalement inconnue, c'est également un abréviateur qui a résumé les 44 livres des *Historiae Philippicae* de Trogue-Pompée, un historien gaulois qui vivait au temps d'Auguste. Il s'agit d'une œuvre assez hétéroclite mais dont le noyau consiste à montrer, d'une manière assez convaincante d'ailleurs, comment la situation politique du bassin oriental de la Méditerranée avait été modifiée par l'action de Philippe II de Macédoine, d'où le titre de l'ouvrage, d'Alexandre et de leurs successeurs.

C'est d'Alexandre, également, dont nous parle Arrien (95-175). Né en Bithynie, il suivit à Rome les leçons d'Epictète (55-135) dont il nous a transmis les *Entretiens* et le *Manuel.* Après avoir été consul puis légat impérial, il se retira à Athènes et, sur le modèle de Xénophon, écrivit un certain nombre d'ouvrages dont il nous reste un traité sur l'*Inde*, un *Périple du Pont-Euxin* et une *Anabase* où il raconte les conquêtes d'Alexandre. Il s'agit, bien sûr, d'une œuvre de seconde main mais elle témoigne d'un certain sens critique, d'une expérience acquise sur le terrain et son récit ne manque ni de couleurs ni de vigueur.

Appien (90-165), pour sa part, était originaire d'Alexandrie, mais fit carrière à Rome comme avocat avant d'être appelé à exercer diverses fonctions dans l'entourage des empereurs, ce qui lui permit, comme pour Suétone, d'avoir accès aux documents officiels. Il en profita pour occuper sa retraite à écrire une *Histoire romaine* depuis les origines dont il nous reste un peu moins de la moitié. Composée selon un ordre géographique, elle fournit un ensemble de monographies bien informées concernant les peuples soumis par les Romains.

C'est encore à une volumineuse *Histoire de Rome*, dont il ne reste que le quart, pour la période 68 av.-47 ap. J.-C., que se consacra Dion Cassius (155-235). Originaire lui aussi de Bythinie, il devint sénateur, occupa également des postes importants dans l'administration de l'Empire et fut même consul en 229. S'exprimant dans un style élégant mais dépendant naturellement de la qualité des contributions de ses prédécesseurs et ne cachant pas ses préférences pour le régime monarchique, il fit preuve d'un sérieux incontestable témoignant d'esprit critique, d'un goût de l'exactitude et du souci de faire comprendre.

Enfin, on évoquera en passant Aulu-Gelle (130-200), riche Romain qui avait passé sa jeunesse en Grèce et dont l'œuvre symbolise ce syncrétisme romano-grec. Ses *Nuits attiques* constituent une compilation où il a réuni les réflexions que lui avaient inspirées ses nombreuses lectures. Il y traite avec aisance de tous les sujets, et naturellement d'histoire, et nous possédons grâce à lui des extraits des premiers historiens romains qui, autrement, nous seraient inconnus.

❑ ***La décadence et Ammien Marcellin.*** Face à la montée du christianisme et aux attaques virulentes, inaugurées dès le tournant du IIIe siècle par Tertullien (v. 155-222) avec son *Apologeticum* ou, un siècle plus tard, par Lactance (250-325) avec ses *Institutions divines*, où il oppose la fausse sagesse du paganisme aux principes de la religion et de la morale chrétiennes, ou avec son *De mortibus persecutorum* où il montre que les persécuteurs des chrétiens ont péri d'une mort désagréable, les tenants de la tradition ont progressivement perdu pied. Devant des pouvoirs publics de plus en plus gagnés à la cause chrétienne après le règne de Dioclétien (245-313), ils se sont réfugiés dans une célébration de l'histoire et de la culture romaines à l'image de Symmaque (340-402). L'histoire n'échappe pas à la règle et poursuit une lente décadence dont n'émerge en fait que l'œuvre d'Ammien Marcellin.

L'*Histoire auguste* est un recueil composé à la fin du IVe siècle de biographies des empereurs depuis Hadrien jusqu'à Numérien, assassiné en 284. Réalisée par six auteurs sous les règnes de Dioclétien et de Constantin (v. 285-337), elle contient de nombreux détails sur la vie privée des souverains, mais ce tissu d'anecdotes d'origine souvent douteuse se situe très en deçà du modèle suétonien. En revanche, le *Brevarium ab Urbe condita* d'Eutrope (v. 316-380), haut fonctionnaire ayant vécu dans l'entourage des empereurs Constantin, Julien et Valens, qui résume en dix livres l'ensemble de l'histoire romaine dans un style concis et rapide, est une œuvre utile qui, malgré son manque d'originalité, devait connaître un succès mérité qui se prolongera au cours de la période suivante.

Protégé de Julien, Ammien Marcellin (v. 330-397) est le grand méconnu de l'historiographie romaine. Né à Antioche, dans une famille du patriciat local, il choisit la carrière d'officier, ce qui l'amena à crapahuter sur de nombreux champs de bataille depuis la Mésopotamie jusqu'en Perse en passant par les bords du Rhin. A la mort de l'empereur, il prit une reraite anticipée et s'installa vers 378 à Rome. Il y rédigea des *Rerum Gestarum Libri*, histoire de l'Empire romain depuis l'avènement de Nerva (96) jusqu'à la mort de Valens (378). Il nous reste les livres XIV-XXXI couvrant les événements de la période 353-378, celle dont il fut le contemporain et pour lesquels il constitue une source irremplaçable.

S'étant documenté sérieusement, ayant beaucoup lu, consulté des archives officielles, rassemblé et comparé des témoignages qu'il sait dominer, il s'exprime avec clarté et vigueur avec un grand souci de la vérité, tempéré par des appréhensions quant aux risques de l'histoire immédiate (XXVI, I, 1). Partisan d'un État laïque, il fait preuve de tolérance à l'égard des chrétiens. Bien qu'il ne cache pas ses sympathies (ses chefs Ursicinus et Julien qu'il compare aux héros de la République, mais aussi Théodose l'Ancien, ce qui laisse perplexe) ou ses antipathies (Gallus), il fournit avec un degré de précision et d'objectivité tout à fait remarquables, à quelques exceptions près, une quantité exceptionnelle d'informations sur les événements, les hommes (les nécrologies qu'il rédige des empereurs sont remarquables de précision et de sérénité), les pays qu'il a traversés, les peuples avec lesquels il s'est battu et même les Chinois ! S'il a, par exemple, une grande estime pour les Perses, il ne cache pas sa répugnance pour les Huns dont il livre une image de bestialité qui traversera les siècles. Même si « Rome n'est plus dans Rome », il affirme sans ambiguïté, en dépit de l'arbitraire régnant au milieu des rivalités incessantes, de l'avidité et de l'irresponsabilité des gens en place et du peuple et malgré des menaces de plus en plus pesantes aux frontières, son soutien et sa confiance dans les institutions impériales et dans la civilisation romaine.

Il appartenait donc à ce Grec écrivant en latin, qui manifestait une confiance dans l'utilité des études historiques toujours d'actualité et sa nostalgie de la grandeur de la Rome païenne, de clore symboliquement la tradition inaugurée huit cents ans auparavant par un autre grand voyageur grec, né comme lui en Asie Mineure. Mais une nouvelle histoire, répondant à d'autres préoccupations, était déjà en voie d'élaboration. Elle allait occuper le devant de la scène historiographique de longs siècles durant et son influence se fait encore sentir aujourd'hui. C'est à elle que nous allons consacrer la troisième partie de cet ouvrage.

DOCUMENTS

■ Un exemple d'histoire « médiatique » : conférence au sommet en Alsace

Après avoir réglé la question helvète, César est sollicité par les chefs gaulois qui s'inquiètent des menaces expansionnistes du roi germain Arioviste sur la rive gauche du Rhin. Il décide alors d'entamer des négociations avec le fauteur de troubles, entreprise ardue car celui-ci dispose d'une forte armée et n'est pas du genre impressionnable. Après bien des péripéties, l'entrevue peut enfin se tenir et donne lieu à un échange de propos musclés d'où ressortent le ton provocateur du Germain, ses allusions venimeuses à la situation intérieure romaine et la force tranquille de César, soucieux d'incarner les principes séculaires de la politique étrangère de Rome.

« Que lui voulait César, pour venir ainsi sur ses terres ? Cette partie de la Gaule était sa province, comme l'autre était la nôtre. De même qu'il ne faudrait pas le laisser faire, s'il envahissait notre territoire, de même nous commettions une injustice en venant le troubler dans l'exercice de ses droits. Les Héduens, disait César, avaient reçu le nom de frères : mais il n'était ni assez barbare ni assez peu au courant pour ne pas savoir que les Héduens n'avaient pas porté secours aux Romains dans la dernière guerre contre les Allobroges, et que Rome, à son tour, ne les avait point aidés dans le conflit qu'ils venaient d'avoir avec lui-même et avec les Séquanes. Il était obligé de soupçonner que, sous le prétexte de cette amitié, César n'avait une armée en Gaule que pour la jeter contre lui. Si César ne quitte point ce pays, s'il n'en retire pas ses troupes, il le considérera non comme un ami, mais comme un ennemi. Et s'il le tue, il fera quelque chose d'agréable à bien des nobles et chefs politiques de Rome: eux-mêmes l'en avaient assuré par leurs agents ; la bienveillance et l'amitié de tous ces personnages, il pouvait l'acquérir à ce prix. Mais si César s'en allait et lui laissait la libre disposition de la Gaule, il lui témoignerait magnifiquement sa reconnaissance, et toutes les guerres qu'il voudrait, il prendrait sur lui de les faire, sans que César en connût les fatigues ni les dangers. »

César lui expliqua longuement pour quelles raisons il ne pouvait se désintéresser de la question : « Il n'était ni dans ses habitudes, ni dans celles du peuple romain de consentir à abandonner des alliés parfaitement dévoués, et d'ailleurs il ne pensait pas que la Gaule appartînt plus à Arioviste qu'aux Romains. [...]. S'il fallait avoir égard à l'antériorité de date, le pouvoir des Romains en Gaule était le plus légitime ; s'il fallait observer la décision du Sénat, la Gaule devait être libre, puisqu'il avait voulu que, vaincue par Rome, elle conservât ses lois. »

César, *Guerres des Gaules*, I, XLIV-XLV (trad. L.A. Constans), « Collection des Universités de France », Les Belles Lettres, Paris, 1964, Tome 1, pp. 37-38.

■ Tite-Live, un historien au-dessus de tout soupçon ?

Rome est sauvée ! Horace a tué les trois Albains mais il a aussi assassiné sa sœur qui a eu le mauvais goût de pleurer devant lui son fiancé mort. Que faire du héros national devenu soudainement encombrant ? Tout occupé à redonner leurs accents pathétiques aux vieilles légendes de sa première décade, Tite-Live semble imperméable à la moindre malice. Le lecteur moderne y voit pour sa part que si nul n'est au-dessus d'elles, sous le ciel éternel de l'Italie, il y a toujours des arrangements possibles avec les lois.

L'horreur de son acte n'échappa point aux Pères et au peuple : mais son récent exploit couvrait sa faute. Néanmoins, il fut traduit devant le roi. Le roi ne voulut pas prendre seul la responsabilité d'une condamnation si pénible et si impopulaire et de l'exécution qui s'ensuivrait. Il réunit l'assemblée du peuple et dit : « Je nomme, d'après la loi, des duumvirs chargés de juger Horace pour crime d'État ». Le texte de la loi était effrayant : « Les crimes d'État seront jugés par des duumvirs. Si le coupable fait appel [devant le peuple], l'appel donnera lieu à un débat. Si l'arrêt des duumvirs est confirmé, on voilera la tête du coupable, on le suspendra par une corde au poteau d'infamie et [il mourra] sous les verges, soit en dedans, soit en dehors du pomerium. » En vertu de cette loi, on nomma des duumvirs. Un acquittement leur semblait impossible avec une telle loi, même si Horace n'était pas coupable. Ils le condamnèrent donc, et l'un d'eux dit : « Publius Horatius, je te déclare criminel d'État. Licteur, mets-lui les menottes. » Le licteur s'approcha et lui passait les menottes, quand, sur le conseil de Tullus, interprète bienveillant de la loi, Horace dit : « J'en appelle. » Le débat sur l'appel s'engagea devant le peuple, débat émouvant pour l'assistance, surtout quand Publius Horatius déclara que « le meurtre de sa fille était juste, selon lui ; sans quoi il aurait usé de son droit de père pour châtier son fils ». Il priait ensuite « le peuple, qui le voyait naguère entouré d'une famille admirable, de ne pas lui enlever son dernier enfant » [...] Incapable de résister aux larmes du père et à l'intrépidité du fils toujours égale devant le danger, le peuple prononça l'acquittement plutôt en raison de son courage admirable que de la bonté de sa cause. Aussi, pour effacer malgré tout ce crime flagrant par une expiation quelconque, on ordonna au père de faire pour son fils des purifications aux frais de l'État.

Tite-Live, *Histoire Romaine* I, XXVI (texte établi par J. Bayet et traduit par G. Baillet), « Collection des Universités de France », Les Belles Lettres, Paris, 1958, Tome 1, pp. 42-44.

■ L'art du récit chez Tacite : l'attentat contre Agrippine

Le grand soir est arrivé ! Grâce à un bateau astucieusement trafiqué, Néron va pouvoir enfin se débarrasser en douceur de sa chère maman. Hélas, le coup échoue lamentablement.

Rythme du récit. Style contrasté. Psychologie sans illusion et sans concession qui met à nu les personnages et les démythifie. Mélange de l'odieux et du burlesque où Sophocle est revu par les Pieds nickelés, ce texte est caractéristique de Tacite, historien aux accents céliniens, au sommet de son art.

C'était une nuit brillante d'étoiles, calme, sur une mer tranquille, que l'on eût dite envoyée par les dieux pour rendre le crime évident. Le navire n'était pas encore très loin – deux des familiers d'Agrippine accompagnaient celle-ci, dont l'un, Crepereius Gallus, se tenait près des avirons de gouverne, et l'autre, Acerronia, penchée sur les pieds d'Agrippine, qui s'était étendue, parlait du repentir du fils, du retour en faveur de la mère, et s'en réjouissait, lorsque, à un signal, le toit de la cabine s'effondre, sous un lourd poids de plomb ; Crepereius est écrasé et meurt sur-le-champ ; Agrippine et Acerronia furent protégées par les montants du lit, qui étaient plus hauts et se trouvaient assez forts pour ne pas céder sous le poids. Mais la dislocation du navire ne se produisait pas, dans le désordre général et parce que la plupart des marins, ignorant tout, gênaient même ceux qui étaient au courant. Sur quoi des rameurs décidèrent de se porter du même côté et ainsi de faire chavirer le navire ; mais ils ne s'entendirent pas assez vite pour une manœuvre aussi improvisée et, d'autres, faisant effort en sens contraire, rendirent moins brutale la chute dans la mer. Mais Acerronia, criant, dans son imprudence, qu'elle est Agrippine, et que l'on doit venir au secours de la mère du prince, est assommée à coups de gaffes, de rames et de tous les agrès qui se rencontraient. Agrippine, silencieuse et, pour cette raison, passant inaperçue – elle reçut cependant une blessure à l'épaule – en nageant, puis ayant rencontré des barques de pêcheurs, se fit porter jusqu'au lac Lucrin et ensuite conduire en litière dans sa villa.

Là, [...] réfléchissant aussi au meurtre d'Acerronia et voyant en même temps sa propre blessure, elle comprit que le seul moyen de faire face au piège qu'on lui tendait était de ne pas le comprendre ! [...] feignant d'être rassurée, elle fait appliquer des médicaments à sa blessure et des enveloppements chauds à son corps ; elle ordonne de chercher le testament d'Acerronia et de mettre ses biens sous scellés – et sur ce point seulement elle ne faisait pas semblant.

Tacite, *Annales*, XIV, V-VII (trad. P. Grimal),
« Bibliothèque de la Pléiade », Gallimard, Paris, 1990, pp. 714-715.

3

L'histoire médiévale dans la perspective du christianisme

Du point de vue de l'historiographie également, deux dates marquent un tournant dans le cours des événements introduisant une différence fondamentale entre ce qui cesse d'être, c'est-à-dire l'Antiquité, au sens classique que nous attribuons à ce terme, et ce qui, naturellement, n'est pas encore ce que l'on appellera bien plus tard le Moyen Age. La première, après un IIIe siècle assez orageux, est celle de la « lettre » de Milan en 313 qui constitue une reconnaissance de fait du christianisme par Constantin. La seconde est, en 410, la prise de Rome par le roi des Wisigoths Alaric (v. 370-410), qui scelle la fin de la prépondérance de Rome et traduit l'émergence de forces nouvelles et concurrentes dans un empire d'Occident unifié jusqu'alors dans la culture romaine.

Grâce aux travaux, malheureusement peu accessibles, de B. Lacroix (1965) et à l'ouvrage fondamental de B. Guenée (1980), nous savons désormais qu'en matière d'historiographie, cette longue période qui nous conduit jusqu'aux abords du XVIe siècle ne fut pas, comme on l'a cru trop longtemps, une interminable parenthèse stérile, rendue encore plus évidente, à partir du début du XIIIe siècle, avec la présence de quelques chroniqueurs mise en lumière dans une approche inspirée par des considérations d'ordre littéraire. On écrivit de l'histoire tout au long du Moyen Age, avec plus ou moins de bonheur selon les siècles, et avec des préoccupations fort différentes de celles qui avaient prévalu au cours de l'Antiquité. La grande distinction étant naturellement liée à l'existence du christianisme et à la volonté des historiens chrétiens de voir dans la suite des événements depuis les origines, une illustration de l'exercice de la volonté divine. Écrite, sauf exception, par des clercs, l'histoire sera donc vouée à vivre dans l'ombre de la théologie à laquelle elle sera surtout censée apporter un répertoire d'exemples édifiants propres à convaincre auteurs et lecteurs de la toute-puissance de Celui dont la figure trônait au tympan des églises.

C'est donc en fonction de ce critère qui nous paraît le plus spécifique des conditions de production et de la nature du contenu des ouvrages historiques au cours de ce millénaire que nous avons décidé de l'économie de la troisième grande partie de cet ouvrage. Dans un premier chapitre, nous montrerons comment le christianisme a progressivement investi le champ de l'histoire, ce qui nous conduira jusqu'à l'œuvre d'Isidore de Séville qui constitue une sorte de synthèse de la tradition antique et de l'idéologie chrétienne. Le second chapitre, inauguré par l'œuvre de Bède le Vénérable, nous familiarisera avec l'histoire telle qu'elle était conçue et élaborée dans le refuge des cloîtres et à l'ombre des cathédrales. Le troisième chapitre, enfin, insistera sur le retour progressif des préoccupations d'ordre politique dans la pratique historique, et nous terminerons par les *Mémoires* de Philippe de Commynes qui, sur le plan historiographique, marquent « l'automne du Moyen Age » et l'aube de la modernité.

L'HISTOIRE INVESTIE PAR LE CHRISTIANISME

Prise dans le champ heuristique défini par l'interaction d'une tradition antique dont l'influence va progressivement s'atténuer, d'un christianisme conquérant qui va tenter avec des fortunes diverses d'occuper un terrain de plus en plus vacant et des aspirations des souverains des nouveaux royaumes barbares à la recherche d'un passé porteur d'une identité, l'histoire envisagée au cours des premiers siècles du Moyen Age se caractérise en règle générale par une décadence rapide et incontestable rendue d'autant plus visible que les efforts pour inscrire la tradition chrétienne dans le courant général d'un passé commun furent loin d'être négligeables.

Les fondateurs

❑ ***Eusèbe de Césarée (v. 265-v. 341) et la recherche du temps perdu.*** Influencé par Origène (185-254), il est le père de l'histoire chrétienne et inaugure une conception providentielle de l'Histoire dont l'œuvre de Bossuet (1627-1704) marquera le superbe crépuscule. De son œuvre abondante se recommandent à notre attention, trois ouvrages.

D'abord une *Histoire de l'Église* qui, pour la première fois, repose sur une recherche de documents qu'il cite parfois intégralement. Elle a pour objectif de montrer comment le christianisme a réussi à surmonter tous les obstacles auxquels il fut confronté depuis la naissance du Christ jusqu'à l'époque de l'auteur qui marque le triomphe d'une Église en voie d'unification (concile de Nicée, 325). Eusèbe adopte un plan chronologique qui ne nous fait grâce d'aucune des incessantes persécutions dont les chrétiens furent les victimes, ni des innombrables « hérésies » qui marquèrent alors l'existence de la jeune chrétienté et qu'il entreprend de réfuter avec application. L'ouvrage fournit une mine d'informations irremplaçables sinon objectives sur l'existence effervescente de l'Église primitive.

Encore plus importants pour l'histoire de l'Historiographie sont ses *Canons chronologiques et résumé de l'histoire universelle des Hellènes et des Barbares*. Comme le note B. Guenée (1980), « la foi chrétienne appelait l'histoire universelle » et l'histoire universelle une nouvelle lecture du temps. Les Pères de l'Église commencèrent par tirer des Écritures des systèmes de périodisation où l'apparition du Christ marquait toujours le début d'une ultime période, mais le temps antérieur pouvait être divisé de manière diverse. L'histoire du monde pouvait se référer à la succession de quatre grands royaumes (*Daniel*) ou à un parallèle avec les douze heures du jour (Origène). Eusèbe se contenta, pour sa part, de dénombrer sept temps forts depuis les origines, mais ce découpage avait l'inconvénient majeur de ne pas coïncider avec les six jours de la création du monde et ce sera Augustin qui, en sacrifiant Moïse, fera tenir l'histoire en six époques. Les cinq premières (Adam, Noë, Abraham, David, captivité de Babylone) devaient mener jusqu'au Christ dont la venue marquait le début du sixième et dernier âge.

Désireux de donner à l'histoire universelle une solide armature chronologique, Eusèbe s'inspira de la *Chronographie* de Julius Africanus pour intégrer les principaux événements du passé dans une grille qui ne pouvait qu'être liée à la tradition judaïque de l'*Ancien Testament*. Celle-ci était accessible soit à partir du texte hébreu soit de la version des Septante, ce qui impliquait quelques variations, la seconde étant nettement plus longue que la première. Commençant avec la naissance d'Abraham, fixée en 2016 avant J.-C., sous le règne de Ninus, second roi d'Assyrie et d'Europe, successeur d'Ægialus comme roi de Sicyonne, elle embrasse jusqu'à l'époque d'Eusèbe tous les événements connus des anciens, c'est-à-dire relatifs à l'histoire des peuples du Proche-Orient, de l'Égypte, de la Grèce et de Rome.

Sa pérennité sera assurée en Occident par la traduction latine de Jérôme (345-420), plus connu bien évidemment par sa traduction de la *Bible* (la « Vulgate ») et auteur, par ailleurs, d'un *De viris illustribus* du monde chrétien. Il la poursuivra jusqu'en 378 en aval mais il n'hésita pas en amont à remonter jusqu'à la date de la Création fixée 5 228 années avant la passion du Christ, en se fondant sur les Septante. A quelques variations près, concernant notamment la détermination exacte de l'année de la Passion à partir de la fixation d'ailleurs contestable, au VIe siècle, par Denys le Petit, de la naissance du Christ au 25 décembre de l'an 753 de la fondation de Rome et du début de la première année de la nouvelle ère chrétienne avec l'an de Rome 754, ce sont ces ordres de grandeur qui demeureront en vigueur dans le monde chrétien jusqu'au XVIIIe siècle.

Après la mort du souverain, Eusèbe rédigea enfin une *Vie de Constantin* qui constitue un panégyrique de l'action de ce prince ami de Dieu et dont le règne venait d'inscrire dans le domaine des faits le succès de la foi chrétienne longuement préparé par l'action divine.

❑ ***Saint Augustin (354-430) et l'histoire providentielle.*** La suite des événements ne devait pas justifier un tel enthousiasme et, après le sac de Rome par Alaric, qui n'avait pas connu pareil désastre depuis 387 av. J.-C. avec les Gaulois, il revint à Aurelius Augustinus, sur le plan de la théologie, et à son disciple Orose, dans le domaine de l'histoire, de fournir un mode de décryptage s'efforçant de concilier le contenu prometteur des enseignements proposés par la nouvelle religion et les effets funestes de la crise qui s'abattait sur l'Empire romain.

Face aux partisans de la religion traditionnelle qui proclamaient que Rome était punie pour avoir abandonné les dieux qui avaient fait sa grandeur, Augustin répliqua en 426 par le *De Civitate Dei (La Cité de Dieu)*, un ouvrage en vingt-deux livres, fruit d'une élaboration longue de quatorze années. Même s'ils sont remplis du récit des atrocités que Rome venait d'endurer, les cinq premiers d'entre eux sont consacrés à une réfutation des thèses païennes. Augustin y constate que la Providence ne peut en être tenue pour responsable car il s'agit là de péripéties inhérentes à l'existence de toute société humaine et qu'en fait, Rome n'a subi que ce qu'elle avait infligé auparavant aux autres nations.

La seconde partie de l'ouvrage développe les arguments d'Augustin. Ils sont fondés sur l'opposition, inspirée des *Psaumes* : « Deux amours ont bâti deux cités. L'amour de soi jusqu'au mépris de Dieu, la cité terrestre. L'amour de Dieu jusqu'au mépris de soi, la cité céleste. L'une se glorifie en elle-même ; l'autre dans le Seigneur » (XIV, 28). Pour lui, l'histoire a un commencement (la Création), un moment central (la venue du Messie) et une conclusion (la Parousie, c'est-à-dire le retour du Christ à la fin des temps suivi du Jugement dernier) : « La foi chrétienne, répandue dans toutes les cités terrestres respectueuses de leurs lois et de leurs institutions, rassemble les citoyens de toutes ces nations et les conduit tous vers ce sabbat qui n'aura point de soir [...] vers ce royaume qui n'aura pas de fin » (XXII, 30). Ainsi l'axe essentiel de la pensée augustinienne apparaît-il comme un « antagonisme fondamental entre une foi chrétienne qui aspire au bonheur d'une patrie céleste, et le vieil idéal de la cité antique, seul lieu de civilisation et de bonheur ».

L'originalité d'Augustin, cependant, vient de ce que, pour lui, de la même manière que le Bien et le Mal cohabitent à l'intérieur de chaque homme, « les deux cités sont enchevêtrées dans ce monde jusqu'à la discrimination » qui interviendra lors du Jugement dernier. Mais sous peine de se détruire elle-même, la cité païenne, périssable par essence, est contrainte de rechercher par ses seules forces, la justice, l'ordre et la paix qui ne peuvent s'obtenir que de Dieu. En voulant imposer sa loi et sa paix, l'Empire romain révélant ainsi son caractère idolâtre, a en quelque sorte usurpé le pouvoir de Dieu « qui seul dispense la grandeur des empires selon le besoin des temps que sa Providence gouverne » (V, 26). En revanche, une partie de la « Cité céleste », ceux qui vivent dans la Loi de l'Église, se trouve immergée dans la cité terrestre mais la paix terrestre n'est pas pour eux une fin dans la mesure où « ils la rapportent à la paix céleste qui est tellement la vraie paix que l'homme ne peut en avoir d'autre et qui consiste dans une union très réglée et très parfaite pour jouir de Dieu et pour jouir les uns des autres en Dieu ». C'est ainsi que le chrétien doit se plier sans murmurer aux exigences contingentes de la cité terrestre, voire même accepter les malheurs qui lui sont infligés, d'abord parce que ce n'est pas l'essentiel puisque le sort de l'homme ne se limite pas à sa vie charnelle et ensuite parce qu'ils lui sont envoyés par Dieu pour des raisons qui lui échappent. « La vie temporelle n'est que le noviciat de l'éternité ; les malheurs n'y sont, pour le chrétien, qu'épreuve et châtiment » (I, 29). Ce qui n'empêche pas Augustin de dresser le portrait du prince chrétien idéal qui se souvient qu'il est homme et qui met son autorité au service de Dieu. Il lui promet à titre d'à-valoir, la récompense d'un bonheur terrestre que les dieux païens ont bien été incapables d'assurer à Rome. L'histoire des hommes est incarnation de l'existence de Dieu et elle témoigne des effets de sa toute-puissance. Elle durera aussi longtemps qu'Il l'a prévu pour parvenir à l'édification de la cité céleste.

❑ ***Orose et la lutte contre les païens.*** On ne sait à peu près rien de la vie de ce Publius Orosius, né aux alentours de 390, sinon qu'il était d'origine espagnole et que, jeune prêtre fuyant les persécutions sévissant alors dans son pays, il se présenta en 414 à Augustin. Celui-ci ne tarda pas à l'envoyer en Palestine où il intervint avec véhémence contre les thèses avancées par Pélage. De retour à Hippone, il se vit confier par son protecteur la tâche de développer sur le plan historique l'argumentation contenue dans *La Cité de Dieu.*

Se mettant au travail avec beaucoup d'ardeur, Orose rédigea en quelques mois ses *Historiae adversum paganos libri septem* dont le titre annonce d'emblée le contenu. Elles commençaient avec la création de l'homme et s'achevaient avec son époque. Son objectif est de démontrer que la mort et la violence ont régné dans le monde tant que « la religion qui prohibe le sang » a été ignorée, qu'elles ont été ébranlées lorsque le christianisme est apparu, qu'elles perdent leur empire avec ses progrès et qu'elles disparaîtront avec son triomphe. Pour étayer sa thèse, il s'est livré à un extraordinaire travail de remplissage du cadre chronologique fourni par les *Canons* d'Eusèbe en accumulant désastres et atrocités empruntés, souvent par le biais de compilations, aux historiens latins. Minimisant les malheurs de son temps, il insiste sur les calamités naturelles et sur les violences liées aux conflits (il n'y a pas de guerres heureuses) et à l'oppression, afin de démontrer que toute l'histoire humaine avant la venue du Christ n'est que la suite ou le châtiment consécutifs au péché originel.

Une fois sa mission accomplie et après avoir rédigé un ouvrage qui servira de référence tout au long du Moyen Age, Orose disparut sans laisser de traces vers 418. Ses thèses comme celles d'Augustin seront reprises par Salvien de Marseille (v. 390-470) dans son *Sur le gouvernement de Dieu* où s'impose une nouvelle approche des réalités historiques mieux adaptée à l'évolution des événements.

La « nouvelle histoire »

En effet, avec l'arrivée de vagues successives de Barbares et leur installation dans un Empire d'Occident qui cessera d'aspirer à une fonction centralisatrice, devenue une fiction, après 476, on vit se dégager dans chacun des royaumes qui s'installèrent alors une volonté d'utiliser l'histoire comme facteur d'intégration et d'identification. Écrite, sauf exception, par des clercs, elle eut pour objectif d'inscrire le passé des nouveaux arrivants à la fois dans le temps de l'histoire universelle qui était celui de l'Église, seul facteur d'unité dans ce monde morcelé, mais aussi dans une tradition politique qui faisait des monarques barbares les successeurs légitimes des empereurs romains, du moins sur les territoires qu'ils contrôlaient et qu'ils se disputaient. C'est naturellement en Italie que le lien était le plus fort et le plus conflictuel, comme en témoigne la politique mise en œuvre par le roi ostrogoth Théodoric (v. 455-526) et ses successeurs. Même si cette tentative de renouveau n'allait pas tarder à tourner court avec l'intervention des Byzantins et la longue guerre qui devait ensuite déchirer la péninsule, il nous en reste un témoignage incontestable avec les *Variae*, compilation des décisions de ces monarques réunie par l'un de leurs conseillers, Cassiodore (v. 485-580).

On sait qu'après avoir également préfacé un recueil d'extraits traduits d'historiens grecs chrétiens, l'*Historia tripartita*, prolongeant celle d'Eusèbe, et qui bénéficiera d'un succès durable au cours du Moyen Age, Cassiodore, déçu par les rudesses du temps, préféra se retirer dans son monastère de Vivarium où il rassembla dans sa bibliothèque de nombreux manuscrits d'œuvres sacrées ou profanes qu'il préserva de la destruction. L'œuvre qu'il y accomplit fit de lui le plus grand humaniste de son époque avec notamment ses *Institutiones,* « guide de l'étudiant en Écriture sainte » (H. Savon). Dans une bibliographie idéale, il y fournissait, entre autres, une liste des historiens dont il estimait la connaissance indispensable. En plus de son *Historia tripartita*, on y trouvait la *Guerre juive* et les *Antiquités judaïques* de Flavius Josèphe, l'*Histoire* d'Eusèbe continuée par Rufin, les *Historiae* d'Orose, les *Chroniques* d'Eusèbe-Jérôme, du comte Marcellin et de Prosper d'Aquitaine (milieu du ve siècle) et le *De viris illustribus* de Jérôme. Cette sélection à laquelle il convient d'ajouter la *Chronique* d'Isidore de Séville, l'*Historia ecclesiastica* de Bède le Vénérable et, dans une certaine mesure, l'*Historia gentis Longobardorum* et l'*Historia romana* de Paul Diacre, devait marquer pour mille ans la culture historique de l'Occident (B. Guenée, 1980). Cassiodore fut enfin l'auteur d'une *Chronique* et d'un *De rebus gesticis* aujourd'hui perdu, mais qui fut démarqué en 551 par un Goth nommé Jordanès.

❑ ***Jordanès.*** On ne sait à peu près rien de ce personnage qui semble avoir été assez obscur, si ce n'est qu'il écrivit ces deux œuvres complémentaires que sont les *Romana* et les *Getica.* La première constitue une sorte d'évolution de l'humanité depuis Adam jusqu'à Justinien. Dans la seconde, qui est beaucoup plus intéressante pour les historiens, il propose une sorte de saga des Goths depuis leur départ de l'île de Scandza, d'où ils s'élancèrent à la recherche d'une nouvelle patrie jusqu'à la capture (540) et la mort de Vitigès, le second mariage de sa veuve, Mataonthe, avec le patrice Germain, parent de Justinien, et la naissance de leur fils Germain le Jeune, ultime et symbolique avatar de l'histoire des Goths et de leur fusion dans l'Empire romain.

Longtemps écrasée par la personnalité de son prestigieux inspirateur, l'œuvre de Jordanès avait été considérée comme une sorte de démarquage de son modèle. Les travaux de M. Reydellet (1981) ont montré en fait que le contenu idéologique de la *Getica* semble avoir été assez différent. Pour Cassiodore, en effet, il s'agissait de montrer que les Goths n'étaient pas indignes de gouverner l'Italie et il se prononçait pour un rapprochement avec les Romains fondé sur une égale ancienneté des deux peuples, d'où l'accent mis sur la continuité dynastique des Amales. Il n'en va pas de même chez Jordanès qui offre une image mitigée de la personnalité de Théodoric et fait de l'Italie l'ultime théâtre où vient se briser sur les restes de l'*Imperium Romanum* l'aventure commencée plusieurs siècles auparavant avec le départ de Scandza. A l'inverse de Cassiodore, il se révèle ainsi incapable de situer le drame du royaume ostrogoth d'Italie autrement que dans la perspective de l'opposition traditionnelle entre l'Empire romain et le monde barbare.

❑ ***Grégoire de Tours (v. 538-594).*** Les perspectives, dans la dynamique desquelles Grégoire de Tours raconte l'histoire de Clovis et de ses successeurs se situent diamétralement à l'opposé. Avec Jordanès, nous avions affaire à une épopée qui se terminait par une sorte de disparition inéluctable et de fusion du peuple goth dans une entité plus vaste. Avec Grégoire, il s'agit d'un départ vers une glorieuse destinée, même si les premiers pas du nouveau peuple élu ne vont pas sans un certain nombre de débordements et d'incertitudes.

C'est un historien charnière dont l'œuvre témoigne de la décadence culturelle dont la Gaule est progressivement affligée depuis le milieu du ve siècle mais qui vaut mieux que la réputation d'infantilisme qu'il a longtemps traînée avec lui. Le « dernier des sénateurs gallo-romains », en effet, est également un évêque qui inscrit son histoire dans la tradition chrétienne née avec Eusèbe, Jérôme, Augustin et Orose. C'est encore un « intellectuel » et un dirigeant représentatif de la nouvelle culture mérovingienne. De plus, avec ses *Historiae (Histoires),* il constitue l'un des points de passage obligés de l'histoire de l'historiographie française.

Né Georgius Florentus à Clermont et ayant emprunté le nom de Grégoire à un trisaïeul du côté maternel, il était issu de deux anciennes et riches familles sénatoriales d'Auvergne et de Bourgogne qui avaient déjà donné à l'Église plusieurs évêques, des saints et même un martyr. Il succéda à son cousin Eufronius sur le siège de Saint Martin en 573. Il devait l'occuper jusqu'à sa mort, ce qui en fit l'un des personnages les plus importants de la Gaule franque. Malgré sa santé fragile, on vit donc par monts et par vaux ce petit homme conciliant mais énergique ayant fort à faire avec les rivalités avec les autres évêques, la mise au pas de prêtres turbulents, la chasse aux faux prophètes (X, 25) et la pacification des couvents (les nonnes séditieuses de Poitiers, IX, 39 ; X,15-17), sans compter les empiètements du pouvoir civil (V, 46) et les appétits antagonistes des petits-fils de Clovis par Clotaire Ier (Sigebert, Chilpéric « le nouveau Néron » et « le bon roi » Gontran). Il eut néanmoins le temps de rédiger une imposante série d'ouvrages, en majorité de caractère religieux, auxquels il ne manque jamais une occasion de faire allusion et dont il dresse scrupuleusement la liste à la fin de ses *Histoires* (miracles, vie des Pères, de saints, etc.).

C'est pourtant pour son œuvre d'historien qu'il est demeuré dans les mémoires. Comme le contenu de son œuvre en témoigne, la rédaction de ses *Histoires*, commencée vraisemblablement après 473, allait l'accompagner dès lors tout au long de sa vie puisque les derniers événements évoqués datent de 591. Inscrivant son projet dans la perspective d'une histoire universelle, Grégoire adopte un plan chronologique mais il va de soi que les événements ne sont pas évoqués avec la même précision selon qu'ils soient ou non contemporains de l'auteur. La rupture se produit à la fin du Livre IV (575) et les six derniers Livres représentent à peu près les deux tiers du volume du texte. Ainsi peut-on dire que l'œuvre se divise en trois grandes périodes : l'ère des conquêtes sous Clovis et ses fils, l'ère des querelles fratricides entre les petit-fils, et une troisième période dominée par l'angoisse sur l'avenir de la dynastie et les efforts de Gontran pour mettre fin à celle-ci (M. Reydellet, 1981).

Grégoire s'est exprimé très clairement à propos des raisons qui l'avaient conduit à rédiger ses *Histoires* (Préface). Confrontés à la misère et à l'instabilité des temps, ses contemporains se désolaient de ne trouver personne capable d'écrire un ouvrage sur leur époque alors que la fin du monde approchait (I). Malgré son style pas très élégant, Grégoire s'est en quelque sorte dévoué et il a écrit cet ouvrage « pour garder vivante la mémoire de ceux qui sont morts et disparus et pour les livrer à l'attention des générations futures » (I) ; rien de nouveau, comme on le voit, du moins au niveau des intentions, depuis Hérodote, un millénaire auparavant.

La nature des sources varie naturellement selon que Grégoire, dont la culture est loin d'être inexistante, raconte des événements auxquels il a été, ou non mêlé. Pour ce qui est de la période allant des origines à 475, on le voit donc compiler la *Bible* puis emprunter notamment à Eusèbe-Jérôme, à Orose, à des vies de saints, à d'anciennes chroniques ou à des œuvres aujourd'hui disparues comme celles de Frigeridus et de Sulpice Alexandre pour l'origine des Francs. Les choses changent ensuite progressivement à partir du moment où Grégoire, de plus en plus impliqué, bénéficie de souvenirs ou d'informations de première main venant de ses nombreuses relations et peut même insérer dans son texte sept documents officiels dont le traité d'Andelot signé en 587 entre Gontran et Childebert II (IX, 20).

Il est bien évident que cette progression dans la qualité de l'information, qui est loin de correspondre à une maîtrise dans le domaine de l'exposition des faits, influe sur la confiance que l'on peut accorder à l'« Hérodote de la barbarie » (J.-J. Ampère). On pourrait ajouter que sur des événements qui ne sont pas fondamentalement différents de ceux narrés par Tacite, on assiste par rapport à l'historien romain à un rétrécissement des facultés d'analyses et des connaissances qui, sans parler de la déperdition au niveau du langage (une langue laborieuse collant à des faits et des êtres barbares), se manifeste principalement par un nombre incroyable d'invraisemblances, une crédulité à la limite de la niaiserie et une incapacité à prendre du recul par rapport aux événements qui sont mécaniquement replacés dans une téléologie eschatologique primitive (V, 4 entre beaucoup d'autres). Inutile de préciser que nous sommes à des années-lumières de Polybe ou de Thucydide.

❑ ***Les misères de la Gaule.*** Cependant, en dépit de ses faiblesses incontestables, l'œuvre de Grégoire ne doit pas être méprisée, d'abord parce que sur un mode pittoresque, il nous fournit des informations irremplaçables sur la vie politique de la Gaule franque dans la seconde moitié du VIe siècle et ensuite parce qu'une lecture attentive de son œuvre en apprend davantage qu'on aurait pu le croire sur le comportement des hommes de son époque et le fonctionnement des institutions. Il n'en demeure pas moins vrai que, même là où il s'efforce d'être le plus précis, ses efforts sont toujours sacrifiés, consciemment ou non, à la dimension apologétique de son propos car, comme il a pris le soin de l'exposer d'entrée dans une profession de foi (I), avant d'être un historien, il s'affirme comme un chrétien chez qui l'histoire est ravalée au rang d'un commentaire justifiant d'une interprétation providentielle de l'évolution de l'humanité et d'un arsenal d'arguments édifiants pour vitupérer les hérétiques.

L'objectif qu'il se propose en effet d'emblée est « de décrire les guerres menées par les rois contre des peuples ennemis, par les martyrs contre les païens et l'Église contre les hérétiques » (I), et notamment les ariens pour lesquels il ne trouve aucun châtiment assez fort. Mais comment célébrer la gloire de Dieu dans une époque aussi pourrie (Préface) et avec des souverains aussi tarés (V) ? Telle est la mission, d'autant plus contradictoire qu'il ne conteste pas la légitimité providentielle des Mérovingiens, à laquelle il doit s'atteler. Fort heureusement pour lui, comme nous l'avons vu, Augustin est venu avec sa conception fondamentalement pessimiste de l'homme et sa parabole qui permet de mettre au débit de la cité terrestre les multiples atrocités princières et d'attribuer tous les malheurs du temps et les catastrophes naturelles, dont il se fait aussi le comptable scrupuleux, à la colère de Dieu, toujours vigilant et à laquelle les monarques eux-mêmes n'échappent pas (IV, 20 ; VIII, 5), au risque d'être privés de leur *utilitas* et de mettre le peuple chrétien en péril. A l'instar de Théodebert, et dans une certaine mesure de Gontran, le bon roi est donc celui qui en plus de ses qualités guerrières, est clément et vertueux, lève peu d'impôts, respecte les églises et les évêques et secourt les pauvres (III, 25).

Cela étant, il apparaît que dans la perspective définie par la *Chronique* d'Eusèbe, la domination des Francs incarnée par Clovis et ses successeurs constitue pour Grégoire comme un nouveau commencement qui vient s'inscrire à la suite de l'Empire romain dans la succession des *regna.* Malgré leur indignité, ce sont toujours à travers eux les volontés de Dieu qui s'accomplissent contre eux et malgré eux (M. Reydellet, 1981). C'est la raison pour laquelle il est respectueux du pouvoir des souverains qui n'ont de comptes à rendre qu'à Dieu, la seule mission des évêques étant de les avertir chaque fois qu'ils dépassent les bornes.

Dans ces conditions, tout événement est donc susceptible d'une double lecture et l'on notera à cet égard l'omniprésence tout au long de l'ouvrage de prodiges, de miracles, de présages et autres manifestations astronomiques. La fin du Livre X est à cet égard exemplaire. L'un des derniers événements relatés est le *baptême* (c'est l'auteur qui souligne) de Clotaire, fils de Chilpéric, ce qui témoigne d'un espoir dans la longévité de la dynastie, puis le récit proprement dit se termine comme un avertissement par la mention d'une épidémie, de mécréants frappés par la foudre divine pour avoir commercé le dimanche, d'une sécheresse avec épizootie et d'inondations débouchant sur une famine à venir (X, 30), un bon échantillon des calamités de l'époque. On passe alors à une liste des évêques de Tours. On voit donc se succéder symboliquement l'Espoir, toujours menacé par le Mal, le châtiment qui en découle inéluctablement, et le seul antidote possible. Si bien que l'on peut se demander si c'est au nom de son caractère historique ou plutôt de sa portée édifiante que Grégoire enjoint, avec menaces à l'appui, à ses successeurs d'empêcher que « ces livres soient détruits ou réécrits ou reproduits en extraits [...] et de les conserver intacts avec aucun changement et juste comme je vous les ai laissés ». Tout au plus leur permet-il de les récrire en vers si le cœur leur en dit mais, ajoute-t-il, « ne faites pas violence à mes livres [...] N'Y TOUCHEZ PAS ».

Ce n'est pourtant pas pour ce type de raisons que nous n'avons pas envie de « toucher » aujourd'hui à l'œuvre de Grégoire. Ce serait, en effet, la priver de ce qui constitue pour nous son plus grand mérite, à une époque où l'Église avait bien du mal à gouverner les éléments et les hommes, cette capacité de coller au plus près de la réalité et de nous restituer à près de quinze siècles de distance l'âpreté d'une nature non encore domestiquée et la violence des rapports humains dans une Gaule gouvernée par des princes brutaux, sournois et irascibles.

❑ ***Isidore de Séville (v. 562-636).*** Son œuvre immense aux multiples facettes et ses connaissances mobilisées au service de sa foi, où l'histoire naturellement a une place, ont fait de lui, plus encore que Cassiodore, le grand pédagogue de l'Occident chrétien. Né à Séville dans une famille croyante de Carthagène réfugiée à la suite de la reconquête byzantine de la Bétique, il apparaît comme le représentant de cette sorte de crépuscule doré dont la culture antique bénéficia avant de s'éteindre, dans une Espagne unifiée, débarrassée des menaces extérieures et réconciliée sur le plan religieux depuis la conversion de Reccarède (587). Devenu évêque (599), il composa de nombreux ouvrages d'inspiration religieuse parmi lesquels émergent les *Sentences*, œuvre à la fois dogmatique et spirituelle, où s'inspirant d'Augustin et de Grégoire le Grand, il propose aux élites laïques un programme de vie chrétienne, ou des ouvrages comme le *De ecclesiasticis officiis* ou la *Regula monachorum* plus particulièrement destinés au clergé. Par cette encyclopédie du savoir achevée après sa mort que constituent ses *Étymologies sur l'origine de certaines choses*, il fut également le conservateur d'un patrimoine culturel auquel le christianisme donnait un nouveau sens et un nouveau souffle.

Il n'est donc pas étonnant qu'Isidore ait été également historien ; qu'il ait, dans ses *Étymologies,* donné une définition de l'histoire qui défiera les siècles *« Historia est narratio rei gestae per quam ea quae in preterito facta sunt dinoscuntur »*; (« l'histoire est le récit de ce qui est arrivé grâce auquel la postérité est instruite du passé ») ; qu'il ait affirmé, répétant Jérôme, que le premier historien n'était pas Hérodote mais Moïse ; qu'il ait marqué la différence entre ce qui relève de la « chronique », c'est-à-dire une récapitulation des faits dans l'ordre chronologique (journaux/calendriers/annales) et l'histoire, et qu'à l'instar d'Eusèbe, il se soit intéressé aux problèmes de la chronologie. Il est en plus l'auteur d'une *Historia de regibus Gothorum, Vandalorum et Suevorum* qui constitue notre principale source pour la connaissance du passé de ces peuples. Par ailleurs, dans sa *Chronique* universelle depuis les origines jusqu'en 615, il a repris la division augustinienne de l'histoire de l'humanité en six âges qu'il a calculés en se fondant sur la version des Septante. Comme tous ses autres ouvrages, cette chronique constitua un ouvrage de référence dans la culture du millénaire qui a suivi.

A L'OMBRE DES CLOÎTRES ET DES CATHÉDRALES

Dans le *Paradis* de Dante (1265-1321), on trouve aux côtés d'Isidore, Bède le Vénérable. C'est dire s'il y a des points communs entre l'évêque andalou et le moine northumbrien. Et pourtant, en moins d'un siècle, un changement immense s'est produit, qui va faire des monastères jusqu'aux Lumières, et avec certes des hauts et des bas, l'un des principaux foyers de culture en Europe : la diffusion à travers l'Europe de la règle de Benoît de Nursie (v. 480-v. 550) qui partageait l'existence des moines entre la prière, le travail manuel et la *lectio divina,* c'est-à-dire l'étude des textes bibliques et des commentaires patristiques. Celle-ci devait prendre une place de plus en plus importante dans les activités des communautés d'où devait émerger la tradition d'érudition des bénédictins. Dans des temps aussi troublés, la retraite des activités culturelles, et par conséquent de l'écriture de l'histoire, dans des lieux à vocation religieuse, n'avait pas de quoi surprendre, mais il est évident qu'elle ne demeura pas sans conséquences. La plus fondamentale fut que si ces activités y gagnaient en protection, on y observait également une confiscation de la démarche heuristique à des fins théologiques car, comme on peut le deviner aisément, nul endroit n'était plus propice que ces monastères, ces chapitres ou plus tard, ces écoles et ces universités, à l'élaboration d'une histoire à vocation providentielle.

Les débuts de l'érudition bénédictine et la renaissance carolingienne

❑ ***Bède le Vénérable (673-735).*** C'est au cours du VIIe siècle que la règle de saint Benoît fut introduite en Angleterre où, à l'écart des troubles qui se déchaînaient alors sur le continent, une population fraîchement christianisée se trouvait au confluent de deux puissants courants spirituels, le monachisme irlandais et l'influence romaine. Bède fut envoyé à la prestigieuse abbaye de Jarrow où il termina ses études en se familiarisant avec le grec. Il passa le reste de sa vie dans la bibliothèque à travailler, à consulter, à compiler et à enseigner. Dans son œuvre abondante et variée, écrite dans un excellent latin, on trouve, entre autres, un certain nombre de manuels destinés à fournir aux jeunes moines une culture élémentaire, des traités scientifiques *(De natura rerum)*, des homélies, des sermons, des hagiographies de pieux personnages et surtout d'abondants commentaires sur le Nouveau et l'Ancien Testament.

L'*Historia ecclesiastica gentis Anglorum* (731) est le plus connu de ses ouvrages historiques. Elle va des expéditions de César jusqu'à 731, année où elle parut. Même s'il ne cherche pas, bien au contraire, à masquer la place omniprésente prise par l'Église dans la société anglo-saxonne au cours des siècles précédents, Bède le fait moins en apologiste qu'en véritable historien. Dédaignant de commencer son œuvre par la création du monde, même si ses références à la *Bible* sont constantes, et s'intéressant peu aux prodiges et aux miracles, il nous montre comment l'Église s'est peu à peu fondue dans un peuple, ce qui lui permet de nous livrer une description détaillée de nombreux aspects du fonctionnement de la société de son temps. Même si l'œuvre n'est pas exempte de faiblesses, il y témoigne de qualités de synthèse tout à fait remarquables qui font de son travail une source d'informations inestimable pour les spécialistes de la question. « La véritable loi de l'histoire, écrit-il, est tout simplement de dire à la postérité ce qui s'est dit çà et là ». Bède s'est également intéressé à la chronologie. S'inspirant de la tradition augustinienne, il suit, contrairement à Isidore, la tradition hébraïque dans son *De temporibus libris* (703) où il est le premier à imposer le mode de datation des événements par rapport à la naissance du Christ et qu'il approfondit par un *De temporum ratione* (735) complété par une liste des grandes dates de l'histoire de l'humanité depuis la Création. Par son immense culture et par ses facultés d'analyse, Bède, dont l'œuvre fut diffusée par son compatriote Alcuin (v. 730-804), devait laisser une marque profonde dans la culture européenne des siècles suivants.

❑ ***La renaissance carolingienne.*** C'est avec Paul Diacre (v. 725-799) un autre moine bénédictin qui fut le meilleur historien du VIIIe siècle, mais à un niveau sensiblement inférieur à celui de Bède, que nous abordons l'époque de la renaissance carolingienne. Aristocrate appartenant à une famille du Frioul, élevé à la cour de Pavie, doté d'une solide instruction (il connaît le grec), il écrivit, entre autres, une *Historia romana* qui prolonge jusqu'en 568, en le mettant dans le goût chrétien le *Breviarium* du païen Eutrope, et surtout son *Historia gentis Longobardorum*, histoire du peuple lombard des origines jusqu'en 744. Rédigée à la fin de sa vie, elle constitue notre meilleure source pour la connaissance de ce peuple et bénéficiera d'une grande popularité tout au long du Moyen Age.

Paul Diacre avait été témoin de la première partie du règne de Charlemagne, celle des conquêtes. Avec la *Vita Karoli*, écrite au soir de sa vie par Eginhard (v. 770-840) dans sa retraite de l'abbaye de Seligenstadt en Franconie, c'est principalement de l'apothéose du règne dont il est question, et plus précisément encore d'une apothéose dont le récit est embelli par la magie du souvenir qui lie indissociablement l'auteur à celui qui fut son protecteur et son ami. Même si le temps est là qui gomme les aspérités des hommes et des faits, Eginhard, dans sa jeunesse, a participé à la vie de la Cour et ses souvenirs personnels constituent une source d'informations incomparable pour connaître la personnalité du monarque et les traits de sa vie quotidienne. Cela ne va pas sans erreurs chronologiques, sans confusions, sans lacunes, notamment sur les débuts du règne, ni sans une partialité systématique car il est toujours prêt à chanter les louanges de son héros dont il fait la parangon de toutes les vertus : chef d'État exceptionnel, général incomparable, fils parfait, père accompli, excellent frère, ami dévoué et... le meilleur nageur de son temps ! Quant à la forme, elle est fortement inspirée de celle des *Vies des douze Césars* de Suétone, notamment de celle d'Auguste, dont la psychologie simpliste et sans nuance correspondaient à ce qu'il fallait à des hommes du début du IXe siècle (L. Halphen). Il a aussi utilisé quelques ouvrages et documents officiels qu'il a pu consulter, à commencer par les *Annales regni Francorum* couvrant les années 741-829 et dont la rédaction se poursuivait au temps de Louis le Pieux. Il en a tiré les informations concernant la politique étrangère du monarque, parfois au prix de grosses erreurs ou d'interprétations ahurissantes par rapport au contenu de celles-ci. Mais pour Eginhard, Charlemagne, dont la figure serait beaucoup plus incertaine si nous ne disposions pas de son témoignage, demeurera à jamais le treizième des Césars et l'heure de la légende de l'empereur à la barbe fleurie sonnera un demi siècle plus tard avec le *De Carolo Magno* de l'abbé de Saint-Gall, Notker le Bègue (v. 840-912).

Plus sérieusement Nithard (?-844), un petit-fils de Charlemagne, qu'il fut le premier d'ailleurs à désigner sous cette dénomination « *Carolus magnus* », fait preuve d'une sagacité remarquable dans ses *Historiarum Libri IV* dans lesquels il raconte, en se désolant, les luttes qui opposèrent les successeurs de l'empereur de 814 à 843. Très bien informé, il cite le texte des serments de Strasbourg de 842, sachant dominer sa documentation pour exposer les données d'une situation avec une objectivité surprenante, il se recommande également par la clarté et la vivacité de son style.

L'histoire des clercs

Nithard constituera pour longtemps une exception. Avec ce que nous appelons la Renaissance carolingienne, et même s'il en était le premier bénéficiaire et s'il tenait à y maintenir un droit de regard, le pouvoir politique avait en quelque sorte pris acte de la compétence quasi exclusive des clercs en matière culturelle. La tendance qui se manifestait depuis plusieurs siècles allait y gagner une sorte de confirmation officielle. Les lieux de culture seraient également des lieux de culte, les lieux de mémoire aussi, et les historiens, à l'exception de quelques rares grands témoins laïcs ayant participé de près à la conduite d'expéditions militaires ou des affaires publiques, des gens d'Église. On n'aura garde, toutefois, d'oublier à cet égard que les ecclésiastiques d'alors étaient loin d'être écartés du gouvernement des États, même si les choses évoluèrent en France à partir du règne de Philippe le Bel (1267-1314).

❑ ***Les lieux de mémoire.*** C'est donc dans l'entourage des évêques et dans les *scriptoria* des grandes abbayes qu'il convient de chercher les indices de la poursuite d'une activité historiographique. C'est là que sont rédigés des *Gesta,* à l'image de ceux que Paul Diacre avait consacrés aux évêques de Metz, des chroniques universelles, laborieuses compilations dépourvues d'originalité et tentant de se hisser jusqu'aux événements contemporains de leurs auteurs comme celles de Freculf de Lisieux († 853), qui n'est pourtant pas sans quelque effort personnel, ou d'Ado de Vienne (859-875), des histoires d'une église particulière, comme l'ouvrage que Flodoard (894-966) consacra à celle de Reims ; des œuvres à résonance plus politique (987 oblige !) comme les *Historiarum Libri IV* de Richer (v. 940-après 998), écrites à Reims à la demande de Gerbert. Elles sont relatives à la période 888-995 et se présentent comme la suite des *Annales regni* d'Hincmar (806-882). Ces annales apparaissent comme le genre de prédilection de l'époque, à l'image de ce modèle prestigieux que constitue le *Liber Pontificalis in quo continentur acta beatorum pontificum urbis Romae* où sont consignées, comme le titre l'indique, depuis le VIe siècle, les actions des papes. Les souverains ont aussi les leurs, comme nous venons de le voir, avec les *Annales regni Francorum* continuées par les *Annales Bertiniani* dont la période 835-861 fut rédigée sous la responsabilité de l'évêque de Troyes Prudent, puis sous celle d'Hincmar. Naturellement les abbayes s'étaient jointes au mouvement, les annales des plus importantes, comme Saint-Vaast d'Arras (874-900), n'hésitant pas à se lancer dans le domaine des affaires publiques. A cette production, il convient d'ajouter les nombreuses vies de saints, de martyrs et de pieux personnages relevant plus de l'hagiographie que de l'histoire proprement dite mais qui, par leur contenu, fournissent des informations fort utiles pour les historiens.

Interrompues, en règle générale, à la fin du IXe siècle à cause de la dureté des temps, les études historiques refleuriront au cours du XIe et, pendant une cinquantaine d'années, elles connaîtront un épanouissement incontestable. Elles donneront naissance à des compilations érudites nourries aux collections des bibliothèques des grandes abbayes et répondant aux exigences d'une chronologie sans faille dont l'œuvre de Sigebert de Gembloux († 1112), qui s'engagea à fond dans la querelle des Investitures, peut donner une idée. Auteur de quelques hagiographies et d'une œuvre à la gloire de son abbaye *(Gesta abbatum gemblacensium)*, il est surtout connu pour sa *Chronographia* qui sera poursuivie au Mont-Saint-Michel, dont il était l'abbé, par Robert de Torigni.

Il convient de reconnaître que cette histoire trouvait très vite ses limites. Inscrite dans une perspective eschatologique, elle était cantonnée dans les faits que l'érudition, même la plus ingénieuse, cloisonnée et réduite aux possibilités d'un *scriptorium* isolé des autres, peinait souvent pour établir. Ainsi, en règle générale, l'histoire contemporaine ne pouvait-elle être que locale et l'histoire universelle que conformiste. L'apparition des nouveaux ordres monastiques n'avait d'ailleurs pas été très favorable. Les clunysiens étaient davantage amateurs de littérature et de beau langage que d'histoire tandis que les cisterciens, par principe, se méfiaient de la culture.

Tout n'était pas du même niveau et la vocation naturelle des *scriptoria* bénédictins de base s'investissait plus dans la production d'hagiographies et de chroniques locales. Là, sur ordre de leurs supérieurs ou à la demande de leurs pairs, les historiens de l'époque, souvent anonymes et grands étireurs d'annales, continuaient d'essayer de remonter jusqu'à la Création ou, tout au moins, de conserver le souvenir de la fondation de leur établissement ainsi que de la suite des faits qu'ils jugeaient marquants du passé de celui-ci, du diocèse où il était situé, de la région ou du royaume. Pourtant, même au sein des monastères les plus prestigieux, les œuvres historiques étaient réduites à la portion congrue. Les histoires sur la guerre de Troie (Darès et Dictys) et sur Alexandre (Quinte-Curce et Justin) avaient été en vogue dès l'époque carolingienne. Avec le XIe et le XIIe siècles, des historiens païens, dont les œuvres, comme celle de Valère-Maxime, offraient aux maîtres les exemples dont ils avaient besoin, attirèrent l'attention. On redécouvrit donc Tite-Live, Suétone, César et surtout Salluste, pour son style et Lucain, dont la vision épique de l'histoire correspondait au goût du moment. Après 1300, ce sera le tour de Tacite nettement plus épicé.

On ne peut pas dire que la position de l'histoire se renforça ensuite. Comme le note B. Guenée (1980), les historiens du XIIe siècle avaient été surtout des chercheurs, ceux du XIIIe furent d'abord des témoins. Les grandes abbayes bénédictines avec leurs bibliothèques et leurs théories de moines entraînés à la pratique annalistique poursuivirent certes leurs activités traditionnelles mais l'histoire sortit des monastères et fut entraînée par d'autres courants au devant d'un public plus large mais moins soucieux d'authenticité que du merveilleux des chansons de geste. De plus, à cause de l'épanouissement de la pensée dominicaine illustrée par Albert le Grand (v. 1193-1280) et saint Thomas d'Aquin (1225-1274), le XIIIe siècle fut avant tout sur le plan épistémologique le théâtre d'un retour à l'œuvre d'Aristote relue à travers Avicenne (980-1037) et Averroès (1126-1198), comme en témoigne symboliquement le passage des monastères aux universités comme centres privilégiés de la concentration, de l'élaboration et de la diffusion du savoir. Même si le XIIIe siècle fut l'époque des synthèses, des encyclopédies et des manuels, la part de l'histoire en fut diminuée. Cela ne signifie pourtant pas qu'elle disparut même si elle ne profita qu'assez peu de ce renouveau scientifique.

Dès 1170, en effet, Pierre le Mangeur avait rédigé un commentaire de la *Bible* qui se révéla un résumé commode de l'histoire sacrée et l'*Historia scolastica* devint pour longtemps le manuel de base sur la question. Au milieu du XIIIe siècle, à la demande de ses supérieurs et avec la protection de Louis IX, le dominicain Vincent de Beauvais (v. 1200-1264) prit la tête d'une équipe de chercheurs désireux de faire le point de l'état général des connaissances en trois « Miroirs », réunis sous le titre de *Speculum majus* (*historiale*, résumant l'histoire du monde des origines aux croisades, traduit en français dès 1330 ; *naturale,* pour les sciences naturelles ; *doctrinale* pour la théologie). L'ouvrage fut appelé à un succès immédiat qui persistera jusqu'au XVIIe siècle. Cela dit, on continua à puiser dans les compilations comme celle de Sigebert de Gembloux que vint compléter la *Cronica martiniana* (chronique des papes et des empereurs) de Martin de Troppau († 1278), un autre dominicain, qui fournissait au personnel des chancelleries les données de base dont il avait besoin.

❑ ***L'histoire servante de la théologie.*** On est donc bien obligé de constater que malgré la parenthèse du tournant du XIIe siècle, cette période n'a pas eu la fibre historique. Si l'on excepte quelques œuvres comme l'*Historia Regum Brittaniae* de Geoffrey de Monmouth, l'*Historia Karoli Magni et Rotholandi* dite du pseudo-Turpin, l'*Historia scolastica* de Pierre le Mangeur, le *Speculum historiale* de Vincent de Beauvais et la *Cronica martiniana*, répondant soit à des aspirations de nature romanesque, soit à des impératifs d'ordre pratique relevant plus de la conservation que de l'innovation en matière de connaissance, le fonds commun de la culture historique fut constitué pour l'essentiel par une quinzaine d'ouvrages d'auteurs païens ou chrétiens (nous en avons cité les noms) que l'on s'était transmis de génération en génération et dont le plus récent datait du VIIIe siècle ! C'est dire si la place de l'histoire fut alors modeste. Elle n'a été qu'un genre mineur, une subdivision de la grammaire ou de la rhétorique, une sorte d'activité secondaire ne faisant l'objet d'aucun enseignement spécifique dans les écoles et les universités et exercée par goût personnel ou par ordre de leurs supérieurs, soit individuellement soit en groupe, par des non spécialistes isolés dans leurs monastères et plus ou moins retirés du monde. Cela s'explique sans doute par l'incapacité de l'historien à imposer ses critères heuristiques et de son réflexe de recourir en matière de solution à celle patronée par l'autorité la plus haute.

Et quelle plus grande autorité en ces temps de ferveur religieuse que celle découlant de la dictature exercée sur les esprits par la conception providentielle de l'histoire ? Elle explique cette répugnance des historiens à analyser, sauf exception, les événements qu'ils rapportaient et à s'aventurer sur le périlleux domaine de la réflexion puisqu'ils attachaient aux causes particulières moins d'importance qu'à cette cause première contenant toutes les autres qu'était la volonté divine. Leur travail relevait alors moins de l'étiologie que de l'allégorie, et la vision de l'évolution de l'humanité que l'on s'efforçait d'imposer en inscrivant, références bibliques à l'appui, les actions des hommes dans leurs relations avec le cosmos, était par essence totalitaire. La recherche du *« wie es eigentlich gewesen »*, par nature contingent, comptait moins que le souci de repérer les signes de la volonté divine dans la mesure où, comme l'écrivait saint Bonaventure (1217-1275), « si tout est créé par Dieu et s'il y a une providence en fonction de laquelle le cours et la nature des événements est ordonné, il s'ensuit que tous les événements de ce monde ont été prévus et disposés à l'avance par Dieu. En conséquence, ce que nous appelons histoire était à l'origine une idée ou une œuvre artistique de Dieu qui se déroule maintenant à travers les siècles comme l'intrigue d'une pièce de théâtre. Bien qu'elle soit jouée par des créatures diverses, le véritable auteur en est Dieu et, par conséquent, l'histoire aussi porte la marque de la Sainte Trinité ». Ce n'est tout de même pas dans les monastères que l'on allait chercher à prouver le contraire !

LE RETOUR DU POLITIQUE

La grande aventure des croisades, la querelle des Investitures, l'essor des villes, notamment en Italie, et la naissance des nationalismes dans les États européens au cours du XIIe siècle, sans oublier la conquête de l'écrit par les langues vernaculaires, auront pour conséquence, à côté des activités que nous venons de décrire à l'abri des cloîtres et à l'ombre des cathédrales, de redonner à l'histoire, au nom de causes dont les plus immédiates n'étaient pas le plus souvent d'ordre heuristique une fonction d'ordre nettement plus séculier. Cette évolution ne signifie nullement, bien au contraire, qu'il y eut alors une rupture avec l'univers ecclésiastique, même si la part des laïcs, qu'il s'agisse d'acteurs, de témoins ou de praticiens, s'affirma progressivement dans le domaine de l'historiographie. Il exista à cet égard toujours des passerelles mutuellement intéressées entre ceux qui relevaient du spirituel et ceux qui incarnaient le pouvoir temporel, et qui, pour de simples raisons d'ordre technique, présence de juristes ou pas, ne pouvaient totalement se passer des compétences des premiers pour le gouvernement de leurs affaires.

La saga des croisades

Dès leur commencement, les croisades suscitèrent des vocations de chroniqueurs. Si l'on prend le cas de la première, celle de Godefroy de Bouillon, les épisodes principaux en furent rapidement rapportés par le clerc languedocien Raymond d'Aguilers dans son *Historia Francorum Hierusalem* ainsi que par le témoignage d'un chevalier anonyme de l'entourage de Bohémond de Tarente dont les *Gesta Francorum et aliorum Hierosolomitanorum* constituent un véritable « journal de route bourré de petits faits vrais d'une précision toute militaire » (P. Aubé) auxquels viendra puiser, entre autres, Guibert de Nogent (1055-v. 1125). Au cours du second quart du XIIᵉ siècle, Albert d'Aix élèvera un monument à la gloire de « l'avoué du Saint-Sépulcre » avec son *Liber christianae expeditionis* en réalisant une première synthèse des divers témoignages précédents dont Guillaume de Tyr (v. 1130-1185), devenu historien en 1167 à la demande du roi de Jérusalem Amaury, s'inspirera largement pour son *Historia rerum in partibus transmarinis gestarum.*

❑ ***Villehardouin (v. 1150-v. 1213).*** C'est cependant avec la *Conquête de Constantinople,* récit de la quatrième croisade jusqu'à la mort de Boniface de Montserrat (1207) par l'un de ceux qui y jouèrent les principaux rôles, que Villehardouin inaugure une forme d'histoire en langue vernaculaire présentant les faits du point de vue d'un acteur particulièrement bien informé. Œuvre marquante dans l'histoire de la littérature française, puisqu'elle témoigne d'une contestation sur le plan linguistique à l'encontre de la suprématie du latin, la *Conquête* l'est aussi dans le domaine de l'historiographie. Brisant, en effet, le quasi-monopole dont bénéficiaient alors les clercs, elle renoue avec la tradition antique de l'historien autorisé parce qu'ayant assumé sur le terrain des responsabilités d'ordre politique. La distance, il est vrai, a pu faciliter cette émergence et cette révolution puisque c'est de Roménie qu'au soir de sa vie, le baron champenois, qui fut aussi coriace combattant qu'habile négociateur, parle et se tait en connaissance de cause, présentant avec clarté, fermeté et intelligence sa version des événements. Il ne révèle que ce qu'il juge utile à son interprétation des faits à propos d'une croisade dont la conduite, et en particulier l'agression commise sur un état chrétien, a soulevé plus d'une interrogation. Persuadé qu'il ne pouvait y avoir d'autre politique possible que celle qu'il a défendue et sûr d'avoir eu raison et d'avoir servi Dieu de la meilleure manière, il s'efforce de disqualifier tous ceux qui voyaient les choses autrement, pour ne pas parler de la vision grecque des événements. Quelle que soit la valeur de sa démonstration, il n'en demeure pas moins vrai que la *Conquête* se recommande par l'aisance avec laquelle il analyse et restitue dans un style clair et sobre leur cohérence à une succession de péripéties passablement embrouillées. Elle permet par là de nuancer l'image un peu trop rapide que l'on a pu se faire du chevalier naïf, impulsif, vaniteux et écervelé.

Si Villehardouin présente les faits au niveau des dirigeants, en ne cédant à aucun pittoresque, il n'en est pas de même du picard Robert de Clari qui nous livre l'expérience et les réactions du combattant ordinaire dans son *Histoire de ceux qui conquirent Constantinople.* Il se plaint de la cupidité des chefs, s'émerveille des richesses et des beautés de Constantinople et mange le morceau en affirmant que le véritable objectif des croisés et des Vénitiens était, dès le départ, de s'emparer de la ville, l'argument dynastique venant à point nommé pour justifier la satisfaction de leurs appétits.

❑ ***Joinville (1224-1317).*** La croisade, celle de 1248 en Égypte, est toujours présente, un demi-siècle plus tard dans l'œuvre d'un autre noble champenois, Jean de Joinville, mais si elle constitue le plus important et le plus édifiant d'entre eux, elle n'est plus que l'un des théâtres, dans le cadre desquels l'auteur présente *Le Livre des saintes paroles et des bonnes actions de Saint Louis*, son suzerain, dont il fait en termes simples, familiers et prolixes l'archétype du souverain idéal : roi justicier ; chevalier sans peur et sans reproche ; chrétien fervent défenseur de la foi et s'inclinant devant la toute-puissance divine. Le jeune Joinville, qui avait partagé la captivité et le long séjour en Terre sainte du monarque dont il était devenu l'un des familiers, avait écrit ses souvenirs de croisade quelque temps après la mort du souverain mais il ne les avait pas publiés et il les reprit en 1308, à la demande de la reine de France Jeanne de Navarre, pour glorifier le souvenir du souverain canonisé en 1297. Conservateur des valeurs de la société féodale, témoin de la plupart des faits qu'il raconte, le patriarche ne s'interroge toujours pas sur la portée de ceux-ci, d'où le caractère confus et superficiel de l'œuvre. Mais il se trouve aussi que par la personnalité de son auteur, cette hagiographie est l'œuvre d'un joyeux compagnon aimant la vie et les plaisirs de l'existence : tout le contraire de son modèle, ce qui donne aux souvenirs candides de ce conteur plein de charme, une vivacité souriante et un pittoresque plein de saveur.

« Le Ministère de la Vérité » des rois de France : l'abbaye de Saint-Denis

Dans un monde qui admettait péniblement la nouveauté et où le passé était la meilleure justification du présent, il eût été surprenant que, même de la place modeste qui lui avait été assignée, l'histoire n'ait pas été convoquée pour chanter la gloire et justifier le bon droit des souverains. En France, et nous suivrons ici les travaux de B. Guénée, G. Spiegel (1978) et C. Beaune (1985), sur le tombeau de saint Denis, le premier évêque de Paris, décapité au IIIe siècle, s'était installée à partir du VIe siècle une communauté religieuse qui s'était rapidement développée pour devenir un important monastère bénédictin. Des relations étroites avec la monarchie avaient été scellées sous l'impulsion de Suger (1081-1151) qui fit de son abbatiale la nécropole et le sanctuaire de la dynastie capétienne. C'est aussi à Suger, lui-même auteur d'une autobiographie et d'une vie de Louis VI le Gros et qui avait bien compris que l'un ne pouvait aller sans l'autre, que l'on doit le développement des études historiques à Saint-Denis, et plus particulièrement de l'histoire des rois qui avaient régné sur les « Franci ». De cet effort étaient résultées deux grandes synthèses en latin. L'une, au début du XIIIe siècle, était une histoire de France depuis les origines jusqu'à la mort de Louis le Gros. Cinquante ans plus tard, une autre compilation racontait cette fois-ci les événements jusqu'à la fin du règne de Philippe Auguste.

Il s'opéra ensuite un grand bouleversement lorsqu'à la demande de Louis IX, un moine de l'abbaye nommé Primat fut invité à « romer » cette histoire qu'il devait présenter en 1274. Primat traduisit certes en français les *« chroniques de l'abaïe de*

Saint-Denis en France où les hystoires et li fait de touz les rois sont escrit » mais il y avait interpolé également pas mal du sien. Son propos était de composer la « geste des rois » depuis les origines, et pour lui les origines sont évidemment troyennes (!), signe de l'ancienneté du lignage, et de montrer que depuis le mariage de Philippe-Auguste avec une descendante de Charlemagne, les sangs capétiens et carolingiens s'étaient mêlés. Par le recours à un passé, parfois réinventé pour les besoins de la cause, et au mythe, qui soulignait cette antiquité et cette continuité des Troyens aux Capétiens, via Clovis dont on s'efforça de polir la farouche image et les Carolingiens, il s'agissait donc de donner de la consistance à une réalité politique encore récente et vulnérable. Voulant même trop bien faire, Primat avait soulevé un gros lièvre qui nous accompagnera avec plus ou moins d'insistance jusqu'à la fin du XVIIIe siècle, en affirmant qu'à l'origine, les Français vivaient simplement sans roi, faisant ce que bon leur semblait, jusqu'à ce qu'ils fassent de Pharamond, le chef franc légendaire, leur « seigneur et roi ».

Naturellement, la mort de Primat n'interrompit pas le cours des productions dyonisiennes et à l'œuvre de celui-ci vinrent s'ajouter notamment les contributions de Guillaume de Nangis, archiviste du monastère de 1285 à 1300, et de Richard Lescot, arrivé en 1329, qui fut le maître d'œuvre des *Croniques de France* où l'histoire de la monarchie était poursuivie jusqu'en 1350. Dans l'atmosphère de laïcisation de l'État qui prévalut ensuite, le relais fut pris par Pierre d'Orgemont, chancelier de Charles V. Avec Michel Pintoin, Charles VI eut à nouveau recours au service des dyonisiens, ce qui permit aux bons pères de proclamer le caractère officiel de leur apostolat historiographique mais les malheurs du temps suspendirent la poursuite de l'ouvrage. Après la victoire finale sur l'Angleterre, il fallut procéder à une mise à jour. En s'aidant de plusieurs chroniques, comme celles de Jouvenel des Ursins pour les années 1380-1402 ou de Gilles le Bouvier pour la période 1402-1422, et de la sèche histoire du règne de Charles VII de Jean Chartier, chantre de Saint-Denis, devenu « chroniqueur de France » assermenté et appointé en 1437 et ultime artisan de l'historiographie dyonisienne, on put pousser jusqu'à la mort du souverain (1461). Dès le début de son règne, Louis XI mit un terme au monopole de fait dont, depuis des siècles, l'abbaye avait bénéficié en matière d'histoire officielle, ce qui ne l'empêcha pas d'engager deux autres moines, l'un, Jean Castel, comme « chroniqueur de France » jusqu'à sa mort en 1476 et l'autre, Guillaume Danicot, comme « historien du roi ». Par ailleurs, en 1477, les *Croniques de France* avaient connu à Paris les honneurs de l'imprimerie, mais au moment de toucher un plus large public, elles commencèrent à être jugées comme dépassées face aux exigences nouvelles d'une érudition plus soucieuse de preuves que de mythes, et l'histoire des humanistes et des juristes du XVIe siècle ne tarda pas à leur donner le coup de grâce.

Froissart et l'âge d'or des chroniqueurs

A côté de ce véritable atelier de confection d'une histoire officielle, on vit apparaître à partir du XIVe siècle, notamment en Flandre et en Bourgogne, des chroniqueurs et des mémorialistes qui, de Jean le Bel jusqu'à Philippe de Commynes, nous offrent une autre vision plus contrastée et plus hétérogène des événements qui eurent lieu au cours de ces deux siècles. Tous ne sont pas d'égale valeur. Tous dépendent plus ou moins étroitement, certains même en changeront, d'un protecteur dont ils sont amenés à défendre les intérêts, ce qui ne vas pas sans déformation de la vérité historique. De leurs œuvres et de celles de leurs homologues, car chaque prince voudra avoir le sien et il n'y eut plus désormais de grands débats politiques entre états sans arguments historiques, émergera progressivement la manifestation d'un sentiment national enraciné dans une perception plus ou moins mythique d'une origine commune.

❑ ***Jean le Bel et Froissart.*** Sans Jean le Bel (v. 1290-v. 1370), qu'il a démarqué de fort près dans les premiers Livres de ses *Chroniques* et auquel il rend hommage dans le Prologue, pas de Froissart. « Mes sires Jehans li Biaus », chanoine de l'opulent chapitre Saint-Lambert de Liège, en effet, s'était véhémentement élevé contre les facilités auxquelles n'hésitait pas à s'abaisser l'histoire rimée en vogue à son époque et la colère l'avait pris à la lecture d'un récit des guerres franco-anglaises qu'il avait trouvé si plein de « grandes faintes et de bourdes controuvées [...] de menchongnes [...] et de redictes pour embelir, la rime » qu'il avait décidé sur le champ d'écrire en prose « la vraye hystoire du proeu et gentil roy Edowart ». Et de fait, protégé par Jean de Hainaut, ayant assisté lui-même à plusieurs des événements qu'il relate et ayant interrogé de nombreux témoins, Jean le Bel fut un narrateur exigeant à l'égard de lui-même et digne de confiance.

Avec la masse impressionnante de ses *Chroniques de France, d'Angleterre et des pays circumvoisins*, Froissart (1337-v. 1410) se présente à nous comme un infatigable conteur : pour le meilleur, avec les innombrables informations qu'il nous prodigue dans un style chatoyant sur les milieux curiaux et nobiliaires du XIVe siècle ; et pour le pire, avec son absence de réflexion sur les malheurs de son temps et son désintérêt pour le reste de la société. Comme l'a si bien écrit Michelet, « le vieux chroniqueur, très charmant, est absolument incapable de dire à son pauvre valet qui va sur ses talons ce que c'est que le grand, le sombre, le terrible quatorzième siècle ».

Né à Valenciennes, familier de la cour d'Angleterre et grand voyageur, Froissart fut un auteur des plus prolifiques touchant à plusieurs genres littéraires, dont la poésie lyrique ou allégorique d'inspiration courtoise *(Épinette amoureuse)*, le roman de chevalerie (*Méliador*, 30 000 vers !) et naturellement l'histoire avec ses *Chroniques* où se déroule en plus de 1 200 chapitres découpés avec une rouerie de feuilletonniste, le récit de la guerre de Cent Ans et des conflits annexes de 1326 à 1400.

Dès le début de ses *Chroniques*, qu'il commença à rédiger « dans sa forge » à partir de 1373, Froissart, dont on dirait qu'il a lu Hérodote, nous informe de ses intentions et de la méthode qu'il a adoptée pour parvenir à ses fins. « Afin que les grans merveilles et li biau fait d'armes qui sont avenu par les grans guerres de France et d'Engleterre et des royaumes voisins [...] soient notablement registré et ou temps présent et a venir veü et cogneü, je me voel ensonniier de l'ordonner et mettre en prose selonch le vraie information que j'ay eü de vaillans hommes, chevaliers et escuiers, qui les ont aidié a acroistre » (Prologue). Pour ce qui est des événements antérieurs à 1360, il s'est donc inspiré de la *Chronique* de Jean le Bel. Après cette date, qui coïncide en gros avec celle de son voyage en Angleterre au cours duquel il a pu s'entretenir avec les principaux seigneurs anglais et avec les nobles français faits prisonniers à Poitiers, pendant quarante ans, il s'est fondé presque uniquement sur les ressources de l'enquête sur le terrain et du témoignage oral qu'il sait provoquer d'une oreille complice et qu'il restitue fidèlement, ce qui ne va pas sans quelques erreurs qui lui furent reprochées au XIXe siècle.

Bien que Froissart se soit imposé dans les esprits comme le « chroniqueur » médiéval par excellence, cela ne signifie pas, loin de là, qu'il soit sans défaut. En effet, il privilégie systématiquement le pittoresque, le sensationnel et le brillant des mises en scène à grand spectacle où il excelle. Par-delà un incontestable pouvoir de séduction, il ne reste le plus souvent qu'un auteur facile et superficiel qui cherche davantage à plaire à sa clientèle nobiliaire, en tendant à ses yeux un miroir complaisant où elle n'aura aucun mal à se reconnaître, plutôt qu'à critiquer ses excès ou ses faiblesses ou à la faire réfléchir sur la signification et les éventuelles conséquences des grandes turbulences dont elle est l'une des parties prenantes. On ne cherchera donc dans son œuvre ni plus ni moins qu'un monument à la gloire de la chevalerie où les prouesses des armes, le seul métier qui vaille à ses yeux et qui puisse faire d'un bandit (II, 214), le temps d'un combat, l'homologue d'un chevalier, sont longuement célébrées. Il est d'ailleurs si prolixe en la matière qu'à force de trouver tout normal, même les pires déportements, il nous fournit tous les éléments pour établir en négatif le tableau de l'époque brutale qu'il dépeint.

On lui a souvent reproché sa partialité, ce dont témoigne en particulier les différentes versions de son premier Livre : la première, pro-anglaise, écrite pour Robert de Namur, la seconde, pro-française, composée pour Guy de Blois. Cela dit, il a toujours essayé d'interroger les témoins des deux camps et il a clamé son impartialité dès le Prologue et son désir de procéder « sans faire fait ne porter partie, ne coulourer plus l'un que l'autre, fors tant que li bien faits des bons, de quel pays qu'il soient, qui par proëce l'ont acquis, y est plainnement veüs et cogneüs [...] car esploit d'armes sont si chièrement comparét et achetét, che scevent chil qui y traveillent, que on n'en doit nullement mentir pour complaire a autrui ».

Froissart apparaît donc comme un homme d'ordre et de tradition pour qui les structures de la société, une société aristocratique à forte connotation machiste et courtoise, et les relations entre les hommes sont codifiées une fois pour toutes et ne sauraient être mises en péril, d'où son hostilité à l'égard des Jacques (I, 65-68) et sa satisfaction non dissimulée à l'évocation de leur massacre (1358). Même s'il entend dans son œuvre dépasser le simple énoncé des faits (« Se je disoie "Ainsi et ainsi en avint en ce temps" sans ouvrir ne esclarcir la matere qui fut grande et grosse et orible et bien taillie d'aler malement, ce serait cronique non pas historiée [...] »), il n'a pas compris grand-chose à l'époque qu'il a si longuement décrite. « Le bruit de l'histoire lui en a caché le sens » (G. Paris, A. Jeannoy, 1909) mais, paradoxalement, son témoignage nous est indispensable pour mieux analyser les manières de penser, d'agir et de s'émouvoir de ces nobles dont il a rapporté les faits et gestes avec une fascination si communicative.

❑ ***Les chroniqueurs du XVe siècle.*** Si Jean le Bel avait été l'inspirateur de Froissart, Monstrelet, qui fut prévôt de la ville de Cambrai pour le duc de Bourgogne de 1444 à 1453, année de sa mort, se présenta lui-même comme le continuateur de l'auteur des *Chroniques.* Sans avoir la verve de son prédécesseur, il donne pourtant un récit un peu terne mais fiable des événements qui eurent lieu de 1400 à 1444.

Né vers 1403, Georges Chastellain, quant à lui, était d'origine noble et il occupa des fonctions importantes à la cour de Bourgogne. Après s'être d'abord consacré à la poésie, il fut le premier à se voir assigner officiellement par celle-ci en 1445 la tâche de « mettre en forme par manière de cronicque fais notables dignes de mémoire, advenus par chi-devant et qui adviennent et puellent advenir ». Il se mit aussitôt au travail et entreprit la rédaction d'une histoire relatant les événements allant de 1419 à 1474, œuvre volumineuse dont la plus grande partie a malheureusement disparu. Si dans les passages les plus dramatiques, l'œuvre ne manque pas d'une certaine vigueur et d'une intensité qui feront l'admiration de Michelet, elle souffre en revanche de ses boursouflures et de son pédantisme.

A sa mort, en 1475, il fut remplacé par Jean Molinet auquel succéda en 1507 Jean Lemaire de Belges (1473-v. 1515) mais ce dernier devait quitter sa charge dès 1512. De son côté, Olivier de la Marche (v. 1428-1502), qui avait servi fidèlement Philippe le Bon et Charles le Téméraire, écrivit à partir de 1473, des *Mémoires* portant sur les événements allant de 1435 à 1489 dans lesquels il s'attarde longuement sur les fastes de la cour bourguignonne, qu'il s'agisse du mariage du Téméraire avec Marguerite d'York ou du banquet du faisan.

Il est bien évident que la Bourgogne n'avait pas l'exclusivité de l'utilisation de ces chroniqueurs, toujours prêts à exalter le passé glorieux des différentes provinces du jeune état, voire, comme ce fut le cas de Jean Wauquelin, à rassembler toute la documentation nécessaire pour que Philippe le Bon puisse justifier auprès de l'empereur Frédéric III de ses prétentions à un titre royal. Avec le temps, chaque prince avait voulu avoir le sien et, après 1300, rares étaient ceux qui n'entendaient pas tirer argument du passé. C'était chose déjà ancienne en Normandie ou en Anjou et, au début du XVIe siècle, par exemple, la Bretagne eut un Alain Bouchart, auteur de *Grandes Chroniques de Bretaigne* (1514) qui, d'ailleurs, affirmait candidement qu'il convenait de réserver le nom de chronique à un ouvrage « composé par celuy qui à ce faire a esté commis, car il n'est permis à personne composer cronique, s'il n'a été ordonné et député » !

Progressivement l'historiographie était donc devenue une affaire politique et il va de soi que la fonction de ces « artisans de gloire » supposait, comme le notait J. Lemaire de Belges, une totale et consciente soumission à la raison d'État : « Le droiturier office et devoir de tous les bons indiciaires, chroniqueurs et historiographes est de mostrer par escritures et raisons apparentes, et notifier à la gent populaire, les vrayes [...] louenges et mérites de leurs princes, et les bonnes et justes querelles d'iceux ». Cette fidélité, du moins en haut lieu, supposait des compensations comme le démontre la trajectoire trop évidente du Normand Thomas Basin (1412-1491), l'homme de la réhabilitation de Jeanne d'Arc, devenu evêque de Lisieux du temps de la prépondérance anglaise, mais passé en 1449 dans le camp de Charles VII qui en fit son conseiller et le combla de faveurs. Il avait eu ensuite la mauvaise idée de tremper dans la ligue du Bien Public, ce qui lui avait valu de partir en exil à Utrecht (1465) d'où il rédigea une *Histoire de Charles VII* fort élogieuse et une *Histoire de Louis XI* qui l'était beaucoup moins. Un destin d'homme d'État que la rigueur de mauvais choix a fait tourner à l'historien; mais un historien qui, de par son statut et ses facultés de préserver son indépendance, pouvait prendre la liberté d'établir les fondements d'une science politique de nature à lui permettre de juger l'action d'un prince, voire de régler ses comptes avec lui et de brandir à l'encontre d'un persécuteur éventuel, les foudres du jugement de l'Histoire Ce n'est pas l'exemple de Philippe de Commynes qui nous démentira.

Commynes ou l'« Automne du Moyen Age »

Au service de Charles le Téméraire, puis de Louis XI, dont il fut l'un des plus proches collaborateurs, et plus épisodiquement des successeurs de celui-ci, ce Flamand à l'œil scrutateur, compétent « mais ung peu trop aymand son prouffit », bon chrétien mais sans illusion sur la nature humaine, nous offre avec ses *Mémoires* un document irremplaçable pour la connaissance de l'histoire politique de la France dans la seconde moitié du XVe siècle.

❑ ***L'empreinte de la trahison.*** L'œuvre puise sa substance dans la vie publique de son auteur. D'abord publiée en 1524 sous le titre de *Cronique et histoire faicte et composée par feu messire Phelippe de Commines, Chevalier, seigneur d'Argenton, Contenant les choses advenues durant le règne du Roy Loys XIe, tant en France, Bourgogne, Flandres, Arthois, Angleterre qu'Espaigne et lieux circumvoisins* [...], elle ne tarda pas à passer à la postérité en 1552 sous le titre de *Mémoires*. A l'origine, c'est pour fournir les informations nécessaires à l'archevêque de Vienne Angelo Cato, qui désirait écrire une histoire du règne de Louis XI, que Commynes (1447-1511) se mit à « escrire et mettre par mémoire ce que j'ay sçu et connu des faits » du souverain disparu (Prologue). Pour notre bonheur, l'œuvre dépassera de très loin l'objectif modeste qu'il s'était assigné. Divisée en huit livres (les deux derniers évoquent l'expédition de Charles VIII en Italie), elle suit le cours des événements mais s'autorise aussi des digressions traitant de sujets divers, qui sont autant d'approfondissements. Elle a été dictée, ce qui ne va pas sans quelques oublis, erreurs de temps, de personne ou de lieu, voire même quelques déformations des faits plus ou moins volontaires. Elle a donc de l'improvisation la spontanéité et la vivacité mais aussi les négligences et certaines imperfections. Il semble que les cinq premiers livres aient été entrepris à partir de 1488 et achevés en 1490, le sixième en 1493, le septième en 1496 et le dernier à la fin de 1498.

A propos de la nature de son œuvre, Commynes note dès le Prologue, « je l'ay fait le plus près de la vérité que j'ay pu et sçu avoir la souvenance » et il se croit immédiatement obligé de préciser : « Du temps de sa jeunesse [*i.e.* de Louis XI] ne sçauroye parler, sinon pour ce que je luy en ay ouÿ parler et dire : mais depuis le temps que je vins en son service, jusques à l'heure de son trespas, où j'estoye présent, ay fait plus continuelle résidence avec luy, que nul autre de l'estat à quoy je le servoye». Ainsi, à quelques exceptions près, il est son principal informateur, soit qu'il rapporte des propos qu'il a entendus, soit qu'il ait été mêlé aux événements qu'il évoque et qui l'ont conduit aux quatre coins de l'Europe occidentale.

Comme chaque fois qu'il s'agit de Mémoires, une telle exclusivité constitue à la fois la force et la vulnérabilité d'un ouvrage qui ne peut manquer d'apparaître davantage comme un témoignage individuel et apologétique que comme une reconstitution circonstanciée et élaborée des faits évoqués. Même s'il n'y a chez lui aucune trace de préoccupations d'ordre esthétique si, ne prenant pas les choses pour les mots, il sait fort bien user du pouvoir de ceux-ci, Commynes n'échappe pas, et c'est le contraire qui eût été étonnant, à ce genre de critique.

J. Dufournet (1966) a ainsi insisté sur la force avec laquelle l'épreuve de sa trahison a imprégné la genèse de l'œuvre. K. Bittmann a montré que la présentation des événements était trop favorable à Louis XI, beaucoup moins maître du jeu qu'il ne nous le montre au début de son ouvrage. Commynes, d'autre part, mais il nous prévient lui-même à ce sujet (III, 9) n'a pas l'intention de tout dire et il a laissé de nombreuses zones d'ombre, comme à propos de la mort du duc de Nemours (VI, 11) ou de sa mission en Italie. En revanche, il tire parti du patronage de Cato pour se justifier ou pour dévoiler au nom de la vérité, et même à mots couverts, certains faits qu'il estime devoir tirer de l'ombre.

Il n'en demeure pas moins vrai, cependant, que son écrit dépasse le cadre étroit et subjectif du témoignage dans la mesure où loin de se contenter d'une simple recension des faits, il en tire un certain nombre de réflexions sur la pratique politique qui l'ont fait comparer à son cadet Machiavel (1469-1527). Ainsi, comme le note justement J. Dufournet, «Nous sommes en présence d'une œuvre qui n'a rien de simple puisqu'elle est en même temps une justification et une glorification de l'auteur, la description de conduites politiques contraires aux résultats opposés, la mise au point et l'illustration de quelques recettes utiles à tout homme d'État, une saisie du réel dans sa complexité, sa diversité et sa profondeur».

❑ ***La règle du Jeu.*** Reprenant à son compte la fonction didactique assignée à l'histoire depuis les origines, Commynes a affirmé à plusieurs reprises (VI, 9-10) que son principal souci était de «philosopher à propos des hommes et des faits» (II, 3); que son enseignement s'adressait aux «princes et aux gens de court» (III, 8), car «Dieu n'a point établi l'office de roi ni d'autre prince pour être exercé par les bêtes» (II, 6); qu'il n'écrivait «principalement que pour donner à entendre comme les choses de ce monde se sont conduites, et pour s'en aider ou pour s'en garder, ainsi comme il pourra servir à ceux qui ont ces grandes choses en mains [...] car combien que leur sens soit grand, un peu d'avertissement sert aucunes fois» (VI, 1), car précise-t-il d'emblée, «ils sont hommes comme nous» (Prologue). Cependant, même si, lorsque l'occasion se présente, il est capable de se livrer à de remarquables analyses sur l'enchaînement des grands événements politiques de son temps, on trouvera moins chez lui, même dans ses chapitres de digression, une théorie sur l'essence du gouvernement, qu'une sorte de bréviaire des princes fruit de plusieurs années d'expérience sur le terrain et constitué au fil du récit de réflexions prudentes et nuancées, car le réel n'est ni simple ni identique, ni fixé une fois pour toutes.

Il déplore donc que les princes soient si mal formés (I, 10) car le métier de roi est effroyablement pénible (VI, 12). Il doit donc s'apprendre le plus tôt possible, car ceux qui ont fait de grandes choses ont commencé jeunes (I, 10) et le futur monarque doit prendre garde à ce que d'autres ne règnent à sa place (VIII, 19). Même si l'histoire joue un grand rôle dans cette formation, car il a besoin d'être informé « aussi des tromperies et des mauvaisetés comme du bien » (III, 4), celle-ci doit se faire principalement sur le tas, d'où l'importance des bons conseillers, « le plus beau présent que Dieu puisse faire à des princes » (I, 12). Mais ceux-ci doivent se méfier de tout le monde car « n'est pas honte d'être suspicionneux, mais c'est grant honte d'estre trompé » (III, 5). Ils ne doivent jamais oublier cependant que, même si la décision leur appartient, « c'est grand faute pour eux d'estimer plus leur opinion que de plusieurs » (VI, 8).

Le bon prince se doit donc d'être pacifique (VI, 2), mais prêt à guerroyer (VI, 5) tout en ne redoutant pas de passer pour craintif (II, 4) car toute bataille est hasardeuse et une défaite peut avoir des conséquences très lourdes. La cruauté inutile lui répugne (VII, 14). Il préférera la négociation au moyen de diplomates bien choisis, sages et pleins d'expérience (II, 8). En bon Flamand, plein de méfiance à l'égard des exigences royales en matière fiscale, Commynes proclame aussi que le souverain doit vivre du sien et ne pas lever d'impôts sans l'accord de ses sujets. Le régime idéal pour lui serait finalement celui où la présence d'États viendrait tempérer l'autorité du prince (V, 19). Cela dit, pour sauvegarder son royaume, tous les moyens sont bons – corruption (I, 9), trahison, dissimulation, tromperie, violence –, sauf s'ils sont inutiles (VII, 12) ou dommageables – l'esprit doit commander aux impulsions – et à condition que les apparences soient sauves. Ainsi le résultat compte-t-il plus que la manière car « ceux qui gaignent ont tousjours l'honneur » (V, 9) et Commynes fait craquer d'emblée dans sa description de la bataille de Montlhéry (I, 3) le vernis des valeurs chevaleresques.

Remettant en pratique l'investigation psychologique et s'efforçant de dépasser les apparences pour saisir les mobiles et les cheminements cachés des comportements, il a dressé d'un trait ramassé et précis une galerie de tableaux d'où se dégage le modèle du souverain idéal qui emprunte principalement à la personnalité, non exempte de critiques, de Louis XI, « qui plus travaillait un homme qui le pouvait servir ou qui lui pouvait nuire » (I, 10), et à quelques traits de caractères de Charles le Téméraire (III, 3).

Pourtant Commynes a toujours le nom de Dieu à la bouche et il ne manque jamais une occasion de s'extasier sur les manifestations de la Providence. Cette façon de mettre la religion à toutes les sauces, même les moins ragoûtantes, a perturbé les honnêtes exégètes du XIXe siècle. Interloqués devant ce mélange candide de cynisme politique et de moralité chrétienne, ils sentaient bien qu'il ne pouvait s'agir d'un simple sens, même poussé à l'extrême, de la duplicité ou de l'hypocrisie. En fait, témoin d'une époque où les idéaux stéréotypés de la féodalité ne sont même plus capables de masquer les aspects les plus sordides des ambitions et des appétits, Commynes doit intervenir dans un monde désemparé, à la recherche de nouvelles valeurs, de nouveaux objectifs, de nouvelles justifications et de nouvelles certitudes. Dans cet univers instable et hasardeux, face à « ces traverses de la vie humaine » dont le pouvoir d'évocation troublait encore deux siècles plus tard Mme de Sévigné (1626-1696), le seul point de repère demeure la présence de Dieu qui « tient loyalement ce qu'il a promis ». Commynes s'évertue donc à discerner l'action de la Providence dans les événements qui déconcertent l'entendement humain et à proclamer la transcendance et la présence indispensables de la grâce divine. Et conjoncture économique favorable ou pas, ce que Dieu a promis c'est que « tous mangent leur pain en peine et douleur » (V, 18-20).

Le monde peint par Commynes, qui possédait une traduction de *La Cité de Dieu* dans sa bibliothèque, est donc plutôt sombre : « C'est bien misérable vie que la nostre » (IV, 6) et il ajoute « Les pauvres gens, qui travaillent et qui labourent pour nourrir eux et leurs enfants et payent la taille et autres subsides à leurs seigneurs, devraient vivre en grand desconfort si les grands princes et seigneurs n'avaient que tout plaisir en ce monde, et eux tout travail et misère ; mais la chose va bien autrement » (VIII, 20). Dieu ne veut rien laisser impuni (IV, 13). Il frappe davantage les puissants que les petites gens (VIII, 24) et, comme chez les historiens grecs, il semblerait que la colère divine ait une prédilection pour châtier les plus ambitieux. En effet, « trop estimer de soi [...] c'est méconnaître que les grâces et les bonnes fortunes viennent de Dieu » (I, 4). De là tant de châtiments soudains, par ailleurs inexplicables « car ils sont hors des œuvres de nature » (IV, 13). Comme le montre l'exemple du Téméraire, qui a ruiné ses ambitions par excès de précipitation et de confiance (IV, 1-2), quand l'adversité s'abat sur un prince, c'est que celui-ci l'a bien mérité et que la grâce divine l'a abandonné (V, 19).

La moralité de l'œuvre c'est donc que « les princes qui ensanglantent le monde pour des grandeurs ruineuses feraient mieux de penser au salut de leur âme ». Commynes signe ici l'arrêt de mort du monde de Saint Louis, à supposer qu'il ait jamais existé, et l'acte de naissance de celui, moins exaltant, des princes gestionnaires dont Louis XI est l'archétype. C'est désormais en termes de bilan que les souverains devraient, s'ils étaient sages, se rendre compte et proclamer que Dieu est avec eux. L'heure de la Réforme a sonné pour tout le monde. Commynes, on aurait tort de l'oublier, appartient à la même génération que Lefèvre d'Étaples (v. 1450-1537).

DOCUMENTS

■ L'histoire « fulminatoire » de Grégoire de Tours : oraison funèbre de Chilpéric Ier

Nous sommes en 584 et l'abominable Chilpéric dont les méfaits emplissent une bonne partie des livres IV à VI de L'Histoire des Francs *est assassiné par un inconnu au soir d'une partie de chasse. Grégoire de Tours en profite pour régler ses comptes peu charitablement mais naïvement avec le « nouveau Néron » dont le principal défaut semble bien avoir été, à le lire, de s'être opposé aux ambitions politiques des évêques et d'avoir empêché l'Église de faire main basse sur le domaine royal.*

Le mal qu'il a fait, le texte qui précède l'enseigne. Il a en effet, dévasté et incendié souvent de très nombreuses régions. Il n'en éprouvait aucune douleur, mais plutôt de la joie comme autrefois Néron lorsqu'il déclamait des tragédies pendant les incendies du palais. Très souvent il a puni des hommes injustement à cause de leurs richesses. De son temps rares sont les clercs qui ont réussi à obtenir un évêché. Il était enclin à la gloutonnerie lui de qui le dieu était le ventre et il prétendait que personne n'était plus sage que lui. Il a composé, prétendument à l'imitation de Sédule, deux livres dont les vers boiteux ne peuvent tenir sur leurs pieds ; dans son ignorance il a mis des syllabes brèves à la place des longues et placé des longues à la place des brèves ; il a fait aussi d'autres opuscules, des hymnes ou des messes qu'on ne peut admettre d'aucun point de vue. Il avait en aversion les intérêts des pauvres. Il blasphémait continuellement contre les prêtres du Seigneur et rien ne lui plaisait davantage quand il était dans l'intimité que de ridiculiser et de plaisanter les évêques des églises. Il traitait celui-ci de léger, cet autre de vaniteux, celui-là de richard, cet autre de débauché, il prétendait que celui-ci était fier, celui-là gonflé d'orgueil ; rien ne lui était plus odieux que les églises. Il répétait, en effet, très souvent : « Voici que notre fisc s'est appauvri, voici que nos richesses ont été transférées aux églises. Personne ne règne plus que les seuls évêques. Notre autorité est morte et elle a été transférée aux évêques des cités. » Tandis qu'il tenait ces propos, il ne cessait de casser de très nombreux testaments qui avaient été rédigés en faveur des églises et il foula même souvent aux pieds des préceptes de son père en pensant qu'il ne restait personne pour faire respecter ses volontés. Quant à la débauche et à la luxure, on ne peut imaginer un excès qu'il n'ait pas commis en réalité et toujours il cherchait de nouvelles inventions pour nuire au monde.

Grégoire de Tours, *Histoire des Francs*, VI, XLVI, (trad. R. Latouche), « Collection des Universités de France », Les Belles Lettres, Paris, 1965, Tome II, pp. 71-72.

■ Villehardouin : historien, acteur et témoin

Alexis vient d'être couronné empereur à Constantinople (1er août 1203). Il semble donc que l'heure soit de nouveau à la réalisation des objectifs religieux de la croisade mais Alexis ne se sent pas sûr de ses forces et tente de persuader ses alliés de rester avec lui. Une assemblée générale est convoquée et les points de vue s'affrontent. Récit clair et précis comme un procès-verbal, donnant une impression d'évidence, insuffisante, cependant, pour masquer les préférences de l'auteur.

Einsi s'en parti l'empereres Alexis d'eus, et s'en rala en Constantinople arière. Et il remestrent en l'ost, et pristrent l'endemain un parlement. Et furent mandé tuit li baron et li chevetaigne de l'ost, et des chevaliers la graindre partie; et lors fu à toz ceste parole retraite, si com l'emperere lor ot requise.

Lors ot mult grant descorde en l'ost, si com il avoit eu maintes foiz de ceus qui voulsissent que li oz se departist; que il lor sembloit que ele durast trop. Et cele partie qui à Corfou avoit meu la descordre, semostrent les autres de lor sermenz, et distrent : « Baillez no les vaissiauz, si com vos le nos avez juré ; car nos en volons aler en Syrie. » Et li autre lor crioient merci et distrent : « Seignor, por Dieu, ne perissons la grant honor que Dieu nos a faite. Se nos alons en Syrie, l'entrée de l'iver ert quant nos y viendrons, ne nos ne porons ostoier ; einsi ert la besoigne Nostre Seignor perdue. Mais se nos atendons trosque au marz, nos lairons cest empereor en bon estat, et nos en irons riche d'avoir et de viande ; et puis nos en irons en Syrie, et corrons en la terre de Babiloine. Et nostre estoires nos durra trosque à la saint Michel, et de la saint Michel trosque à la Pasque, porce que il ne se poront partir de nos por l'iver. Et einsi porra estre la Terre d'outremer aquise. »

Il ne chaloit à ceus qui l'ost voloient depecier de meillor ne de pejor, mais que li ost se departist. Et cil qui l'ost voloient tenir ensemble, travaillèrent tant, à l'aide de Dieu, que li afaires fu mis à fin en tel manière que li Venicien rejurèrent un an, de la feste saint Michel, à retenir l'estoire, et l'empereres Alexis lor dona tant que fait fu ; et li pelerin lor rejurèrent la compaignie à tenir, si com il avoient fait autrefoiz, à cel termine meismes. Et einsi fu la concorde et la paix mise en l'ost.

Villehardouin, *La Conquête de Constantinople*, XLI-XLII, « Bibliothèque de la Pléiade », *Historiens et Chroniqueurs du Moyen Age*, Gallimard, Paris, 1952, pp. 126-127.

■ Froissart, l'« Homère de la chevalerie » : avant la bataille

Nous sommes en mai 1364 à Cocherel près d'Évreux. L'heure est aux préliminaires. Dans l'armée royale, qui s'apprête à affronter les troupes de Charles le Mauvais, on discute ferme entre responsables. Qui va commander ? Naturellement Froissart n'était pas là, mais la magie opère, fondée sur un travail inlassable d'informations au contact des protagonistes, vivifié par un art prolixe et alerte du récit auquel le juste souci du détail concret donne un cachet d'authenticité inaltérable. Six siècles encore après les événements, nous nous sentons transportés au cœur de l'action.

Quand ceux de France eurent tout ordonné à leur avis leurs batailles, et que chacun savoit quel chose il devoit faire, ils regardèrent entre eux et pourparlèrent longuement quel cri pour la journée ils crieroient, et à la quelle bannière ou pennon ils se retrairoient. Si y furent grand temps sur un état que de crier : Notre-Dame, Aucerre ! et de faire pour ce jour leur souverain le comte d'Aucerre. Mais le dit comte ne s'y voult oncques accorder, ainçois se excusa moult doucement, en disant : « Seigneurs, grands mercis de l'honneur que vous me portez et voulez faire ; mais tant comme à présent je ne vueil pas cette, car je suis encore trop jeune pour encharger si grand faix et telle honneur ; et c'est la première journée arrêtée où je fusse oncques ; pourquoi vous prendrez un autre que moi. Ci sont plusieurs bons chevaliers : monseigneur Bertran, monseigneur l'archiprêtre, monseigneur le maître des arbalétriers, monseigneur Louis de Châlons, monseigneur Aymemon de Pommiers, monseigneur Oudart de Renty, qui ont été en plusieurs grosses besognes et journées arrêtées, et savent mieux comment tels choses se doivent gouverner que je ne fais ; si m'en déportez, et je vous en prie. » Adonc regardèrent les chevaliers qui là étoient l'un l'autre, et lui dirent : « Comte d'Aucerre, vous êtes le plus grand de mise, de terre et de lignage qui soit ci, si pouvez bien par droit être chef. – Certes, seigneurs, vous dites votre courtoisie, je serai aujourd'hui votre compain, et vivrai et mourrai et attendrai l'aventure de-lez vous ; mais de souveraineté n'y vueil-je point avoir. » Adonc regardèrent-ils l'un l'autre lequel donc ils ordonneroient. Si y fut avisé et regardé pour le meilleur chevalier de la place, et qui plus s'étoit combattu de la main, et qui mieux savoit aussi comment tels choses se doivent maintenir messire Bertran du Guesclin. Si fut ordonné le commun accord que on crieroit : Notre-Dame, Guesclin ! et que on s'ordonneroit celle journée du tout par le dit messire Bertran.

Toutes choses faites et établies, et chacun sire dessous sa bannière ou son pennon, ils regardoient leurs ennemis qui étoient sur le tertre et point ne partoient de leur fort, car ils ne l'avoient mie en conseil ni en volonté ; dont moult ennuyoit aux François, pourtant que ils les véoient grandement en leur avantage, et aussi que le soleil commençoit haut à monter, qui leur étoit un grand contraire, car il faisoit malement chaud. Si le ressoignoient tous les plus surs ; car encore n'avoient-ils troussé ni porté vin ni vitaille avecques eux, qui rien leur vaulsist, fors aucuns seigneurs qui avoient petits flacons pleins de vin, qui tantôt furent vidés. Et point ne s'en étoient pourvus ni avisés du matin, pour ce qu'ils se cuidoient tantôt combattre que ils seroient là venus.

Froissart, *Les Chroniques*, chap. CLXVIV, « Bibliothèque de la Pléiade », *Historiens et Chroniqueurs du Moyen Age*, Gallimard, Paris, 1952, pp. 407-408.

■ Commynes : géopolitique et ordre divin

Chez Commynes, nous le savons, l'un ne va pas sans l'autre. L'extrait suivant inaugure la série des trois chapitres de considérations générales qui terminent le Livre V consacré à la chute du Téméraire. S'inscrivant dans le cadre du projet pédagogique qui est le sien, il s'agit pour l'auteur de montrer que « les guerres et les divisions sont permises de Dieu pour le chastiment des princes et du peuple mauvais ».

Au fort, il me semble que Dieu n'a creé nulle chose en ce monde, ny homme, ny bestes, à qui il n'ayt faict quelque chose son contraire, pour le tenir en humilité et en craincte. Et ainsi ceste ville de Gand est bien seante là où elle est : car ce sont les pays de la crestienté plus adonnez à tous les plaisirs à quoy l'homme est enclin, et aux plus grans pompes et despences. Ilz sont bons chrestiens, et y est Dieu bien servy et honnoré. Et n'est pas ceste nation seulle à qui Dieu a donné quelque esguillon : car au royaulme de France a donné pour opposite les Anglois : aux Anglois a donné les Escossois : au royaulme d'Espaigne, Portingal. Je ne veulx point dire Grenade, car ceulx là sont ennemys de la foy : toutesfoys jusques icy ledit pays de Grenade a donné grans troubles audit pays de Castille. Aux princes d'Ytalie (dont la pluspart possedent leurs terres sans tiltre, s'il ne leur est donné au ciel, et de cela ne povons que deviner), lesquelz domynent assez cruellement et viollentement sur leurs peuples quant à lever deniers, Dieu leur a donné pour opposite les villes de communaulté qui sont audit pays d'Ytalie, comme Venise, Florence, Gennes, quelquefoys Boulogne, Sene, Lucques et autres, lesquelles, en plusieurs choses, sont opposites aux seigneurs, et les seigneurs à eulx : et chascun a l'œil que son compaignon ne s'acroisse. Et pour en parler en particulier, à la maison d'Arragon a donné la maison d'Anjou pour opposite : à ceulx des viscontes ducz de Millan, la maison d'Orleans [...]

Pour Allemaigne, vous avez, et de tous temps, la maison d'Autriche et de Baviere contraires, et en particulier ceulx de Baviere l'un contre l'autre : et la maison d'Autriche, en particulier les Suysses.

Mémoires de Philippe de Commynes, chap. XVIII, éd. R. Chantelauze, Paris, 1881, pp. 391-392.

4

L'histoire et la crise de la conscience européenne à l'époque moderne

Désormais, nous changeons d'échelle chronologique et aux douze siècles relativement homogènes qui séparaient Eusèbe de Césarée de Commynes, va succéder l'époque moderne qui nous conduit de Nicole Gille à Condorcet. Que de changements opérés durant ces trois siècles dans le domaine de l'historiographie !

Sur le plan matériel, d'abord, avec la révolution de l'imprimerie, qui va considérablement multiplier la production des livres d'histoire, qu'il s'agisse d'œuvres anciennes ou nouvelles, et l'élargissement du monde connu des Européens aux dimensions de la planète, suscitant leur intérêt pour le passé des autres civilisations.

Sur le plan religieux et idéologique ensuite, avec la grande crise qui va, tout au long de cette période, opposer en Europe les chrétiens entre eux, puis les « défenseurs de la religion » à leurs adversaires « philosophes » tandis que, dans le domaine politique, on peut suivre l'évolution du débat qui s'instaura parallèlement sur l'origine et la nature du pouvoir monarchique.

Sur le plan épistémologique, enfin, car de ces oppositions va naître, dans un contexte de grand bouleversement de l'horizon scientifique, une remise en cause fondamentale du mode de conception de l'univers qui avait prévalu depuis un millénaire, et notamment de la perception du temps. Elle n'affecte certes pas la totalité de la production historique encore soumise pour une bonne part à des conventions et à des clichés de nature littéraire ou, pour cause d'idéologie, à des interprétations plus ou moins fantaisistes du passé. Il n'en demeure pas moins vrai, cependant, que durant cette période, comme l'a montré B. Barret-Kriegel, une véritable méthode historique à caractère scientifique s'est progressivement élaborée sur la base de l'authentification des sources et de la concentration des documents. Il apparaît ainsi que depuis la pratique du Mos gallicus *par les juristes de l'université de Bourges au XVIe siècle jusqu'à l'instauration du Cabinet des chartes en 1764, en passant par la contribution individuelle d'un R. Simon ou collective des bénédictins mauristes ou des membres de l'Académie des inscriptions et belles lettres, l'histoire est devenue savante et le passé, non sans résistances ni dévoiements, un objet de connaissance. Par-delà la parenthèse révolutionnaire, l'histoire au XIXe siècle se construira sur cette exigence et saura la poursuivre et l'amplifier.*

LA RÉVOLUTION HISTORIQUE DU XVIe SIÈCLE

L'agonie de la tradition médiévale a duré. Pendant que Commynes écrivait en solitaire son œuvre géniale, à laquelle, d'ailleurs, les nouveaux historiens du XVIe siècle rendront plus tard hommage, du côté de l'histoire officielle, nous avions laissé à la fin du règne de Louis XI une succession houleuse et incertaine au monopole dont avait joui pendant des lustres l'abbaye de Saint-Denis.

Vieille histoire et historiens nouveaux

A la Sorbonne, une imprimerie s'était installée en 1470 sous l'impulsion de Guillaume Fichet qui avait constitué autour de lui une petite académie où l'on lisait Pétrarque. Après son départ pour Rome en 1471, Robert Gaguin, qui avait des visées sur la fonction d'« historien du roi », prit sa succession. Ami de nombreux humanistes, ayant effectué de fréquents séjours en Italie, mais persuadé de la supériorité culturelle de la France sur cette dernière, c'était loin d'être un esprit passéiste. Son *Compendium de Francorum origine et gestis* brûle d'une exaltation toute patriotique alliant dans un même enthousiasme la fertilité du pays, l'éclat de ses lettres, le nombre de ses hommes illustres et la gloire de ses monarques, le tout dans un style élégant fleurant bon l'humanisme. Mais son attitude envers ses prédécesseurs auxquels il puise sa matière est dépourvue de sens critique. Il reste un compilateur dont l'objectif se limite à « restraindre et resserrer en un [...] petit fagot » tout le contenu des chroniques précédentes ; il en a « seulement choisi les testes et la moyle, et le tout extrait et réduict en ung corps ».

En 1498, malgré son *Compendium,* Gaguin se vit préférer un étranger pour écrire une nouvelle histoire de France. Les guerres d'Italie étant sans doute passées par là, son rival heureux était « maistre Paule Emylius, orateur et croniqueurt lombard », et donc particulièrement qualifié pour ce genre d'ouvrage ! En 1517, il livrait un *De rebus gestis Francorum Libri III* d'une facture on ne peut plus antique où il n'a que mépris pour tout ce qui s'écarte du modèle classique du récit historique. Négligeant, par ailleurs, totalement ce qui chez les historiens médiévaux relève de la reconnaissance de l'intervention divine, il ne conservait dans les sources médiévales que ce qui concerne l'histoire politique, la seule digne de ce nom. Sa présentation des faits n'en demeure pas moins marquée par le modèle élaboré dans les *Grandes Croniques* et, comme ses prédécesseurs, il commence son ouvrage en évoquant, rapidement, le mythe des origines troyennes auquel il ne devait pas accorder beaucoup de crédit.

Le malheur, comme le montre G. Huppert (1963) à la suite d'A. Thierry (1795-1856), c'est que ce type d'histoire, à la composition et à l'expression beaucoup plus soignées, n'était pas sensiblement plus fondé du point de vue scientifique que les élucubrations de l'histoire providentielle. C'est ce qui ressort, par exemple, de la comparaison des récits du siège de Pampelune par Charlemagne dans les *Annales* de Nicole Gille, un praticien de la vieille école, mais dont le succès ne se démentira pas jusqu'au début du XVIIe siècle, et chez Paul Émile. Dans les premières, parues en 1492, saint Jacques apparaît en songe à Charlemagne pour lui demander de faire en sorte que sa dépouille mortelle ne soit plus aux mains des Sarrasins. Rien de tel chez Paul Émile qui joue les correspondants d'une guerre parfaitement imaginaire où Charlemagne, jouant les émules de César, expose son plan de bataille en s'occupant du moindre détail, s'empare de la ville selon les canons les plus éprouvés de la poliorcétique et témoigne d'une *humilitas* toute romaine en épargnant les vaincus. En un mot, des deux côtés, de la littérature. Mais en ce qui concerne Paul Émile, un relais dans la transmission de la tradition cicéronienne de l'histoire qui, réactivée par la traduction des *Vies des hommes illustres* de Plutarque par Amyot (1559), se poursuivra au XVIe siècle dans l'*Histoire générale des rois de France* (1576) de B. de Girard du Haillan, détenteur d'une charge d'historiographe du roi dont les fonctions avaient été définies en 1554.

C'est de l'érudition, et plus particulièrement de Guillaume Budé (1468-1540), que l'histoire nouvelle devait tirer ses éléments constitutifs initiaux. Faisant sortir l'histoire romaine des poncifs édifiants sortis de Tite-Live où elle se complaisait, il montra dans son *De Asse*, publié en 1515, qu'une analyse philologique de textes non plus littéraires mais renvoyant aux aspects les plus concrets des relations sociales, comme ceux liés à la monnaie ou au droit, permettait de renouveler fondamentalement la connaissance du passé en même temps qu'elle ouvrait des champs jusque-là inexplorés à ceux qui voulaient consacrer leurs efforts à ce type de recherches.

Ce furent les juristes qui s'engouffrèrent dans la brèche ainsi créée, apportant à l'entreprise des « nouveaux historiens » les exigences d'une méthode forgée sur le terrain et éprouvée dans une lecture minutieuse et comparée des textes juridiques. Un courant de réforme des études, que l'on désigne par l'expression de *Mos gallicus*, se développa à Bourges avant de gagner d'autres facultés du royaume. Illustré par des enseignants comme Cujas (1522-1590) ou F. Hotman, il avait pour objectif de revenir à un droit romain désenclavé des prétentions impériales ou pontificales et rendu propre aux enjeux de la royauté (B. Barret-Kriegel, 1988-89). Ne séparant pas l'étude du droit de celle de la société dans laquelle il s'était développé, ils en tiraient la conclusion que le droit était tout entier le produit de l'histoire et d'elle seule. Il résultait de cette approche inédite des textes que non seulement la société française au XVIe siècle était différente de la société romaine, mais encore qu'elle n'avait cessé d'évoluer et que le droit avait changé en permanence pour s'adapter aux besoins de cette société, fournissant ainsi aux futurs historiens une voie irremplaçable pour en étudier le fonctionnement de l'intérieur.

Cette approche devait stimuler les réflexions tendant à redéfinir la nature, la fonction et le contenu de l'histoire. De l'histoire du droit à celle des institutions, en cette époque qui devenait de plus en troublée, il n'y avait qu'un pas à franchir. Il le fut et, par le biais de l'histoire nouvelle, la connaissance du passé devint même un élément d'analyse, voire un répertoire d'exemples dans lequel on puisait pour justifier ses thèses dans les grands débats d'ordre politique et religieux qui se développèrent en France au cours du dernier tiers du siècle. Une pléiade d'historiens nourris de la lecture des classiques, de la génération dont Montaigne (1533-1592) tint le journal de bord intellectuel, mais formés à l'exigeante école de la pratique juridique et confiants dans les ressources de la civilisation française, allait désormais faire entendre sa voix. De cette génération, qui commencera à produire après 1560, deux noms émergent, ceux de Jean Bodin, dont les *Six Livres de la République* (1576) occupent l'une des premières places au firmament de l'histoire de la philosophie politique, et d'Étienne Pasquier.

Bodin et son discours de la méthode historique

Même si elle a été publiée en 1566, c'est-à-dire quelques années après le premier tome des *Recherches* de Pasquier (1560), la *Methodus ad facilem historiarum cognitionem*, qui ne fut traduite en français par P. Mesnard qu'il y a une cinquantaine d'années, constitue le véritable manifeste de cette histoire nouvelle. Elle inaugure l'œuvre de Bodin (1529-1596) et pourtant elle témoigne déjà d'une puissance d'analyse et d'une largeur de vision tout à fait exceptionnelles.

❑ ***Histoire « humaine », histoire « naturelle », histoire « sacrée ».*** Après une introduction célébrant de manière classique « la facilité, l'agrément et l'utilité de l'histoire » et précisant la notion de droit comparé, la démonstration de Bodin repose sur la distinction fondamentale qu'il opère entre l'histoire « humaine » qui « explique les actions de l'homme vivant en société », l'histoire « naturelle » qui s'occupe « des causes secrètes de la nature » et l'histoire « sacrée ». Reprenant en quelque sorte la distinction établie par Vincent de Beauvais au XIIIe siècle, mais avec d'autres préoccupations, il estime que les vérités auxquelles atteint l'histoire « humaine » relèvent de l'ordre de la probabilité ; celles auxquelles atteint l'histoire « naturelle », de l'ordre de la nécessité ; celles auxquelles atteint l'histoire « sacrée », de l'ordre de la foi. Faute de temps et de moyens suffisants pour mener à son terme une triple entreprise d'histoire « intégrale », il conseille d'abandonner la seconde aux savants et la troisième aux théologiens, les intentions divines demeurant un mystère insondable. On voit que par ce postulat, Bodin parvient à débarrasser sur le plan heuristique la recherche historique du carcan providentiel auquel elle était asservie depuis plus de mille ans, même si le croyant qui existait en lui se réservait la possibilité de voir dans la marche de l'histoire l'action continue de la Providence. L'histoire peut alors devenir le fondement d'une science politique et il n'est pas étonnant de constater que certains passages de la *Methodus* constituent une ébauche de réflexions que l'on trouvera approfondies et développées dans la *République*.

Pour Bodin, la caractéristique essentielle de l'histoire « humaine », à la différence des deux autres, c'est son instabilité permanente : elle est, pour l'essentiel, le produit de la volonté des hommes qui jamais n'est la même et qui échappe à toutes les prévisions. Circonstance aggravante, l'historien ne peut travailler qu'avec les seules informations qui ont survécu, et parfois dans quel état, aux ravages du temps. Cela ne veut pas dire, cependant, que le passé se réduise à un pur chaos et qu'il ne se dégage pas de lui un certain nombre de constantes qui peuvent faire l'objet d'une analyse. Pour Bodin, en effet, l'histoire des sociétés humaines est déterminée à la fois par des contraintes naturelles, qui peuvent être examinées par le biais de la cosmographie, alors fort en vogue, ou de la géographie, et naturellement par des contraintes d'ordre religieux tenant à la condition humaine que l'on connaîtra mieux, selon lui, par une approche comparative des diverses religions.

L'objectif est naturellement de réduire le changement historique à quelques lois générales et le moyen d'y parvenir est « une tentative pour assimiler et pour unifier des connaissances différentes sur la base de nouvelles exigences logiques » : la première, c'est l'établissement d'une chronologie sûre, la seconde c'est de disposer d'une échelle commune pour apprécier les révolutions des différents peuples et par là même les diverses étapes accomplies par l'humanité. D'où, comme le montre P. Mesnard, la nécessité affirmée au chapitre V d'une explication sociologique de l'histoire fondée sur la législation régissant les groupes humains entre eux.

Bodin estime, en effet, qu'en matière de connaissance des sociétés humaines, la meilleure approche consiste à faire porter son effort sur l'étude comparée de l'évolution et de l'esprit des lois. Il estime que le droit romain ne peut donner qu'une idée partielle de la notion de loi et qu'il est donc absurde de le faire coïncider avec la loi universelle dans laquelle tous les différents codes ont leurs racines et dont ils sont des expressions multiples et fragmentaires. Cette idée qu'il existe une loi naturelle dont la connaissance ne peut être atteinte que par une approche historique et comparée et qu'il faut remonter aux causes premières et à suivre leur cheminement plus ou moins évidents à travers les siècles, est essentielle dans l'œuvre de Bodin.

Dans le cadre ainsi défini, il estime que sur le plan de la méthode, on doit aller du général au particulier de manière à ce que les relations de chacunes des parties entre elles et avec l'ensemble puissent être correctement établies. Il ne se limite pourtant pas aux idées générales et, chaque fois qu'il le juge nécessaire, il n'hésite pas à descendre jusqu'aux détails les plus concrets, réunissant une masse impressionnante de documentation qu'il passe au crible d'une discussion serrée débouchant sur des hypothèses dont il n'oublie pas de rappeler qu'elles pourront être remises en cause par des recherches ultérieures.

Dans les chapitres IV et V, il insiste sur les qualités que l'on est en droit d'attendre des historiens auxquels il a puisé l'essentiel de son information, les précautions que l'on doit prendre pour vérifier l'exactitude d'un fait ou d'un témoignage, les causes des erreurs que l'on trouve en général dans leurs écrits et les mérites et les défauts de ces derniers. Grâce à sa démarche méthodologique, il résulte que les faits douteux sont implacablement éliminés et que les éléments collectés sont désormais non seulement organisés et classés mais interprétés, et chacun recevra une explication autorisée provenant de la réunion de l'histoire universelle et de l'histoire particulière (P. Mesnard).

❑ ***Une nouvelle conception de l'universalité.*** Mais les ambitions de Bodin ne s'arrêtent pas là. Il estime qu'une histoire n'est vraiment universelle que lorsqu'elle embrasse le passé de toute l'humanité et prend en charge toutes les sociétés connues d'hier et d'aujourd'hui. Pour lui, comme le montre G. Huppert (1963), tout le processus du développement de la civilisation découle de l'instinct de survie des individus et des sociétés et des solutions qu'ils ont apporté à la satisfaction de cette exigence fondamentale. Devançant de deux siècles Montesquieu, il traite dans le chapitre V de l'influence du climat sur l'évolution des sociétés humaines. Il reprend l'idée ancienne selon laquelle les facteurs géographiques (relief, nature du sol…) et climatiques peuvent avoir une influence sur le caractère, les mœurs et les comportements des sociétés humaines. Il divise ainsi les nations en trois catégories : celles du sud (Mésopotamie, Égypte) notables par la prépondérance qu'elles accordent à la religion et à la sagesse ; celles des régions plus tempérées (Grèce, Rome) qui se caractérisent par la fondation de cités-États, l'établissement de lois et l'expansion coloniale ; celles des contrées septentrionales qui excellent dans la technologie et les opérations militaires. Il entend passer ainsi du stade de la connaissance à celui de la compréhension.

Sur le plan politique (chapitre VI, qui représente les deux cinquièmes de l'ouvrage !), s'inspirant d'Aristote, mais nourrissant également son exposé de sa vaste érudition, il élabore un tableau comparatif novateur des gouvernements antiques et modernes nourri aux découvertes géographiques de l'époque. Divisant classiquement les régimes en démocraties, aristocraties et monarchies, il s'efforce d'expliquer la montée et la chute des États, la croissance et le déclin des civilisations en dehors de toute référence providentielle. Cette confrontation lui permet de considérer la monarchie comme le meilleur des gouvernements. Il distingue entre les révolutions, dont il fait une analyse extrêmement poussée et l'anarchie, la première étant le passage d'une forme à une autre de gouvernement tandis que la seconde est la fin de l'État de droit. La méthode comparative n'avait jamais encore connu un emploi aussi étendu et aussi systématique.

On comprend mieux dès lors, pourquoi, dans le chapitre VII, partant des commentaires et des interprétations douteux accumulés au cours des siècles et utilisant une démarche historique permettant de retrouver le sens premier du texte biblique, il réfute systématiquement et ironiquement une présentation de l'histoire inspirée des quatre monarchies (*Daniel* II, 36-40). Il s'attaque également, par le biais de l'épisode de la statue vue en songe par Nabuchodonosor, à la théorie des quatre âges, que l'on trouve aussi dans *Daniel*, et selon laquelle l'histoire de l'humanité ne serait celle que d'une longue et inéluctable décadence. Tout en n'excluant pas l'hypothèse d'un éternel retour, il s'appuie sur des exemples pris dans la *Bible* et dans les premiers âges de la Grèce et de Rome pour insister sur la brutalité des premiers âges, sur l'action civilisatrice du christianisme et sur les découvertes scientifiques du monde moderne. Il en conclut que si l'on tient absolument à chercher une orientation quelconque de l'histoire des hommes, elle irait plutôt finalement dans le sens du progrès vulnérable, discontinu mais incontestable de la civilisation, illustrant les possibilités infinies de l'homme et les ressources inépuisables de la nature. Ainsi, après avoir laïcisé l'histoire, Bodin la pourvoit-il d'un idéal « moderne » maniant simultanément la foi et la prudence (C.G. Dubois, 1977).

Dans les chapitres VIII et IX, il se penche sur l'origine du monde et des nations qui l'amène à des vues originales sur la manière d'établir des rapports chronologiques entre les peuples différents et à critiquer sévèrement les balivernes colportées par ses prédécesseurs. Pour lui, la vraie question est de savoir où peut commencer l'étude de l'histoire des hommes. Et il répond fort logiquement : lorsqu'apparaît le premier vestige laissé par l'homme. Angoissé par cette question, comme tous les intellectuels de l'époque, il pense que si l'on a une idée claire de ces origines, on pourra en déduire le cheminement de l'évolution humaine pendant les siècles les plus obscurs, et il s'intéresse aux différentes époques de l'histoire de l'humanité qu'il entreprend de diviser en trois grandes périodes correspondant à la suprématie des trois grandes catégories de peuples qu'il a distinguées, la dernière commençant avec la naissance du Christ.

Cette chronologie d'ordre sociologique a de plus le mérite de nous ramener au cœur de l'œuvre. Pour le *« philosophistoricus »,* décrit par Bodin, partout où vit l'humanité existe l'histoire. Par-delà ses exigences, ses audaces et ses scrupules, s'impose ainsi l'image d'un historien humaniste, un précurseur en quelque sorte de Montesquieu, de Voltaire, de Guizot, de Renan et de Taine (J. Mesnard, 1936). « L'union de l'histoire et du droit, l'interprétation philosophique de l'une et de l'autre de ces études, la politique donnée comme but à l'expérience historique, l'esprit moderne plein du sentiment de sa force se mettant hardiment au-dessus de l'antiquité et proclamant la supériorité de sa société, tels sont les caractères essentiels et éminents de la Méthode pour la connaissance de l'histoire » (H. Baudrillart). On ne saurait mieux dire que, pour Bodin, celle-ci a un sens.

Étienne Pasquier

❑ *Une vie de* **« Recherches ».** Royaliste à une époque où la monarchie était menacée par les conflits religieux, gallican fier de sa patrie, à l'histoire de laquelle il ne cessa de s'intéresser et où il trouve, aux heures noires, des raisons d'espérer, Étienne Pasquier (1529-1615) a souvent été comparé à Montaigne. Mais pour lui, comme le note G. Huppert (1963) dans une excellente étude renouvelant l'antique ouvrage de Feugère (1848), pas de librairie dans une tour. C'est un homme d'action, un intellectuel engagé dans un siècle tumultueux, l'un des derniers représentants de la seconde Renaissance. On peut aussi le considérer, avec ses *Recherches de la France*, comme le précurseur à la fois de Tocqueville, de Lavisse, de L. Febvre, voire de la micro-histoire à l'italienne. En effet, au lieu de se poser comme un récit continu de l'histoire de France depuis les origines jusqu'au XVIe siècle, les *Recherches* se présentent comme une suite de réflexions plus ou moins fournies sur des sujets les plus divers abordés selon une problématique bien précise, par exemple « Qu'entre tous les rois de France, Clotaire second semble avoir été le plus heureux ; et néanmoins qu'en lui commença la ruine de la première famille de nos rois » (Livre III).

S'inscrivant dans la perspective ouverte par G. Budé, transposant dans le domaine historique la rigueur inhérente à la pratique judiciaire et aux études philologiques, Pasquier s'affirme ainsi comme le représentant d'une nouvelle histoire susceptible d'offrir des certitudes en s'appuyant sur des faits vérifiables grâce à un contact constant avec des sources de première main et un appareil critique de nature à décourager les éventuels contradicteurs. Trente ans après, il évoquait encore les reproches qui lui avaient été adressés au sujet de ce procédé qui rappelait par trop l'« umbre des escholes » et n'aurait pas convenu à un ouvrage d'histoire, considéré alors avant tout comme un genre littéraire. Contrairement, enfin, à bon nombre de contemporains, de Paul Émile à de Thou, confiant dans les possibilités de sa langue maternelle, ce grand lecteur d'une vaste érudition, préféra s'exprimer dans un français familier et savoureux.

❑ ***Laisser parler le document.*** « Ne rien dire qui importe sans en faire preuve » et recourir à des sources extrêmement diverses tels sont donc les traits les plus remarquables de la méthode de Pasquier. Assurément, bon nombre de documents auxquels il recourt étaient déjà connus, mais il constate que ses prédécesseurs les avaient « vu sans les voir » et que leur signification profonde leur avait échappé ce qui est loin d'être son cas. En effet, faisant flèche de tout bois, toujours à l'affût de la notation concrète et du détail matériel, on le voit aussi bien utiliser un arrêt du Parlement, une bulle pontificale, un extrait de chronique, un poème, une monnaie, une statue, mais toujours de préférence des pièces authentiques, pourvu qu'elles puissent apporter une information tangible à la question qu'il se pose. Laissant de côté, par exemple, l'aspect militaire du phénomène, bien que les sources fussent abondantes, ce qui l'intéresse c'est de savoir « Quel fruit nous rapportâmes des voyages d'outre-mer que nos anciens appelaient croisades ». Ajoutons que le titre est à la limite du blasphème à une époque où l'on ne badinait pas avec l'orthodoxie religieuse.

Ainsi, qu'il s'agisse des Gaulois (Livre I) ou du procès de Jeanne d'Arc (Livre VI), son attitude est identique. Balayant, dans le premier cas, Francio et le roman des origines troyennes, il s'en tient à une lecture attentive des sources, en l'occurrence les *Commentarii* ou, dans le second cas, les minutes du procès. Passant même au stade de la critique interne des documents chère aux positivistes, il mentionne que les Gaulois étant les ennemis de César, il convient de ne pas accepter sans réserve l'opinion défavorable de celui-ci à leur égard. Quant à Jeanne d'Arc, il conclut, à l'instar de G. Duby aujourd'hui, que l'important, c'est que tout le monde, elle la première, ait cru qu'elle avait entendu des voix.

Cette rigueur méthodologique ne l'empêche pas, bien au contraire, de ne se faire aucune illusion sur les limites de la connaissance historique « car l'histoire [...] est chose de soy fort chatouilleuse », affectée par l'insuffisance des sources – si bien que l'historien, comme le chasseur « recognoist aux voyes de quelle grandeur est le cerf sans le voir » –, la contradiction des témoignages ; la personnalité de l'historien, enfin, qui ne peut parler de ces matières qu'en fonction de « conjectures dérivant de notre jugement subjectif » et « sous l'emprise de nos passions individuelles ». Ainsi, non content d'exhumer deux des plus gros lièvres de l'épistémologie historique, celui de l'anachronisme et celui de la subjectivité du chercheur, Pasquier, là encore en avance sur son temps, ne considère-t-il jamais, lui non plus, que « son siège est fait », que les résultats de ses *Recherches* sont définitifs et accepte-t-il qu'ils soient le cas échéant révisés. Pourtant, même s'il est très difficile d'être un historien sans « falsifier la vérité » et même s'il existe des questions qui ne seront jamais résolues, il estime qu'il est possible de connaître réellement une partie de ce qui est arrivé dans le passé. Il n'en demeure pas moins vrai que c'est parce qu'il était appelé à plaider une cause, celle de la prééminence de la monarchie sur des forces centrifuges de toutes sortes, que paradoxalement, Pasquier, en bon avocat, s'imposait des exigences heuristiques irréprochables en matière d'arguments et concourait ainsi à l'avancement de la connaissance historique.

❑ ***France mère des arts, des lettres et des lois.*** Son empirisme méthodologique, son refus du récit continu, et donc du moule de l'« Histoire universelle », ne sont évidemment pas sans implications idéologiques. Peu attiré par la conception de l'histoire héritée de saint Augustin, il voit en humaniste responsable, comme Bodin, dans la connaissance du passé des preuves d'un progrès de la civilisation et des raisons de croire en l'homme.

Curieusement, dans un siècle où l'on s'est passionnément massacré pour des motifs d'ordre religieux, Pasquier témoignerait à leur égard d'une indifférence provocatrice, ce qui lui valut d'ailleurs des accusations de « libertinisme ». Tout au long de ses *Recherches*, en effet, sa préoccupation principale n'est pas le salut par la grâce ou par les œuvres, c'est le salut de l'État et mieux encore le salut de la France. Son attitude à l'égard de la Réforme à propos de laquelle il rend, en quelque sorte, un jugement de Salomon, témoignerait, s'il en était besoin, d'une sérénité exceptionnelle à l'époque sauf, peut-être, dans le milieu des « nouveaux historiens ». Épinglant avec un plaisir non dissimulé la papauté à propos du scandale des indulgences et énumérant toutes les bonnes raisons que Luther avait de s'y opposer, il n'en conclut pas moins que ce n'était pas la peine d'opérer un schisme pour si peu, d'autant qu'il apparaît que tous les points mis en cause par les protestants étaient en vigueur depuis la fin du IIe siècle et que Dieu n'a pas pu laisser les chrétiens dans l'erreur pendant une aussi longue période.

Aussi, en règle générale et bien que l'on trouve dans son œuvre quelques références conventionnelles à la Providence comme agent de causalité historique, ne s'agit-il pour lui que d'un facteur parmi d'autres. Il s'en explique dans une étude intitulée symboliquement, « Lequel de la Fortune ou du Conseil a plus œuvré à la manutention de ce Royaume de France » (Livre II), ce qui était pour le moins téméraire, même s'il prend la précaution de préciser, « Quand je nomme icy la Fortune, afin que je n'aporte à aucuns occasion de se scandalizer, j'entends les mystères de Dieu qui ne se peuvent découvrir par notre prudence humaine ». Après quoi, bien sûr, et nous touchons là au cœur du problème, il conclut à l'avantage d'une action politique judicieusement et efficacement menée dans le cadre d'institutions appropriées et constituées progressivement pour assurer la « manutention » du royaume en toutes circonstances.

Pour lui, par une sorte de conception pré-darwiniste de l'histoire des institutions, l'ancienneté fait la légitimité, et c'est parce qu'elles ont survécu à tant d'épreuves (querelles des Mérovingiens, guerre de Cent Ans, etc.) que l'on doit faire confiance et respecter les institutions françaises dont on peut suivre à travers les siècles, par-delà la modification de leur apparence et quand les documents le permettent, le développement allant de pair avec le renforcement du pouvoir royal, et l'action bénéfique.

C'est que, pour Pasquier, l'histoire a naturellement une vocation pédagogique. « Dieu veuille que cecy puisse servir de leçons aux nostres et qu'au milieu de nos troubles, nous nous puissions faire sages aux dépens de nos ancêtres », écrit-il ainsi. Pour lui aussi, le passé constitue une collection d'exemples dont l'analyse permet de faire apparaître, en dépit de troubles de toute sorte, l'existence d'une avancée incontestable et d'un progrès dans l'organisation des sociétés humaines, et en particulier de la nation française. On ne sera pas surpris de constater, toutefois, qu'en bon juriste, il soit partisan des corps intermédiaires, dont il fait remonter l'origine aux assemblées tenues irrégulièrement dès l'époque gauloise. Il considère que, depuis ses origines, la monarchie française a toujours été soumise à une forme quelconque de limitation constitutionnelle, ce qui l'a protégée des illusions d'un pouvoir tyrannique comme des dangers de l'anarchie, et que c'est grâce à cette sorte de division du travail entre le monarque et ses conseillers, garants de la loi et de l'ordre, qu'elle a pu survivre à toutes les épreuves qu'elle a traversées lorsque le pouvoir royal s'est affaibli.

Ainsi Pasquier se fait-il l'artisan et le chantre d'une identité nationale distincte de la race et de l'État, définie par les coutumes, la langue et la culture et dont la continuité de certains traits peut être remontée dans le temps, ce qui en fait l'égale de Rome, la vivacité en plus. La littérature française, qu'il connaît remarquablement, a pour lui autant vocation aux belles lettres que la latine, la Sainte-Chapelle et Notre-Dame valent bien le Forum (Livre III) et les institutions françaises n'ont rien à envier à celles de la Rome antique.

Le « beau seizième siècle » de l'historiographie française

Ce n'est évidemment pas celui de la conjoncture car c'est à l'épreuve des conflits politiques et religieux et de leur cortège de misères et de drames qu'ont pris corps certaines contributions marquantes. On ne sera pas non plus surpris de constater que, reprenant la tradition antique de l'histoire « immédiate », plusieurs d'entre elles traitent de ces conflits alors que d'autres, s'engouffrant dans la brèche ouverte par J. Bodin, répondent à des impératifs d'ordre plus particulièrement méthodologique.

❑ ***Les historiens français devant les guerres de Religion.*** Laissant de côté des mémoires comme les *Commentaires* de Montluc (v. 1500-1577) publiés en 1592 ou des journaux, comme celui de P. de L'Estoile (1546-1611), nous nous bornerons à évoquer la *Franco-Gallia sive tractatus de regimine regum Galliae et de jure successionis* (1573) de F. Hotman, l'*Historia sui temporis* de J.A. de Thou, dont les dix-huit premiers Livres furent publiés en 1604, et enfin l'*Histoire universelle* d'A. d'Aubigné qui paraîtra à partir de 1616.

A la différence des deux autres, le premier de ces ouvrages n'a rien à voir avec le récit des troubles dont la France fut alors le théâtre. Il apparaît, en revanche, comme une bonne illustration de la perversion que ces troubles peuvent provoquer, au niveau de l'interprétation du passé, dans l'esprit d'un homme d'une vaste érudition, pourtant rompu aux exigences du *Mos gallicus*, mais devenu l'une des chevilles ouvrières de l'internationale protestante. Réfugié à Genève après avoir échappé de justesse au massacre de la Saint-Barthélemy, Hotman (1524-1590) entreprend donc de soutenir, lui aussi, que la monarchie française était par ses origines élective et non héréditaire. Il affirmait ainsi que les souverains avaient tenu tout leur pouvoir du peuple, que ce pouvoir avait toujours été limité, sous une forme ou sous une autre, par l'existence d'un « grand conseil », émanation de ce peuple et seul capable d'élire et de déposer les rois, de faire la guerre et la paix, de voter les lois et de décider en dernier ressort de toutes les affaires de l'État.

L'origine de cette interprétation très discutable, où Hotman confondait tous les types d'assemblées qui s'étaient réunies au cours des siècles (champs de mai, placites, parlements, États généraux), sous une même rubrique, était la supposition qu'entre les Gaulois et les peuplades germaniques voisines, une sorte de ligue s'était constituée contre la présence romaine, que les invasions germaniques avaient été autant de tentatives de libération, qu'après deux siècles de luttes, les Francs victorieux et les Gaulois affranchis avaient fondé un royaume dont le premier roi avait été élu par le suffrage commun des deux peuples réunis et que la royauté s'était dès lors transmise par le choix du peuple, quoique toujours, en règle générale, dans la même famille. Malgré des atteintes perpétrées par des rois de la troisième race (capétiens), ce « grand conseil » avait continué de faire acte de souveraineté dans les grandes circonstances et dans les crises politiques majeures. Ainsi, ce système politique, fondé et établi sur la liberté, Hotman ne l'envoyait pas dire à Charles IX, avait-il prévalu contre les atteintes des tyrans depuis onze siècles.

Cette thèse devait naturellement trouver un écho favorable chez les extrémistes des deux camps, qu'ils fussent protestants ou catholiques. En posant le problème des origines de la nation française en des termes différents de ceux du mythe troyen, mais tout aussi aberrants et conflictuels, et en le mêlant à un débat sur la nature des institutions et sur la structure de la société française, Hotman ouvrait par ailleurs un champ de bataille qui, comme nous le verrons, sera particulièrement encombré au cours du XVIIIe siècle, sans que la recherche historique, mais qui s'en souciait, y trouvât son compte.

Rien de comparable, si ce n'est l'usage du latin, avec de Thou (1553-1617) dont l'œuvre ne sera traduite en français qu'en 1734. Appartenant lui aussi au groupe des historiens juristes, ce parlementaire attaché à la défense de la cause royaliste a passé aux yeux de ses contemporains pour le plus grand historien de son époque et son *Historia,* pendant longtemps, comme la référence obligée sur les guerres de Religion. Reposant sur une documentation irréprochable, dominée par un remarquable esprit de synthèse, respectant minutieusement les faits, se donnant pour règle d'éviter l'erreur et le mensonge et de ne rien celer, témoignant de plus d'une sérénité et d'une impartialité rares à propos d'événements qui brûlaient encore les mémoires, rédigé dans un style simple fondé sur le seul critère de conformité des mots aux faits, l'ouvrage se recommandait encore aux yeux des érudits du temps par l'ingéniosité avec laquelle l'auteur parvenait à transposer un passé tout récent dans la langue de Tite-Live.

Dans ces conditions, on ne sera pas surpris de ce que l'*Historia* contienne une pétition de principe en faveur de l'État de droit, seul garant de la paix civile et de l'intégrité du royaume qui, à plusieurs reprises, avait failli être mise à mal durant les troubles. Il est également significatif que l'idée de patrie soit accolée à celle de la monarchie et que l'attachement patriotique, sauf trahison du monarque, subordonne l'obéissance des sujets à la fonction royale. Ainsi, comme le montre très justement C.G. Dubois (1977), « la justification de l'œuvre est l'amour de la

Patrie, conçue comme l'ensemble des lois qui régissent la vie des Français ; le moyen en est la recherche de la vérité. L'idéal patriotique est le seul lien qui puisse réunir des communautés séparées par leurs croyances religieuses respectives ».

On trouve des exigences comparables, mais affirmées avec la superbe affichée par l'un des plus grands écrivains français de l'époque, A. d'Aubigné (1552-1630), qui ne craint pas de dédier son *Histoire universelle* au jugement de la « Postérité ». Alors que l'ouvrage précédent était le fruit impeccable des travaux d'un homme de cabinet, l'*Histoire* d'Aubigné a été composée dans sa retraite par un homme d'action, au demeurant admirable érudit, poète prophétique et compagnon de route d'Henri IV (« Nourri aux pieds de mon Roi, desquels je faisois mon chevet en toutes les saisons de ses travaux »), à partir du moment où la démarche politique du monarque l'eût éloigné de ce protestant pur et dur.

L'œuvre se recommande néanmoins à nous par sa sincérité et sa probité dans la mesure où l'auteur annonce clairement qu'il se bornera à n'être que l'impartial greffier des faits. Il a en plus une très haute idée du genre historiographique « puisqu'il a de commun avec le théologien d'instruire l'homme à bien faire et non à bien causer ». Pour lui, l'histoire des faits est donc inséparable de l'histoire des idées. Sa documentation est prodigieuse. D'abord parce qu'il a été le témoin privilégié de beaucoup des événements qu'il raconte, même si l'œuvre ne tourne pas aux *Mémoires* qu'il rédigera par ailleurs, qu'il est un expert en matière militaire et politique, qu'il connaît remarquablement bien, surtout du côté protestant, les enjeux de la dimension religieuse du conflit et que, lorsque cela était nécessaire, il s'est livré dans les deux camps à un travail d'enquête minutieux. D'ailleurs, il n'hésite pas à produire de nombreux documents pour corroborer ses dires. Il a eu également le grand mérite de ne pas se limiter à une vision franco-française des événements et, chaque fois que c'était possible, il s'est efforcé de replacer ceux-ci dans leur contexte européen.

Il en résulte une œuvre imposante et touffue dans laquelle, malgré la vigueur de la composition, on est souvent submergé, surtout en matière militaire, par une avalanche de détails ; « C'est une poussière d'histoire qui monte de ces pages drues et encombrées [...] qui finit par aveugler le lecteur. [...] Et si la ressemblance de l'image au temps lui-même n'en est que plus frappante, rien [...] ne fatigue davantage » (S. Rocheblave). Il n'en demeure pas moins vrai qu'Aubigné a su dominer cette masse tumultueuse et que ses pages sur la Saint-Barthélemy, sur la formation de la Ligue ou sur l'avènement d'Henri IV témoignent de sa puissance d'analyse. Par l'accumulation des renseignements qu'il fournit, l'ouvrage constitue une référence irremplaçable pour l'étude de la période.

On notera, cependant, que l'*Histoire universelle* se déroule selon des schémas empruntés à une idéologie d'inspiration plus particulièrement calviniste. Tout vient de Dieu, tout se pervertit entre les mains de l'homme, mais la main de Dieu intervient dans les désordres humains pour rappeler aux fidèles quelle est la vérité (C.G. Dubois, 1977). L'œuvre d'Aubigné, enfin, s'inscrit elle aussi, et elle ne s'en cache pas, dans le débat contemporain sur la nature de l'institution monarchique. Face à la doctrine absolutiste qui est en train de se constituer, sa position est simple. « Je lève la main à Dieu que [...] je tiens l'état de la Royauté le plus honorable et excellent de tous quand elle est appuyée des correctifs qui l'empêchent de tomber en la tyrannie ». Pour lui aussi, l'institution de la royauté constitue une sorte de pacte bilatéral entre deux partenaires égaux en vue d'une prospérité partagée et d'une conservation réciproque. Même si l'institution de la royauté est divine, la puissance du souverain procède du peuple, d'où la légitimité de la remontrance, voire de l'insurrection armée, si le roi viole ses engagements ou empiète sur ses prérogatives. La tyrannie n'est donc pas la royauté, elle en est la corruption suprême quand le prince entend violer les consciences de ses sujets qu'il délivre par là-même de leur devoir d'obéissance, car « nous devons tout au Roi et rien au tyran », ce qui constitue, d'une certaine manière, un retour à Polybe.

❑ ***Résurrection des sources et réflexions théoriques.*** Dans la brèche ouverte par le manifeste de Bodin, s'engouffrèrent plusieurs historiens qui, pour la plupart, appartenaient aussi au milieu de ces juristes gallicans ou protestants qui renouvelèrent alors la réflexion sur l'écriture de l'histoire.

C'est ainsi que Jean du Tillet avait rassemblé avant sa mort en 1570 des *Mémoires et Recherches... pour l'intelligence de l'État et des affaires de France*, que Claude Fauchet (1530-1601) publia, entre autres, des *Antiquités gauloises et françaises* (1599) où il reproduisait le serment de Strasbourg, que les frères Pierre (1539-1596) et François (1543-1621) Pithou, après avoir édité des documents relatifs à l'histoire de la Champagne, firent paraître un *Traité de la Grandeur et des Droits de la Couronne de France* (1587) et un *Recueil des libertés de l'Église gallicane* (1594) et que Charles du Moulin (1500-1566), après avoir rédigé un *Premier commentaire sur la coutume de Paris* (1539), publia en 1561 une traduction française d'un ouvrage écrit en latin en 1546, une *Première partie du traicté de l'Origine, progrez et excellence du royaume et monarchie des Françoys et couronne de France* où il analyse les coutumes du royaume dans une perspective historique.

Même s'il s'agit d'un compilateur souvent maladroit, il convient de faire une place un peu plus large à Louis Le Roy (v. 1510-1575) dont le *De la vicissitude ou variété des choses en l'univers... depuis le temps où a commencé la civilité et memoire humaine jusques à present,* paru l'année de sa mort, offre un bon exemple d'histoire comparative des civilisations (il traite des Arabes et des cultures non européennes), en douze chapitres, considérées dans un grand nombre de leurs aspects et débarrassées de tous les présupposés d'ordre théologique. Tout l'intéresse, les mythes sur l'origine du monde, la cosmologie, la métallurgie, le tissage, l'art militaire, la culture, l'élevage, les constructions navales, « la variété des langues usitées dans le monde », les arts et les lettres qui fleurissent chaque fois que la société accorde ses faveurs aux intellectuels et aux artistes. Partout il reconnaît les signes d'une évolution et ce processus de civilisation lui permet de faire un inventaire des progrès humains, l'indigence enseignant d'abord les arts nécessaires à la vie avant que ne leur succèdent ceux qui servent au plaisir. Pour lui, l'histoire de la civilisation est le seul type d'histoire universelle qui vaille la peine d'être tenté, et son œuvre s'apparente déjà à un essai sur l'esprit et les mœurs des nations (G. Huppert, 1963).

Avec Nicolas Vignier, né en 1530, qui fut nommé historiographe par Henri III, et son imposante *Bibliothèque historiale* publiée en 1588 après une trentaine d'années d'efforts, nous avons en quelque sorte affaire un peu à l'imitation de Diodore de Sicile, à une banque critique de données établies à l'usage des historiens et des amateurs d'histoire. Son objectif était de rassembler depuis les origines « tout ce qui est contenu et dispersé de plus mémorable [...] ès divers, innumérables et amples escrits de tous les historiographes et autres escrivains qui ont esté devant nous, tant sacrez que profanes [...] chroniques, annales [...] et monuments d'antiquitez de toutes les nations qui ont peu tomber entre mes mains ». Naturellement, il a réuni pour l'essentiel des sources relatives à la France.

Persuadé, lui aussi, de la portée pédagogique de l'histoire, il se plaît à en souligner le caractère utile mais, à l'encontre de Bodin, de Le Roy ou de La Popelinière passionnés par les problèmes d'ordre théorique, Vignier est l'homme des faits, de tous les faits, en privilégiant cependant ceux relatifs à la politique, à la religion et à la culture ainsi qu'aux explorations qui le fascinent.

En s'efforçant d'en souligner les axes d'évolution principaux, il est également l'un des promoteurs de la vision du passé en trois grandes périodes traitées dans chacun des volumes de son ouvrage. La première correspond à l'Antiquité, depuis l'apparition des hommes jusqu'à la fin du IVe siècle ap. J.-C. ; la seconde évoque les événements jusqu'à la fin du XIe siècle ; le dernier commence avec les croisades et s'achève avec la circumnavigation de Magellan. Ainsi, Vignier est-il probablement le premier historien chrétien qui, rejetant le schéma eusébien, ait osé écrire une histoire universelle sans faire de l'apparition du Christ un événement éponyme (G. Huppert, 1963).

L'histoire, émancipée désormais de la théologie, du moins au niveau de la recherche et de la réflexion de pointe, a donc nettement défini sa tâche comme étant la reconstruction de tous les événements du passé chaque fois que des sources existent à leur sujet. Le mot « universalité » s'est revêtu d'un sens nouveau. Il signifie que toutes les activités humaines et dans toutes les parties du globe, sont jugées dignes de faire l'objet d'une recherche.

Nul n'en fut plus persuadé que Lancelot du Voisin de La Popelinière. Ce noble protestant saintongeais (comme Aubigné) rédigea d'abord une *Histoire des Guerres de Religion* tout à fait estimable dont la première version date de 1571 et où il s'est déclaré « comme neutre et indifférent aux deux partis ». Mais, de notre point de vue, il se recommande surtout comme l'auteur d'un triptyque publié en 1599 dont l'objectif est la mise en clair des principes qui devaient inspirer la rédaction d'une nouvelle histoire de France. Il comprend d'abord une *Histoire des histoires*, revue critique de l'ensemble de la production historique depuis les origines. Mais alors que Bodin se contentait d'une simple bibliographie dans le chapitre X de la *Methodus,* La Popelinière se livre à un examen exhaustif en neuf livres. Le second ouvrage, intitulé l'*Idée de l'Histoire accomplie*, divisé en trois livres, répond à des préoccupations d'ordre théorique et conduit à la conclusion que « nous n'avons aucune Histoire accomplie soit des Anciens, soit de notre temps ». Le dernier ouvrage, le plus court, a donc objectif de proposer un « dessein de l'histoire nouvelle des François » en s'en prenant notamment au mythe des origines troyennes, ce qui ne manque pas de laisser sur sa faim le lecteur qui s'attendait, après ces torrents de critiques souvent justifiées d'ailleurs, à une démonstration plus tangible et plus constructive où l'on aurait vu La Popelinière passer à l'application de ses principes. Néanmoins, on trouve là le résumé de la pensée historique de toute une génération (G. Huppert, 1963).

Il distingue d'abord trois périodes dans l'écriture de l'histoire, chaque société produisant une historiographie adaptée à son stade de développement : une histoire « naturelle » propre aux sociétés d'avant l'écriture (Germains, Gaulois, Africains, Amérindiens), où prime la tradition orale et dont les traces doivent être cherchées dans les dessins, les symboles, les danses et les chansons. On trouve ensuite, avec l'apparition de l'écriture, une seconde étape qu'il qualifie d'histoire « poétique ». Le troisième stade survient lorsqu'apparaissent les premières relations en prose et culmine avec Hérodote dont la réussite, selon lui, a été suivie par vingt siècles de stagnation.

L'idéal que le « nouvel historien » se doit de poursuivre est naturellement la recherche de la vérité car c'est là ce qui fait de l'histoire une science et la différencie donc des fictions littéraires : « La digne Histoire sera un Narré général eloquent et judicieux, des plus notables actions des hommes, et autres accidents y representez selon les temps, les lieux, leurs causes, progrez et evenemens ». Partisan d'une histoire « générale », il reproche en effet aux Anciens d'avoir borné leur ambition à n'écrire que des histoires contemporaines, qui certes constituent des sources de première main, mais qu'il ne faut pas confondre avec l'Histoire qui, par ailleurs, doit s'occuper de tous les aspects de l'existence des sociétés humaines.

L'autre problème de méthode est celui de la disposition de la matière historique. L'« Histoire accomplie » se définit par sa capacité à dépasser le chaos des événements. Le rôle de l'historien est moins de raconter que de comprendre et de faire comprendre. Un ordre purement chronologique à la manière des anciennes annales ne saurait suffire. Le déroulement du temps suit des lignes plus complexes que celle de la succession des jours. « Sçavoir l'Histoire n'est pas avoir la mémoire des faits [...] mais de cognoître les motifs et vrayes occasions de ces faits et accidens ».

Cela dit, La Popelinière ne se fait aucune illusion sur les obstacles qui se dressent sur la route de l'historien, qu'il s'agisse de la fragilité des sources ou des insuffisances de la connaissance humaine. Pour lui, comme pour Bodin et pour Pasquier, la certitude n'est pas du domaine de la connaissance historique, elle ne peut être qu'approchée (« On y marche en crainte, par conjectures, et y procède [...] comme en suspens jusqu'à ce que l'on voye la fin aussi asseurée que douteux en était le commencement »), mais il ne doit pas y avoir de compromis au niveau des exigences critiques. Il est évident enfin que l'« Histoire accomplie » est débarrassée de tous les postulats providentiels et que, malgré toutes ses imperfections, la méthode historique porte en elle les plus grandes promesses de connaissance dans un monde fourmillant d'incertitudes.

En somme, le but ultime de l'histoire est de répondre à toutes les questions que les hommes se posent sur eux-mêmes, ce qui suppose que la société présente soit l'aboutissement d'un processus temporel qu'il s'agit de retracer le plus loin possible et que « les causes des accidens humains s'entretiennent d'un lien éternel et connu de peu de gens ». Ainsi pour La Popelinière, l'histoire est-elle essentiellement une science de synthèse : la qualité par excellence de l'historien, qui doit moins penser à sa gloire présente ou à ses inclinations qu'au jugement de la postérité (cf. Aubigné), sera liée à l'« entendement » qui est faculté de compréhension et de domination. Il prône même la création d'un corps de chercheurs, dont la subsistance serait assurée par les autorités politiques, mais qui n'auraient de compte à rendre à personne, une sorte de CNRS idéal mâtiné d'abbaye de Thélème, en somme !

LE XVIIe SIÈCLE ENTRE TRADITIONS ET INNOVATIONS

Les chiffres que nous voyons apparaître ne doivent pas faire illusion. Si l'histoire occupe une place importante dans la production du livre (entre un tiers et un quart des ouvrages publiés à Paris), le XVIIe siècle se caractérise par une crise de cette discipline. Avec le développement de l'absolutisme royal surveillant étroitement ses historiographes, le dynamisme conquérant, mais non monolithique, d'une Contre-Réforme désireuse d'imposer son ordre moral, le dédain de la philosophie cartésienne pour une démarche dont elle ne perçoit ni l'intérêt, ni les enjeux, l'époque sera beaucoup moins favorable que la précédente aux grandes ambitions historiographiques.

Au grand siècle, note Ch. Grell (1993), le terme « histoire » désignait trois approches : l'histoire « humaniste », volontiers rhétorique, souvent moralisatrice qui traitait de sujets politiques ; l'histoire romancée qui se voulait pittoresque et divertissante, et l'histoire érudite. Les deux premières étaient de loin les plus répandues. Cela ne signifie pas, bien au contraire, que l'érudition ait été absente. B. Barret-Kriegel (1988-89) a même pu souligner son importance capitale dans la genèse d'une histoire savante. Elle témoigne même du retour en force des clercs, absents du devant de la scène depuis la fin du Moyen Age, comme le prouvent les contributions exemplaires d'un Mabillon ou d'un R. Simon. C'est d'ailleurs contre cette inversion des priorités favorable aux conformismes de toute nature, et notamment à la tradition religieuse, défendue sur tous les fronts par Bossuet, que se fera le grand retournement qui, à partir de 1680, sema le doute dans un univers de certitudes sur lesquelles on vivait depuis près de quinze siècles. Le *Dictionnaire historique et critique* de Bayle est là pour le confirmer, l'histoire aussi fut partie prenante dans la grande crise de la conscience européenne qui affecta la société intellectuelle durant la dernière partie du siècle de Louis XIV.

Le retour à la primauté de la forme

De J. Bodin à La Popelinière, les meilleurs historiens du XVIe siècle avaient insisté sur le principe de l'auxiliarité de la forme par rapport au contenu. Il n'en est plus désormais de même. Que l'on souligne la distance qui se creuse alors entre histoire et érudition (G. Huppert, 1963) ou que l'on plaide, au contraire, en faveur d'une certaine contiguïté (F. Fossier, 1987), il apparaît clairement que ce qui caractérise d'abord majoritairement le XVIIe siècle en matière d'historiographie, c'est un retour à Cicéron et à Tite-Live via Paul Émile et du Haillan, c'est-à-dire, pour longtemps, à la primauté des exigences de la forme sur celles de la documentation. Cette conception régressive de l'histoire, qui sera encore dans une certaine mesure celle de Fénelon (1651-1715) dans sa *Lettre à l'Académie* (1714), est parfaitement bien exprimée par G. de Cordemoy, collaborateur de Bossuet, alors précepteur du Grand Dauphin quand il écrivait : « Il vaut mieux employer son temps à la composition et à arranger les faits de l'histoire, qu'à les rechercher ; il vaut mieux aussi songer à la beauté, à la force, à la netteté et à la brièveté du style, qu'à paraître infaillible dans tout ce qu'on écrit ». On ne saurait mieux dire que le passé avait été donné une fois pour toutes. Depuis les débuts du règne de Louis XIII, si l'on excepte les mémorialistes comme Bassompierre ou Campion, dont l'objectif était fondamentalement différent (pour ne pas parler du *Journal* d'Héroard), l'essentiel fut donc de plaire (d'abord aux puissants) et de toucher, en faisant dans le sublime et en proposant aux lecteurs des morceaux de bravoure, des mises en scène somptueuses, des monuments d'éloquence. L'heure était aux rhéteurs, aux amuseurs et aux historiographes, bref à ceux qu'O. Ranum a désigné avec bonheur comme des *« artisans of glory »*, et qui étaient parfois les mêmes personnages.

De cette obscure cohorte, on peut extraire le nom de Scipion Dupleix (1569-1661), catholique fougueux et chantre de la monarchie de droit divin, qui publia de 1621 à 1643 une *Histoire générale de la France avec l'état de l'Église et de l'Empire* où Clovis porte perruque ! Le louable souci de citer ses sources ne disculpait pas l'auteur, qui par ailleurs ne manquait pas de savoir, d'un manque total d'esprit critique à l'égard de celles-ci. On y ajoutera celui de l'abbé de Saint-Réal (1643-1692) dont l'*Histoire de la conjuration des Espagnols contre Venise* (1674) bénéficia d'une longue gloire posthume. Il convient néanmoins d'accorder une place particulière au plus remarquable d'entre eux, François Mézeray (1610-1683).

Frère cadet de Jean Eudes, il fut remarqué par Richelieu à l'initiative duquel il se lança dans la rédaction d'une *Histoire de France depuis Faramond jusqu'à maintenant* dont les trois volumes parurent de 1643 à 1651. Traitant des événements d'une manière chronologique, passant rapidement sur les origines, il insistait surtout sur le XVIe siècle qu'il estimait être la partie la plus intéressante de l'histoire de France et la plus essentielle pour la connaissance de son époque. Protégé du chancelier Séguier, élu à l'Académie française (1648), il prit une part prépondérante aux travaux de celle-ci et il en sera le secrétaire perpétuel, tout en devenant historiographe de France (1664). C'est dans le cadre de ces fonctions qu'il devait publier en 1668 un *Abrégé chronologique ou Extraict de l'histoire de France* (trois volumes) de caractère plus austère, ainsi qu'une *Histoire de France avant Clovis, l'origine des Français et leur établissement dans les Gaules* (1688). Jusqu'au milieu du XVIIIe siècle, avec la publication de l'*Histoire* de Velly (1709-1759), et même encore à l'époque de la monarchie de Juillet, l'*Histoire* et *l'Abrégé* devaient connaître un succès d'une longévité surprenante et qui s'explique sans doute aussi bien par leurs qualités que par leurs faiblesses.

Il est vrai que l'historien ne manque pas de charmes (W.H. Evans, 1930). Écrivain patriote (« Il n'y a point de fidélité ny d'affection preferable à celle qu'on doit à sa patrie ») sans être le thuriféraire de l'absolutisme monarchique naissant, ne cachant rien des abus commis par les rois et par les grands qui « ont accoutumé de faire valoir leurs fautes », et principalement par les financiers auxquels il voue une haine tenace, il témoigne également d'un louable sens de l'équité sur le plan religieux. Ayant appris son métier d'historien sur le tas et désireux de mettre à la portée de ses lecteurs dans une forme claire et agréable, ce qui explique sa désinvolture en matière de références, « le meilleur de nos Compilateurs François » (Chapelain) ne sacrifie pas pour autant les prodiges et les miracles ni le vieux fonds de légendes dans lequel s'était forgée l'identité nationale. « Je sçay que tout ce narré est plein de fables et d'achronismes ; mais, ajoute-t-il avec une pénétration pleine de bonhomie, je suis persuadé qu'il n'y a [...] de vieux contes qui n'ayent quelque fondement dans la vérité, et que c'est l'aimer en effet que de la chercher jusqu'au milieu des erreurs et des fausses circonstances, à dessein de l'en desgager ».

L'œuvre présente aussi des innovations tant dans sa présentation que dans son contenu. C'est ainsi qu'il accorde de l'importance à l'iconographie pour rendre ses ouvrages moins rébarbatifs (« L'œil y trouve son divertissement aussi bien que l'esprit et elle fournit de l'entretien pour ceux mêmes qui ne sçavent pas lire ! »). Il s'intéresse également à l'histoire quotidienne des Français et aux conditions économiques et sociales dans les villes et les provinces. Écrivant à l'époque où s'épanouit la préciosité et pendant la régence d'Anne d'Autriche, il attire même l'attention sur les vies des reines de France (Blanche de Castille). Il s'exprime de plus dans un langage familier et corsé plein de harangues bien balancées (celle de Biron à Henri IV) et où les nobles de l'époque de Childéric déploient des trésors d'éloquence digne de la Rome antique. L'œuvre fourmille de scènes colorées, d'anecdotes savoureuses, de trouvailles délectables et de formules percutantes.

Une telle licence ne devait pas manquer de lui valoir ultérieurement des critiques comme celles du père Gabriel Daniel (1649-1728), jésuite plus versé dans la chose militaire que dans la fréquentation des dépôts d'archives. Il était l'auteur d'une monumentale et estimable *Histoire de France depuis l'établissement de la monarchie française dans les Gaules* publiée en 1696, bien écrite selon les canons du temps, mais à laquelle le vieux Mézeray portait encore ombrage.

Jacques-Bénigne Bossuet

L'histoire religieuse s'est inscrite en France dans la lignée des controverses suscitées par le schisme protestant ou dans la préoccupation de la défense des libertés de l'Église gallicane. Elle est dominée par la figure écrasante de Bossuet (1627-1704) que l'on aurait néanmoins fort étonné si on l'avait classé parmi les historiens. Et pourtant, au milieu de ses multiples préoccupations, toutes centrées sur la glorification et la défense du catholicisme, il l'a été triplement : d'abord, dans la mesure où son *Discours sur l'histoire universelle* constitue, avec l'*Histoire de France*, le résultat de l'enseignement qu'il a prodigué au Grand dauphin ainsi que le dernier éclat d'une tradition née avec Eusèbe de Césarée et Orose. Enfin, parce que dans son *Histoire des variations des églises protestantes*, il a recours à une démarche répondant incontestablement aux exigences de la recherche historique.

❑ ***Un infatigable gardien de la tradition.*** Bossuet est donc venu à l'histoire, « la maîtresse de la vie humaine et de la politique », par le préceptorat (lettre à Innocent XI, 1679). Cela est naturellement vrai pour son *Histoire de France* rédigée *« ad usum delphini »* (« A l'usage du dauphin »), cela l'est encore du *Discours,* même si la dimension apologétique y écrase quelque peu le projet pédagogique.

Commencé en 1678 comme une série de leçons sur la philosophie de l'histoire, publié en 1681 et retouché ensuite à plusieurs reprises, le *Discours* se divise en trois grandes parties :

« Les Époques » (« d'un mot grec qui signifie s'arrêter parce que l'on s'arrête là pour considérer comme d'un lieu de repos tout ce qui est arrivé devant ou après »), au nombre de douze de longueur fort inégale, qui exposent à grands traits l'histoire de la civilisation judéo-hellenico-romano-chrétienne depuis la création (4004 av. J.-C. !) jusqu'au règne de Charlemagne, terme de l'histoire ancienne. Bossuet accoutume son royal élève « à y mettre ces événements dans leur place sans y regarder autre chose que l'ordre des temps ».

« La suite de la Religion », partie la plus longue avec ses 31 chapitres, s'étend depuis « La création et les premiers temps » jusqu'à la « Suite de l'église catholique et sa victoire manifeste sur toutes les sectes ». C'est là où l'aspect « discursif » de l'œuvre se manifeste le plus dans une sorte d'exégèse historique des textes sacrés ayant pour objectif de montrer, en réponse à Spinoza (1632-1677), « la religion toujours uniforme, ou plutôt toujours la même dès l'origine du monde : on y a toujours reconnu le même Dieu comme auteur et le même Christ comme sauveur du genre humain » (chap. I).

« Les Empires », enfin, reprennent la thèse polybienne de l'anacyclosis et « la loi commune de la mortalité qui est attachée aux choses humaines » en se fondant principalement sur l'exemple des monarchies orientales, des Grecs et des Romains, et en l'inscrivant dans une dialectique chrétienne : les révolutions des empires sont réglées par une Providence à laquelle, comme chez saint Augustin, il convient de tout rapporter. « Par son existence même, l'Empire romain a jeté les fondements du christianisme. Les persécutions qu'il a menées contre celui-ci, se sont retournées contre lui et, vaincu, il s'est mis au service de l'Église. »

Quant aux « *Variations* », elle montre Bossuet face aux protestants qui affirmaient que l'Église catholique ne pouvait prétendre représenter l'Église des origines. Il réplique en démontrant que celle-là est toujours restée fidèle à la vérité, ce qui est gage de son infaillibilité, alors que les protestants n'ont cessé de varier et de se diviser en une multitude de groupes. Les « *Variations* » ont donc pour objectif de démontrer l'impuissance du libre examen à constituer une Église, la nécessité d'une Église infaillible et l'authenticité des thèses défendues par l'Église catholique.

❑ ***Une méthode pour convaincre et pour combattre.*** Qu'il s'agisse d'enseigner ou de prêcher, et les deux sont liés pour lui, l'objectif est d'emporter l'adhésion par des arguments solides. Bossuet fonde donc sa démonstration sur un gros travail préalable d'information. C'est un lecteur insatiable, et tout d'abord de la *Bible* qui est pour lui la référence fondamentale et dont l'historicité ne fait aucune doute. Il s'intéresse naturellement aux pères et aux docteurs de l'Église mais également aux auteurs profanes de l'Antiquité comme Hérodote ou Diodore, dont il se sert pour l'Orient, Polybe, Salluste, Tite-Live ou Plutarque dont les préoccupations morales recoupent les siennes. Pour l'*Histoire de France*, il a lu les chroniqueurs et les mémorialistes du Moyen Age et du XVIe siècle. Il n'est pas non plus étranger à l'influence des milieux érudits, il se tient au courant des récits de voyageurs et il n'est pas imperméable aux découvertes scientifiques de son temps, même s'il a de plus en plus de mal à les concilier avec le contenu de sa foi.

Pour les « *Variations* », il a amassé une documentation volumineuse relative aux thèses protestantes allant jusqu'à remonter aux Vaudois et aux Albigeois. Il n'hésite pas à comparer et à critiquer les textes. Il a la faculté de s'étonner et il s'étonne où il faut (A. Rebelliau, 1892). Cela dit, sa manie de s'appuyer de la même manière, historiquement parlant, sur la *Bible,* qu'il prend au pied de la lettre et sur les sources profanes, de même que sa chronologie et ses allusions véhémentes aux « erreurs » des juifs, sont insoutenables. Son œuvre n'est exempte ni de multiples erreurs, ni d'hypothèses hasardeuses, ni de lacunes gênantes : son histoire « universelle », par exemple, se borne aux rivages de la Méditerranée mais ignore à peu près Mahomet et les Arabes !

Le *Discours* était une sorte de manifeste et même si Bossuet, en dehors de toute considération idéologique, s'était attelé à sa tâche avec une incontestable exigence méthodologique, c'est donc surtout dans le cadre des « *Variations* » qu'il témoigne de la sûreté de sa méthode. « Je ne dirai rien, déclare-t-il ainsi, qui ne soit authentique et incontestable ». Et à quelques erreurs inévitables près, il tient parole. Ce que l'on peut pourtant lui reprocher, c'est d'avoir tendance à tout prétendre expliquer par une psychologie primaire (orgueil, goût de l'indépendance, abus du sens critique). Cela nous vaut, en revanche, une galerie de portraits remarquables par leur épaisseur humaine des principaux représentants de la Réforme : Luther, Calvin, mais surtout Mélanchton qu'il tire de l'oubli. Dans l'*Histoire de France*, même s'il propose Saint Louis comme le modèle à imiter, il est d'une remarquable impartialité dans sa présentation des guerres de Religion et de la Saint-Barthélemy, et dans le *Discours,* on le voit faire l'éloge de la démocratie grecque et de la civilisation romaine (« Empires », V-VI).

Il va de soi, néanmoins, que Bossuet est un historien engagé s'exprimant dans une langue ample et vigoureuse, qu'il est incapable d'écrire de manière détachée, d'où sa manie de transformer en réquisitoire sa présentation des faits et des idées qu'il combat, et qu'il ne s'en cache pas. « Après cela d'aller faire le neutre et l'indifférent à cause que j'écris une histoire ou de dissimuler ce que je suis, quand tout le monde le sait et que je m'en fais gloire, ce serait faire au lecteur une illusion trop grossière : mais avec cet aveu sincère, je maintiens aux protestants qu'ils ne peuvent me refuser leur croyance et qu'ils ne liront jamais nulle histoire [...] plus indubitable que celle-ci, puisque dans ce que j'ai dit contre leurs Églises et leurs auteurs, je n'en raconterai rien qui ne soit prouvé clairement par leurs propres témoignages » (*Variations*, Préface).

Il est évident que lorsqu'il se sent en difficulté comme avec les cartésiens (« Je vois un grand combat se préparer contre l'Église ») ou avec R. Simon, Bossuet ne témoigne pas de la même ouverture d'esprit. Alors les bienfaits de l'obscurantisme sont célébrés au nom de la Foi et le bras séculier est appelé à la rescousse.

❑ ***La dictature de la Providence.*** Dans la mesure où il estime que « la religion et le gouvernement politique sont les deux points sur lesquels roulent les choses humaines » et que « voir ce qui regarde ces choses dans un abrégé et en découvrir [...] tout l'ordre et la suite, c'est comprendre dans sa pensée tout ce qu'il y a de grand parmi les hommes et tenir, pour ainsi dire, le fil de toutes les affaires de l'univers », l'histoire selon lui a une double vertu pédagogique : elle constitue, d'une part, pour les princes, un répertoire d'exemples à imiter ou à éviter pour ne pas apprendre « aux dépens de leurs sujets et de leur propre gloire » ; elle fait partie de l'éducation de l'honnête homme (*Discours*, Avant-propos).

Cela dit, il ne suffit pas seulement pour lui de fixer des dates et des faits, il convient de donner de l'histoire tout commentaire moral, politique ou religieux, qu'il jugera opportun d'apporter (J. Truchet, 1966). On ne sera donc pas surpris de le voir distribuer la louange et le blâme et rappeler sans cesse qu'en fin de compte, les rois sont entre les mains *(sic)* de Dieu.

C'est que, même revêtue d'oripeaux polybiens, la connaissance du passé, depuis les origines, ne cesse de renvoyer à l'action de la Providence. Chez Bossuet, toujours prêt à fustiger l'adversaire qui persiste dans l'« erreur », le théologien conserve toujours le pas sur le précepteur et sur l'historien. Comme il le montre avec véhémence, le christianisme est censé fournir d'avance réponse à tout et son œuvre illustre une interprétation providentialiste du passé consistant non seulement en une affirmation de l'action omnipotente et omnisciente de Dieu sur la suite des événements, mais dans la détermination des fins de cette action. « Ainsi quatre ou cinq faits authentiques, et plus clairs que la lumière du soleil, font voir notre religion aussi ancienne que le monde. Ils montrent, par conséquent, qu'elle n'a point d'autre auteur que Celui qui a fondé l'univers, qui, tenant tout en sa main a pu seul et commencer et conduire un dessein où tous les siècles sont compris » (*Discours*, « Suite ... », XXXI).

Et si le spectacle de la réalité semble prouver le contraire, c'est la réalité qui a tort, ou plus exactement, c'est notre perception imparfaite et incapable d'appréhender les fins de cette réalité et « nos passions désordonnées, notre attachement à nos sens et notre orgueil indomptable qui nous égarent » *(id.)*. C'est donc la mission du chrétien éclairé de la replacer dans le moule coulé par la Providence, quitte à en déformer la signification immédiate. Ce procédé est particulièrement utile quand il s'agit d'expliquer les souffrances ou les épreuves endurées par les vrais chrétiens. L'espérance de l'ordre futur permet alors de supporter les paradoxes de l'histoire (Th. Goyet, 1965). « C'est ainsi que Dieu règne sur tous les peuples. Ne parlons plus de hasard ni de fortune ; ou parlons en seulement comme d'un nom dont nous couvrons notre ignorance » (*Discours*, « Les Empires », VIII). Ainsi, le désordre des faits n'est-il qu'apparent et tout est ordonné selon la volonté divine.

Cette attitude exclusive à l'égard du passé, considéré non pour ce qu'il est mais en fonction de ce qu'il est censé représenter aux yeux du croyant, apparaissait néanmoins difficilement tenable sur le plan théologique dans la mesure où elle risquait de prêter le flanc à une accusation de jansénisme. Elle aurait pu même être interprétée comme une négation de la démarche historique si Bossuet n'avait été obligé de concéder aux hommes une certaine autonomie de manœuvre (*Discours*, « Les Empires », II) et d'admettre qu'« à la réserve de certains coups extraordinaires, où Dieu voulait que sa main parût toute seule, il n'est point arrivé de changement qui n'ait eu sa cause dans les siècles précédents ». Dès lors le passé redevenait susceptible d'une analyse de nature historique et Bossuet pouvait-il proclamer que « la vraie science de l'histoire est de remarquer dans chaque temps ces secrètes dispositions qui ont préparé les grands changements et les conjonctures importantes qui les ont fait arriver ».

De la poursuite de la tradition érudite à l'affirmation de l'esprit critique

❑ ***La continuité de la tradition érudite.*** Si la critique historique telle qu'elle avait été pratiquée par les meilleurs historiens du XVIe siècle reçut de plein fouet l'offensive d'une Contre-Réforme désireuse d'instaurer son ordre moral en livrant une chasse impitoyable au libertinisme, il n'en subsista pas moins un courant d'érudition continuant les efforts accomplis précédemment et qui se poursuivra tout au long du siècle pour finalement s'affirmer non sans peine. C'est ainsi, par exemple, qu'après la mort de Pasquier, un jésuite nommé Garasse s'en prit à l'œuvre de celui-ci considérant comme « une outrecuidance et un desvoyment de plume » méritant châtiment qu'« un sujet prenne la hardiesse non seulement d'[...] escrire que son Roy fut un sot ou sujet à des sottises et fadaises » mais encore de porter un jugement de valeur sur des auteurs dont la réputation a franchi les siècles.

Un arbre, cependant, ne doit pas masquer la forêt ni le travail effectué par une laborieuse cohorte d'érudits comme André Du Chesne (1584-1640), « le père de l'histoire de France », éditeur de l'*Histoire de la Maison de Luxembourg* de Nicolas Vignier, auteur des *Antiquités et recherches de la grandeur et majesté des rois de France* (1609), continuateur par ses *Historiae Francorum scriptores* d'un projet de collection de documents médiévaux conçu par P. Pithou et dont le fils poursuivit la publication. Il en fut de même d'une autre famille de juristes, les Godefroy où les travaux du père, Denis (1549-1622), furent repris par les fils, dont l'un, Théodore (1580-1649), fut même historiographe du roi (1632). Il convient de mentionner encore les frères Pierre (1582-1651) et Jacques (1591-1656) Dupuy, apparentés aux de Thou, grands collectionneurs de manuscrits et de livres anciens et devenus gardes de la bibliothèque du Roi. En relation avec l'Europe savante de leurs temps, ils tenaient avec leur « académie putéane » un cercle monarchique et gallican de « libertinage érudit » fréquenté par Gassendi, Peiresc, Saumaise ou les frères Sainte-Marthe. Plus connu, Du Cange (1610-1688), trésorier de France à Amiens, consacra sa vie à l'érudition et s'illustra notamment par des travaux de linguistique historique avec son *Glossarium ad mediae et infimae latinitatis* (1678) qui devait constituer l'ouvrage de référence pour la connaissance du latin tardif. Il devait rédiger un ouvrage comparable pour le grec (1688). Baluze (1630-1718), protégé de Colbert et devenu aumônier du Roi (1679), publia malgré sa disgrâce de nombreux ouvrages, parmi lesquels des éditions d'auteurs gallo-romains et médiévaux, où il témoignait d'un sens rigoureux de la méthode.

Il n'en demeure pas moins vrai, cependant, que sauf exception, et contrairement à certains de leurs prédécesseurs qui avaient fondé la fiabilité de la démarche historique sur l'érudition, ces savants, où l'on trouve aussi bien des laïcs que des clercs souvent issus des mêmes familles robines et protégés par les autorités en placc en échange de leur docilité, se sont désintéressés des grandes questions d'histoire générale et ont privilégié les recherches de l'antiquaire de préférence à celles de l'historien.

C'est pourtant grâce à ces hommes suspects aux cartésiens et aux apôtres de la Contre-Réforme, que l'idéal de l'histoire érudite est demeuré vivant comme le montre, par exemple, l'œuvre de Le Nain de Tillemont (1637-1698) qui témoigne, après 1650, de la désaffection de l'histoire nationale par rapport à l'histoire ecclésiastique, et notamment celle des premiers siècles de l'Église. Cet éminent janséniste rédigea en effet une *Histoire des Empereurs* [...] *durant les six premiers siècles de notre ère* ainsi que des *Mémoires pour servir à l'histoire ecclésiastique des six premiers siècles* publiés de 1693 à 1712. L'ouvrage se présentait comme une série de monographies sans aucune liaison entre elles et l'objectif de l'auteur était de mettre à la portée du chercheur désireux d'entreprendre une étude sur cette période toute une série de documents ayant subi le traitement de la critique. H. Marrou (1961) n'hésitera pas à écrire qu'ils constituent encore « un instrument de travail indispensable à l'historien d'aujourd'hui » et F. Fossier (1987) à surenchérir que « c'est juché sur le monumental édifice bâti par [lui] qu'on a la vue la plus étendue de domaines où s'est exercée la nouvelle érudition : exégèse, hagiographie, liturgie, patristique ».

❑ ***Mabillon (1632-1707) et la révolution diplomatique.*** Depuis le milieu du XVe siècle et les débuts de la Réforme, les clercs s'étaient trouvés plus ou moins écartés voire même exclus du débat conduisant à l'élaboration d'une « histoire accomplie ». Avec le développement de la Contre-Réforme, les choses évoluèrent au cours du XVIIe siècle. Une certaine conciliation s'instaura entre les exigences de la critique et celles de la sensibilité religieuse dans des cercles érudits où certains clercs venaient présenter leurs travaux aux côtés de ceux des laïcs. Placée sous la protection de la monarchie, à la glorification et aux intérêts de laquelle elle était censée œuvrer, la « Petite académie » fut fondée en 1663. Élevée au rang d'« Académie royale des inscriptions et médailles » (1701), puis « des inscriptions et belles lettres » (1716), elle fut dès lors vouée de plus en plus à des travaux de nature historique sous l'impulsion de l'abbé J.P. Bignon (1662-1743), rejeton d'une famille de magistrats érudits liée à Port-Royal, et fournit une version institutionnalisée de ces nouveaux lieux de savoir.

Certains ordres monastiques, par ailleurs, ne devaient pas rester indifférents à ce retour à l'érudition et, parmi eux, les Bollandistes, groupe de jésuites flamands qui, à l'initiative du père Rosweyde (1569-1629), avait conçu le projet d'une publication de textes hagiographiques. A la mort de Rosweyde, l'entreprise fut poursuivie par le père Jean Bolland (1596-1665) qui étendit le projet à tous les saints du calendrier *(Acta Sanctorum)* et privilégia la part de l'histoire dans les commentaires. Les Bollandistes établirent un réseau de correspondants et se lancèrent à travers l'Europe dans une quête systématique de documents qu'ils rassemblèrent dans leur bibliothèque d'Anvers. A partir de 1659, Bolland fut assisté par un nouveau chercheur, Daniel van Papenbroek (1628-1714). Doué d'un esprit critique particulièrement aiguisé, celui-ci s'aperçut bien vite que nombre de diplômes mérovingiens ou carolingiens semblaient des plus douteux. Il sentit donc la nécessité d'énoncer en 1675 des principes méthodologiques destinés à guider les historiens. Si l'intention du jésuite était louable, sa réalisation pêchait par un certain nombre de faiblesses et surtout, en mettant en doute l'authenticité de plusieurs documents conservés dans des monastères bénédictins, il devait déclencher la riposte de ces derniers qui comptaient dans leurs rangs la congrégation de Saint-Maur.

D'origine lorraine, fondée en 1618, elle s'était installée à Saint-Germain-des-Prés et, sous l'impulsion du bibliothécaire de l'abbaye, dom Luc d'Achery (1609-1685), elle avait mis sur pied un impressionnant programme de publications. Elle travaillait depuis 1648 à une édition des pères de l'Église grecs et latins, à une histoire de l'Église et à une histoire de l'ordre des Bénédictins dont avait été plus particulièrement chargé dom Jean Mabillon. Issu d'une famille de laboureurs champenois, celui-ci était entré en 1653 à l'abbaye de Saint-Rémi de Reims avant de venir en 1664 assister dom d'Achery. Doué d'une remarquable culture classique, d'une forte puissance de travail et fort versé en patristique, Mabillon avait déjà publié les œuvres de saint Bernard de Clairvaux (1667) ainsi que le premier volume des *Acta Sanctorum O.S.B.* (1668). Il avait manipulé au cours de ses recherches bon nombre d'archives ; il apparaissait donc comme l'homme de la situation pour répondre aux accusations du jésuite.

Quelques années plus tard, après une longue enquête, paraissait en 1681 les six livres du *De Re Diplomatica* auquel son nom devait être désormais attaché. L'ouvrage se recommandait d'abord par l'abondance du matériau archivistique rassemblé, environ deux cents diplômes et chartes. Il recourait ensuite à l'illustration, indispensable pour suivre la démonstration de l'auteur. Constituée d'une série de planches où se succédaient par ordre chronologique de nombreux fac-similés de spécimens d'écritures et des représentations de documents, elle fournissait l'échantillon indispensable pour dégager des séries, fixer des périodes et, plus généralement, poser les fondements d'une analyse critique. C'est ainsi que Mabillon classait les documents en grandes catégories et énumérait les différents critères en fonction desquels ils pouvaient être examinés : le support, l'encre, l'écriture, la ponctuation, la langue, les formules, les sceaux, les notations chronologiques, les suscriptions, les signes de validation. Il offrait ainsi au chercheur une batterie de tests applicable à chaque document et satisfaisait à l'objectif qu'il assignait à la nouvelle science diplomatique : rendre compte des chartes anciennes et porter sur elles un jugement d'authenticité. Beau joueur, Papenbroek eut l'élégance de s'incliner devant l'autorité d'un ouvrage où « il s'était vu réfuter d'une manière à ne pas répondre ». Il n'en fut pas de même de certains autres jésuites auxquels Mabillon dut répliquer en 1704 par un supplément au *Traité de la Diplomatique*.

La contribution des mauristes à l'historiographie ne devait pas naturellement en rester là. Devenu célèbre, Mabillon continua ses recherches en multipliant les voyages d'informations à travers la France et l'Europe. Auteur d'un *Traité des études monastiques* (1691), il affirma à l'encontre des thèses de Rancé, l'abbé exalté de la Trappe, la nécessité du travail intellectuel pour le bon déroulement de la vie monastique. Élu à l'Académie des inscriptions et des médailles (1701), il fit paraître les quatre premier volumes des *Annales de l'O.S.B.* et contribua également à l'édition de l'œuvre de saint Augustin entreprise par les bénédictins et dont R. Simon pensera le plus grand mal.

La contribution des mauristes à l'historiographie dépasse par ailleurs la personnalité, fût-elle prestigieuse, du moine champenois. Sous l'impulsion de dom d'Achery et de ses successeurs, s'ouvrirent un certain nombre de chantiers aussi bien dans le domaine de l'histoire religieuse que de l'histoire profane, dont la réalisation allait se poursuivre au cours du siècle suivant. Parmi les principaux, on peut citer l'*Antiquité expliquée et représentée en figures* (1717-1722) de dom Bernard de Montfaucon (1655-1741), une véritable somme archéologique de la Grèce et de Rome, une *Histoire ecclésiastique de la France*, un *Recueil des historiens des Gaules et de la France* due à dom Bouquet (1685-1754), une *Histoire littéraire de la France* commencée en 1733 par dom Rivet (1683-1749) et poursuivie par l'Académie des inscriptions et belles lettres, des histoires de province comme celle de Lorraine par dom Calmet (1672-1757), que Voltaire devait visiter dans son abbaye de Sénonnes, ou du Languedoc par dom Vaissette (1685-1747).

❑ ***Le révisionnisme radical de R. Simon (1638-1712).*** Cela dit, peut-on parler d'une sorte de « révolution galiléenne de l'histoire » à propos de l'« invention » de la diplomatique ? C'est, semble-t-il, surestimer les motivations originelles de l'entreprise. La méthode élaborée par Mabillon se présente avant tout comme une démarche relevant de la critique externe et ayant plus modestement pour fonction de séparer le vrai du faux. Comme le note justement F. Fossier (1987), « d'autres, comme Le Nain de Tillemont, avaient considérablement aplani la route… et pratiquaient, avec une audace dont les messieurs de Saint-Germain s'effraieront d'ailleurs, des incursions bien plus dévastatrices encore dans les domaines de la tradition liturgique ou hagiographique ».

Il y fallait d'autant plus de détermination qu'il n'y avait, tout au moins en France, aucun secours à attendre de la philosophie. D'inspiration cartésienne, elle se tournait vers d'autres défis et affichait avec Malebranche (1638-1715) son mépris de l'histoire. « Les sciences de mémoire confondent l'esprit, troublent les idées claires et fournissent sur toutes sortes de sujets mille vraisemblances. […]. Et c'est parce qu'on s'arrête à des vraisemblances qu'on dispute et qu'on querelle sans cesse ». Pour faire bonne mesure, elle était, en plus, accusée d'inspirer de l'orgueil et de se complaire dans le divertissement : « Et quoique l'esprit ne soit alors rempli que [...] de choses assez inutiles [...] il s'imagine avoir autant d'étendue, de durée, de réalité que les objets de la Science [...] et au lieu de penser à ce qu'il est lui-même dans le temps présent, et à ce qu'il sera dans l'éternité, il s'oublie [...] pour se perdre dans un monde imaginaire, dans des histoires composées de réalités qui ne sont plus et de chimères qui ne furent jamais ».

Ce ne furent certes pas la détermination ni l'érudition qui manquèrent à ceux qui dans le grand mouvement lié à « la crise de la conscience européenne » incarnèrent avec le plus d'efficacité, chacun dans son registre, le retour définitif à une critique de nature philologique et historique : R. Simon et P. Bayle. Pourtant, même s'ils s'en défendent, tous les deux n'avaient pas été sans être profondément marqués par la révolution qu'avait constitué pour certains esprits cultivés de l'époque la publication, en 1670, du *Tractatus theologicopoliticus* de Spinoza. Avec une logique implacable, celui-ci avait procédé à une démolition systématique du vieil édifice augustinien sur lequel on avait vécu depuis des siècles. Iconoclaste tranquille, il déclarait qu'il fallait faire table rase des croyances traditionnelles et qu'au nom de la raison humaine, il fallait détruire deux constructions illogiques et ruineuses : la cité de Dieu et la cité du Roi. Pour lui, en effet, la religion chrétienne n'était qu'un phénomène historique déterminé par le moment où il s'était produit et par les circonstances à travers lesquelles il s'était prolongé. Elle n'avait qu'un caractère transitoire et non pas éternel, relatif et non pas absolu. Quant au régime monarchique c'était, selon lui, l'art de tromper les hommes puisqu'il décore du nom de religion la crainte où les puissants veulent que le peuple soit asservi. Pour se libérer, les hommes ne disposaient que d'un remède : appliquer aux phénomènes politiques le même type d'examen fondé sur la raison, ce qui les amènerait à découvrir que le pouvoir politique n'est qu'une délégation consentie par les sujets, que la démocratie est la forme de gouvernement la plus rapprochée du droit de nature et qu'en tout état de cause, le but des institutions est d'assurer aux individus la liberté de croyance, de parole et d'action (P. Hazard, 1942).

« Il est remarquable, note J. Truchet (1966), qu'en dépit de l'impression d'assurance et d'autorité qu'il donne, le *Discours sur l'Histoire universelle* porte en beaucoup de chapitres [...] la trace des inquiétudes que l'auteur éprouvait déjà devant la montée des idées nouvelles ». Comme tout aurait été plus simple si l'on avait bien voulu admettre une bonne fois que Dieu ayant déterminé toute chose, le chrétien n'avait rien à chercher. Était-ce encore possible ? En 1678, était paru un livre intitulé *Histoire et critique du Vieux testament* dont le contenu avait semblé tellement intolérable à Bossuet qu'il s'était empressé d'en obtenir l'interdiction *in extremis*. L'auteur y traitait d'abord du texte hébreu et de la composition de l'ouvrage, puis des principales versions de la *Bible* et enfin de la manière de traduire l'Écriture et de ses principaux commentateurs. Il posait donc la question de la diversité des versions de l'Écriture en dissociant la question de l'authenticité de celle de l'inspiration (P. Ranson).

Richard Simon était un Normand d'extraction modeste, excellent catholique et membre de l'Oratoire, qui avait cru bon de mettre au service de l'Église sa connaissance exceptionnelle des églises grecques ainsi que des langues et des textes orientaux, et notamment rabbiniques, pour confondre les protestants qui soutenaient que l'Écriture était l'unique source de la foi. « Il est impossible d'entendre parfaitement les livres sacrés, écrit-il ainsi, à moins qu'on ne sache auparavant les différents états où le texte de ces livres s'est trouvé selon les différents temps et les différents lieux, et si l'on n'est instruit exactement de tous les changements qui lui sont survenus ».

Les conclusions qu'il en tirait étaient sidérantes. La *Bible* était ravalée au rang des textes ordinaires et Moïse ne pouvait être le seul inspirateur du Pentateuque. L'Ancien Testament, passé au crible d'une critique impitoyable fondée uniquement sur la philologie (« Ceux qui font profession de critiques ne doivent s'arrêter qu'à expliquer le sens littéral de leurs auteurs, et éviter tout ce qui est inutile à leurs dessein »), laissait paraître des traces d'altérations, de confusions, de répétitions, de variantes, voire d'incohérence. Simon se gardait bien, pourtant, d'en tirer des arguments anti-religieux et, passant de la philologie à la théologie, il affirmait que Dieu s'étant communiqué à Moïse, s'était communiqué également à ceux qui avaient remanié ultérieurement le texte. Controverse contre les protestants oblige, il proclamait également la valeur de la tradition, quand elle est authentique, comme complément indispensable à la compréhension de l'Écriture Sainte.

Simon fut bien entendu chassé de l'Oratoire mais, comme c'était un esprit obstiné et légèrement paranoïaque, il s'entêta de sa retraite normande à prétendre avoir raison contre l'Institution. Infatigable travailleur, incomparable savant, grand dénicheur d'erreurs, polémiste teigneux et peu impressionnable, « le père de la critique moderne » consacra donc le reste de son existence à poursuivre son œuvre dans des conditions difficiles. De 1689 à 1693, il publia entre autres une série d'études critiques consacrées au Nouveau Testament. D'abord sur le texte, dont la préface peut passer aujourd'hui encore pour une charte de l'exégèse (J. Steinmann, 1960) ; ensuite sur les versions, où il étudie les textes latins antérieurs à saint Jérôme, les premières éditions latines, coptes, arméniennes, éthiopiennes, arabes… et françaises de la *Bible*, ce qui lui permet d'asséner une volée de bois vert à Port-Royal que les jansénistes ne lui pardonneront jamais. Dans le dernier ouvrage, il présente méthodiquement les plus importants commentaires patristiques, scolastiques et modernes. En 1702, enfin, il publia à Trévoux un *Nouveau Testament de N.S. Jésus-Christ traduit sur l'Ancienne édition latine avec des remarques* où, réfractaire à toute « mystiquerie », il poursuivait son œuvre d'exégèse avec cette jouissance iconoclaste qui ne cessa d'exaspérer Bossuet. « Qu'il étale tant qu'il veut sa vaine science et qu'il fasse valoir sa critique, il ne s'excusera jamais, je ne dirai pas d'avoir ignoré avec tout son grec et son hébreu, les éléments de la théologie, mais je dis d'avoir renversé les fondements de la foi et, avec le caractère d'un prêtre, d'avoir fait le personnage d'un ennemi de l'Église ». Son opposition avec les autorités ecclésiastiques devaient avoir la conséquence néfaste de paralyser pour longtemps les recherches bibliques chez les catholiques au moment où l'Église s'apprêtait à affronter l'offensive des philosophes.

❑ ***P. Bayle (1647-1706) et l'affirmation de l'esprit critique.*** Et pourtant l'ennemi était déjà aux frontières, comme le montre l'œuvre de Bayle. Fondée sur une démarche où se conjuguent une érudition impressionnante et une logique souriante mais implacable, elle débouche sur un éloge de la tolérance valable pour tous, juifs, musulmans et athées compris. Cela suffirait à le différencier d'un R. Simon dans un monde où, comme toujours, l'on était enclin à s'entre-déchirer au nom de certitudes qui, et ce sera à l'honneur de Bayle de le montrer avec humour, n'en avaient souvent que les apparences.

Fils d'un pasteur du comté de Foix, ce méridional anxieux se convertira au catholicisme avant de revenir à la foi de ses pères. Il en sera quitte pour s'expatrier à Genève, à Sedan et, enfin, à Rotterdam où il séjournera à partir de 1681. Cet inquiet était également un individualiste, un dialecticien virtuose et un travailleur acharné qui se tuera littéralement à la tâche. Des *Pensées diverses sur la comète* (1682) où, sur le mode ironique, il démontre la primauté du libre examen et de l'esprit critique sur l'emprise de la tradition, aux éditions successives du *Dictionnaire historique et critique* (la première de 1696, la seconde très augmentée en 1701) en passant par *Les Nouvelles de la République des Lettres* (1684-1687), où il discutait principalement d'ouvrages religieux ou historiques mais aussi scientifiques, son œuvre repose sur une documentation immense à laquelle les philosophes des Lumières viendront puiser une bonne part de leur argumentation.

La méthode de Bayle apparaît déjà au point dans sa *Critique générale de l'histoire du calvinisme du P. Maimbourg* (1685). Face au jésuite (1610-1686), qui présente de façon odieuse le rôle des protestants durant les guerres de Religion, justifie le droit du monarque de rétablir l'unité religieuse dans le royaume fût-ce au prix d'une persécution considérée comme le juste châtiment appliqué avec une sollicitude toute paternelle à des réfractaires opiniâtres, Bayle ne cherche pas à noircir les catholiques. Il tente, au contraire, de placer son adversaire en contradiction avec lui-même et, s'en tenant aux faits, il s'élève au niveau des principes en mettant en question, par exemple, au nom de la liberté humaine, l'universalité du droit à l'oppression des consciences ou de l'infaillibilité en matière religieuse.

Quant au *Dictionnaire,* au départ, comme il l'indique dans son *Projet et fragments d'un dictionnaire critique* (1692), il ne s'agissait pas pour lui d'une œuvre de combat, mais de corriger simplement les erreurs et de combler les omissions d'ouvrages récemment publiés tel celui de Moreri (1re édition, 1674). Il s'y explique également sur ce qu'il entend par vérité historique qu'il oppose aux vérités mathématiques et dont la discussion et la recherche « nous laissent toujours dans les ténèbres et toujours quelques semences de nouvelles contestations », mais il n'en prétend pas moins que « les vérités historiques peuvent être poussées à un degré de certitude plus indubitable que ne l'est le degré de certitude à quoi l'on fait parvenir les vérités géométriques, bien entendu que l'on considèrera ces deux sortes de vérité selon le genre de certitude qui leur est propre ». En définissant l'histoire comme la science indéfiniment retouchée des faits humains établis par la critique, Bayle se positionne ainsi vigoureusement par rapport aux cartésiens et à Fontenelle (1657-1757), qui rejetait l'histoire hors du domaine des sciences. Le but du *Projet* était de donner au public l'idée de l'exactitude historique, de sa possibilité, des moyens de l'atteindre et de son importance.

Pour ce faire, Bayle divise son propos en deux parties : « L'une purement historique, un narré succinct de faits ; l'autre est un grand commentaire, un mélange de preuves et de discussions où je fais entrer la censure de plusieurs fautes et quelquefois même une tirade de réflexions philosophiques». Sur plus de deux mille articles, les deux tiers environ concernent des personnages des XVIe et XVIIe siècles, la plupart ayant eu à intervenir dans les affaires religieuses. Il s'efforce d'abord d'examiner à fond chaque question en ramenant tout à l'observation des faits et en soulignant les certitudes et les zones d'ombre. Ensuite, dans des remarques fort enchevêtrées et souvent plus volumineuses que l'article lui-même, traquant l'aberrant, le scabreux et le fabuleux, il ne perd jamais une occasion de rappeler le penchant qu'ont les hommes à prendre leurs désirs pour des réalités et il se fait un plaisir d'énumérer les abus des papes ou les méfaits de l'influence sacerdotale sur les princes. Le *Dictionnaire* apparaît ainsi comme le réquisitoire le plus accablant qu'ont ait jamais dressé pour la honte et la confusion des hommes (P. Hazard, 1942).

Dans le domaine de l'histoire sacrée, où il n'a pas les connaissances linguistiques d'un R. Simon, il se montre plus polémique en opposant avec ironie les éléments invraisemblables de la *Bible* avec les données de la connaissance scientifique et le caractère brutal des mœurs avec ceux plus polis de son époque, ce qui lui vaudra pour son article «David», quelques déconvenues avec les rabbins de Rotterdam !

Adepte d'un pyrrhonisme bien tempéré, Bayle plaide donc en faveur d'une morale naturelle libérée de toute métaphysique et de la tolérance fondée sur l'impossibilité dans laquelle se trouvent le plus souvent les autorités religieuses de tous bords, sauf par des moyens de contrainte, de justifier leurs affirmations péremptoires. «Il faut nécessairement en venir là, écrit-il, que tout dogme particulier, soit qu'on l'avance comme contenu dans l'Écriture, soit qu'on le propose autrement, est faux, lorsqu'il est réfuté par les notions claires et distinctes de la lumière naturelle, principalement à l'égard de la Morale». Il établit ainsi les droits de la raison universelle, affirme sa croyance dans les facultés de l'esprit humain à progresser mais ne s'en prétend ni le champion, ni le martyr. Il est d'ailleurs patent, comme le note E. Labrousse (1964), que même si ses travaux historiques préfigurent d'une manière frappante ceux du siècle des Lumières, même si la conception qu'il se fait de la vérité «l'amène à transformer l'histoire en une discipline naturaliste qui secoue [...] sinon le joug de la théologie, du moins celui du providentialisme naïf [...] il nous a semblé que le déroulement de l'histoire humaine n'est pas [...] coupé (pour lui) de toute référence à la transcendance».

Il n'en demeurait pas moins que quelques années après le retentissant *Parallèle des Anciens et des Modernes en ce qui regarde les arts et les sciences* établi en 1688 par Cl. Perrault (1628-1703), les disciples ne cachaient pas leur volonté de faire passer toute tradition au crible de leur esprit critique et par là-même l'évidence de leur prétention à l'emporter sur ceux qu'ils avaient cessé de considérer comme d'intouchables modèles.

CONQUÊTES ET DÉRIVES AU SIÈCLE DES LUMIÈRES

«Au XVIIIe siècle, constate Ch. Grell, l'histoire apparaît écartelée entre deux approches divergentes: l'une qui prétend établir la vérité des faits et procède par accumulation descriptive ; l'autre théorique, qui se propose de réinterpréter le passé en se souciant, pour l'essentiel, des causes et des conséquences, sans s'embarrasser de détails ... puisque la vérité recherchée n'est plus d'ordre factuel mais général». L'une penche du côté de l'érudition, l'autre, de celui de la philosophie. Encore conviendrait-il de mentionner que chacune d'entre elles se positionne par rapport à des modes historiographiques préexistants et parfois confondus : la tradition cicéronienne entraînant l'histoire du côté des belles lettres et de la morale, et l'histoire providentielle, dont le contenu est de plus en plus remis en question par les «philosophes», qui s'efforcent de combler le vide ainsi créé par ce que G. Gusdorf (1973) appelle «La mythistoire de la raison».

Pour le meilleur, l'histoire apparaît comme l'héritière de la pensée critique de la fin du XVIIe siècle à laquelle elle ouvre de nouveaux horizons. S'appuyant sur le progrès des connaissances, elle fait passer l'étude des sociétés humaines au premier rang de ses préoccupations avec en arrière-plan une nouvelle appréhension de la question fondamentale du sens de l'histoire. Pour le pire, on la voit récupérée et fière de l'être, témoins le mépris dont elle peut faire preuve à l'égard de l'érudition accusée de ne pas savoir faire la différence entre l'essentiel et l'accessoire, pour justifier les arguments échangés par les camps opposés. Sur le plan idéologique, dans la voie dégagée par Bayle, les philosophes se servent du passé dans leur lutte contre les partisans divisés de la tradition religieuse pour stigmatiser le fanatisme, l'ignorance, la fourberie des prêtres et la superstition des hommes, bref, «l'infâme». Sur le plan politique, elle est invoquée aussi bien par les défenseurs du pouvoir royal que par les champions d'un partage de celui-ci au nom de la lutte contre un despotisme diabolisé. En un mot, l'histoire est descendue dans l'arène.

La tradition historique remise en cause par les progrès de la connaissance et de la raison

❑ ***Tradition et érudition.*** La tradition cicéronienne avait encore de beaux restes. Avec Fénelon et sa *Lettre à l'Académie*, l'histoire relevait d'abord de préoccupations d'ordre littéraire. Il en est à peu près de même avec Lengley-Dufresnoy, admirateur de «l'éloquence mâle» de Tite-Live, pour qui une histoire universelle doit débuter au Déluge et dont la *Méthode pour étudier l'histoire* (1713) connut plusieurs rééditions au cours du siècle : «Étudier l'histoire, c'est étudier les motifs, les opinions et les passions des hommes, pour en pénétrer tous les ressorts, les tours et les détours [...] pour connaître toutes les illusions qu'elles peuvent faire à l'esprit, les surprises qu'elles font au cœur ; en un mot, c'est apprendre à se connaître soi-même dans les autres ». Et Fontenelle, pour qui il n'y a pas de différence fondamentale entre les démarches du moraliste et de l'historien d'ajouter : « Quelqu'un qui aurait bien de l'esprit, en considérant simplement la nature humaine, devinerait toute l'histoire ». Tout cela n'est pas faux, D. Hume le confirmera, même si l'on risque de perdre de vue la spécificité de chaque époque, mais peut conduire à une conception de l'histoire se reproduisant à satiété, imperméable aux exigences toujours renouvelées de la recherche et aboutissant au célèbre et caricatural « Mon siège est fait » de l'abbé Vertot (1655-1735), degré zéro de la méthode historique.

Une histoire romancée à la Velly (1757), où le souci d'esthétique prime le souci de vérité à propos d'un passé qui ne constitue plus qu'un prétexte plus ou moins distrayant, c'est encore de cette manière que se présente trop souvent la production historique dont l'engouement ne se démentira pas au cours du siècle. On trouve également une histoire « sulpicienne » avec les imposantes *Histoire ancienne* (13 vol., 1731-1738) et *Histoire romaine* de Rollin (1661-1741) dont les « contes de nourrice » suscitaient la verve de Voltaire. Ses *Histoires* connaîtront pourtant un succès considérable jusqu'au milieu du XIXe siècle parce qu'il « jeta sur les rudes et austères vertus des républiques païennes un reflet de l'Évangile » (A. Thierry, 1840). Particulièrement vulnérable à ce détournement de sens, où une part privilégiée était accordée à Sparte et aux premiers temps de la République romaine, l'histoire ancienne avait souvent moins pour objet la connaissance du passé que de transmettre dans une langue compassée une vision des hommes en société fortement imprégnée d'une morale où les enseignements du christianisme se mêlaient aux souvenirs du stoïcisme. Le fait qu'elle ait repris du service comme sujet de réflexions et réservoir d'exemples et d'arguments à la cause philosophique, via Rousseau et ses imitateurs, ne change rien à l'affaire.

❑ ***La dilatation de l'espace et du temps.*** Rollin et ses semblables menaient un combat d'arrière-garde illustré par le déclin progressif de l'histoire ancienne dans la production historique. Les voyages archéologiques et les collections du comte de Caylus (1692-1755), de même que les retombées des découvertes d'Herculanum (1719) et de Pompéi (1748) allaient la faire repartir sur des bases nouvelles.

Sur le plan historiographique proprement dit, c'est à L. de Beaufort que revint la contribution la plus importante même si elle ne fut pas appréciée alors à sa juste valeur. Sa *Dissertation sur l'incertitude des cinq premiers siècles de l'histoire romaine* (1738) et sa *République romaine ou plan général de l'ancien gouvernement de Rome* (1766) fustigeaient la confiance aveugle et le manque de sens critique manifestés par ses prédécesseurs, philosophes compris, à l'égard des auteurs anciens trop favorables aux patriciens. Pour Beaufort (?-1795), la première tâche de l'historien était de mettre au point une nouvelle méthode critique qui lui permît de reconstruire le passé sur des bases incontestables en refusant de privilégier le rôle des grands hommes, en allant du connu vers l'inconnu, de l'effet vers sa cause et en remontant progressivement vers les époques les plus reculées (M. Raskolnikoff, 1992).

A une époque où, d'autre part, la représentation de l'espace et du temps en fonction desquels on avait jusque-là inscrit l'histoire des hommes craquait définitivement de toutes parts, il était bien évident que les recherches limitées aux antiquités judaïques, gréco-romaines ou nationales ne pouvaient plus monopoliser l'attention des historiens. Elles n'en sont pas moins fortement représentées dans les travaux de l'Académie des inscriptions et des belles-lettres qui consacra la prééminence des sciences historiques dans ses activités. On peut même dire que, dans une certaine mesure, celle-ci a pris le relais des mauristes que l'on retrouve également partie prenante dans la mission assignée en 1764 par le ministre Bertin au Cabinet des chartes animé par J. Moreau (1717-1803), de rassembler dans un dépôt unique tous les documents relevant des législations royales, seigneuriales ou municipales qui étaient dispersés dans les archives privées ou publiques du royaume. Cela dit, malgré l'étendue de leurs travaux et les progrès incontestables accomplis en matière de méthodologie, les chercheurs qui peuplaient ces institutions ne se lancèrent jamais dans la rédaction d'une histoire nationale répondant aux exigences nouvelles de l'érudition. Le terrain était sans doute encore trop miné.

En revanche, les curiosités de plusieurs membres de l'Académie les portèrent à manifester un intérêt réel pour les autres grandes civilisations de la planète dont on découvrait peu à peu le passé. Le plus représentatif est sans nul doute N. Fréret (1688-1749), esprit encyclopédique et méthodique qui connaissait en plus le chinois, entretenait des relations avec les jésuites installés en Chine et s'efforçait d'étudier l'histoire de ce pays en laissant de côté les préjugés européens. Ainsi, non seulement l'Islam, la Chine, l'Inde fascinaient-ils les intellectuels occidentaux mais ceux-ci, à leur contact, devinrent persuadés qu'ils pouvaient apprendre quelque chose de nouveau, ne serait-ce que le sens de la relativité qui se dégageait de l'incroyable diversité des croyances, des mœurs et des institutions qui se révélait à eux progressivement. A. Galland (1646-1715) avait déjà traduit le *Coran* et les *Mille et une nuits.* Le père Du Halde présenta à ses contemporains une *Description géographique, historique, chronologique, politique et physique de l'Empire de la Chine et de la Tartarie chinoise* (1732). Anquetil-Duperron (1731-1805), enfin, traducteur du *Zend Avesta* (1771), rédigea plusieurs ouvrages sur la civilisation indienne, dont des *Recherches historiques et géographiques de l'Inde* (1786). L'« histoire universelle » cessait d'être celle de Bossuet pour être étendue à celle de l'ensemble des peuples de la planète et à toutes les formes d'activités humaines. Les historiens avaient désormais les moyens de réaliser les ambitions esquissées au XVIe siècle.

Conséquence de la confrontation entre histoire sacrée et histoires profanes sur la question des origines, l'univers qui se révélait alors aux Européens devint également plus ancien que celui de la tradition historique judéo-chrétienne. Pour prouver que l'histoire de l'humanité ne remontait pas au-delà du Déluge, fixé vers 2300 av. J.-C, on avait bien tenté laborieusement par certains artifices d'intégrer le passé des premiers Égyptiens ou Chaldéens dans la chronologie allongée des Septante. Cela devint beaucoup plus difficile avec des Chinois qui prétendaient faire remonter leurs origines au début du IIIe millénaire. Devant l'impossible harmonisation des chronologies, on tenta, faute de mieux, de résister pendant quelques lustres en reprenant la division en « temps fabuleux » antérieurs à la guerre de Troie, « temps mêlés » antérieurs à la première olympiade et « temps véritables », établie par F. Hédelin dans ses *Conjectures académiques* éditées en 1716, ce qui permettait de disqualifier toute donnée chronologique concernant les temps les plus reculés. Les découvertes accomplies dans le domaine de l'histoire naturelle par Buffon ou Giraud-Soulavie devaient ruiner tous ces efforts dérisoires. En histoire aussi, on assistait à une sécularisation de la connaissance liée à l'abandon plus ou moins forcé des cadres de pensée théologiques.

❑ ***Les retrouvailles de la philosophie et de l'histoire : Montesquieu (1689-1755).*** Dans la mesure où les critiques formulées à l'encontre de cette histoire, en voie de devenir leur alliée objective, par l'épistémologie cartésienne, avaient suscité chez eux un effort de réflexion, les philosophes acceptaient d'engager un procès en réhabilitation sur la nature de la connaissances historique, à condition, comme l'exigeait d'Alembert, qu'elle fût éclairée par la philosophie. Bayle, comme nous l'avons vu, s'y était efforcé. Il n'était pas le seul comme le montrent les réflexions de Leibniz (1646-1726) ou Locke (1632-1704) qui, s'inspirant du modèle de l'instruction judiciaire, établissaient une sorte d'échelle de probabilité entre les termes extrêmes que constituaient la certitude et la défiance, la vraisemblance d'un fait étant estimée en fonction de sa conformité avec la nature, les coutumes des hommes et la crédibilité des témoins. En France, Fontenelle avait concédé que « l'esprit géométrique n'est pas si attaché à la géométrie qu'il n'en puisse être tiré et transporté à d'autres connaissances », mais c'est à Montesquieu que devait revenir le mérite de tenter de rendre les sciences humaines expérimentales.

Son ambition était de fournir les instruments nécessaires pour réduire la diversité mouvante des phénomènes sociaux à un certain nombre de constantes afin de les rendre plus intelligibles (L. Althusser, 1959). Prenant pour modèle les sciences de la nature, pour qui il eut toujours un penchant, il entendit démontrer qu'il est également possible, en embrassant « les lois, les coutumes et les divers usages de tous les peuples de la terre », de dégager des lois générales aussi rigoureuses que celles de la physique.

Si l'on excepte, toutefois, les *Considérations sur les causes de la grandeur des Romains et de leur décadence* (1734), l'œuvre de Montesquieu, et notamment *L'Esprit des Lois* (1748), n'est pas vraiment celle d'un historien. Elle nous intéresse pourtant à un double titre : elle est nourrie par une connaissance approfondie du passé ; elle entend constituer selon des critères d'ordre scientifique les fondements d'une connaissance des sociétés humaines et, de ce fait, ne peut manquer de contribuer à renouveler et à élargir la réflexion des historiens. Il n'en demeure pas moins vrai que, malgré ses ambitions, la démarche de Montesquieu est loin d'être exempte de défauts. Il a certes beaucoup lu et beaucoup voyagé mais il commet des erreurs, il y a des lacunes, il manque d'esprit critique à l'égard de ses sources, il a tendance à tout mettre sur le même plan et à tirer des conclusions et des généralisations abusives, réductionnistes ou laissant percer certaines de ses préférences personnelles. Il n'en demeure pas moins vrai que l'œuvre de Montesquieu constitue une contribution incontestable aux progrès de l'étude du fonctionnement des sociétés humaines.

Dans les *Considérations,* il montre ainsi comment, grâce à sa discipline militaire, à sa constitution qui conciliait la liberté des citoyens avec l'autorité de l'État et grâce à son habilité à profiter des divisions de ses adversaires, Rome parvint à se rendre la maîtresse du monde et comment cette même grandeur fit sa perte. « Voici en un mot l'histoire des Romains. Ils vainquirent tous les peuples par leurs maximes mais lorsqu'ils y furent parvenus, leur république ne put subsister : il fallut changer de gouvernement, et des maximes contraires aux premières [...] firent tomber leur grandeur ». L'enseignement fondamental qu'il tire de son étude, c'est donc qu'aucune force transcendante n'est supposée conduire le peuple romain vers un but et que pourtant l'expansion de la puissance romaine et sa décadence s'opèrent nécessairement. « Ce n'est pas la fortune qui domine le monde. [...] Il y a des causes générales, soit morales, soit physiques, qui agissent dans chaque monarchie, l'élèvent, la maintiennent, ou la précipitent ; tous les accidents sont soumis à ces causes ; et si le hasard d'une bataille, c'est-à-dire une cause particulière, a ruiné un État, il y avait une cause générale qui faisait que cet État devait périr par une seule bataille. En un mot, l'allure principale entraîne avec elle tous les accidents particuliers ». Ainsi, contrairement à Bossuet, par-delà l'incohérence apparente des événements, Montesquieu retrouve-t-il l'ordre d'une raison immanente qui cautionne le devenir historique sans référence à la volonté d'un dieu transcendant (G. Gusdorf, 1973).

L'Esprit des Lois qui, d'après lui, est un ouvrage de « pure politique et de jurisprudence », fruit des réflexions de toute une vie, lui permet d'accomplir un pas décisif dans le domaine de l'analyse des sociétés humaines : « J'ai posé les principes et j'ai vu les cas particuliers s'y plier comme d'eux-mêmes, les histoires de toutes les nations n'en être que les suites ». Grâce à une utilisation habile du concept de « lois », il désarme ainsi les critiques formulées par les cartésiens : « Les lois [...] sont les rapports nécessaires qui dérivent de la nature des choses : et, dans ce sens, tous les êtres ont leurs lois ; la Divinité a ses lois ; le monde matériel a ses lois ; les intelligences supérieures à l'homme ont leurs lois ; les bêtes ont leurs lois ; l'homme a ses lois [...] Il y a donc une raison primitive ; et les lois sont les rapports qui se trouvent entre elle et les différents êtres, et les rapports de ces divers êtres entre eux [...]. J'examinerai tous ces rapports : ils forment tous ensemble ce qu'on appelle L'ESPRIT DES LOIS ». Il est pourtant obligé de reconnaître que si l'homme comme être physique est « ainsi que les autres corps, gouverné par des lois invariables, comme être intelligent, il viole sans cesse les lois que Dieu a établies et change celles qu'il établit lui-même. »

Montesquieu, néanmoins, se fait fort d'avoir dégagé les constantes génératrices de l'ordre social et les principes de l'évolution des sociétés à travers les siècles et les continents. Comme l'indique le sous-titre de l'ouvrage, tous les rapports peuvent se ramener à cinq : la constitution de chaque gouvernement (« Il y a trois espèces [...] le républicain, le monarchique et le despotique »), les mœurs, le climat, la religion, le commerce. L'État devient alors la résultante de toute une série de déterminismes extérieurs et parmi ces déterminants, le social, et c'est nouveau, occupe un statut privilégié.

Comme on le voit, il ne s'agit plus ici d'une histoire au sens traditionnel du terme mais d'une réflexion sur les relations constantes existant entre les différents aspects de la dynamique des sociétés humaines. Une halte indispensable sur le chemin de la connaissance où l'on s'efforce de dire « ce qui est et non ce qui doit être ».

Voltaire

Un homme symbolise d'une manière exemplaire les aspirations et les contradictions, les avancées et les faiblesses, les exigences scientifiques et les dérives idéologiques de cette histoire du Siècle des Lumières. Cet homme, qui pourrait en douter, c'est Voltaire (1694-1778).

❑ ***De la frénésie comme méthode.*** Son œuvre est colossale, car il a vécu littéralement sa longue vie la plume à la main. Il s'est essayé à tous les genres et a traité de tous les problèmes de son temps. S'intégrant à merveille dans sa démarche philosophique à laquelle elle fournit un répertoire inépuisable d'exemples et d'arguments, les œuvres historiques de Voltaire ont, depuis le bref *Essai sur les Guerres civiles de France* (1727), jalonné tout le cours de son existence. Trois d'entre elles ont surtout retenu l'attention : l'*Histoire de Charles XII roi de Suède* (1731), *Le Siècle de Louis XIV* (1751) et l'*Essai sur les mœurs et l'esprit des nations et sur les principaux faits de l'histoire depuis Charlemagne jusqu'à Louis XIII* (1756).

Le premier livre ouvre le genre de la biographie moderne et renoue avec le genre périlleux de l'histoire immédiate en racontant l'existence aventureuse d'un souverain disparu seulement une douzaine d'années auparavant. Il est construit comme une tragédie pour l'intérêt de l'intrigue avec « une exposition, un nœud et un dénouement » (Lettre à d'Argenson, 1740) et l'opposition de deux personnages d'exception, Charles XII (1682-1718), qui « a porté toutes les vertus des héros à un excès où elles sont aussi dangereuses que les vices opposés » et Pierre le Grand (1672-1725), qui a gâché par sa cruauté sa louable volonté de moderniser un état arriéré.

A peu près deux fois plus volumineux que le *Charles XII* et divisé en 39 chapitres, *Le Siècle de Louis XIV* est l'ouvrage historique le plus célèbre et le plus original de ce déçu de la France de Louis XV. « Ce n'est pas seulement la vie de Louis XIV qu'on prétend écrire, annonce-t-il d'emblée dans une préface aux allures de manifeste confirmant la victoire des Modernes sur les Anciens ; on se propose un plus grand objet. On veut essayer de peindre à la postérité, non les actions d'un seul homme, mais l'esprit des hommes dans le siècle le plus éclairé qui fut jamais ». Après avoir passé en revue les trois grands âges précédents qui ont compté dans l'histoire du monde (la Grèce de Périclès et d'Alexandre, la Rome de César et d'Auguste et l'Italie des Médicis), il adopte un plan déroutant à première vue mais obéissant à une logique allant de l'événementiel au culturel.

C'était une transition de nature à annoncer l'*Essai sur les mœurs,* un gros pavé de 197 chapitres auquel il avait également travaillé durant la période précédente. Ici, son ambition est de présenter une histoire de l'humanité depuis l'époque de Charlemagne, c'est-à-dire là où Bossuet s'était arrêté, jusqu'au règne de Louis XIII, mais en étendant son propos à tous les peuples dont son prédécesseur, obsédé par ses préoccupations apologétiques, ne s'était pas soucié, et en accordant une place nouvelle aux phénomènes de société, aux institutions, aux conditions de vie, aux activités économiques et aux pratiques religieuses.

Il convient d'ajouter que ces œuvres eurent maille à partir avec la censure et qu'il fallut recourir aux stratagèmes éditoriaux dont Voltaire était coutumier pour qu'elles puissent être publiées. Il écrivit également d'autres ouvrages moins importants comme un *Précis du règne de Louis XV*, une *Histoire du Parlement de Paris*, des *Annales de l'Empire*, une *Histoire de Russie sous Pierre le Grand.*

Doté d'une culture exceptionnelle et s'intéressant à tous les sujets, lecteur insatiable de mémoires et d'ouvrages, auxquels il peut emprunter sans vergogne, inlassable, rassembleur de témoignages, même s'il s'en méfie (*Lettre à un journaliste*, 1744), Voltaire ne cessa d'accroître sa documentation durant toute sa longue existence. Cela dit, comme chaque fois que l'on fait trop de choses à la fois, que l'on travaille vite, que l'on a l'impression de comprendre encore plus vite et que l'on a quelques idées bien arrêtées dont on ne démord pas, il est bien évident que la méthode voltairienne ne peut manquer de susciter de sérieuses réserves. Et pourtant c'est le même homme qui ne publie *Le Siècle* ou l'*Essai* qu'après une vingtaine d'années de recherches préalables et qui ne cessera de corriger, de modifier, d'augmenter ses ouvrages, car l'histoire évolue, au cours de leurs éditions successives. On l'aura compris, la méthode de Voltaire, faite de foucades incontrôlées, d'enthousiasmes boulimiques, de haines ou d'incompréhensions tenaces (il méprise tout ce qui est médiéval), de réactions épidermiques à des critiques malveillantes, et reposant sur une faculté d'analyse aussi éclairante que décapante, n'a rien que de très personnel.

Deux constantes, cependant, dans cette recherche frénétique de la vérité : parer au plus pressé, car la tâche est immense et il s'agit moins d'érudition (« Les minuties sont pour les sots ») que de propagation des connaissances en allant au plus significatif. Entre l'histoire et la légende, Voltaire n'hésite pas. « Chez toutes les nations, écrit-il ainsi, l'histoire est défigurée par la fable jusqu'à ce qu'enfin la philosophie vienne éclairer les hommes ; et lorsqu'enfin la philosophie arrive au milieu de ces ténèbres, elle trouve les esprits si aveuglés par des siècles d'erreurs qu'elle peut à peine les détromper ; elle trouve des cérémonies des faits, des monuments, établis pour constater des mensonges » (*Essai*, CXCVII). Pour ne pas être abusé par ces inepties, l'historien ne doit donc s'appuyer que sur des faits vraisemblables, soigneusement vérifiés, et préférer les sources contemporaines de l'événement. De telles exigences, cependant, peuvent conduire Voltaire à une attitude hypercritique parfois injustifiée, comme dans sa polémique avec Buffon à propos des fossiles *(La Philosophie de l'histoire)*, pour ne pas parler des lances qu'il ne cessa de rompre avec les dogmes de la religion catholique dont il souligna avec un malin plaisir les contradictions, les méfaits et les ridicules.

D'où la recherche du plus significatif. Comme il l'explique à sa chère Émilie du Châtelet, l'important est de « démêler dans les événements, l'histoire de l'esprit humain ». Il s'en est justifié dès la polémique qui a suivi la publication du *Charles XII*, notamment dans un échange de propos acerbes avec La Mottraye et Nordberg. Il y revient dans la préface du *Siècle.* « Il ne faut pas qu'on s'attende à trouver ici [...] les détails immenses des guerres. [...] Mille circonstances intéressantes pour les contemporains se perdent aux yeux de la postérité, et disparaissent pour ne laisser voir que les grands événements qui ont fixé la destinée des empires. Tout ce qui s'est fait ne mérite pas d'être écrit. On ne s'attachera dans cette histoire qu'à ce qui mérite l'attention de tous les temps, à ce qui peut peindre le génie et les mœurs des hommes, à ce qui peut servir d'instruction et conseiller l'amour de la vertu, des arts et de la patrie ». Finalement, « Trois choses influent sans cesse sur l'esprit des hommes, le climat, le gouvernement, le milieu : c'est la seule manière d'expliquer l'énigme du monde » (*Essai*, CXCVII).

Une telle conception amène l'historien à établir un ordre des priorités : « Vous savez, écrit-il à Thiériot en 1735, que chez moi, les grands hommes vont les premiers et les héros les derniers. J'appelle grands hommes tous ceux qui ont excellé dans l'utile ou dans l'agréable. Les saccageurs de province ne sont que des héros ». Elle conduit naturellement à s'interroger sur le degré d'impartialité de Voltaire. Même s'il a précisé qu'il ne faisait que « rapporter les faits et les opinions, sans entrer dans aucune controverse, sans disputer contre personne... et uniquement attaché à la fidélité de l'histoire » (*Essai*, CXXXIV), il est bien évident que Voltaire est le plus subjectif des historiens, ce qui ne veut pas dire le plus malhonnête et le plus mal informé, et que, de toute évidence, son histoire écrite dans un style alerte et plein d'humour, chose suffisamment rare pour qu'on s'y arrête, est à l'image de sa personnalité.

❑ ***L'éloge de la raison pratique.*** Les enseignements que Voltaire tire de l'histoire de l'humanité apparaissent à la fin de l'*Essai*. Pour lui comme pour Montesquieu, la lumière naît de la comparaison. C'est pourquoi il convoque comme témoins au tribunal de l'histoire les Chinois, les Indiens, les Musulmans, les peuples des deux Indes. Cela le conduit naturellement à prôner la tolérance, surtout en matière de religion, et l'horreur de la guerre. Il n'en sombre pas pour autant dans un antiracisme dogmatique et conserve le sens des réalités en notant, par exemple, à propos du développement des arts en Europe que « c'est ce que nous ne voyons point sous la domination des Turcs » (CXCVII). Énumérant les différences et les ressemblances qui existent entre les Orientaux et les Européens, il en arrive à la conclusion que « tout ce qui tient intimement à la nature se ressemble d'un bout de l'univers à l'autre ; que tout ce qui peut dépendre de la coutume est différent, et que c'est un hasard s'il se ressemble [...] ainsi le fonds est partout le même, et la culture a produit des fruits divers » (CXCVII).

Recourant à une conception du monde empruntée au stoïcisme et disqualifiant toute explication d'ordre providentiel, il établit une distinction entre les faits sur lesquels les hommes peuvent agir et les autres devant lesquels ils demeurent impuissants. « Dans la foule des révolutions que nous avons vues d'un bout de l'univers à l'autre, note-t-il à leur propos, il paraît un enchaînement fatal des causes qui entraînent les hommes comme les vents poussent les sables et les flots » (CXCVI), d'où l'importance qu'il accorde au hasard et aux causes infimes dans la genèse des grands événements. Mais le problème des causes ne l'intéresse pas vraiment, l'important étant pour lui de démythifier et de fournir les éléments pour reconstruire la société sur des bases plus rationnelles.

C'est là aborder le domaine des faits sur lesquels les hommes ont une emprise. Voltaire nous conduit à une double constatation : les hommes sont stupides et cruels et pourtant l'humanité, malgré des rechutes, tend vers la civilisation. « Il faut donc encore une fois avouer qu'en général, écrit-il ainsi, toute cette histoire est un ramas de crimes, de folies et de malheurs, parmi lesquels nous avons vu [...] quelques temps heureux, comme on découvre des habitations répandues çà et là dans les déserts sauvages » (CXCVII). Et pourtant ce sont ces habitations qui comptent car ce sont elles qui fertiliseront ce désert. « Il est aisé de remarquer combien les mœurs ont changé dans presque toute la terre depuis les inondations des barbares », note-t-il ainsi *(id.)* en mettant ce progrès, annonçant par là Élias, sur le compte des arts « qui adoucissent les esprits en les éclairant ». Par « arts », il n'entend pas seulement les manifestations d'ordre esthétique, mais aussi les activités économiques et un « refrènement » dans les relations humaines. Ainsi l'histoire de l'humanité ne peut-elle être que celle de l'esprit humain toujours menacé mais toujours renaissant.

C'est ici que se situe pour lui la fonction pédagogique de l'histoire. Face aux zélateurs des religions, fauteurs de guerres civiles et qui œuvrent le plus souvent au maintien de toutes les formes d'abus et d'obscurantisme dont ils tirent avantage, elle permet aux hommes de mieux se connaître entre eux, ce qui est un facteur de tolérance. Elle permet également de mettre en lumière le rôle fondamental joué par des personnalités capables dans leur domaine respectif (une écluse, un tableau, une tragédie, une découverte) de surmonter cette barbarie endémique inhérente à toute société humaine. Louis XIV, certes, « n'a pas fait tout ce qu'il pouvait faire, sans doute, parce qu'il était un homme ; mais il a fait plus qu'un autre, parce qu'il était un grand homme » (lettre à Mylord Hervey, 1740). Cet éloge de l'utilité apparaît comme une constante de son œuvre dès le *Charles XII* dont la « vie doit apprendre combien un gouvernement pacifique et heureux est au-dessus de tant de gloire » et s'il se réjouit de ce que la civilisation ait pris un tel éclat durant le règne de Louis XIV, c'est que ce souverain en a compris l'importance et qu'il a mesuré tout ce que sa gloire et celle de la nation avaient à y gagner. Tant il est vrai que pour Voltaire, il n'y a pas de véritable grandeur ni de puissance durable sans le rayonnement de l'intelligence.

L'histoire dans l'arène politique

Les guerres de Religion l'avaient montré, il était impossible que le passé fût tenu à l'écart d'un débat concernant la nature et le fonctionnement des institutions gouvernementales et l'étendue du pouvoir monarchique. Tout avait commencé dans l'entourage du jeune duc de Bourgogne, petit-fils de Louis XIV, où le duc de Beauvillier et Fénelon, sans compter Saint-Simon, qui leur survivra longuement, avaient entrepris une critique en règle de l'absolutisme du grand-père, assortie d'une liste des réformes à accomplir d'urgence. Ils s'inspiraient, entre autres, des thèses contenues dans une *Histoire de la Paierie de France et du Parlement de Paris* de J. Le Laboureur (1633-1675) qui circulait alors sous le manteau et ne devait être publiée qu'en 1740, bien après la mort du prince.

❑ ***La sincérité iconoclaste du duc de Saint-Simon (1675-1755).*** C'est dans ce contexte que se situe l'impressionnant monument des *Mémoires* qui fit éclater les limites du genre. Érigés minutieusement dans la retraite solitaire de leur duc et pair d'auteur, ils lui permettent, après une longue préface où il se demande si l'histoire ne contrevient pas aux impératifs de charité qui s'impose au chrétien, de régler ses comptes et de dresser un véritable réquisitoire à l'encontre de la fin du règne de Louis XIV. Constitués de souvenirs et de notes prises sur le vif depuis son jeune âge et surtout son installation à la cour en 1702, d'« additions » portées au *Journal* de Dangeau, d'extraits de nombreux de ses autres écrits, puisant à des sources multiples et d'excellente qualité (les papiers de Torcy), les *Mémoires* prendront leur forme définitive de 1739 à 1750. La qualité et la quantité des informations qu'ils fournissent sur le microcosme de la cour décrite avec une précision d'entomologiste ainsi que la saveur inimitable de leur style qui colle aux faits et aux hommes en les traquant jusqu'au plus profond d'eux-mêmes par-delà le jeu des apparences, masquent dans une certaine mesure ce que la présentation des uns et des autres peut avoir de spécieux ou d'inexact. Saint-Simon affirme que la vérité et l'authenticité de ses *Mémoires* ne peuvent être révoquées en doute mais que, pour lui, il y a une différence entre la vérité, pour laquelle il a sacrifié toute chose, et l'impartialité « impossible à qui écrit ce qu'il a vu et manié ». Sans partialité donc, pas de *Mémoires* car ils sont un lieu de rencontre entre la réalité des faits et la vérité singulière d'un témoin.

Et, à vrai dire, Saint-Simon ne s'est jamais gêné pour laisser paraître ses convictions. Pour lui, le grand roi, c'est Louis XIII et le tableau qu'il peint du siècle de Louis XIV est assez différent de l'image qu'en donnera Voltaire. C'est le règne de l'usurpation et de tout ce qui bafoue les principes de la monarchie et de la religion. L'aristocratie est privée de ses aspirations politiques légitimes au profit d'une vile bourgeoisie dont les intendants et les ministres, « ces marteaux de l'État qui avaient mis la noblesse en poudre », constituent les instruments les plus ignobles. Le despotisme, qui est la négation de l'ordre social voulu par Dieu, n'est pas loin avec les populations ruinées, les profiteurs de guerre, les persécutions religieuses, les constructions somptuaires et finalement ce monarque, qui aurait pu faire un « assez grand roi » mais qui est tombé sous l'influence d'un entourage qui, par intérêt personnel, l'a isolé de ses conseillers naturels et des réalités du royaume.

❑ ***Germanistes contre romanistes.*** Il n'est pas surprenant que dans cette polémique sur la nature des institutions qui enflamma alors les élites françaises, l'un des principaux affrontements se soit produit à propos des origines de la nation. Sur les ruines de la fable troyenne totalement discréditée, même si le fait de le proclamer ouvertement en 1714 valut à N. Fréret un séjour à la Bastille, devaient s'opposer une thèse germaniste et une thèse romaniste.

La première se trouvait exposée dans un ouvrage du comte de Boulainvilliers (1658-1722) publié en 1727 et intitulé *État de la France [...] avec des mémoires historiques sur l'ancien gouvernement de cette monarchie jusqu'à Hughes Capet.* Selon lui, la conquête des Gaules « est le fondement de l'État François dans lequel nous vivons [...] c'est à cette Époque que nous devons rapporter l'ordre politique suivi depuis par la Nation, et le droit essentiel et primordial de tous ses Ministres ». Il en découlait qu'il y avait « deux races d'hommes dans le pays » et que l'histoire de la monarchie était celle d'une usurpation et d'une dégradation. « Elle raconte comment "les principes incontestables" se sont usés, altérés, transformés, jusqu'à devenir méconnaissables » (F. Furet, M. Ozouf, 1980). Il estimait, en effet, qu'après leur conquête de la Gaule, les « Français originaires » avaient imposé leurs institutions et s'étaient emparés des terres. Les Gaulois étaient devenus les sujets et les « Français » avaient constitué une aristocratie de type germanique bénéficiant d'un certain nombre de privilèges. Sur le plan politique, cela signifiait que le roi n'était que le chef d'une société de guerriers libres et égaux désigné par ses pairs et que ceux-ci avaient le droit de participer à la direction des affaires de l'État dans le cadre d'assemblées. C'est sous Charlemagne que ce système aurait le mieux fonctionné avant de céder sous les coups de boutoir des souverains successifs. Au mépris de tout droit, ceux-ci auraient favorisé l'affranchissement des serfs et permis à leurs descendants de s'élever à la condition de leurs anciens maîtres en usurpant les fonctions et les dignités qui leur revenaient de droit tandis que la noblesse, descendant des anciens envahisseurs, en était arbitrairement dépourvue et risquait de perdre ainsi jusqu'à la conscience de son identité. La palme revenait dans ce domaine à Richelieu et à Louis XIV qui « ont plus fait en un demi-siècle que toutes les entreprises des rois antérieurs n'avoient pu faire en douze cents ans », transformant une monarchie d'essence féodale en un pouvoir despotique.

Ce n'est naturellement pas la même lecture du passé que l'on trouve chez les partisans de la thèse romaniste et plus particulièrement chez l'abbé J.B. Dubos (1670-1742). Après avoir fait ses premières armes aux Affaires étrangères sous Torcy et être devenu secrétaire perpétuel de l'Académie française, il publia en 1734 l'*Histoire critique de l'établissement de la monarchie françoise dans les Gaules*. Soucieux de défendre « les droits imprescriptibles de la couronne et les droits du peuple », il entendait démontrer dans cet ouvrage que, contrairement à ce qu'affirmaient Boulainvilliers et consorts, les Francs étaient venus en Gaule à la demande des Romains non pas comme conquérants mais comme alliés. Clovis et ses successeurs avaient régné sur la Gaule sans que le statut des habitants ait été modifié, Francs et Gallo-Romains vivant sur un pied d'égalité sous leurs lois respectives. Pour lui, il n'y avait donc eu ni intrusion d'une population ennemie, ni domination d'une race par l'autre. S'il y avait eu usurpation, elle avait eu lieu au Xe siècle et avait été le fait de guerriers rebelles qui s'étaient faits seigneurs héréditaires de domaines que les souverains avaient confiés à leur garde. Il en était résulté la naissance d'une caste dominatrice s'enrichissant aux dépens du peuple et cherchant par la force à amoindrir le pouvoir royal. Tout cela n'était pas inexact mais, à trop vouloir prouver, en faisant sortir notamment du néant une fantasmatique « République des Armoriques », Dubos avait affaibli sa démonstration, ce qui lui avait valu une exécution en règle de la part de Montesquieu : « Cet ouvrage a séduit beaucoup de gens [...] parce qu'on y suppose éternellement ce qui est en question, parce que plus on y manque de preuves, plus on y multiplie les probabilités ».

Comme il fallait s'y attendre, la polémique ne s'arrêta pas là. En 1753, l'avocat Le Paige, l'un des meneurs de la fronde parlementaire contre la monarchie, publia des *Lettres historiques sur les fonctions essentielles du parlement, sur le droit des pairs et sur les lois fondamentales du royaume* où il prétendait que, par une succession qui n'a jamais souffert d'interruption, le parlement était le même que celui « dont parlait Tacite il y a seize cents ans, du temps de nos rois germains, et dont on ne trouve l'origine que dans celles mêmes de l'État ».

Avec les années, la nature de l'argumentation évolua comme en témoigne l'œuvre de l'abbé Mably (1709-1785). S'intéressant aux questions politiques, sociales et économiques où il adopta les positions les plus extrémistes, il écrivit également plusieurs ouvrages d'histoire comme *De l'étude de l'histoire* rédigé pour l'héritier du duché de Parme et publié en 1775 et un *De la manière d'écrire l'histoire* (1783) dans lesquels il témoigne tant sur le plan de la forme que du contenu, d'une conception on ne peut plus traditionnelle.

Il n'en va pas de même des *Observations sur l'histoire de France* (1756, 1788). Faisant preuve d'une attitude anti-nobiliaire puisée chez Dubos, et élargissant l'égalité des anciens guerriers francs, chère à Boulainvilliers, à l'ensemble du peuple gallo-romain, il imagina une république germaine transplantée en Gaule, dont il avait peut-être trouvé l'idée chez Hotman, comme le type originel, et donc la référence, de la constitution française. Faisant, lui aussi, de l'époque de Charlemagne une sorte d'âge d'or institutionnel, il y découvrait, en effet, un gouvernement mixte de monarchie, d'aristocratie et de démocratie avec des États appelés à participer régulièrement à l'élaboration des lois et composés du clergé, de la noblesse et du tiers-état, qui devient le héros de l'histoire ! « Il est aisé de démontrer, écrit-il ainsi, que le rétablissement de ces États, non pas tels qu'ils ont été, mais tels qu'ils auraient dû être, est seul capable de nous donner les vertus qui nous sont étrangères et sans lesquelles un royaume attend dans une éternelle langueur le moment de sa destruction ».

Contre Mably, J. N. Moreau, l'animateur du Cabinet des chartes, devait défendre la thèse monarchique dans ses imposants *Principes de morale, de politique et de droit public puisés dans l'histoire de notre monarchie* (1777-1781) où il se livrait à une critique systématique de la féodalité. Distinguant entre pouvoir absolu et pouvoir arbitraire, il s'efforçait d'arracher l'étiquette de despotisme collée à la monarchie en montrant que ce n'était pas la liberté mais la tyrannie qui était venue des marais de Germanie et que la véritable liberté n'avait commencé que lorsque le monarque a pu monopoliser une violence devenue par là légitime : « Ne craindre que le souverain, voilà la liberté soustraite à toutes les tyrannies ».

Pourtant, parce que cette discussion était enracinée dans la poussée de la société civile vers le pouvoir et dans la recherche d'une légitimité restaurée par l'histoire, l'opinion n'hésita pas à trancher en faveur des idées défendues par Mably. « C'étaient de singulières illusions, note A. Thierry (1840), mais ces chimères historiques ont contribué à préparer l'ordre social qui règne de nos jours. [...] Il y a plus de roman que d'histoire dans le système de Mably mais qu'importait à ses contemporains ? Ce qu'ils demandaient, ce qu'il leur fallait, c'était l'excitation révolutionnaire, non la vérité scientifique ».

Ce fut à un scientifique, Condorcet (1743-1794), que devait revenir le périlleux honneur de rédiger le testament philosophique du XVIIIe siècle (M. et F. Hincker, 1971) avec son *Esquisse d'un tableau historique des progrès de l'esprit humain* rédigé dans la clandestinité des derniers mois de son existence, d'où le côté hâtif et inachevé des œuvres. Divisée en neuf périodes, elle raconte la lutte que la connaissance a dû mener contre les obstacles que le despotisme des rois et le fanatisme des prêtres avaient dressés contre elle, comment elle en a triomphé et, dans un ultime chapitre, comment s'ouvre pour les générations futures un avenir plein de promesses grâce à la perfectibilité indéfinie de l'esprit humain. Pour Condorcet, l'homme est donc sa propre providence. Qu'il s'agisse de la liberté politique, de l'égalité sociale, de la prospérité économique et de la paix entre les nations, tout découle de la propagation des lumières dans l'esprit des hommes pour aboutir à cette vision de « l'espèce humaine affranchie de toutes ces chaînes, soustraite à l'empire du hasard, comme à celui des ennemis de ses progrès, et marchant d'un pas ferme et sûr dans la route de la vérité, de la vertu et du bonheur ».

DOCUMENTS

■ La Popelinière : portrait du « nouvel historien »

Ce n'est pas au xxe siècle que l'on a découvert qu'il n'y avait pas d'histoire sans historien. La Popelinière, pour sa part, en était convaincu et il s'est intéressé, entre autres, aux « qualitez, tempérament, devoir et advantages » de celui-ci. Référence humaniste à Galien à l'appui, l'image qu'il en donne est particulièrement flatteuse et fait de l'histoire une sorte de modèle et de synthèse des autres sciences.

Outre les conditions que les plus advisez des Anciens ont prescrit à l'Historien, nous y devons considerer une chose, à laquelle un seul des anciens et modernes n'a regardé, bien qu'elle soit principale et la plus necessaire, comme celle sans laquelle un seul Historiographe, pourveu de grandes graces qu'il soit, ne peut estre accomply : sçavoir est le temperament d'iceluy. Car toutes ses vertus et qualitez, ensemble tous ses vices et imperfections : voire toutes les fautes et belles choses qu'on peut remarquer en luy dependent de ce poinct, et ne se peuvent rapporter à autre chose. Celuy qui apres Galen et autres, a plus particulierement traicté de la diversité des naturels et de la source d'iceux, semble avoir probablement donné à chacun le temperament propre, duquel doyvent proceder les qualitez et suffisance qu'il doit apporter és sciences et vacations esquelles il se veut addonner. Mais il s'est teu de l'histoire aussi bien que ses devanciers. Encore qu'elle le meritast autant ou plus qu'aucun autre. Tant pour estre le thresor et gardien de toutes les autres, que le vray et seul miroir de tout l'estat, auquel toutes sortes de vacations se voyent representees. Peut estre que la difficulté de luy trouver son temperament propre, en a esté l'occasion. Car puis que chacune de toutes les autres conditions ont leur naturel propre, clair et aisé : voire la fin à laquelle elles tendent toutes descouvertes. Il est plus aisé de trouver le temperament conforme à leurs qualitez ja notoires. L'histoire n'est pas telle. Car comme elle comprend les semences de toutes les sciences et vacations, il faut de necessité que celuy qui s'y veut commander, aye le naturel qui se puisse conformer à elles toutes pour les cognoistre et practiquer. Sinon les particularitez de chacune d'icelles, du moins les generalitez, par l'asseuree cognoissance desquelles il les puisse traicter comme il appartient. Doncques, puis que les sciences ont leurs preceptes, substance et fins ausquels on les adresse fort differentes : et qu'un brave Historien les doive avoir toutes cogneues et practiqué : faut inferer qu'il doit avoir un temperamment exquis, assavoir le plus accomply des neuf sortes, que

Galen dit avoir soigneusement remarqué : et qu'on donne au grand Medecin, à l'excellent Prescheur, et au Prince, pour se rendre capable de bien conduire un grand Estat. C'est assavoir, celuy auquel se joignent les trois dominantes puissances du cerveau, imagination, memoire, et entendement.

La Popelinière, *L'Idée de l'Histoire accomplie* in : *L'Histoire des Histoires* (Corpus des Œuvres de Philosophie en langue française), Fayard, Paris, 1989, Tome II, pp. 127-128.

■ Bossuet : l'histoire comme garante de la transcendance de la religion catholique

Si, pour Bossuet, qui s'inscrit dans la conception providentielle de l'histoire, la connaissance du passé nous fournit la possibilité de voir à l'œuvre la volonté divine sous toutes ses formes, réciproquement l'histoire est là pour témoigner de l'ancienneté, de la continuité et de l'uniformité, donc de l'authenticité et de la supériorité de la religion chrétienne, telle qu'elle s'affirme par le biais de la tradition catholique, par rapport à toutes les hérésies et à toutes les sectes.

Quelle consolation aux enfants de Dieu ! mais quelle conviction de la vérité, quand ils voient que d'Innocent XI, qui remplit aujourd'hui si dignement le premier siège de l'Église, on remonte sans interruption jusqu'à saint Pierre, établi par Jésus-Christ prince des apôtres ; d'où, en reprenant les pontifes qui ont servi sous la loi, on va jusqu'à Aaron et jusqu'à Moïse ; de là jusqu'aux patriarches, et jusqu'à l'origine du monde ! Quelle suite, quelle tradition, quel enchaînement merveilleux ! Si notre esprit naturellement incertain, et devenu par ses incertitudes le jouet de ses propres raisonnements, a besoin, dans les questions où il y va du salut, d'être fixé et déterminé par quelque autorité certaine, quelle plus grande autorité que celle de l'Église catholique, qui réunit en elle-même toute l'autorité des siècles passés, et les anciennes traditions du genre humain jusqu'à sa première origine ?

Ainsi la société que Jésus-Christ, attendu durant tous les siècles passés, a enfin fondée sur la pierre, et où saint Pierre et ses successeurs doivent présider par ses ordres, se justifie elle-même par sa propre suite, et porte dans son éternelle durée le caractère de la main de Dieu.

C'est aussi cette succession que nulle hérésie, nulle secte, nulle autre société que la seule Église de Dieu, n'a pu se donner. Les fausses religions ont pu imiter l'Église en beaucoup de choses, et surtout elles l'imitent en disant, comme elle, que c'est Dieu qui les a fondées ; mais ce discours en leur bouche n'est qu'un discours en l'air. Car si Dieu a créé le genre humain ; si, le créant à son image, il n'a jamais dédaigné de lui enseigner le moyen de le servir et de lui plaire, toute secte qui ne montre pas sa succession depuis l'origine du monde n'est pas de Dieu.

Bossuet, *Discours sur l'histoire universelle*, deuxième partie, chap. XXXI, éd. J. Truchet, collection G.F., Flammarion, Paris, 1966, p. 338.

■ Voltaire : une conception décapante de l'histoire

Voltaire n'a jamais ménagé ses compatriotes français. On sait qu'il a relevé dans l'histoire de l'humanité quatre périodes particulièrement remarquables pour l'éclat de leur civilisation dans le premier chapitre du Siècle de Louis XIV. *On connaît moins un autre passage où il se livre à quelques comparaisons peu flatteuses pour l'amour-propre national. La dernière phrase du texte montre qu'au-delà de l'ironie mordante du propos, une thèse est présente qui constitue en outre une critique implicite de la France de Louis XV.*

Avant le siècle que j'appelle de Louis XIV, et qui commence à peu près à l'établissement de l'Académie française, les Italiens appelaient tous les ultramontains du nom de Barbares ; il faut avouer que les Français méritaient en quelque sorte cette injure. Leurs pères joignaient la galanterie romanesque des Maures à la grossièreté gothique. Ils n'avaient presque aucun des arts aimables, ce qui prouve que les arts utiles étaient négligés ; car, lorsqu'on a perfectionné ce qui est nécessaire, on trouve bientôt le beau et l'agréable ; et il n'est pas étonnant que la peinture, la sculpture, la poésie, l'éloquence, la philosophie, fussent presque inconnues à une nation qui, ayant des ports sur l'Océan et sur la Méditerranée, n'avait pourtant point de flotte, et qui, aimant le luxe à l'excès, avait à peine quelques manufactures grossières [...]

On ne doit pas se dissimuler que, depuis la décadence de la famille de Charlemagne, la France avait langui plus ou moins dans cette faiblesse, parce qu'elle n'avait presque jamais joui d'un bon gouvernement [...]

Ainsi, pendant neuf cents années, le génie des Français a été presque toujours rétréci sous un gouvernement gothique, au milieu des divisions et des guerres civiles, n'ayant ni lois ni coutumes fixes, changeant de deux siècles en deux siècles un langage toujours grossier ; les nobles, sans discipline, ne connaissant que la guerre et l'oisiveté ; les ecclésiastiques vivant dans le désordre et dans l'ignorance, et les peuples sans industrie, croupissant dans leur misère.

Les Français n'eurent part ni aux grandes découvertes ni aux inventions admirables des autres nations : l'imprimerie, la poudre, les glaces, les télescopes, le compas de proportion, la machine pneumatique, le vrai système de l'univers, ne leur appartiennent point ; ils faisaient des tournois, pendant que les Portugais et les Espagnols découvraient et conquéraient de nouveaux mondes à l'orient et à l'occident du monde connu. Charles-Quint prodiguait déjà en Europe les trésors du Mexique, avant que quelques sujets de François Ier eussent découvert la contrée inculte du Canada ; mais, par le peu même que firent les Français dans le commencement du seizième siècle, on vit de quoi ils sont capables quand ils sont conduits.

On se propose de montrer ce qu'ils ont été sous Louis XIV.

Voltaire, *Le Siècle de Louis XIV*, chap. premier, Paris, Garnier Frères, s.d., pp. 3-5.

■ Condorcet : celui qui contrôle le passé...

L'Esquisse *est le testament d'un homme qui sait qu'il va être tué par le régime politique qu'il a contribué à mettre en place. Et pourtant le dernier chapitre de l'ouvrage s'impose comme le credo optimiste d'un scientifique qui vient de démontrer que les lois que l'on peut tirer de l'étude du passé prouvent que rien n'arrête les progrès de l'esprit humain et permettent de déduire l'avenir plein de promesses qui attend l'humanité.*

Si l'homme peut prédire avec une assurance presque entière les phénomènes dont il connaît les lois ; si, lors même qu'elles lui sont inconnues, il peut, d'après l'expérience du passé, prévoir, avec une grande probabilité, les événements de l'avenir ; pourquoi regarderait-on comme une entreprise chimérique, celle de tracer avec quelque vraisemblance, le tableau des destinées futures de l'espèce humaine, d'après les résultats de son histoire ? Le seul fondement de croyance dans les sciences naturelles, est cette idée, que les lois générales, connues ou ignorées, qui règlent les phénomènes de l'univers, sont nécessaires et constantes ; et par quelles raisons ce principe serait-il moins vrai pour le développement des facultés intellectuelles et morales de l'homme, que pour les autres opérations de la nature ? [...]

Nos espérances sur les destinées futures de l'espèce humaine peuvent se réduire à ces trois questions : la destruction de l'inégalité entre les nations ; les progrès de l'égalité dans un même peuple ; enfin le perfectionnement réel de l'homme. Toutes les nations doivent-elles se rapprocher un jour de l'état de civilisation où sont parvenus les peuples les plus éclairés, les plus libres, les plus affranchis de préjugés, les Français et les Anglo-Américains ? Cette distance immense qui sépare ces peuples de la servitude des Indiens, de la barbarie des peuplades africaines, de l'ignorance des sauvages, doit-elle peu à peu s'évanouir ?

Y a-t-il sur le globe des contrées dont la nature ait condamné les habitants à ne jamais jouir de la liberté, à ne jamais exercer leur raison ?

Cette différence de lumières, de moyens ou de richesses, observée jusqu'à présent chez tous les peuples civilisés entre les différentes classes qui composent chacun d'eux ; cette inégalité, que les premiers progrès de la société ont augmentée, et pour ainsi dire produite, tient-elle à la civilisation même, ou aux imperfections actuelles de l'art social ?

Condorcet, *Esquisse d'un tableau historique des progrès de l'esprit humain*, éd. F. et M. Hincker, « Les classiques du peuple », Éditions sociales, Paris, 1971, pp. 253-254.

5

Une histoire littéraire et politique

Bien qu'il soit encore appelé « le siècle de l'histoire », le XIXe siècle apparaît trop souvent comme le parent pauvre de l'historiographie française. Et pourtant, beaucoup d'historiens de ce temps-là ont exprimé des vues novatrices sur la conception et l'écriture de l'histoire. L'historiographie de ce long XIXe siècle peut être, dans un premier temps, subdivisée en deux grands genres : jusqu'à la fin des années 1860, elle reste essentiellement littéraire et politique, alors qu'à partir de 1870 s'impose une histoire à prétention scientifique, qui se prolongera durant toute la IIIe République. Seul le premier genre fera l'objet du présent chapitre.

De la relativité des classements

Pour les deux premiers tiers du XIXe siècle, J. Ehrard et G. Palmade ont cru pouvoir repérer trois courants historiographiques : le genre « romantique » jusqu'en 1830, le courant « libéral », prédominant jusque dans les années 1840 ; et enfin, l'histoire « démocratique » jusqu'au milieu des années 1860 (Ehrard-Palmade, 1964). Dans cette période, l'histoire était devenue « une fonction de la politique » pour certains jeunes intellectuels bloqués dans leurs aspirations et dans leur désir d'ascension (S. Mellon, 1958). Ainsi, les romantiques s'opposent à l'Empire, régime autoritaire et néo-classique ; les historiens libéraux conçoivent leurs premières œuvres durant la période « ultra » de la Restauration ; les historiens démocrates commencent à publier dans la phase réactionnaire de la monarchie de Juillet. Cette dimension idéologique sera soulignée par Fustel de Coulanges en 1871 : « Notre histoire ressemblait à nos assemblées législatives : on y distinguait une droite, une gauche, des centres... Écrire l'histoire de France était une façon de travailler pour un parti ou de combattre un adversaire. L'histoire est ainsi devenue chez nous une sorte de guerre civile en permanence ». C'est ainsi qu'Augustin Thierry, à la façon d'Adolphe Thiers ou de François Guizot, avoue avoir recherché dans l'histoire les preuves de ses convictions constitutionnalistes (M. Gauchet, *in* : P. Nora, 1986).

Si la classification est au principe de toute science, elle peut avoir aussi l'inconvénient de ne pas tenir suffisamment compte des multiples écarts qui distinguent des individualités. Augustin Thierry est « romantique » par son style avide de « couleur locale », mais par ses convictions politiques, il se rattache nettement au courant libéral. Edgar Quinet ou Jules Michelet sont des romantiques égarés parmi les « démocrates »... Et que dire de Tocqueville, habituellement perçu comme un historien « démocratique », qui proclame : « Je suis aristocrate par instinct. [...] J'aime avec passion la liberté, la légalité, le respect des droits, mais non la démocratie... » !

Sociologiquement parlant, l'élite des historiens appartenait à la noblesse, aux professions libérales ou à la haute administration. Certains d'entre eux – J.-Ch. Lacretelle, François Guizot – étaient professeurs à la Sorbonne, ou membres du Collège de France – Edgar Quinet ou Jules Michelet. D'autres encore se partageaient entre le journalisme, les lettres et la politique (parfois au plus haut niveau) – Lamartine a même exercé successivement les trois activités. L'élection à l'Académie française représentait pour plusieurs historiens d'âge mûr le vrai couronnement d'une carrière – mais Adolphe Thiers a été élu sous la Coupole dès l'âge de 36 ans. On aurait tort, par ailleurs, de réduire le corps des historiens à cette élite parisienne (dont une proportion notable était d'ailleurs d'origine provinciale, par exemple : Raynouard, Guizot, Mignet, Thiers). Si l'on extrapole à l'ensemble du siècle les conclusions de C.-O. Carbonnel pour la période 1870-1875, le goût pour les choses du passé semblait également partagé par bon nombre d'amateurs et de demi-professionnels, depuis les archivistes jusqu'aux journalistes, en passant par des professeurs de lycée. Il faudrait y ajouter les prêtres férus d'hagiographie, ou les nobles curieux de leur généalogie... . Au total, « peu de bourgeois, mais soit des fonctionnaires besogneux soit des fils de vieille famille » (C.-O. Carbonnel, *Histoire et historiens, une mutation idéologique des historiens français,* 1865-1885, Privat, Toulouse, 1976, p. 173).

L'HISTORIOGRAPHIE ROMANTIQUE : UNE HISTOIRE DESCRIPTIVE TRÈS ORIENTÉE VERS LE MOYEN AGE

L'écriture historique de ce temps-là reste fortement imprégnée de tradition littéraire : contrairement à l'historiographie du XXᵉ siècle, qui a toujours refusé de se penser comme un récit, l'historiographie romantique privilégie la dimension narrative : faire un récit coloré des événements, décrire des caractères, démêler les sentiments ou les intentions secrètes des personnages, exposer leurs passions religieuses ou politiques restent pour l'historien des objectifs essentiels.

Un précurseur : Chateaubriand

Durant la Révolution et l'Empire, en ces temps de troubles intenses, l'écriture de l'histoire et la réflexion désintéressée avaient reculé au profit du seul enseignement, limité à l'histoire antique et à l'histoire nationale, encore trop associé à l'exercice de la mémoire, que ce soit dans les écoles militaires, les lycées napoléoniens ou à l'École normale supérieure. Les manuels, « précis » et autres « abrégés » de l'abbé Anquetil ou de Velly, historiens officieux sous l'Empire, se contentaient de reproduire les vieilles chroniques des dynasties royales, en vue de servir le sentiment national pour ces futurs serviteurs de l'État. [...] La présentation y était organisée selon les races, les périodes et les règnes qui s'emboîtaient « comme des poupées russes » (L. Halphen, 1914).

De cette époque troublée émerge le nom de Chateaubriand (1768-1848), dont le génie littéraire a occulté l'œuvre d'historien. Son premier ouvrage, *L'Essai sur les révolutions* (1797), il l'a conçu en exil, à Londres, alors qu'il était malade et désargenté, mais « intelligent, éclairé et disponible » (H. Guillemin, *L'Homme des mémoires d'outre-tombe*, Gallimard, 1964). L'ouvrage est, tout à la fois, l'ébauche d'une méthode historique, une théorie cyclique de l'histoire et une approche critique de la Révolution française. Chateaubriand y condamne l'œuvre pernicieuse de la « secte » des Encyclopédistes et des Philosophes qui, en tuant la religion par le doute et l'athéisme, ont, en même temps, détruit l'État. Obsédé par ce « grand malheur » qu'avait représenté, à ses yeux, la Terreur, l'auteur s'attache à rechercher dans le passé les révolutions – il en dénombre cinq pour la période antique et sept pour la période moderne –, qui permettent de mieux éclairer les troubles des temps présents. Il rapproche ainsi, terme à terme, les histoires de l'Égypte et de l'Italie moderne, celles de Carthage et de l'Angleterre, celles de la Phénicie et de la Hollande, ou encore celles de la Perse et de l'Allemagne... . Plus original encore : sa théorie cyclique de l'histoire, peut-être empruntée à Vico : « Qu'ai-je prétendu prouver dans l'*Essai* ? Qu'il n'y a rien de nouveau sous le soleil, et qu'on retrouve dans les révolutions anciennes et modernes les personnages et les principaux traits de la Révolution française... » (*Essai*, Gallimard, Paris, 1978, p. 15). On reste non moins troublé de déchiffrer dans l'*Essai* comme une anticipation de la théorie des catastrophes : « Il en est des corps politiques comme des corps célestes ; ils agissent et réagissent les uns sur les autres. En Grèce, une petite ville exile un tyran, et la commotion se fait sentir aussitôt aux extrémités de l'Europe et de l'Asie... » (*id.*, p. 53). A la fin de sa carrière politique, Chateaubriand publiait des *Études historiques* (1831), mal reçues en son temps et oubliées aujourd'hui, dont les six « discours » avaient été achevés avant la fin de l'Empire. La préface tardive des *Études* proposait une typologie intéressante des genres historiques : à l'histoire « philosophique » héritée du XVIIIe siècle, il opposait l'histoire « descriptive » – qui gardait sa préférence – et l'histoire « générale », une préfiguration de l'approche sociologique. Anticipant sur Michelet, Chateaubriand lie intimement l'œuvre historique à l'historien : « Chaque historien [...] écrit d'après son propre génie [...] toute manière d'écrire est bonne pourvu qu'elle soit vraie [...] ; vous ne pouvez exiger de l'historien que la connaissance des faits, l'impartialité des jugements et le style s'il le peut [...] » (A. Dollinger, *Les Études historiques de Chateaubriand*, Strasbourg, 1932).

Le Moyen Age : nouvel imaginaire

Après 1815 , le Moyen Age devient à la mode : « Il y a un demi-siècle, note avec regret Edgar Quinet (*Œuvres complètes*, t. 26), l'Antiquité héroïque était la seule dont on entendît parler. Depuis la Restauration, il n'y a plus de permis d'écrire que sur le Moyen Age. Frédégonde et Brunehaut, voilà l'Age d'Or... ». Mais il s'agit bien souvent d'un Moyen Age de convention, frivole, anachronique et exotique. Un Lemercier propose *La Démence de Charles VI*, et un Dorvo *La Mort de Duguesclin*. On se souvient du roman de chevalerie Amadis des Gaules, et l'on s'intéresse à Mérovée et à Clovis, à Charlemagne et à Roland ...

Dans le désir qu'ils ont de prolonger la tradition littéraire, les historiens de ce temps s'attachent à une poétique du récit, empruntée au roman historique – la mode est à Walter Scott (*Ivanhoé*, 1819 et *Quentin Durward*, 1823), à Victor Hugo ou à Fenimore Cooper (1789-1851), le romancier du *Dernier des Mohicans...* . Ils rejettent la dissertation raisonnée et explicative – trop marquée à leurs yeux par l'esprit de système –, pour s'attacher au récit vivant, dont l'ordonnancement tient lieu d'explication. Fidèles en cela au précepte du rhéteur Quintilien (30-100 ap. J.C.) : *« Scribitur ad narrandum, non ad probandum »* (« on écrit pour raconter, non pour démontrer), ils s'attachent à peindre des tableaux animés ou pittoresques, qui mettent en scène les personnages, dans une sorte de spectacle dramatique, et même théâtral – mais ils se défendent d'écrire des romans historiques, dans la mesure où ils n'inventent pas les événements. Leurs récits sont parsemés de descriptions évocatrices de tournois et de banquets. Prosper de Barante (1782-1866), auteur d'une volumineuse *Histoire des Ducs de Bourgogne*, dont on lit encore aujourd'hui la « Jeanne d'Arc », insiste sur l'importance de la composition narrative : « [...] Il faut que l'historien se complaise à peindre plus qu'à analyser ; sans cela, les faits se dessèchent sous sa plume ; il semble les dédaigner, tant il est pressé d'en tirer la conclusion et de les classer d'un point de vue général... » (*op. cit.*, tome 1, p. 9). C'est moins le style haut en couleur que l'exotisme de l'Empire ottoman, remis à la mode par l'Expédition d'Égypte, qui explique le succès éditorial de l'*Histoire des Croisades* de Joseph-François Michaud (1767-1839), académicien et voyageur – l'ouvrage a fait l'objet d'une vingtaine de rééditions tout au long du XIXe siècle. L'ouverture récente de la « question d'Orient », futur casse-tête des diplomates, donnait à l'Europe « civilisée » le sentiment de marcher sur les pas des croisés et de recommencer l'œuvre de civilisation en Méditerranée orientale : « Nous ne voulons pas dire que nous sommes revenus au temps des Croisades, mais il nous semble, du moins, que le vaste et mystérieux travail des guerres saintes, qui avaient pour but la conquête et la civilisation de l'Asie, se reproduit [...] » (Michaud, *Histoire des Croisades*, R. Laffont, Paris, 1970, p. 669).

Augustin Thierry, l'« Homère » français de l'histoire romantique

Un nom, surtout, reste attaché à cette vague romantique : celui d'Augustin Thierry (1795-1856). Petit bourgeois d'origine provinciale, doué pour les lettres, il naît à la vocation de l'Histoire en lisant *Les Martyrs* de Chateaubriand. Après l'École normale supérieure, il devient le secrétaire du fondateur de la sociologie, Saint-Simon, dont il finit par se séparer en 1817, pour des raisons doctrinales (le socialisme productiviste de ce dernier ne pouvait que choquer sa foi libérale) ; mais de l'héritage saint-simonien, il gardera toute sa vie un dégoût spontané pour les révolutionnaires. Fidèle à l'esprit du temps, il oriente ses recherches vers des périodes lointaines et troublées où s'affrontaient, avant de se fondre, « l'esprit de discipline civile » des Romains et les « instincts violents de la barbarie » des « Franks ». Il produit deux ouvrages à fort retentissement, l'*Histoire de la conquête de l'Angleterre par les Normands* (1825), et surtout, ses *Récits des Temps Mérovingiens*, édités d'abord par la célèbre *Revue des Deux Mondes* à partir de 1833, avant d'être, sept ans plus tard, fondus en un seul livre. Soucieux des « originalités nationales », A. Thierry entend aussi prouver « le rôle des races dans l'histoire », particulièrement en France où la noblesse franque avait fini par s'imposer aux Gaulois (« Nous croyons être une nation, et nous sommes deux nations ennemies dans leurs souvenirs [...] » (cité par Gérard Noiriel, *Population, immigration et identité nationale en France, XIXe-XXe siècle*, Hachette, Paris, 1992, p.15). A. Thierry écrit, en effet, à une époque où le problème des rapports entre Gaulois et Francs fait l'objet d'un débat national. Son frère, Amédée Thierry, avait publié en 1828 une *Histoire des Gaulois*, dix fois réimprimée par la suite, qui établissait cette dualité d'origine : les Francs auraient produit l'aristocratie française et les Gaulois le Tiers état. En 1820, l'historien F. Guizot avait ajouté à cet antagonisme de races un conflit de classes en prétendant que les nobles étaient les descendants des Francs et les roturiers les descendants des Gaulois (*Du gouvernement de la France depuis la Restauration*, 1820, p. 2).

A. Thierry offre à des lecteurs passionnés un modèle d'histoire qui éveille leur sensibilité, et même leur sensualité, par la magie d'une langue sobre et dépouillée. Devenu aveugle en 1830, cet « Homère de l'histoire française » dépeint des « romans vrais », graves mais dépourvus d'emphase. « J'avais, écrit-il, l'ambition de faire de l'art en même temps que de la science, d'être dramatique à l'aide des matériaux fournis par une érudition sincère et scrupuleuse ». Imagination, drame, couleur locale sont les termes qui reviennent souvent sous sa plume. Il s'attache à saisir les situations sur le vif et à pénétrer l'âme des peuples disparus, qu'il fait revivre par la fidélité à leur langage et par le support constant des documents d'époque. Son *Récit des temps mérovingiens*, salué comme un chef-d'œuvre par Chateaubriand et Michelet, plonge le lecteur dans ce troublant VIe siècle, déjà peint par Grégoire de Tours. L'ouvrage commence par une « dissertation historique », qui s'attache à reconstruire la formation progressive de l'« idée nationale » ; suivent une demi-douzaine de récits qui mettent en scène les grands personnages de l'époque, confrontés à des problèmes dynastiques. L'auteur enrichit sa narration par des exposés sur les manières de vivre des rois « franks », suggérant à chaque page les interférences fascinantes entre le « goût de civilisation » d'un Chilpéric, roi de Neustrie de 561 à 584 et la barbarie élémentaire de sa maîtresse Frédégonde. Si la « science historique » d'A. Thierry, faite d'érudition analytique, semble aujourd'hui dépassée, son art du tableau, digne de Chateaubriand, garde encore tout son pouvoir d'évocation, comme dans cette page où l'auteur des *Récits* décrit « ces festins traditionnels parmi la race teutonique, où des sangliers et des daims entiers étaient servis tout embrochés, et où des tonneaux défoncés occupaient les quatre coins de la table [...] » (*op. cit.*, tome I, p. 318).

LE COURANT LIBÉRAL : DES HISTORIENS DU POLITIQUE

Des historiens partisans de la Révolution bourgeoise

Plutôt qu'au Moyen Age, c'est à l'histoire moderne que les libéraux donnent la préférence. Ils ont en commun les convictions d'une bourgeoisie conquérante, cherchant dans le passé les racines des libertés fondamentales acquises en 1789. L'histoire devient pour eux une propédeutique de l'activité politique ; elle correspond à une vision orientée, téléologique de l'Histoire, substitut de l'ancienne Providence. Cette approche évolutive va toujours dans le même sens : l'inéluctabilité des victoires de la civilisation sur la barbarie, et du gouvernement représentatif sur l'autoritarisme. Partisans d'une monarchie parlementaire, ils s'opposent aux « ultras » de la Restauration, avant de se rallier à la monarchie de Juillet, dont ils finissent par devenir ministres, hauts fonctionnaires ou académiciens. D'une certaine façon, ils sont les divulgateurs du mythe de 1789, vrai « messianisme bourgeois des Droits de l'Homme [et] de l'Idée de Progrès [...] » (A. Gérard, *La Révolution française, mythes et interprétations, 1789-1870*, Flammarion, « Questions d'Histoire », Paris, 1970, p. 10). S'inspirant des *Considérations sur la Révolution française* (1818), ouvrage posthume de Mme de Staël, ils montrent à la fois la « nécessité » de 1789, qui a donné les droits de l'homme et une constitution à la France, et « l'affreuse singularité » du règne des Jacobins et de la Terreur. Pour eux, seule la « première révolution » est importante, car elle marque l'ascension de la classe moyenne et le passage de l'aristocratie à la démocratie libérale, inspirée du modèle anglais. L'autre, celle de 1793, apparaît comme un épisode regrettable, imputable à des circonstances exceptionnelles (F. Furet, *La Gauche et la révolution au milieu du XIXe siècle*, Hachette, Paris, 1986, p. 12).

Moins attachés au récit que les romantiques, ils n'en négligent pas pour autant la forme, car l'histoire reste à leurs yeux un genre littéraire à part entière. Mais on préfère le style pompeux, la rhétorique froide et balancée des périodes latines, qui permet de contenir l'émotion. On recherche l'exposé « exact et complet ; le tout dit simplement, avec le détail nécessaire, sans les particularités inutiles [...] avec une dignité élégante et grave » (A. Thiers, *Histoire du Consulat et de l'Empire*, 1855). On affiche aussi le souci scrupuleux de dire la « vérité », de débusquer les faits inexacts, et même d'apporter la preuve des faits avérés, en s'appuyant sur les documents officiels, abondamment insérés en annexes, comme un matériau brut et une preuve évidente des recherches – c'est le début des premières collections d'archives publiques, par exemple la *Collection des Mémoires relatifs à l'Histoire de France* de Petitot et Mommerqué (131 volumes publiés de 1819 à 1831), ou la *Collection des Chroniques françaises* de Buchon (47 vol., 1824-1829).

Guizot et Thiers : hommes politiques et historiens

Le chef de file de ce courant reste François Guizot (1787-1874), « le Gramsci de la bourgeoisie », selon la formule provocante de P. Rosanvallon. Pour F. Furet, il reste « un des grands méconnus de l'histoire de France », dont l'image a été « brouillée » par son échec politique de 1848. Fils d'un avocat calviniste nîmois guillotiné sous la Terreur, Guizot gardera toute sa vie une sainte horreur de la violence révolutionnaire. Après de solides études à Genève, ce gros travailleur peaufine ses talents d'écrivain dans un journal libéral ; son goût pour l'histoire se précise lorsqu'il traduit le chef-d'œuvre de l'historien anglais E. Gibbon, *Histoire du déclin et de la chute de l'Empire romain* (1776). Devenu maître des requêtes au Conseil d'État, il est destitué en 1820, après le retour des « ultras » au pouvoir ; il appartient alors à l'aile gauche des « Doctrinaires » libéraux. Jeune professeur à la Sorbonne, il voit même son cours interdit pendant sept ans (1822-1828) ; années fructueuses durant lesquelles il rédige trois de ses œuvres majeures. Effrayé par les « Trois Glorieuses » de 1830, il se tourne alors vers le camp des conservateurs et devient un personnage important de la monarchie de Juillet : successivement ministre de l'Instruction publique pendant cinq ans, ambassadeur à Londres et ministre des Affaires étrangères. Son idéologie semble avoir radicalement évolué : d'idéaliste calviniste « prédestiné », de lecteur passionné de Kant et de Herder, il se transforme en un cynique, assoiffé de pouvoir, loup solitaire, mais aussi homme de la grande bourgeoisie qui lance la formule célèbre : « Enrichissez-vous ! ». Il défend alors le système censitaire favorable à la bourgeoisie, le protectionnisme économique et l'Entente cordiale. Il devient, sous la plume de Lamartine, l'« homme d'État de la monarchie stationnaire [...] ». Écarté de la politique par la révolution de 1848, il connaît une retraite longue et active qui le conduit jusqu'au seuil de la IIIe République (G. de Broglie, « L'itinéraire Guizot », *in*: *F. Guizot et la culture politique de son temps*, Perrin, Paris, 1990, p. 293 *sq.*).

La production historique de Guizot occupe dix-neuf des soixante-dix volumes de ses *Œuvres complètes*. Sans être grand écrivain, il a le sens de la composition et de la formule. Ses convictions libérales interfèrent en permanence avec son interprétation du passé. Dans ses travaux sur la Révolution, il s'attache à séparer la « bonne » de la « mauvaise ». A la fois hostile à la Terreur et à la Restauration, impuissante et immobile, il fait l'apologie du système représentatif au sein d'une démocratie raisonnable : « C'est dans les masses, dans le peuple lui-même que le gouvernement doit puiser sa principale force [...]. Les élections, la liberté de la presse, le jury [...] ont pour dessein et pour résultat de fouiller sans cesse la société, de mettre en lumière les supériorités de tout genre qu'elle contient, de les amener au pouvoir » (*Du gouvernement de la France*, 1820, p. 13). Dans son *Histoire du règne de Charles Ier* (1826-1827), il fait l'apologie de la monarchie parlementaire, condamnant clairement Cromwell, « protecteur » despotique et génial, qui avait osé détruire dans son pays, d'abord l'ordre légal, puis la liberté. Si dans son *Histoire de la Civilisation en Europe et en France depuis la chute de l'Empire romain* (1830) il valorise la révolution anglaise de 1688, c'est avant tout parce qu'elle avait aboli le pouvoir absolu, qu'il fût politique ou religieux. Dans ce même ouvrage, Guizot accorde une grande place à l'idée de civilisation, concept qu'il avait défini dès 1828 dans son *Cours d'histoire moderne*. S'il emprunte le mot au Siècle des Lumières (par ailleurs tant décrié dans son œuvre !), il lui donne un sens totalisateur : la civilisation ne saurait se confondre avec le simple « bien-être » matériel, car elle implique, à côté de la justice, de la liberté et du développement moral, la « légalité » et l'« ordre » – libéralisme oblige ! Dans un ouvrage de la maturité, *Mémoires pour servir à l'Histoire de mon temps* (1858), l'ancien homme d'État livre à la postérité son testament politique, étayé par une abondante documentation officielle (illustration de son goût pour la documentation historique). Si le plaidoyer *pro domo* est évident, la vision à courte vue est tout aussi patente : non seulement Guizot n'a pas perçu le début de la grande révolution industrielle qui éclot sous ses yeux, mais encore il ne cherche pas à occulter son dédain pour les classes populaires. Figé dans son conservatisme social, il se contente de faire l'apologie de la Raison et du libéralisme, face aux deux extrêmes du despotisme et de l'anarchie. Son *Histoire de France racontée à mes petits-enfants* (1869-1879) passe pour une œuvre mineure, malgré ses six mille pages *in-octavo*... Guizot a renoncé au plan structurel de ses premiers livres pour adopter un classique plan chronologique qui inscrit cette histoire dans « un récitatif élégamment monotone » (P. Viallaneix, 1971). Il y réhabilite à la fois le Moyen Age, berceau de la civilisation française, et la Révolution de 1789 émancipatrice du Tiers état, tout en valorisant le protestantisme français. En lointain précurseur de la longue durée, Guizot associe très étroitement l'évolution de la société française aux faits sociaux et intellectuels, qui lui paraissent beaucoup plus déterminants que les simples événements politiques.

Plus encore que chez Guizot, les talents d'historien d'un Adolphe Thiers (1797-1877) ont été largement éclipsés par son rôle politique, sous la monarchie de Juillet et au début de la IIIe République. Et pourtant, son *Histoire de la Révolution française* en huit volumes (1823-1827) a connu un immense succès tout au long du XIXe siècle. Écrite dans une conception anecdotique, et même journalistique de l'histoire, elle manifeste un esprit prudhommesque, attentif à séparer le « peuple » de la « populace ». Pourtant, Thiers s'attache à trouver des circonstances atténuantes aux excès de 1793. Fatalité ? Engrenage des causes et des effets ? Sans justifier les crimes des révolutionnaires, l'auteur les explique, et par là-même en atténue la portée. Pragmatique avant tout, cette *Histoire de la Révolution* sert donc le mythe bourgeois de 1789, mais sans pour autant sacrifier au messianisme des grands idéaux. Plus solide, en termes de métier, apparaît son *Histoire du Consulat et de l'Empire*, publiée en 1855 après « quinze ans de labeur soutenu ». L'ouvrage diffuse un message politique implicite à l'adresse de Napoléon III, qui l'avait écarté de la politique. Quoiqu'admirateur « ardent » de Napoléon Ier, de son génie, de son « esprit sensé » et de « ses facultés puissantes », Thiers exprime un regret qui semble dirigé à la fois contre l'oncle et contre le neveu : « Le despotisme peut tout sur les hommes puisqu'il a pu pervertir le bon sens de Napoléon ». Et d'exprimer un doute face à ceux qui affirment que « c'est avec désintéressement qu'ils professent l'excellence du pouvoir absolu » (*Histoire du Consulat*..., *op. cit.*, p. 13). Au plan méthodologique, Thiers y pratique l'histoire comme on gère un patrimoine : observateur scrupuleux des « faits », il se sent redevable du moindre détail, de l'acquis et du passif, attentif à démêler la « vérité » historique du « mensonge ». Ses recherches sont conduites comme des enquêtes policières, avec circonspection, dans la peur constante de se tromper ou d'être trompé par ses sources. Sa méthode, parfois définie comme « fataliste », consiste à « rester impassible devant le vice et la vertu » ; elle manque assurément de perspective et d'esprit d'ouverture, aux antipodes d'un Michelet.

Des historiens partisans de la monarchie constitutionnelle

L'académicien Auguste Mignet (1796-1884) est proche de Thiers à plus d'un titre : comme lui d'origine provençale, il a milité dans les rangs du parti libéral et a participé avec lui à la fondation du *National,* journal d'opposition à Charles X. Comme Thiers encore, et au même moment, il a écrit dans la ferveur de son opposition radicale aux « ultras » une *Histoire de la Révolution française*, en deux volumes (1824). Comme Thiers, enfin, Mignet défend l'image d'une « Révolution une et indivisible », imputant tous les excès de 1793 à la « violence de la situation » : « Trois années de dictature de salut public, si elles ont été perdues pour la liberté, ne l'ont pas été pour la Révolution [...] ». Dans un autre domaine, Mignet fait œuvre de pionnier en s'intéressant à l'Espagne de la Renaissance, avec son *Philippe II* (1844) et son *Charles-Quint* (1854).

D'autres auteurs s'intègrent à des titres divers au courant libéral. Henri Martin (1810-1883) est l'auteur d'une volumineuse *Histoire de France depuis les temps les plus reculés jusqu'en juillet 1830* (1838-1884), en 15 volumes, écrite à la façon évocatrice d'un A. Thierry, mais considérée par L. Halphen comme une « pesante compilation ». Le pôle terminal de son œuvre – juillet 1830 – correspondait bien à l'idéologie libérale, qui en faisait l'aboutissement logique de 1789, perçu comme le point de départ d'une véritable histoire française, celle du Tiers état et de la race gauloise, jadis vaincue par les Romains. J.-C.-L. Simonde de Sismondi (1773-1842) est plus connu aujourd'hui comme théoricien de l'économie que comme historien. Pourtant, il publia une *Histoire des Républiques italiennes du Moyen Age* (1817), une *Histoire de la chute de l'Empire romain* (1835), ainsi qu'une *Histoire des Français,* pesante chronique en 31 volumes parue entre 1821 et 1844. Fils d'un pasteur d'origine toscane, ancien « citoyen de Genève » devenu français en 1798 pour cause d'annexion, il s'exila en Toscane, où il entreprit des *Recherches sur les Constitutions des peuples libres*, ouvrage posthume dont l'objectif avoué était de « réveiller des sentiments honnêtes, vertueux et républicains dans le cœur des Français » (*Recherches...*, Droz , 1965, p. 263 *sq.*). Dans un ouvrage de la maturité, les *Nouveaux principes d'économie politique* (1837), Sismondi reviendra sur la foi libérale de sa jeunesse, allant jusqu'à dénoncer les excès du capitalisme naissant. Cité plusieurs fois par K. Marx dans son *Capital* (1867), il prendra même, sous la plume de Keynes, la figure d'un réformiste social...

Totalement oubliée aujourd'hui, la « consciencieuse » *Histoire des Français* du « vénérable Sismondi» (Michelet) s'arrête au seuil des États Généraux, moins par désintérêt pour la Révolution que par scrupule d'objectivité : il craint de « torturer les faits » pour justifier des opinions personnelles ou soutenir des droits, des partis, des ambitions, voire pour fabriquer une image idéalisée du passé national. Sans le formuler nettement, Sismondi laisse entrevoir une vision de la Révolution assez proche de celles de Thiers et de Mignet. Devançant Tocqueville, il s'attache à démontrer qu'elle fut le fruit prévisible des convulsions de plus d'un millénaire, et que « ce grand choc » s'enracine dans l'absolutisme royal – qu'il fait remonter jusqu'à Louis XI – et dans l'égoïsme des aristocrates. Mais en partisan convaincu des Lumières, il se positionne sans état d'âme du côté du « parti du changement et de la révolution », même s'il admet volontiers qu'en ces temps troublés « l'esprit abusa de sa liberté ». Car un peuple peut-il résister à la fatalité de l'Histoire, surtout quand celle-ci semble « un grand fait de justice divine » ? Un véritable cycle historique poussait ainsi la société aristocratique vers sa fin : « Personne ne pouvait maîtriser le cours des choses [...]. Le 5 mai 1789 [date de la réunion des États Généraux à Versailles] est une des plus grandes dates de l'histoire ; c'est celle où la vieille monarchie de France a eu son dernier jour, cette monarchie que les évêques avaient faite et qui, de religieuse devenue aristocratique et militaire, se fit enfin absolue, pour s'user plus vite et mourir [...] » (*Histoire des Français*, *op. cit.*, tome 30, pp. 454-457).

LE COURANT DÉMOCRATIQUE : UNE HISTOIRE RÉPUBLICAINE

Ces historiens – des journalistes, des publicistes ou des professeurs – ont cru au « printemps des peuples » de 1848. S'ils s'intéressent à l'histoire, c'est d'abord pour essayer de comprendre ou de justifier leur engagement contre la monarchie de Juillet, puis contre le Second Empire. Ils affectionnent l'histoire contemporaine, et plus particulièrement le thème des révolutions de France, d'Italie ou de Grèce, à travers lesquelles ils croient reconnaître leurs idées républicaines. A. de Lamartine, E. Quinet et L. Blanc sont particulièrement représentatifs de ce courant.

Lamartine, ou l'histoire au service de l'engagement politique

Alphonse de Lamartine (1790-1869) est plus connu comme écrivain et homme d'État que comme historien. Après la mort de sa fille, il se lance dans la politique, et devient, entre 1833 et 1851, député chrétien libéral et social. C'est en 1847 qu'il publie les huit volumes de son *Histoire des Girondins*. Cette œuvre, destinée à donner au peuple « une haute leçon de moralité révolutionnaire propre à l'instruire », connut un succès aussi retentissant que bref, dû pour une part au climat pré-révolutionnaire de 1847 (troubles alimentaires, chômage). Au fil des pages, il laisse filtrer sa méditation sur l'Événement « qui a éclipsé tous les siècles ». La Révolution française fut le produit de la « main de Dieu », qui a ainsi voulu réconcilier, à deux mille ans de distance, le spiritualisme chrétien et la raison philosophique du XVIIIe siècle, autour d'un idéal à la fois divin et universel : liberté, égalité, fraternité des hommes, « règne du peuple et évangile des droits sociaux ». Mais cette révolution pure et incorruptible parce que divine, a assassiné Louis XVI, « juste et martyr » et Marie-Antoinette, la « reine étrangère », et si Robespierre fut « une grande incorruptibilité », il restera aussi « un grand remords ». Conclusion en demi-teinte : « la révolution est glorieuse et triste comme le lendemain d'une victoire ou la veille d'un autre combat [...] ». Tel un drame antique, « elle est pleine de deuil, et pleine surtout de foi [...] ». Chronique d'une révolution annoncée, l'*Histoire des Girondins* proposait un message clair : oui à une démocratie politique qui cherche à faire disparaître les « incorrigibles inégalités de la nature et de la loi », non au débordement de la populace, non à la tyrannie des factieux. « Il faut diriger les masses [...], qu'elles ne se laissent pas entraîner dans les routes de la subversion totale et du matérialisme [...] ». Quelques mois seulement après la parution de l'*Histoire des Girondins*, Lamartine se plaçait aux côtés des « républicains », contre les « rouges »... Après son échec à la tête du « Gouvernement provisoire » de février 1848, il publiait « à chaud », dès juillet 1849, une *Histoire de la Révolution de 1848*, qui connut aussi un gros succès de librairie. Comme dans l'*Histoire des Girondins*, Lamartine s'y préoccupe moins de raconter les faits par le menu (à la façon d'un Thiers) que de tirer un enseignement moral de « sa » révolution, un phénomène « unique » qui éclata comme « un tremblement soudain ». En écrivant à la troisième personne, Lamartine se fait son propre historien : sauveur de la République, de la Patrie, de l'Europe et de la Civilisation, il l'a été – selon lui – en imposant le drapeau tricolore contre le drapeau rouge, ce symbole de la guerre civile et du fanatisme des clubs. Dans une conclusion mitigée, idéaliste et poétique, il appelle à la conciliation de l'impossible, « une République conservatrice et progressive (!) ». J. Gesztesi ironise : « Que n'est-il tombé sur une barricade en défendant son œuvre : la république modérée ? La France reconnaissante eût érigé sa statue au Panthéon parmi celles de ses plus illustres hommes politiques ! » (*Histoire de la Révolution de 1848*, 1948, p. 46).

Edgar Quinet : un républicain idéaliste

Pour son biographe A. Valés, Edgar Quinet (1803-1875) fut « l'un des plus puissants esprits de la France du XIXe siècle », tant pas l'intelligence que par le caractère. Ancien élève du philosophe « éclectique » Victor Cousin (1792-1867), ce républicain chrétien fut l'homme d'un seul combat : celui de la liberté (« Si je suis quelque chose, je suis esprit de liberté », écrivait-il à la fin de sa vie).

Né dans une famille « honorable » de la Bresse, il subit la double influence d'un père au catholicisme rigide et d'une mère protestante, pieuse et cultivée. Doué pour les mathématiques (il fut admissible à Polytechnique), il manifesta pourtant une préférence précoce pour les lettres et pour l'histoire. Influencé par l'œuvre de Mme de Staël et nourri de philosophie allemande, il traduit dès 1825 l'*Idée sur la philosophie de l'histoire de l'humanité,* de Herder, qui l'éveilla à la force de l'esprit des nations *(Volksgeist).* Après un voyage en Allemagne, il participe à l'expédition française en Morée – l'actuel Péloponnèse – contre l'occupation turque (1827-1829) ; il en ramène *De la Grèce moderne et de ses rapports avec l'Antiquité* (1828). Pendant près de dix ans, il attendra un poste d'enseignant, comblant ses loisirs forcés par des voyages en Europe. Il en profite pour publier plusieurs recueils poétiques. Après un bref passage à la Faculté de Lyon, il finit par être élu en 1842 au Collège de France dans une chaire de « l'histoire des littératures et des institutions comparées du Midi de l'Europe ». Quinet et son ami et collègue Michelet enflamment un auditoire cosmopolite de leurs credo démocratiques – mais en 1846, leurs cours étaient suspendus. Élu à l'Assemblée Constituante de 1848, Quinet est proscrit dès 1851 ; commence alors pour lui une vie d'éternel exilé, qui le conduira de Bruxelles à la Suisse, où il séjournera de 1858 jusqu'à la chute du Second Empire. En février 1871, il sera à nouveau élu député républicain à l'Assemblée nationale.

Durant son long exil, Quinet se consacra définitivement à l'histoire. Ses *Œuvres complètes*, trente-sept volumes au total, confirment à la fois la diversité de ses curiosités et la constance de ses opinions, depuis sa *Philosophie de l'Histoire de France* (1855) jusqu'au *Siège de Paris*, publié en 1872. C'est en 1848 qu'il commença *Les Révolutions d'Italie* (1852), volumineux ouvrage dédié aux émigrés italiens ; l'auteur s'y attarde sur les malheurs de la péninsule depuis le Moyen Age ; il y révèle son anticléricalisme et son hostilité au pape, défini comme « l'Éternel étranger ».

En 1865, il publie un ouvrage sur la révolution française, sur lequel il travaillait depuis treize ans. Histoire philosophique, qui adopte un plan mi-chronologique mi-thématique, *La Révolution* connaît un succès immédiat, en même temps qu'elle soulève par son pessimisme de multiples polémiques au sein du parti républicain. L'ouvrage se veut une dissection froide de 1789 ; non seulement l'auteur y dénonce les fautes et les crimes des révolutionnaires, mais encore il se livre à une analyse critique du jacobinisme, qui a enfanté le bonapartisme, aux dépens de la démocratie française. Mais ce que Quinet reproche avant tout aux acteurs de la Révolution, « c'est d'avoir conçu l'émancipation moderne de l'humanité sans lui offrir de point d'appui religieux », car pour lui, conscience civique et conscience religeuse se renforcent mutuellement – sur ce point, Quinet s'opposera à son ami Michelet, pour qui la Révolution constitue le point final de l'histoire du christianisme (F. Furet, *La Gauche et la révolution*, *op. cit.*, p. 60).

Par ailleurs, si Quinet a magnifié l'œuvre de la Constituante et des Girondins, il a condamné celle des Montagnards qui, sous la contrainte, ont voulu forcer le peuple à être libre – en ce sens, les Montagnards renouaient avec le passé autoritaire de la France. « Procédure d'extermination qui fonctionne dans le vide » (Furet, *op. cit.*, p. 66), la Terreur lui apparaît comme une forme jacobine de l'absolutisme. Et s'il excuse la Terreur en tant que réaction populaire à la contre-Révolution, il la condamne comme système de gouvernement, car elle s'inscrit dans la longue durée de l'absolutisme, depuis Louis XI jusqu'à la Saint-Barthélémy : « la Terreur n'est pas seulement une déviation malheureuse de la Révolution, c'est sa négation même » (Furet, *ibid.*). Loin de lui apparaître comme « une chose entière » – Clemenceau dira plus tard « un bloc », avec ses crimes et ses vertus –, la Révolution est donc par lui nettement scindée en deux moments, et si

1789 a été admirable, 1793 est condamnable (« Combien de temps répéterez-vous encore cet étrange non-sens, que tous les échafauds étaient nécessaires pour sauver la Révolution qui n'a pas été sauvée ? [...] »).

Quinet n'a jamais connu le succès d'un Michelet ou d'un Taine. Non pas qu'il ait failli sur le plan de la méthode historique. S'il ne pratiquait pas l'érudition besogneuse des « positivistes », il était doué pour la composition et le style, avait le goût de la couleur et le sens de la synthèse. Son relatif échec tient d'abord à son manque d'ambition et de savoir-faire ; peut-être aussi à ses convictions trop affirmées de démocrate sans concessions ; convictions qui lui ont fait choisir un exil prolongé, alors que d'autres – Michelet, Tocqueville – s'étaient éloignés du pouvoir sans s'exiler (Albert Valés, *Edgar Quinet, sa vie et son œuvre*, 1936).

Louis Blanc : un historien jacobin

Comme Lamartine ou Quinet, Louis Blanc (1811-1882) est un exilé, un vaincu de la Seconde République. Fils d'un haut fonctionnaire napoléonien, il travailla d'abord comme journaliste engagé « à gauche ». En 1841, il publie sa volumineuse *Histoire de dix ans*, pamphlet dirigé contre Louis-Philippe, fort détaillé, structuré de loin en loin par des maximes puissantes. La thèse en est simple : la monarchie de Juillet représente la montée en force de la bourgeoisie maîtresse du sol et des capitaux, et qui n'aspire plus qu'à l'affirmation de sa domination politique, sans jamais tenir compte des pauvres, auxquels elle impose les vices du système industriel et une féodalité moderne, « pire que l'ancienne ». La bourgeoisie est suffisamment myope pour ne pas voir son intérêt dans le rapprochement, dans l'association et dans la fraternité avec le peuple. Si elle possède quelques qualités (le goût du travail, le respect de la loi...), elle est, par contre, inapte à gérer les affaires publiques, car elle manque d'ampleur de vue.

Durant la Révolution de février 1848, L. Blanc joue un rôle de premier plan dans la création des Ateliers nationaux, mais il doit émigrer en Angleterre après les journées de juin qui éliminent les socialistes et les « rouges ». Pendant ce long exil, il vit de sa plume comme publiciste et comme historien. Ses *Lettres d'Angleterre* ont la fraîcheur d'une chronique, émaillées de remarques en demi-teinte sur les effets du paupérisme (surtout après la crise cotonnière de 1862). Cette année-là, il fait publier les douze volumes de son *Histoire de la Révolution française*, dont le premier tome était déjà paru en 1847 ; en jacobin ardent, il prend le contrepied d'un Lamartine, d'un Quinet ou d'un Michelet – ce dernier le traitera de « papiste socialiste ». Pour lui, dont le grand-père a pourtant été guillotiné, il est clair que la Terreur robespierriste fut « un enfantement admirable » de l'Histoire, produit d'une fatalité qui commandait à tous les hommes. Admirateur de 93, il fait l'apologie de Robespierre et de Danton et s'attache à démontrer que leur élimination par des « fanatiques » (entendons les « hébertistes ») éreinta la Révolution en armant ses ennemis de l'intérieur et de l'extérieur. Tout le mérite de cette « page sanglante et glorieuse » (selon la formule de George Sand) réside alors dans sa défense, admirable, face à une Europe scandalisée et coalisée, qui ne comprenait pas que la Révolution « défendait la cause de tous les peuples contre tous les peuples ». Fruit de la double et contradictoire conception de Voltaire et de Rousseau, elle reste « un grand phare allumé sur des tombeaux ». Ainsi, sans justifier totalement la Terreur, il la présente comme une nécessité imposée par les ennemis de la Révolution : « La terreur, préparée par des siècles d'oppression [...] sortit des entrailles de l'Histoire [...] ». « Pour Louis Blanc, la Constituante réalise le programme de Voltaire, qui est celui des possédants ; la Convention est fille de Rousseau, travaille pour les masses populaires, prépare le troisième âge de l'humanité, après l'autorité et l'individualisme : l'âge de la fraternité [...] » (F. Furet, *La Gauche et la révolution*, *op. cit.*, p. 16). En 1870, il publiait une *Histoire de la révolution de 1848*, aux accents nettement plus modérés : l'historien gagnait en lucidité, allant jusqu'à admettre l'aveuglement du Gouvernement provisoire, et à reconnaître à ses anciens adversaires des motivations « honorables ». L'exilé se tourne alors vers sa patrie, la France, dont « la flamme brûle, inextinguible [...] ».

Quand Louis Blanc s'éteint, la IIIe République est installée en France, et pour longtemps. Devenue le bien commun des Français, la Révolution cesse pour un temps d'occuper le centre des recherches historiques, et l'idéologie politique semble céder la place à des objectifs plus scientifiques.

DEUX HISTORIENS INCLASSABLES : MICHELET ET TOCQUEVILLE

Ces deux auteurs résistent à tout principe rigoureux de classement, tant leurs idées, leurs méthodes et leurs styles outrepassent les canons des courants précédemment entrevus. Michelet surtout, dont le génie domine le siècle, fut, tout à la fois, de nature romantique et de conviction républicaine. Tocqueville est un solitaire qui marche à contre-courant dans son siècle, précurseur de l'« histoire-problème » à une époque où l'on ne conçoit guère que l'« histoire-récit ».

Jules Michelet, ou « l'historien du siècle »

Pendant plus de cinquante ans, Michelet (1798-1874) s'attela à son œuvre avec une persévérance artisanale. Jeune encore, il avait accédé aux plus hautes fonctions, et au milieu des années 1840, ce professeur à l'élégance un peu surannée attirait à son cours du Collège de France des centaines d'étudiants fascinés par la magie de son verbe et par l'exaltation de ses convictions républicaines. Malgré ses brusques changements de cap – fruits d'une inspiration impérieuse –, Michelet a maintenu la cohésion de sa recherche autour d'« un réseau organisé d'obsessions » (R. Barthes, 1965) : l'histoire de la nation et du peuple français, l'épopée révolutionnaire, la quête de l'homme universel. Et pourtant, Michelet n'a pas suscité d'émules, même si, tardivement, l'histoire des *Annales* a reconnu ses dettes vis-à-vis de cet « ancêtre » inclassable. Contesté par les historiens et les philosophes de son temps, écrivain et poète, il racontait l'histoire en visionnaire et en dramaturge. La crise actuelle de l'histoire qui rompt avec le scientisme latent de l'« école des Annales », lui redonne une certaine actualité. Ses *Œuvres complètes*, qui rassemblent une soixantaine de volumes, ont fait l'objet de trois éditions : chez Calmann-Lévy à partir de 1875, chez Flammarion entre 1895 et 1898, puis entre 1973 et 1982.

❑ ***L'ascension d'un « fils du peuple ».*** Son plus récent biographe, É. Fauquet, distingue quatre étapes dans sa vie : la jeunesse et la formation (jusqu'en 1820), l'ascension du professeur (jusqu'en 1830), l'apogée professionnel sous la monarchie de Juillet, enfin l'auteur, qui se consacre exclusivement à son œuvre (É. Fauquet, 1990). On connaît mieux son parcours intellectuel et affectif par le *Journal intime* – document rarissime chez un historien –, accessible au public depuis une vingtaine d'années.

Lui-même n'a cessé de rappeler qu'enfant, il avait dû travailler dans l'atelier de son père, un artisan-imprimeur du Marais, ruiné sous l'Empire, et qui lui légua le mépris des Bonaparte. Toute sa vie, le fils et le père garderont des liens affectifs très forts. En 1812, au collège Charlemagne, ce fils de pauvre, « effarouché comme un hibou en plein jour » se réfugie dans ses études et gagne trois prix au concours général. Après avoir occupé des postes obscurs de répétiteur et d'enseignant de collège, il est reçu troisième à l'agrégation de 1820, ce qui lui permet d'enseigner la philosophie et l'histoire dans plusieurs établissements. A 26 ans, il épouse Pauline, sa maîtresse, une femme de sept ans son aînée, qui mourra alcoolique en 1839. Michelet aurait pu végéter longtemps encore, sans l'intervention de deux maîtres influents, Guizot et Villemain, qui le font nommer professeur à l'École normale supérieure dès l'âge de trente ans, puis professeur particulier de la fille du roi Louis-Philippe. Sous la monarchie de Juillet, son ascension se fait fulgurante : il devient successivement Chef de la Section historique aux Archives nationales (1830), suppléant de Guizot à la Sorbonne (1834), titulaire d'une chaire d'histoire et de morale au Collège de France (1838). Mais il s'oppose au coup d'État du 2 décembre 1851, perd tous ses emplois officiels et « s'exile » pendant quelques années à Nantes, où il poursuit des recherches sur l'histoire de la Révolution. Par la suite, il fera alterner des séjours parisiens prolongés avec de longs voyages en Italie et en Suisse. C'est pour lui une période féconde, interrompue seulement par la mort.

❑ ***L'histoire, ou la résurrection poétique de la vie intégrale.*** Sa méthode historique dérive directement de sa conception philosophique de l'Histoire. Jeune étudiant, puis répétiteur, il avait préféré aux historiens du récit les historiens-philosophes et les écrivains : Tacite, Suétone, Fénelon, Montesquieu, Rousseau, Voltaire, Mme de Staël, B. Constant. D'Abel Villemain, professeur à la Sorbonne, il semble avoir médité ces phrases prémonitoires : « Je demande à l'historien l'amour de l'humanité ou de la liberté ; sa justice impartiale ne doit pas être impassible. Il faut au contraire qu'il souhaite, qu'il espère, qu'il souffre ou soit heureux de ce qu'il raconte [...] » (*Cours de littérature française*, 1928). En 1819, il avait soutenu sa thèse latine sur *La Perception de l'infinité selon Locke* (1632-1704). En 1824, il avait entrepris une traduction (incomplète et non littérale) de la *Scienza Nova* du philosophe napolitain Giambattista Vico, qui parut en 1827 sous le titre *Principes de la philosophie de l'histoire*. En 1836, il publiait également des *Œuvres choisies* de Vico, montrant ainsi une belle constance dans son goût pour le philosophe italien. A la fin de sa vie, Michelet rappelait cette dette philosophique : « Je n'eus de maître que Vico. Son principe de la force vive, de l'humanité qui se crée, fit et mon livre et mon enseignement (Préface de 1869 à l'*Histoire de France*). Dette « exclusive » ? Rien n'est moins sûr : Michelet a été sensible à d'autres influences intellectuelles que l'on retrouve, çà et là, dans ses livres : Locke, le sensualisme du XVIIIe siècle (qui reste, pour lui, le « grand siècle » par excellence), le transformisme (des espèces), l'idéalisme moral de Kant, l'éclectisme philosophique de V. Cousin (qu'il consulta lorsqu'il traduisait Vico), et même Herder que son ami Quinet avait traduit. Jusqu'à la guerre de 1870, Michelet restera un grand admirateur de la culture allemande qu'il avait en partie découverte en 1828 en visitant des universités allemandes, Heidelberg en particulier (G. Milhot, « Michelet, philosophe de l'histoire », *Revue Europe*, n° 535/536, nov. 1973).

C'est dans la Préface de son *Histoire de la Révolution française* (1869) ainsi que dans les « Matériaux de la préface ajournés » que Michelet exprime le plus clairement sa méthode : « l'histoire résurrectionniste ». Sa prétention est de « recréer » le temps par la puissance de l'imagination et par un processus d'identification : « L'histoire fait l'historien, bien plus qu'elle n'est faite par lui [...] ». Michelet reste fasciné par le monde des défunts : « J'avais, avoue-t-il, une belle maladie qui assombrit ma jeunesse, mais bien propre à l'historien. J'aimais la mort [...] ». Aux Archives Nationales, il avait découvert ce pouvoir de résurrection : « Dans les galeries solitaires des Archives ou j'errai vingt années, dans ce profond silence, des murmures cependant venaient à mon oreille [...] ». Œdipe remontant le temps, il vit la mort des autres par procuration et explique aux trépassés leur propre énigme (R. Barthes, Seuil, 1965). Pour Michelet, l'historien est un démiurge, capable, par son seul vitalisme, de redonner la vie aux sociétés éteintes et de restituer aux hommes leur « vraie » place, bonne ou mauvaise, devant le tribunal de l'Histoire, qui se substitue ainsi au jugement de Dieu.

Cette « résurrection de la vie intégrale », version laïcisée de la résurrection des morts (qui ne surprend qu'à moitié chez cet ancien catholique ayant médité *L'Imitation de Jésus-Christ*, avant de devenir voltairien, passée la quarantaine) serait, pour certains, la première intuition prophétique de l'« histoire totale ». L'historien devra tenir compte de la géographie, « sans laquelle le peuple semble marcher sur la tête [...] comme dans les peintures chinoises où le sol manque [...]. Tel le nid, tel l'oiseau. Telle la patrie, tel l'homme ». L'historien doit aussi être attentif au climat, aux aliments, aux faits matériels et spirituels, ainsi qu'au « grand mouvement de l'âme nationale », philosophie, religion, art, droit, littérature... « La vie n'est véritablement la vie qu'autant qu'elle est complète. Les organes sont tous solidaires [...] » (Préface de l'*Histoire de France*, 1869).

Ses adversaires lui ont reproché de n'être qu'un visionnaire romantique, de tirer plus vers Alexandre Dumas que vers Guizot, d'être plutôt penseur et moraliste qu'historien, d'escamoter ses démonstrations par la magie de l'écriture... De fait, il existe un « style Michelet », qui n'est guère travaillé, mais se nourrit de métaphores, d'ellipses et de ruptures – car Michelet ne répugne pas à briser le cadre étroit de la narration par des exclamations moralisatrices ou par des apostrophes adressées à ses personnages. Pour J. Favret et J.-P. Peter, «Michelet fait des trous dans le langage pour en faire sortir des illuminations ». En 1912, l'abbé Mignier en soulignait le caractère sensuel, presque indécent : «Michelet dans son style sent l'ivresse et le rut. Il titube et c'est le spasme. Il écrit avec son corps, un corps nerveux, vibrant, tout de désir [...] ». Plus prosaïquement, un critique du journal *Le Temps* (du 27 juillet 1837) lui reprochait d'avoir voulu - ô scandale ! – « réconcilier l'histoire et la poésie ». Sa langue est musicale, maniant subtilement l'accord riche et la dissonance : c'est tout le contraire d'une langue monocorde ou académique, froide, savante ou parcimonieuse ; Michelet est polyphonique. Mais le musicien des mots peut aussi se faire coloriste : «Michelet écrit comme Delacroix peint », notait déjà Taine, qui rend hommage à son « lyrisme divinatoire ». Ce n'est pas un hasard si Michelet aimait Rubens, peintre de la couleur et du mouvement, dont il avait admiré le « Saint Georges ». Mais il a aussi les défauts de ses qualités : fou de la couleur et de la description intuitive, il tombe souvent dans un pathos moralisateur ; comme il choisit les faits en fonction du sens qu'il se propose de leur donner, ses analyses politiques ou sociales manquent d'esprit critique et ne sont rachetées que par le style. Pour les Goncourt, il reste « le grand historien du rêve, le grand somnambule du passé [...] ».

❑ ***Michelet, historien de la France, de la Révolution et du peuple.*** Parmi les passions qui hantent son imaginaire, l'histoire nationale est la plus obsessionnelle ; s'il évoque un autre peuple ou un autre pays, c'est toujours pour se référer à la France, fille de Rome et de la Chrétienté. Elle est l'asile du monde et lui paraît supérieure à toute autre nation « comme dogme et comme légende ». A la France, il a consacré l'essentiel de son énergie : de 1832 à 1844, il fait paraître les six premiers volumes de son *Histoire de France*, qui courent des origines jusqu'à la mort de Louis XI (1483). Entre 1847 et 1853, sortent sept gros volumes consacrés à l'*Histoire de la Révolution française* – son chef-d'œuvre. A partir de 1855 et jusqu'en 1867, dix autres volumes reprennent le récit chronologique de l'histoire de France, depuis la Renaissance jusqu'à la mort de Louis XVI. A partir de 1870, Michelet consacre ses derniers efforts à une *Histoire du XIXe siècle* français dont trois volumes « seulement » sortiront. Ils embrassent le Directoire et le Premier Empire, période-repoussoir que Michelet ne se prive pas de critiquer. Il y démolit Bonaparte, dont le nom d'origine mauresque (*buona pars*, « bonne chance ») lui paraît résumer tout le personnage – à Napoléon Ier, il ne reconnaît guère que le génie militaire.

Plus que l'histoire de France, Michelet écrit son épopée, la faisant naître d'une rencontre des races sur un terroir – contrairement à un Guizot, il sous-estime le rôle des classes sociales et fait naître les conflits d'une contradiction entre la liberté et la fatalité. Il attribue à la France une personnalité propre, quasi mystique, qu'il aurait perçue « dans l'éclair de Juillet » (1830) : « [...] une grande lumière se fit et j'aperçus la France [...]. Le premier, je la vis comme une âme et une personne [...]. Les peuples du grand corps, races, contrées, s'agencèrent de la mer au Rhin, au Rhône, aux Alpes, et les siècles marchèrent de la Gaule à la France » (Michelet, « Matériaux de la Préface ajournés », *L'Arc,* 1973, p. 5.). « La France a fait la France [...]. Elle est fille de sa liberté [car] l'homme est son propre Prométhée ». Le moteur de l'Histoire lui paraît donc être une grande cause finale qui tend vers un seul but : « le triomphe progressif de la liberté ». Dans cette longue lutte historique, qui a porté les progrès de la civilisation de l'Orient « obscur » vers un Occident radieux, dans cet affranchissement progressif de l'humanité, le flambeau est passé de la Grèce à Rome et de Rome à la France : « La France est comme la tête de cette Europe [...]. Elle est la Rome moderne [...]. La France n'est point une race comme l'Allemagne, c'est une nation [...]. Son histoire est l'idée du droit. Elle est le génie social du monde ; elle est la plus européenne [...]. Elle dit le verbe de l'Europe comme la Grèce a dit celui de l'Asie [...] ». Déesse intransigeante, Vierge-Mère, la France exige « le dévouement absolu, le sacrifice, la mort [...] » (P. Bénichou, *Le Temps des prophètes*, Gallimard, 1977).

De cette *Histoire de France*, la grande Révolution constitue l'événement le plus important – dans l'histoire du monde, il la place juste avant la Réforme de Luther : « La France, sachez-le, n'aura jamais qu'un seul nom, inexpiable, et qui est son vrai nom éternel, la Révolution » (*Le Peuple*, 1846, préface, p. XXXV). D'ailleurs, pour ses contemporains, Michelet fut avant tout l'auteur de l'*Histoire de la Révolution française*. « Épopée lyrique » plus que livre d'histoire ? La Révolution est, en effet, pour Michelet, la Nouvelle Loi qui efface l'Ancienne ; elle est la figure usurpatrice du Christianisme, car « le Dieu de Justice est le Dieu de la Révolution » : « Sainte, sainte Révolution, que vous tardez à venir [...]. Moi qui vous attendais depuis mille ans sur le sillon du Moyen Age, quoi ! je vous attends encore ». Dans cette épopée, l'historien ne cherche pas à cacher ses préférences : les Sans-culottes, Mirabeau, Marat, Danton. A l'égard des Jacobins, il n'exprime que du mépris, et Robespierre lui apparaît comme une triste caricature de la Justice.

Derrière la Révolution figure le Peuple. De ses racines populaires et républicaines, Michelet a gardé l'esprit démocratique et voltairien. En 1843, il avait publié en collaboration avec son ami E. Quinet un ouvrage polémique, *Les Jésuites*, où il désignait l'ennemi du progrès, le « jésuitisme », associé à l'« esprit de mort » et à la « stérilité ». Il y condamnait pêle-mêle le célibat, les couvents et la confession. En janvier 1846, sortait un autre livre-programme, *Le Peuple*, dédié à E. Quinet, et où il décrivait longuement les servitudes des « classes inférieures », le paysan et l'ouvrier, le marchand et le bourgeois. Dans une France encore très rurale, l'ouvrier compte moins que le paysan, ce paysan qui lui semble symbolisé par « la figure de Jacques dressée sur le sillon »... Le peuple est, selon lui, « matriciel », en ce sens que tout naît de lui, et qu'il est au principe de l'Histoire. Dans plusieurs de ses cours au Collège de France, il exprime son amour des masses à travers les descriptions du menu peuple médiéval. Plus tard, Michelet s'attachera à raconter longuement les légendes et les sagas des héros populaires, de Roland à Jeanne d'Arc, qui lui paraissent autant de symboles de la force morale et du sublime à l'état pur (P. Viallaneix, *La Voie Royale*, Delagrave, 1959, p. 48). Après 1852, il ne cesse de célébrer l'idée républicaine ; par exemple dans *Le Banquet* – une œuvre posthume qui, à la manière de la Cène ou du *Banquet* de Platon, exalte les banquets socialistes et républicains, préfigurations d'un futur banquet universel, qui rassasiera toutes les famines, matérielles et spiriturelles, de l'humanité (G. Cognot, « Qu'est-ce que le peuple ? », *Revue Europe*, n° 536, nov. 1973). Attentif à l'histoire européenne de son temps, il ne répugne pas, non plus, à célébrer le combat républicain en dehors de l'Hexagone ; ainsi, dans *Les légendes démocratiques du Nord* (1863), il rend hommage aux patriotes d'Europe Centrale, à Kosciuszko (1746-1817), le héros polonais qui se battit pour la restauration de sa patrie, ou à la Roumaine Mme Rosetti qui s'illustra dans la révolution valaque de 1848.

Mais, singulier échec, à la fin de sa vie, cet historien qui se voulait « peuple » reconnaissait son impuissance à saisir ce qui est au cœur de la culture populaire : « Sa langue, elle, m'était inaccessible. Je n'ai pas pu le faire parler [...] » (*Nos fils*, 1869, vol. 2, p. 299).

❑ ***Michelet, historien de la nature, des femmes et de la sensibilité.*** A partir du milieu des années 1860, Michelet consacre une partie de plus en plus grande de son temps à des recherches fort éloignées de l'histoire politique : la nature et la femme, deux éléments qui lui paraissent complémentaires, car si l'Histoire est mâle, la Nature est femelle. Lui qui était « né comme une herbe sans soleil entre deux pavés de Paris », voici qu'il découvre la nature diverse et féconde, qui lui inspire des ouvrages de (fausse) science naturelle, remplis d'images poétiques, tour à tour rassurantes et inquiétantes : *L'Oiseau* (1864), *L'Insecte* (1857), *La Mer* (1861). Dans une autre veine, il célèbre la féminité, donnant successivement *Les Femmes de la Révolution* (1854), *L'Amour* (1859), *La Femme* (1860), *La Sorcière* (1862).

Ses biographes attribuent cette reconversion partielle à l'influence nouvelle qu'exerce sur lui une jeune femme, Athénaïs Mialaret, originaire de Montauban et préceptrice à Vienne (Autriche). Il découvre auprès d'elle une ardeur nouvelle, et malgré la grande différence d'âge, il l'épouse en 1849. Si Michelet exige d'elle le don absolu, en retour, elle se fait inspiratrice envahissante, et même un peu « vierge froide et castratrice » (G. Gognot, *id.*). Il finira par la considérer comme une sœur-épouse, à laquelle il reconnaît un empire sur lui-même, fée et sorcière à la fois. A travers cette expérience féminine, c'est toute une conception de la création qui s'affirme : pour Michelet, nature et histoire s'enfantent du même ventre, et l'être idéalisé devient femme-matrice qui permet à l'homme-Michelet de concevoir ses ouvrages. A ses yeux, Athénaïs symbolisera bientôt la France unifiée et vivante (Jeanne Calot, *La Création de la femme chez Michelet*, 1975).

De la vaste galerie de portraits féminins – où les viragos côtoient les femmes soumises – émerge la figure de *La Sorcière* (1862), que Michelet décrit comme un modèle profondément enraciné dans une tradition populaire et païenne, et qui ne cesse d'exercer un pouvoir de transgression par rapport à l'enseignement de l'Église. Tout au long du Moyen Age, on l'a décrite comme une folle, une sauvage, une possédée du démon (à la fin du XIXe siècle, Charcot fera renaître son double dans l'hystérique). Michelet s'attache plutôt à en valoriser les fonctions bénéfiques auprès des humbles, par exemple dans ses pouvoirs de guérison (Catherine B. Clément, *Europe*, n° 536). Dans *Les Femmes de la Révolution*, il esquisse une histoire du progrès à travers les femmes, en s'intéressant plus particulièrement aux « Jacobines » et aux principales actrices du drame révolutionnaire (Mme Roland, Charlotte Corday, etc.).

❑ ***Peut-on encore parler d'une modernité de Michelet?*** Après sa mort, intervenue à Hyères en février 1874, ce « prédicateur de la jeunesse » fut solennellement inhumé au Père-Lachaise devant 10 000 personnes, et en présence de délégations d'étudiants venues de Varsovie, de Bucarest et de Moscou. Après sa mort, il continuera d'exercer une forte influence sur les militants républicains de Russie et d'Europe centrale (Hongrie, Pologne, Roumanie). Lors du centenaire de sa naissance, en 1898, des cérémonies officielles eurent lieu au Panthéon, au Père-Lachaise et à l'Académie française; des conférences furent données dans toute la France et l'on fit lire dans les écoles des extraits de son œuvre. Michelet réconciliait les Français avec leur histoire, lui qui avait cherché et trouvé l'unité nationale dans le secret de son cœur. Proust (qui aimait ses préfaces) et Péguy (qui le plaçait à la hauteur de Hugo) comptèrent parmi ses admirateurs. En 1925, Gabriel Monod, exécuteur testamentaire de sa veuve, publia un ouvrage de réhabilitation: *La Vie et la pensée de Jules Michelet.* En 1944, Lucien Febvre lui reconnaissait la prémonition d'une histoire « totale »: « Le premier, il a introduit le sol dans l'histoire; il a prêté à l'Économie beaucoup plus d'attention qu'on ne le dit habituellement; il a fait à la Religion et à la Culture une très large place [...] ». Par ailleurs, L. Febvre lui sait gré d'avoir privilégié la Nation comme « synthèse vivante dans quoi s'intègrent les éléments ethniques, les influences géographiques, les activités économiques, les religions, les arts et les littératures [...] ». Malgré certaines réserves, J. Le Goff lui reconnaît un mérite essentiel: « Le droit à l'imagination pour l'historien, et singulièrement pour le médiéviste, c'est toujours Michelet qui nous l'enseigne le mieux » (J. Le Goff, « Michelet et le Moyen Age d'aujourd'hui », *in*: J. Michelet, *Œuvres complètes*, Flammarion, 1974, t. IV, p. 61). Quant au Michelet idéologue « petit-bourgeois », il semble avoir été récupéré par la gauche politique, sensible à l'idéalisme émotionnel de l'historien du *Peuple*, qui s'exclamait: « Je suis né peuple; j'avais le peuple dans le cœur [...] » et qui garda toute sa vie la nostalgie de la culture populaire, du parler succulent et spontané: « Causez un moment avec ces hommes du peuple et de la rue; vous serez étonnés de tout ce qu'il y a d'histoires non écrites [...] ».

Tocqueville, un aristocrate historien de la démocratie

Tocqueville (1805-1859), aristocrate de naissance, est un peu l'antithèse d'un Michelet « fils du peuple », et de tant d'autres historiens de son temps: il ne s'est jamais laissé enfermer dans une seule discipline, partagé qu'il était entre l'histoire, la sociologie et la science politique naissantes. En outre, il a adopté d'emblée une méthode comparative qui lui a permis de confronter les histoires nationales des États-Unis, de la France, de l'Angleterre et de l'Allemagne. C'est aussi un historien du politique, tardivement réhabilité par la crise des valeurs de la démocratie.

On le voit, Tocqueville échappe à tout classement simpliste. Il semble pétri de contradictions, déchiré entre ses positions intellectuelles et sa condition sociale. Fasciné par les progrès de la démocratie aux États-Unis et en Europe, il ne se sent pas, pour autant, démocrate de cœur – tout au plus de raison. Sa conception de l'histoire anticipe sur le futur, dans la mesure où elle tend plus vers la pluridisciplinarité que vers l'histoire-récit. Il n'a rien d'un érudit (même s'il lui est arrivé de faire de longs séjours en archives), et il privilégie toujours la problématique aux dépens de l'information brute (Françoise Melonio, *Tocqueville et les Français*, 1993).

❑ ***Entre les voyages, la politique et l'histoire.*** Par la branche paternelle, Alexis de Tocqueville remonte à Saint Louis. Sa mère descendait de Malesherbes, le défenseur de Louis XVI. Son père, Hervé de Tocqueville, était un gentilhomme normand, qui avait été sauvé de la guillotine par le 9 Thermidor et qui avait légué à son fils le goût des choses du passé – en 1847, Tocqueville père publiera une *Histoire philosophique du règne de Louis XV*. Né à Paris, le jeune Alexis passe son enfance au château de Verneuil en Normandie, avant d'entreprendre des études au collège de Metz, où son père avait été nommé préfet. Tout en poursuivant une licence de droit à Paris, il manifeste un goût prononcé pour la philosophie politique. C'est sans vocation qu'il devient juge-auditeur au tribunal de Versailles, où son père avait été muté. Sa nouvelle fonction lui laisse le temps d'assister à la Sorbonne au cours de Guizot en 1828-1829. Légitimiste de conviction, il finit par prêter (« sans joie ») le serment des fonctionnaires à la monarchie de Juillet.

Il obtient de son ministère de tutelle un ordre de mission (non rétribué) pour réaliser, avec son ami Gustave de Beaumont, un long voyage d'étude aux États-Unis ; il en tire, l'année suivante, un volumineux rapport : *Du système pénitentiaire aux États-Unis et de son application en France* (1833). Peu après son retour, il démissionne et s'inscrit au barreau. C'est en 1835 qu'il publie le premier volume du livre qui devait le faire connaître, *De la démocratie en Amérique* – le second volume paraîtra en 1840. Le succès est immédiat : l'ouvrage remporte le prix de l'Académie française, et lui vaut d'être élu, à 33 ans, à l'Académie des Sciences morales et politiques. Trois ans plus tard, il est reçu sous la Coupole.

Il partage alors son temps entre les voyages, la politique et l'écriture. Il visite plusieurs fois l'Angleterre, mais aussi la Suisse en 1836, l'Algérie par deux fois (en 1841 et 1846), l'Allemagne en 1849 et 1854. Il mène parallèlement une carrière politique : après un premier échec en 1837, il est élu député, sans interruption de 1839 à 1851. Moins disposé pour la parole que pour la plume, le député Tocqueville produit surtout des rapports : sur l'abolition de l'esclavage (1839), sur la réforme des prisons (1843), sur les affaires d'Algérie (1841 et 1847), sur la révision de la Constitution (1851). Élu à l'Assemblée législative en mai 1849, il devient, de juin à octobre 1849, le ministre des Affaires étrangères du président

Louis-Napoléon Bonaparte. Mais il s'oppose au coup d'État du 2 décembre 1851 ; enfermé pour un temps à Vincennes, il finit par renoncer à toute activité politique. De santé délicate, il meurt à Cannes à l'âge de 54 ans.

De l'ensemble de son œuvre, seuls deux ouvrages continuent d'être édités et traduits : *De la démocratie en Amérique* (1835) et *L'Ancien Régime et la Révolution* (1856). A vingt ans d'intervalle, ils encadrent la réflexion d'un aristocrate de conviction, lucide et réaliste, résigné à la « fatalité » démocratique.

❑ ***Les leçons de la démocratie nord-américaine : un modèle et ses dangers.*** Méditation prolongée à partir des matériaux accumulés durant le voyage de 1831, enrichie de lectures diverses : *De la démocratie en Amérique* (1834-1840) est un livre pensé autant qu'écrit, bien que faiblement structuré. Cette œuvre complexe n'obéit pas toujours à une logique de progression démonstrative ; ses concepts sont parfois flous (ainsi, la différenciation entre « sentiments » et « mœurs »). Mais la thèse reste cohérente : en Amérique, tout procède de la démocratie, qui reste le moteur du consensus social.

Dans le premier volume, l'auteur nous livre la « révélation » de son voyage : « l'égalité des conditions » est « un fait générateur » dont les effets se font sentir partout outre-Atlantique. Fait irréversible, processus de nivellement en marche, le fait démocratique est, à la fois, le passé et l'avenir de l'histoire, si bien que « vouloir arrêter la démocratie paraîtrait alors lutter contre Dieu même [...] ». Si l'Amérique apparaît comme un laboratoire politique idéal, c'est parce qu'elle est vierge d'idéologie, en même temps que dépourvue d'héritage aristocratique ou d'idéal révolutionnaire ; sa civilisation est uniforme d'un bout à l'autre de l'immense territoire, et le moteur qui la pousse en avant n'est autre que l'égalité potentielle des conditions. Elle bénéficie, en outre, d'un niveau de culture politique relativement élevé, et de l'héritage du protestantisme dissident, qui l'a poussée à rechercher un maximum d'égalité et d'indépendance. L'auteur exprime une seule réserve : les deux races « non-démocratiques », à savoir les Indiens et les Noirs, ne risquent-elles pas, à long terme, de fragiliser le système ?

Conception téléologique du temps ? Fatalité historique ? On pourrait reprocher à l'auteur de céder à l'explication finaliste de l'histoire. Mais l'expérience américaine n'est pas transposable directement sur le vieux continent : « En Amérique, on a des idées et des passions démocratiques ; en France, nous avons encore des idées et des passions révolutionnaires ». Car, pour Tocqueville, une société sans classes reste la condition de l'égalité ; non point une société sans riches ni pauvres, non pas une égalité réelle, mais une perception égalitaire des rapports sociaux, qui compte davantage que l'égalité réelle, car la relation inégale peut n'être que provisoire, et s'inverser du jour au lendemain, le serviteur devenant maître à son tour.

Il existe, cependant, un risque sérieux dans le désir, toujours plus insatiable, de l'égalité, celui de l'instabilité sociale : l'envie et l'inquiétude, qui restent les moteurs de la société démocratique, peuvent tourner au désordre et à la dépravation, particulièrement dans les sociétés inégalitaires d'Europe, d'essence aristocratique, où, pour sauver une égalité chèrement acquise, des hommes n'hésiteront pas à aliéner leur liberté devant des assemblées despotiques. Il manque en effet sur le vieux continent, tous les correctifs qui fonctionnent aux États-Unis : le respect des libertés locales, l'esprit associatif, la presse, et, par-dessus tout, l'amour de la liberté. La démesure des passions débouche alors facilement sur la révolution.

On le voit, Tocqueville se place aux antipodes de Marx ; si celui-ci s'attache à décrire des mécanismes économiques, celui-là s'intéresse aux passions, aux croyances et aux représentations ; le premier décrit une simple tendance, celle de la force montante de la démocratie dans le monde ; le second cherche à prédire une loi téléologique de l'histoire.

❑ ***L'énigme des origines de la Révolution française.*** En 1856, Tocqueville fait paraître *L'Ancien Régime et la Révolution*, un ouvrage inachevé, abordé vingt ans plus tôt sous la forme d'un bref essai, l'*État social et politique de la France avant et depuis 1789*. Quatre ans durant, l'auteur avait dépouillé plusieurs fonds d'archives : la série « F » (Administration centrale) aux Archives Nationales, les papiers de l'intendance de Tours, et aussi d'autres documents à Bonn et en Languedoc. De cette « masse de poussière inutile à avaler », il avait su dégager une hypothèse cohérente portant sur la signification de la Révolution ainsi que sur ses causes anciennes et récentes. Sans qu'on en puisse toujours saisir l'économie interne, une idée-force sous-tend le livre : il n'existe pas de solution de continuité entre l'Ancien Régime et la Révolution, car cette dernière était déjà aux trois quarts accomplie avant 1789, par l'effet de la centralisation administrative menée avec constance par le pouvoir monarchique depuis des siècles, et que la Révolution ne fera que prolonger. Pour Tocqueville, la noblesse avait cessé depuis longtemps d'être une aristocratie, pour n'être qu'une simple « caste » éloignée du peuple, n'ayant gardé du pouvoir que les apparences. Le seigneur n'était plus que le premier habitant de sa paroisse. Par ailleurs, le système des offices avait dépouillé les libertés municipales, et les collecteurs d'impôts, armés d'un arbitraire immense, avaient décuplé la taille contre les paysans, astreints, par ailleurs, à tous les autres excès de l'arbitraire royal (milice, corvée, etc.). Comment s'étonner, dès lors, de la révolte des paysans français, de ces paysans qui, durant la période de prospérité relative du règne de Louis XVI, refusaient la taille et prenaient conscience de leurs intérêts spécifiques ? Mais cette révolution n'allait pas sans risque : car pour défendre leurs avantages respectifs, les Français ont fini par renoncer à leurs libertés pour se donner à un maître, Bonaparte. L'obsession française pour l'égalité avait donc enfanté successivement le radicalisme révolutionnaire et le césarisme.

Malgré toutes ces réserves, l'auteur de *L'Ancien Régime* ne reniait pas ce « temps de générosité, d'enthousiasme, de virilité et de grandeur, temps d'immortelle mémoire » qu'avait été la Révolution. Il affichait son admiration pour les hommes de 1789, mais rejetait en bloc ceux de 1793. *L'Ancien Régime* devait connaître un immense succès de librairie, bien qu'il n'eût rien de commun avec les travaux de ses prédécesseurs, un Thiers, un Michelet ou un Lamartine. Ici, Tocqueville néglige l'histoire-récit pour ne s'intéresser qu'à l'histoire-problème, sans presque jamais entrer dans le déroulement des événements. F. Furet souligne, avec raison, qu'il s'agit d'une « description interprétative » de l'Ancien Régime plutôt que d'une histoire véritable de la Révolution ; tout au plus en propose-t-il quelques fragments. Malgré les lacunes et les défauts de l'ouvrage, la thèse de Tocqueville est séduisante, car elle montre que 1789 a d'abord été une « révolution des esprits », une mutation des mœurs et des mentalités (F. Furet, « Tocqueville est-il un historien de la Révolution française ? », *Annales, E.S.C.,* 1970, p. 450-451).

Ce rapide tour d'horizon a permis d'entrevoir les points qui rapprochent les courants historiographiques de ce « premier » XIXe siècle : sensibilité littéraire, goût du récit vivant et coloré, sens profond de l'histoire nationale qui reste, de très loin, la seule histoire digne d'être racontée. Tout aussi frappant est le rapprochement que ces historiens opèrent entre l'histoire et la politique de leur temps ; c'est ainsi que le thème de la Révolution de 1789 et de ses échos assourdis de 1830 et de 1848 traverse l'historiographie de ces temps. Chez presque tous, l'écriture de l'histoire correspond à un effort d'élucidation des enjeux politiques, et souvent aussi, une façon de s'opposer au pouvoir en place ou de justifier un engagement – ce trait est particulièrement net chez les historiens libéraux et démocrates, pour qui l'histoire est une autre manière de faire de la politique. Mais à partir du début de la IIIe République, la fonction tribunicienne de l'histoire va s'effacer au profit d'une nouvelle mission : le renforcement de l'identité nationale.

DOCUMENTS

■ Histoire romantique : histoire descriptive

Chateaubriand distingue trois genres : l'histoire « philosophique » ou « fataliste » (celle « du dernier siècle »), l'histoire « générale » (qui s'intéresse à la société et à la civilisation) et l'histoire « descriptive », qui correspond à la sensibilité romantique de son temps, et qui a sa préférence.

[...] L'histoire doit être décrite sans réflexions ; elle doit consister dans le simple narré des événements et dans la peinture des mœurs ; elle doit présenter un tableau naïf, varié, rempli d'épisodes. [...] Voici ce qui me semble vrai dans le système de l'histoire descriptive : l'histoire n'est point un ouvrage de philosophie, c'est un tableau ; il faut joindre à la narration la représentation de l'objet, c'est-à-dire qu'il faut à la fois dessiner et peindre ; il faut donner aux personnages le langage et les sentiments de leur temps, ne pas les regarder à travers nos propres opinions, principale cause de l'altération des faits. Si, prenant pour règle ce que nous croyons de la liberté, de l'égalité, de la religion, de tous les principes politiques, nous appliquons cette règle à l'ancien ordre des choses, nous faussons la vérité, nous exigeons des hommes vivant dans cet ordre de choses ce dont ils n'avaient même pas l'idée. Ne nous hâtons pas de prononcer trop dédaigneusement sur le passé ; qui sait si la société de ce moment, qui nous semble supérieure (et qui l'est en effet sur beaucoup de points) à l'ancienne société, ne paraîtra pas à nos neveux, dans deux ou trois siècles, ce que nous paraît la société deux ou trois siècles avant nous ? Nous réjouirions-nous dans le tombeau d'être jugés par les générations futures avec la même rigueur que nous jugeons nos aïeux ? Ce qu'il y a de bon, de sincère, dans l'histoire descriptive, c'est qu'elle dit les temps tels qu'ils sont.

[...] Je dirai seulement ici que le système qui bannit l'*individu* pour ne s'occuper que de l'*espèce*, tombe dans l'excès opposé au système de l'histoire descriptive. Annuler totalement l'*individu*, ne lui donner que la position d'un chiffre, lequel vient dans la série d'un nombre, c'est lui contester la valeur *absolue* qu'il possède, indépendamment de sa valeur *relative*. De même qu'un siècle influe sur un homme, un homme influe sur un siècle...

Chateaubriand, *Études historiques*, Préface (extraits), Hatier, Paris, 1831.

■ La civilisation comme fait historique total

A l'apogée de sa carrière d'enseignant, F. Guizot propose à son auditoire une réflexion autour de la « Civilisation », reine gigantesque qui, selon Balzac, a remplacé le Roi. Deux idées majeures s'y expriment : chaque peuple a sa propre civilisation (on dirait aujourd'hui sa « culture ») ; il existe une histoire universelle et orientée de l'humanité.

Je le dis à dessein : la civilisation est un fait comme un autre, fait susceptible comme tout autre, d'être étudié, décrit, raconté.

[...] Il y a des faits matériels, visibles, comme les batailles, [...] des faits moraux, cachés, qui n'en sont pas moins réels ; [...] il y a des faits généraux, sans nom, auxquels il est impossible d'assigner une date précise, qu'il est impossible de renfermer dans des limites rigoureuses, et qui n'en sont pas moins des faits comme d'autres, des faits historiques, qu'on ne peut exclure de l'histoire sans la mutiler [...].

La civilisation est un des ces faits-là : fait général, caché, complexe, très difficile, j'en conviens, à décrire, à raconter, mais qui n'en existe pas moins [...]. Pour mon compte, je suis convaincu qu'il y a, en effet, une destinée générale de l'humanité, une transmission du dépôt de civilisation et, par conséquent, une histoire universelle de la civilisation à écrire [...].

Ne semble-t-il pas [...] que le fait de la civilisation soit le fait par excellence, le fait général et définitif auquel tous les autres viennent aboutir, dans lequel ils se résument ? [...] La civilisation est une espèce d'océan qui fait la richesse d'un peuple, et au sein duquel tous les éléments de la vie viennent se réunir [...].

François Guizot, *Histoire de la civilisation en Europe*, Hachette, Paris, 1985 (1830), p. 58-59.

■ La méthode de Michelet : érudition et empathie

On retrouve ici l'art de Michelet : la phrase est courte, couchée d'un trait, vivante. Attaqué par Louis Blanc, Michelet expose les deux points forts de son Histoire de la Révolution française : *la fréquentation quotidienne des documents originaux, la communion morale et affective avec les acteurs de l'événement.*

Un mot sur la manière dont ce livre se fit.

Il est né au sein des Archives. Je l'écrivis six ans (1845-1850) dans ce dépôt central, où j'était chef de la section historique. Après le 2 Décembre, j'y mis deux ans encore, et l'achevai aux archives de Nantes, tout près de la Vendée, dont j'explorai aussi les précieuses collections.

Armé des actes mêmes, des pièces originales et manuscrites, j'ai pu juger des imprimés, et surtout des Mémoires qui sont des plaidoyers, parfois d'ingénieux pastiches. [...]

J'ai jugé jour par jour *le Moniteur*, que suivent trop MM. Thiers, Lamartine et Louis Blanc.

Dès l'origine, il est arrangé, corrigé, chaque soir, par les puissants du jour. Avant le 2 septembre, la Gironde l'altère, et le 6, la Commune. De même en toute grande crise. Les procès-verbaux manuscrits des Assemblées illustrent tout cela, démentent *le Moniteur*, et ses copistes, l'*Histoire parlementaire* et autres, qui souvent estropient encore ce *Moniteur* estropié. [...]

On m'a blâmé parfois d'avoir cité trop rarement. Je l'aurais fait souvent si mes sources ordinaires avaient été des pièces détachées. Mais mon soutien habituel, ce sont ces grandes collections où tout se suit dans un ordre chronologique [...]. Pour les choses imprimées et les sources vulgaires, les renvois peu utiles ont l'inconvénient de couper le récit et le fil des idées. Ce qui donne autorité au récit, c'est sa suite, sa cohésion, plus que la multitude des petites curiosités bibliographiques.

[...] Nul de ces grands acteurs de la Révolution ne m'avait laissé froid. N'ai-je pas vécu avec eux, n'ai-je pas suivi chacun d'eux au fond de sa pensée, dans ses transformations, en compagnon fidèle ? A la longue, j'étais un des leurs, un familier de cet étrange monde. Je m'étais fait la vue à voir parmi les ombres, et elles me connaissaient, je crois. Elles me voyaient seul avec elles dans ces galeries, dans ces vastes dépôts rarement visités. [...] La poussière du temps reste. Il est bon de la respirer, d'aller, venir à travers ces papiers, ces dossiers, ces registres. Ils ne sont pas muets, et tout cela n'est pas si mort qu'il semble. Je n'y touchais jamais sans que certaine chose en sortît, s'éveillât. [...] C'est l'âme.

En vérité, je méritais cela. Je n'étais pas l'*auteur*. J'étais à cent lieues de penser au public, au succès : j'aimais, et voilà tout. J'allais ici et là, acharné et avide ; j'aspirais, j'écrivais cette âme tragique du passé.

Michelet, *Histoire de France*, Flammarion, Paris, 1952, Préface de 1868, p. 13 à 20.

6

De l'histoire «scientiste» à l'histoire «méthodique»

Une nouvelle forme d'histoire est apparue dans la dernière décennie du Second Empire, qui a connu son apogée durant la République opportuniste et modérée (1870-1914), et s'est même prolongée dans l'entre-deux-guerres. D'abord structurée autour d'un discours « scientiste », emprunté au modèle des sciences de la nature, elle s'est peu à peu réduite à une méthode rigoureuse de lecture critique des sources manuscrites. Enseignée à l'École pratique des hautes études, à partir de 1868, cette histoire nouvelle est devenue la doctrine officielle de la Revue historique, *fondée par G. Monod et G. Fagniez (1876), avant de toucher l'Université et d'autres institutions, comme la Société de l'histoire de la Révolution française (1888), et bientôt, la Société d'Histoire moderne (1901).*

LA TENTATION SCIENTISTE

A partir du milieu du siècle, la biologie, la chimie et les sciences de la nature ont connu des progrès considérables. Quelques grands livres jalonnent ce cheminement scientifique : *De l'origine des espèces au moyen de la sélection naturelle* (1859), où le naturaliste anglais Charles Darwin (1809-1882), fort de ses nombreuses observations à travers le monde, démontre la réalité du transformisme et de la lutte pour la vie dans les milieux les plus hostiles ; les *Principes de biologie* (1864) du philosophe anglais Herbert Spencer (1820-1903), qui établit le double postulat de l'évolutionnisme et de la complexité croissante de la matière, des êtres organiques, mais aussi des sociétés ; ou encore la *Chimie organique fondée sur la synthèse* (1860) du chimiste français Marcellin Berthelot (1827-1907), militant de la science positive et du respect scrupuleux des lois de la nature dans l'organisation sociale. De son côté, le physiologiste Claude Bernard (1813-1878) a largement valorisé la méthode « expérimentale » dans les sciences.

Phénomène assez classique ; le progrès des sciences a fini par imprégner l'histoire, les lettres et les arts d'un « climat naturaliste », tout particulièrement chez E. Renan et H. Taine, tous deux historiens des idées, entre lesquels les points de convergence abondent : l'un et l'autre se sont réclamés de l'esprit scientifique de leur temps, sans être, pour autant, des hommes de science ; écrivains et « manieurs » d'idées, ils méditent sur leur époque, tout en défendant des points de vue traditionnalistes ou conservateurs.

Ernest Renan, ou l'intuition au service de la « science historique »

Ancien séminariste devenu agnostique à la lecture de Hegel, Ernest Renan (1823-1892) se lie d'amitié avec le chimiste M. Berthelot, et rédige un ouvrage d'esprit « scientiste », *L'Avenir de la science* (achevé en 1849, mais publié seulement en 1890), qui exprimait quelques-unes des convictions de son temps : seule la science permet d'accéder à la vérité ; toute vérité est de type historique et n'est jamais que le reflet de l'époque ; la religion sera remplacée par la science, en particulier par la « philologie », future science de l'humanité. En 1852, il publie sa thèse sur le philosophe arabe Averroès (1126-1198), dont il souligne les idées aristotéliciennes. Renan cherche alors à appliquer la nouvelle méthode « scientifique » aux études sémitiques : après une mission au Liban et en Palestine, il expose sa vision d'un christianisme rationnel et critique dans l'*Histoire des origines du christianisme* (1863). Mais en fait, Renan ne doit sa célébrité qu'à un seul livre : sa *Vie de Jésus* (1864), vrai brûlot qui présentait le Christ comme un « homme admirable » (et qui lui vaudra sa révocation du Collège de France). De son voyage en Galilée, il avait ramené des impressions, des sensations, une ambiance qui, selon lui, l'avaient aidé à mieux cerner la personnalité de Jésus ; mais ses détracteurs ont prétendu que le lyrisme et la poésie y tenaient trop souvent lieu d'argumentation « rationnelle ». Dans un autre ouvrage, la *Réforme intellectuelle et morale* (1871), Renan s'éloignait du modèle naturaliste pour porter un diagnostic sur le « mal français », après les traumatismes de Sedan et de la Commune ; au seuil de la IIIe République, il y exprimait un réel scepticisme quant aux mérites de la démocratie. Mais au-delà des réserves formulées sur sa méthode et sur son idéologie conservatrice, ses adversaires reconnaissent en Renan un maître du style et un philosophe de l'histoire.

Taine, un philosophe-historien obsédé par la science

Hippolyte Taine (1828-1893) surprend par sa personnalité quelque peu paradoxale : de formation philosophique et littéraire, il s'est réclamé, lui aussi, du courant « scientiste », mais il a été récusé par les historiens officiels (Seignobos, Aulard), qui lui ont reproché d'avoir été si peu rigoureux dans ses œuvres.

Né dans une vieille famille drapière d'origine ardennaise, il fait des études exceptionnellement brillantes à Paris, particulièrement à l'École normale supérieure. Dès cette époque, il révèle un esprit frondeur et hardi, qui le fait échouer, en 1851, à l'agrégation de philosophie. Pendant de nombreuses années, il vit médiocrement de sa plume : après une thèse de doctorat consacrée aux *Fables* de La Fontaine, il se fait connaître du grand public par son *Voyage aux Pyrénées* (1855), région de thermalisme où l'avait conduit sa santé fragile. Il donne des chroniques historico-littéraires à la *Revue des Deux Mondes* et au *Journal des Débats*. En 1857, il publie *Philosophes français du XIXe siècle*, un petit livre « acide » dirigé contre la corporation des philosophes « éclectiques ». Mais ce sont les cinq volumes de son *Histoire de la littérature anglaise* qui le font connaître du grand public à partir de 1863. Il est bientôt reçu dans le monde, enseigne aux Beaux-Arts et à Saint-Cyr. Heureuse coïncidence ? Il publie son *Introduction à l'étude de l'histoire expérimementale* en 1866, l'année même où le physiologiste C. Bernard édite l'*Introduction à l'étude de la médecine expérimentale*. Véritable manifeste scientiste, l'*Introduction* fait l'apologie d'une méthode de critique littéraire toute proche de celle des sciences de la nature, et qui consiste à isoler les faits, les classer, à les définir, et à en étudier les relations. L'histoire lui apparaît comme un vaste champ d'expérimentation, analogue à la physiologie et susceptible d'expliquer les sociétés et les individus par « la race, le milieu et le moment ». Cette fameuse méthode, il la revendiquera encore dans *Les Origines de la France contemporaine* (1875) : « on permettra à un historien d'agir en naturaliste ; j'étais devant mon sujet comme devant la métamorphose d'un insecte... ». Ce besoin, maintes fois réaffirmé, d'un déterminisme strict se traduit chez lui par des formules à l'emporte-pièce : « Les hommes sont des théorèmes qui marchent... », « Tous les sentiments, toutes les idées, tous les états d'âme humaine sont des produits ayant leurs causes et leurs lois ». On lui a même prêté (à tort, semble-t-il) cet aphorisme : « Le vice et la vertu sont des produits comme le vitriol ou le sucre ! ».

En fait, il n'a que trop rarement mis en pratique ce discours de la méthode. Ses ouvrages sont parfois dénués d'esprit critique dans le choix et dans l'analyse des documents ; il force le trait et fait trop souvent grimacer les personnages qu'il déteste. Son *Histoire de la littérature anglaise* montre plutôt un philosophe de l'art, certes « obsédé par le naturalisme », mais ennuyé par le document et qui rechigne à « se mettre à l'établi », se hâtant vers la synthèse. « Son goût est naturaliste, comme le sont l'École de Barbizon, les romans de Flaubert ou les pièces d'Émile Augier... », note C.-O. Carbonnel (*Histoire et historiens, une mutation idéologique des historiens français, 1865-1885*, Privat, Toulouse, 1976), qui conclut « l'influence de Taine sur les historiens de son temps a été nulle ; il en est l'anti-modèle... » ! Pour ses *Origines de la France contemporaine*, Taine semble avoir consulté plus assidûment la documentation historique classique : il a fréquenté les Archives Nationales et dépouillé manuscrits, correspondances diverses, mémoires et journaux. Mais ces documents sont trop souvent exploités dans une perspective naturaliste, pour faire revivre le quotidien d'un journalier ou d'un curé de campagne, ou encore pour servir de prétexte à une argumentation. Loin de le décrire comme un des leurs, l'historien L. Halphen, son (presque) contemporain, voyait surtout en lui un historien « synthétique » privilégiant la synthèse plutôt que les faits.

En politique, Hippolyte Taine exprime des opinions fortement tranchées dans leur conservatisme. Toute sa vie, le jeune philosophe a refusé de s'enrégimenter dans un parti, pour ne défendre que sa vision personnelle. S'il reste hostile aux extrémismes en général, c'est surtout contre le point de vue « jacobin » qu'il dirigea ses flèches, surtout après les « excès » de la Commune de 1871. C'est d'ailleurs pour essayer de comprendre les deux grands « malheurs nationaux » que sont, à ses yeux, la défaite de 1871 et la Commune qu'il rédige les *Origines de la France contemporaine*. Postulat scientiste oblige : Taine est convaincu que pour expliquer la France de son temps, il faut se pencher en entomologiste sur le passé national : démêler et mesurer « la situation, les passions, les idées, les volontés de chaque groupe », afin de fixer les « états » successifs de la France, d'hier à aujourd'hui. L'histoire est la somme de toutes les expériences du passé, et la politique doit se soumettre strictement à ses leçons, car là encore, l'homme est strictement déterminé par son milieu et par son passé. Comme Tocqueville, il pense qu'il faut remonter loin dans le temps pour comprendre l'époque contemporaine. Le volumineux ouvrage est charpenté en trois sections d'ampleur inégale. Son *Ancien Régime*, plus bref, propose un diagnostic sévère de la nation française, divisée entre ses corps et ses provinces, soumise aux gens de robe et subissant le modèle parisien comme une fatalité. Son tableau montre une France en état de dissolution, dominée par une aristocratie en déclin et une monarchie absolutiste. Dans la *Révolution,* vrai morceau de bravoure, Taine se livre à une véritable opération de démystification du cycle révolutionnaire, réglant leur compte à l'esprit des Lumières, aux Jacobins et à la démocratie. Son aversion pour la « pathologie jacobine » n'a d'égal que son mépris profond pour les masses en général et pour les Français en particulier, légers et abstraits à la fois – dans l'histoire, il n'exprime de l'admiration que pour les grands personnages (Goethe, Byron, Musset, etc.). Sous sa plume, le peuple devient « la canaille épileptique et scrofuleuse », « une armée de gorilles » ou « la plèbe aboyante » ; Danton est « un boucher », Marat « un fou » et Robespierre un « cuistre ». Le troisième volet des *Origines*, intitulé le *Régime Moderne*, est resté inachevé ; l'auteur s'y livrait à une étude des mutations du XIXe siècle, condamnant fermement au passage la montée de l'État et l'esprit centralisateur qui, depuis les Jacobins, sclérosent le corps social français. Taine est partisan d'un État « minimal », qui laisserait une grande place aux élites. Libéral et centriste, anti-clérical et libre-penseur, aristocrate d'esprit, effrayé par les foules, il exprime en fin de compte une pensée politique pessimiste qui ramène à Hobbes. Son traditionnalisme chevillé au corps, son scepticisme face à la démocratie expliquent que Taine ait été récupéré par la droite française, de Maurras à Gaxotte, et vilipendé par tous les républicains (E. Gasparini, *La Pensée politique d'Hippolyte Taine*, Aix-en-Provence, Presses Universitaires d'Aix-Marseille, 1993).

L'HISTOIRE MÉTHODIQUE : UNE HISTOIRE ANALYTIQUE

La méthode : une critique rigoureuse du document écrit

Aujourd'hui encore, il n'est pas facile d'évoquer avec impartialité ce courant, dénigré jusqu'à la caricature par les historiens des *Annales*, qui en ont fait un modèle-repoussoir, une sorte d'anti-histoire. Pour s'en faire une idée plus sereine, il faut revenir aux deux textes fondateurs qui délimitent, à la fois, les contours idéologiques et méthodologiques de cette école, à savoir : le « Manifeste » de la *Revue historique* (1876), et l'*Introduction aux études historiques*, publiée chez Hachette en 1898 par Langlois et Seignobos.

Rédigé par Gabriel Monod, le « Manifeste » de la *Revue historique* (1876) revendiquait à la fois une rigueur scientifique et un idéal de neutralité laïque. Contrôlée par des protestants et des francs-maçons issus de la Sorbonne, de l'École normale supérieure et de l'École pratique des hautes études, la *Revue historique* s'opposait à *La Revue des Questions historiques*, fondée dix ans plus tôt avec un même idéal scientifique, mais d'inspiration nettement catholique et royaliste, finalement proche de l'École des Chartes. A l'ultramontanisme chrétien de celle-ci semblait répondre le chauvinisme républicain et l'anti-cléricalisme de celle-là. Pour les membres fondateurs de cette nouvelle revue, l'Histoire devait avoir pour fonction première de forger le sentiment national, dans le culte du passé et pour la défense de nos frontières – après le traumatisme national qu'avait représenté la défaite de 1871.

L'histoire méthodique, baptisée par ses détracteurs « scientiste » ou « historisante », a été dénigrée sous le prétexte qu'elle ne s'intéressait qu'aux « faits » historiques, qu'elle prétendait restituer à partir des documents écrits, seules « pièces à conviction » probantes. Le commentaire de R. Chartier et J. Revel : « hors des textes, il n'est point d'histoire pensable » (« Lucien Febvre et les sciences sociales », *Historiens et géographes*, n° 272, 1979, p. 428) renvoie assez bien à cette affirmation de G. Fagniez : « Le bon historien voit la vérité se détacher des textes patiemment sollicités ». Dans leur *Introduction aux études historiques* (1898), vraie charte déontologique de ce courant, V. Langlois et C. Seignobos définissaient les quatre opérations successives que tout historien professionnel se doit de respecter : d'abord la « collecte des documents » (ou heuristique) ; puis la « critique externe », destinée à produire une fiche signalétique du document (source, date, lieu, émetteur...) ; en troisième lieu, la « critique interne » (ou herméneutique) qui vise à élucider la pensée de l'auteur, puis à apprécier l'écart entre ce qu'il dit et ce que l'on sait déjà, et qui conduira à un résumé et à un premier tri entre la vérité et le mensonge ; enfin une « synthèse partielle et provisoire », qui cherchera à replacer le document dans un contexte plus général. Fermée à la philosophie de l'histoire, cette méthode se veut surtout descriptive et analytique ; ses enquêtes ressemblent plus à celle du policier qui cherche à accumuler des preuves qu'à celles du savant soucieux d'établir des constantes. On a dit qu'elle reflétait une mentalité prudhommesque, tant sa prudence est grande à interpréter les faits qu'elle s'acharne à disséquer. L'historien « positiviste » serait donc un chercheur qui ne construit pas l'histoire, mais qui cherche à la retrouver derrière les textes.

Pour une relecture de l'historiographie méthodique

Cette méthodologie a été souvent décriée. Les historiens des *Annales* l'ont réduite à une caricature d'histoire, dépourvue d'ampleur, obnubilée par le détail et par l'événementiel politique. Mais cette caricature n'a-t-elle pas été exagérée ? Dans leur *Introduction* de 1898, Langlois et Seignobos se défendent d'avoir voulu établir une « science positive des lois historiques ». Leur objectif se voulait plus modeste : proposer une méthode à des novices en histoire, définir « les conditions et les procédés, le caractère et les limites de la connaissance en histoire» (p. VI). Aujourd'hui, en période de crise et de remise en cause des grandes certitudes de l'histoire des *Annales*, on n'a pas, semble-t-il, suffisamment prêté attention à cette hypothèse des «limites» de la connaissance historique, idée qui est reprise dans le livre III («Opérations synthétiques») de l'*Introduction*. A propos du supposé «réel» historique – vrai credo des historiens du XXe siècle –, nos auteurs font preuve d'une étonnante modernité (voire de «post-modernité»): «[...] en histoire, écrivent-ils, on ne voit rien de réel que du papier écrit. L'analyse historique n'est pas plus réelle que la vue des faits historiques; elle n'est qu'un procédé abstrait, une opération purement intellectuelle...» (*op. cit.*, p. 186). Parce que l'histoire est subjective, en raison de la nature même de ses matériaux, il faut se garder d'imiter les sciences biologiques. Tel est bien le paradoxe de ces deux historiens «méthodiques»: ils croient en la matérialité du document, mais ils doutent de la scientificité de l'interprétation. Ou plutôt, c'est parce que l'histoire leur semble être une discipline peu rigoureuse, soumise en permanence à la tentation subjectiviste, à l'imagination et au psychologisme, qu'ils manifestent tant de précautions face au document brut, qui demeure la seule trace tangible du (supposé) passé. On peut comprendre pourquoi les historiens des *Annales*, partisans résolus de la synthèse, se sont tant moqué de cette prudence.

Dans d'autres domaines, Langlois et Seignobos nous surprennent encore. Par exemple, lorsqu'ils suggèrent de regrouper les faits «selon des grilles et des questionnaires»: «l'histoire doit se faire une règle stricte de toujours procéder par questions, comme les autres sciences» (*Introduction*, p. 184): sommes-nous alors si éloignés du postulat de l'histoire-problème, chère à L. Febvre ? Ou encore lorsqu'ils font dépendre la connaissance du passé du progrès des savoirs (et non pas seulement de l'accumulation des documents): «Un jour viendra où tous les documents auront été découverts. Ce jour-là, l'histoire sera constituée, mais pas fixée. Elle continuera à se modifier à mesure que l'étude directe des sociétés actuelles, en devenant plus scientifique, fera mieux comprendre les phénomènes sociaux et leur évolution...». Certes, le fétichisme du document reste bien présent (en est-il autrement aujourd'hui ?), mais les «méthodiques» restent sceptiques quant à la possibilité d'établir une connaissance définitivement «scientifique» du passé ; tout au plus envisagent-ils d'en «transformer l'image». Étrange modernité d'un mot.

Il y a plus encore: contrairement aux idée reçues, l'histoire «méthodique» ne fut pas seulement «historisante» et politique. Certes, en parcourant la bibliographie des historiens de cette époque, saute aux yeux la prédominance de l'histoire politique et diplomatique. C'est le cas, par exemple, de la brève *Histoire de l'Europe* (1934) de Seignobos, fruit d'une commande de l'*Encyclopædia britannica*, ramassis insipide de traités et de guerres. Mais à cet exemple caricatural, on pourrait opposer d'autres ouvrages ou d'autres auteurs plus éclectiques: Gustave Fagniez, cofondateur de la *Revue historique*, s'est intéressé aux «classes industrielles» à Paris au Moyen Age (1877), aux corps de métiers et aux corporations, aux catégories de travailleurs et aux types d'activités. Il a publié des travaux sur la femme au XVIIe siècle, ou sur les rapports entre le pouvoir et l'opinion à l'époque de Richelieu, et surtout une *Économie sociale de la France sous Henri IV*, qui reste son « chef-d'œuvre ». Par ailleurs, la plupart des histoires générales de ce temps incluent des développements sur la « vie courante » (on dirait aujourd'hui la « vie quotidienne »), où le travail et les phénomènes sociaux occupent une certaine place. Face aux détracteurs de l'histoire événementielle, il faut rappeler que Monod souhaitait que l'on sacrifiât « les détails » au profit des « idées directrices de l'histoire », et de « la civilisation et les mœurs... » (*Revue historique*, 1900, p. 99). Dans leur manuel, Langlois et Seignobos ont eux-mêmes préconisé un rapprochement avec les sciences sociales : « L'histoire fait comprendre le présent ; elle permet l'achèvement des sciences politiques et sociales en voie de formation. L'histoire et les sciences sociales sont dans une dépendance réciproque [expression que J. Le Goff ne renierait pas !), elles progressent parallèlement par un échange continuel de services. Les sciences sociales fournissent la connaissance du présent, nécessaire à l'histoire pour se représenter les faits [...] L'histoire donne sur l'évolution les renseignements nécessaires pour comprendre le présent » (*Introduction*, *op. cit.*, p. 279). Sait-on que Seignobos a publié en 1901 un ouvrage sur *La Méthode historique appliquée aux sciences sociales*, fruit d'un cours donné au « Collège libre des sciences sociales » ? A cette époque, les sciences sociales se réduisaient à l'économie, à la démographie et à la statistique. Dans cet essai, Seignobos déplore le retard de l'histoire sociale : « on ne peut étudier ni l'histoire des mœurs, des institutions et du droit, ni l'histoire politique, sans tenir compte au moins des conditions générales et des grandes transformations de l'histoire économique... » (*op. cit.*, p. 284). Il appelle de ses vœux la quantification de la méthode historique, souligne l'importance de la vie matérielle (la consommation par exemple) et des croyances (la religion, les rites, les principes moraux), qui ont une prise décisive sur l'action des hommes. Plus étonnant encore : l'ouvrage évoque l'intérêt des actes de la vie privée (comme l'emploi du temps journalier, les fêtes, les délassements, la mode, etc.). Certes, il serait abusif de solliciter davantage ce texte de circonstance pour en faire un manifeste d'histoire « annaliste » avant la lettre. Mais il tend à prouver que certains historiens « méthodiques » ont eu l'intuition profonde des limites de la « science historique » de leur temps, intuition qui résonne en harmonie avec les propos quasi désabusés d'un G. Duby, en cette autre fin de siècle : « Il y a cette découverte que nous avons faite que la vérité historique est inaccessible, que toute conclusion est hypothétique. La seule réalité que nous pouvons atteindre, ce sont des traces ». Ces historiens ont aussi entrevu la nécessité de relier l'histoire au présent des sociétés et de l'ouvrir aux sciences humaines balbutiantes. Il faudra bien un jour leur reconnaître ce mérite, occulté trop souvent par leurs successeurs.

Des historiens peu connus

Les représentants de l'école « méthodique » restent des auteurs peu connus, même s'ils ont écrit des manuels à succès, dirigé de grandes collections et occupé d'éminentes fonctions à la Sorbonne, à l'École normale supérieure ou à l'Institut. Le plus brillant est, sans conteste, Gabriel Monod (1844-1912). Descendant d'une ancienne famille de la bourgeoisie d'affaires protestante du Havre, il est introduit très jeune dans l'intelligentsia cosmopolite de la capitale. Professeur aux Hautes études puis au Collège de France, il devient codirecteur de la *Revue historique* (1876) et de *La Revue critique*, auxquelles il donne d'intéressants compte rendus. Agnostique éclairé, il défend la république opportuniste et rédige des manuels d'histoire à l'accent patriotique (par exemple, les *Récits et biographies historiques*, ouvrage publié en 1882 et qui connaîtra sa 14e édition en 1928). Historien éclectique, il publie surtout des ouvrages bibliographiques ou des études critiques de sources. D'un cours professé au Collège de France sortira en 1923 un ouvrage posthume publié en hommage à Michelet.

On retrouve des historiens « méthodiques » dans toutes les « périodes » de l'histoire. Parmi les antiquisants figuraient Gustave Bloch (1848-1923), spécialiste d'histoire romaine, et Camille Jullian (1859-1933) dont on lit encore aujourd'hui la volumineuse *Histoire de la Gaule* (1909-1933). Les médiévistes les plus connus étaient Charles-Victor Langlois (1863-1929), auteur de plusieurs histoires des rois de France, et surtout Louis Halphen (1880-1950), chartiste et historien prolifique des périodes carolingienne et capétienne, longtemps professeur à la faculté des Lettres de Bordeaux. Chez les modernistes, G. Fagniez (1842-1927), entrevu plus haut, a été le cofondateur de la *Revue Historique*, avant sa rupture avec Monod en 1883. Moderniste spécialiste du XVIIIe siècle français, Philippe Sagnac (1868-1954) a codirigé chez Alcan (à partir de 1919 et avec Halphen) la collection « Peuples et Civilisations ». Celle-ci se voulait moins analytique, ouverte à l'esprit de synthèse, et même aux sciences sociales (le célèbre médiéviste belge Henri Pirenne, 1862-1935, collaborera à la collection). Quant à la période contemporaine, elle reste dominée par Charles Seignobos (1854-1942), codirecteur avec Lavisse d'une *Histoire de la France contemporaine*, et co-auteur d'une *Histoire de la Russie* (avec Paul Milioukov et Louis Eisenmann) très critiquée par L. Febvre.

« Science » allemande contre « érudition » française

Après 1871, un grand débat opposa les admirateurs de la science allemande et les tenants de la tradition française d'exégèse des XVIIe et XVIIIe siècles : Fustel de Coulanges, Taine, et plus tard Maurras, déploreront que la France se fût mise à l'école de son vainqueur. De fait, l'Allemagne avait une large avance dans le domaine de l'« érudition », symbolisée par Theodor Mommsen (1817-1903), historien de Rome et directeur des *Monumenta Germaniae historica*, ou encore par Leopold Ranke (1795-1886), qui avait fixé la nouvelle finalité de l'histoire : connaître, à travers l'étude critique des sources écrites, « comment les événements se sont réellement passés ». L'histoire méthodique se mit-elle effectivement à la traîne de l'Allemagne ? Pour O. Carbonnel, le doute est permis. On aurait finalement peu traduit d'ouvrages historiques allemands en dehors des quatre « grands » (Schliemann, Niebuhr, Mommsen, Ranke). Dans les thèses françaises d'histoire, les références à la « science allemande » seraient nettement plus rares pour l'époque moderne que pour l'Antiquité, un domaine réservé aux érudits allemands. Les missions scientifiques françaises auraient été plus nombreuses en direction de l'Italie ou de la Grèce que de l'Allemagne. Bref, sans nier l'impact de la philologie germanique, on devrait en minimiser la portée.

Les progrès de l'« érudition » française au XIXᵉ siècle

De fait, sans être aussi massifs qu'en terre allemande, les progrès de l'« érudition » française ont été continus, largement soutenus par le pouvoir politique. L'impulsion avait été donnée par le ministre-historien Guizot : « Au gouvernement seul [...] il appartient de pouvoir accomplir le grand travail d'une publication générale de tous les matériaux importants et encore inédits de l'histoire de notre patrie... ». De fait, Guizot accorda les premiers financements et rédigea les premières instructions. Dès 1834, il créait deux institutions de sauvegarde du « patrimoine » : d'abord, la « Société de l'histoire de France », une association d'historiens libéraux, dont l'objet était de « populariser l'étude et le goût de notre histoire nationale dans une voie de saine critique, et surtout par la recherche et l'emploi de documents originaux » ; ensuite, il installait le « Comité des travaux historiques », « chargé de diriger les recherches et la publication de documents inédits relatifs à l'histoire de France ». Ce Comité lançait alors la publication des *Documents inédits de l'histoire de France*, une collection qui atteindrait 240 volumes à la fin du siècle. L'éditeur Alcan créait en 1884 une collection d'archives diplomatiques, le *Recueil des instructions données aux ambassadeurs de France*. Dans le domaine archéologique, fonctionnait depuis 1834 la « Commission des monuments historiques » dont Prosper Mérimée, un dandy reconverti à la sauvegarde du patrimoine, était devenu successivement inspecteur général puis vice-président entre 1834 et 1860. D'autres institutions suivirent, comme la « Société de l'École des Chartes » (1839). A l'étranger, étaient fondés l'École française d'Athènes (1846), l'École française de Rome (1876), les instituts du Caire (1890), de Hanoi – ou « École française d'Extrême-Orient », 1901 –, de Florence (1908), de Madrid (1909), de Saint-Petersbourg (1912) et de Londres (1913). L'architecte Viollet-le-Duc ne se contentait pas de restaurer châteaux et églises ; il publiait à partir de 1854 un important *Dictionnaire raisonné de l'architecture française* (en 10 volumes). L'archéologie préhistorique était lancée par Boucher de Perthes (1788-1868) et Élie de Caumont (1802-1873), tandis que les fouilles d'Autun, de Gergovie ou d'Alésia cherchaient à mettre à nu les vestiges gallo-romains. Tout au long du siècle se multipliaient les sociétés savantes, les sociétés des Antiquaires et les académies, qui publiaient des monographies érudites sur l'histoire religieuse, l'hagiographie, l'histoire de l'art ou l'histoire locale. L'une des plus connues, la *Société des antiquaires de Normandie*, fondée en 1824, avait eu comme directeur l'archéologue et « antiquaire » Arcisse de Caumont (1802-1873), auteur d'un *Cours d'antiquités monumentales* très remarqué. Longtemps négligée, l'archéologie renaissait avec la *Revue archéologique*, créée en 1844, et devenait à la mode. Ses objectifs étaient triples : sauvegarder les monuments, constituer et publier des collections.

Non moins décisive pour la nature et l'orientation de l'histoire « méthodique » : la révolution archivistique de la fin du siècle. C'est l'époque où les archives de France sont réorganisées, et publiés les premiers catalogues de manuscrits publics : *Annuaire des bibliothèques et des archives* (1886), les *Archives de France* sous la direction de Langlois (1891), ou encore les *Sources de l'histoire de France* publiées par Auguste Molinier en 1901. Des recueils de documents originaux du Moyen Age sont édités par Monod et Halphen. Cette masse documentaire va peser sur l'histoire de ce temps. Jusqu'alors, les archives servaient exclusivement le pouvoir d'État, la politique et la diplomatie, et de ce fait, restaient interdites au public cultivé ; l'histoire n'apparaissait que comme une curiosité d'amateur riche et oisif. En ouvrant les archives de l'État à la nation, la république a servi l'Histoire : « d'arsenal de l'autorité, les archives sont devenues le laboratoire de l'histoire » (P. Nora). Mais cette rencontre a eu des effets pervers dans la mesure où, d'un côté elle a donné à l'historien un label d'expert de la source authentique, et de l'autre, elle l'a conduit à privilégier cette même source, politico-diplomatique et royale (P. Nora, « L'Histoire de France de Lavisse », *in* : *Les Lieux de mémoire, La Nation*, II, p. 342).

DEUX HISTORIENS EN MARGE DE L'HISTOIRE MÉTHODIQUE : FUSTEL DE COULANGES ET LAVISSE

Si Fustel de Coulanges apparaît surtout comme un pseudo-historien « méthodique », Ernest Lavisse, surnommé le « pape de l'histoire », symbolisa pendant quarante ans l'histoire officielle de la IIIe République.

Fustel de Coulanges, historien pseudo-positiviste

Il y aurait, selon F. Hartog, un « cas » Fustel de Coulanges : historien pétri de contradictions, tiraillé entre l'héritage romantique et le devoir scientiste, obsédé de « méthode », mais à qui l'école « méthodique » reprocha d'en faire si peu, esprit tourné vers le passé, mais sensible à son époque.

❑ ***Un défenseur de la science française.*** De Numa Denis Fustel de Coulanges (1830-1889), on ne lit plus guère aujourd'hui que son chef-d'œuvre, *La Cité antique*, qu'il publia à 34 ans, alors qu'il était jeune professeur à Strasbourg. Et pourtant, ce normalien, ancien membre de l'École d'Athènes, eut une carrière remarquée, d'abord à la Sorbonne, puis comme directeur de l'École normale supérieure. Il mourut prématurément, emporté par la tuberculose et le travail.

On classe habituellement Fustel dans le courant méthodique (Seignobos le désignait comme « le plus méthodique des historiens français »). Lui-même écrit en 1875 : « L'histoire n'est pas un art ; elle est une science pure, une science comme la physique ou la géologie [...]. Elle vise uniquement à trouver des faits, à découvrir des vérités [...]. Elle est aussi impartiale, aussi désintéressée, aussi impersonnelle que toutes les autres sciences. J'ajoute qu'elle n'a même pas de but pratique» («Leçon d'ouverture», cité par F. Hartog, 1988). En fait, cette évocation de la rigueur scientifique semble, chez ce gros travailleur et artiste du verbe, plutôt incantatoire ! F. Hartog nous dépeint un Fustel tiraillé entre un discours scientiste et une pratique plus subtile, soucieuse de rechercher derrière le vernis des actes et des mots la psychologie et l'âme des acteurs.

Par ailleurs, Fustel est un nationaliste, conservateur en histoire comme en politique: adversaire tout aussi résolu de la «science» allemande que de la Commune de Paris. En septembre 1872, il publie dans la prestigieuse *Revue des Deux Mondes* un bref article sur *La manière d'écrire l'histoire en France et en Allemagne depuis cinquante ans*. Il s'y fait le défenseur de l'érudition française – les Guérard, Godefroy et Mabillon – une érudition «romane», qui se méfie de la critique herméneutique et philosophique venue d'Allemagne: «C'est la méthode que quelques-uns appellent aujourd'hui allemande, mais qui est française depuis deux siècles...». Nationaliste blessé par la défaite, il dénonce notre aveuglement naïf face au modèle allemand: «L'érudit allemand a une ardeur de recherche, une puissance de travail qui étonne nos Français; mais n'allez pas croire que toute cette ardeur et tout ce travail soient pour la science. Par-delà la science, l'Allemand voit la patrie. [...] L'érudition allemande avait armé l'Allemagne pour la conquête...». Cette position nationaliste vaudra à Fustel la reconnaissance de la droite maurrassienne.

❑ **La Cité antique,** ***ou l'intuition d'une vie.*** Ce livre, aboutissement d'un cours public donné à Strasbourg en 1862, est avant tout le fruit d'une intuition et d'une méditation poursuivie pendant douze ans. A l'origine de toute sociabilité est le culte des morts: «Avant de concevoir Indra ou Zeus, l'homme adora les morts, il eut peur d'eux, il leur adressa des prières. [...] La mort fut le premier mystère. Elle mit l'homme sur la voie des autres mystères...» (*La Cité antique*, Champs-Flammarion, Paris, 1984, p. 20). Ainsi, grâce au culte des ancêtres, la société s'organisa, et tout en découla: famille, propriété, relations sociales, etc. Pour connaître les règles de gouvernement des sociétés antiques, il faut donc s'intéresser aux croyances les plus reculées sur la vie, sur la mort et sur l'au-delà. Car «qu'est-ce qui est plus fort que la force matérielle ou qu'une théorie philosophique ? La croyance» (*La Cité antique, op. cit.*, p. 149). De ces vieilles croyances sont sortis le droit, la loi, l'institution: «[...] une religion primitive a constitué la famille grecque et romaine, a établi le mariage et l'autorité paternelle, [...] a consacré le droit de propriété et le droit d'héritage. Cette même religion [...] a formé une association plus grande, la cité [...]» (*id.*, p. 2).

L'ouvrage obéit à une belle progression logique qui conduit le lecteur des origines de la cité grecque à la fin du régime municipal à Rome. Au principe de la société antique était la vieille religion domestique, d'où sortirent des institutions comme le mariage, la famille, la puissance paternelle, la propriété privée ou le droit de succession. Puis la Cité s'est formée, précisément au moment où plusieurs familles décidaient de célébrer le culte d'une divinité supérieure, par exemple un héros divinisé. La ville apparaît alors comme «une association religieuse et politique des familles et des tribus ; la ville est un lieu de réunion, le domicile et surtout le sanctuaire de cette association » (*op. cit.*, p. 151). La vie publique est rythmée par la religion et le calendrier religieux ; même la loi plonge dans la tradition religieuse de chaque cité, et seul le citoyen de la ville peut accéder au culte.

Puis ces sociétés anciennes furent confrontées à des révolutions ; tout d'abord, l'aristocratie priva les rois de leur autorité, le droit d'aînesse fut supprimé et, pour finir, les plébéiens, jusqu'alors exclus de l'enceinte sacrée, arrachèrent le droit de cité. « Les mœurs tendaient à l'égalité. On était sur une pente où l'on ne pouvait plus se retenir ». (*op. cit.*, p. 358). La loi devint commune pour tous. On vit même se constituer une aristocratie de la richesse (l'ordre équestre à Rome). La démocratie s'implanta alors dans les cités avec son lot inévitable de pauvres, qui firent pression sur les riches pour abolir les dettes ; c'était le prélude et à la démagogie et à la tyrannie. Ultime étape de cette histoire millénaire : la disparition des cités et la fin du régime municipal, au moment même où s'effondraient les vieux cultes, concurrencés par quelques grandes croyances (Delphes, Delos, les mystères), et menacés par la montée du rationalisme. Pour finir, la victoire du christianisme marquait « la fin de la société antique », parce que cette nouvelle religion monothéiste plaçait Dieu au-dessus de la nature humaine.

La contradiction majeure de Fustel de Coulanges tient sans doute dans le décalage entre sa profession de foi scientiste et sa pratique d'historien romantique « attardé » : la *Cité antique* est davantage le fruit d'une forte intuition que d'une recherche documentaire ; par ailleurs, pour établir la distanciation radicale entre le présent et le passé, l'auteur n'hésite pas à peindre la « couleur locale » des antiques cités, à la façon d'un A. Thierry (F. Hartog, 1988).

❑ ***Cité antique et société moderne.*** La *Cité antique*, qui a connu plusieurs dizaines d'éditions et plusieurs traductions, est vite devenue un classique. Si les critiques du temps reprochaient à l'auteur de ne pas s'appuyer suffisamment sur les grands maîtres allemands (B.G. Niebuhr, Th. Mommsen), ils lui ont reconnu le mérite d'avoir bien posé son hypothèse. Son style est entraînant et persuasif. « J'ai voulu écrire, soulignait-il, à la française, c'est-à-dire simplement et clairement... ». Moins attentif aux faits qu'à « l'idée même des faits », il y défend une seule thèse : la religion est au principe de toute société, et donc de toute histoire.

Hartog rappelle qu'« en écrivant *La Cité antique*, F. de Coulanges songeait, en contre-point, à l'histoire d'une "cité moderne" ». D'un bout à l'autre de l'œuvre, se manifeste la confrontation implicite du passé avec la société de son temps. Pour Fustel, si la religion antique fut bien à l'origine du lien social, aujourd'hui la marche du Progrès a libéré l'homme de l'esclavage des croyances primitives. Entre les Anciens et les Modernes, la distance est devenue infranchissable – bref, ce monde des origines est à jamais révolu. Une telle mise à distance de l'Histoire antique ramenait l'historien à sa propre modernité : Fustel récusait les admirateurs inconditionnels du passé, en particulier les plats imitateurs d'une Antiquité imaginaire, de Rousseau aux hommes de la Révolution, qui en voulant s'inspirer de Rome, ont produit la Terreur, et en prétendant fonder des institutions parfaites, ont aliéné la liberté.

Une telle approche peut surprendre dans la mesure où elle suggère une différence essentielle entre les temps anciens, temps de croyances, voire de superstitions, et les temps nouveaux, qui seraient dominés par la raison et l'esprit scientifique. Contradiction d'autant plus surprenante chez Fustel qu'il souligne la force des croyances : « Il n'est rien de plus puissant sur l'âme » (*La Cité*, p. 149). Car admettre que la croyance religieuse du passé aurait cédé la place à la raison d'aujourd'hui, n'est-ce pas laisser entendre que la raison était devenue la nouvelle croyance du XIXe siècle ? Sur ce point précis, Fustel se rattache encore à l'idéologie scientiste de son temps.

Tel apparaît Fustel de Coulanges : l'homme d'un seul livre, qui aurait rêvé d'une grande œuvre – une histoire de France ? – que ni ses moyens physiques ni sa pratique historienne ne lui donnèrent l'occasion de réaliser. En 1875, paraissait en ébauche le premier volume des *Institutions politiques de l'Ancienne France*, dont les cinq autres tomes furent publiés à titre posthume par son élève C. Jullian. Si les historiens de la droite (J. Bainville, P. Gaxotte, P. Ariès) ont fait de Fustel une référence sûre, les positivistes et les historiens des *Annales* l'ont plutôt marginalisé.

Ernest Lavisse, figure emblématique de l'histoire officielle

❑ ***L'ascension d'un professeur.*** Fils d'un ancien clerc de notaire d'origine rurale devenu boutiquier, Ernest Lavisse (1842-1922) a raconté son adolescence de boursier – « misère morale et grisaille intellectuelle » – dans ses *Souvenirs* (1912). Bon élève du collège de Laon et du lycée Charlemagne, il est admis à l'École normale supérieure, où il est reçu premier à l'agrégation. Il gérera sa carrière « avec une prudence de paysan », écrit P. Nora : il enseigne d'abord à Nancy, avant de devenir précepteur du prince impérial (1868), sur recommandation de son maître Victor Duruy, le ministre de l'Instruction Publique. Puis il séjourne pendant trois années en Allemagne ; il en ramène quelques solides principes sur l'importance de la méthode en histoire. A son retour, en 1875, il est nommé professeur au lycée Henri-IV, puis à l'École normale supérieure. Il réalise alors une ascension académique flatteuse : titulaire d'une chaire d'histoire moderne à la Sorbonne en 1888 et président du jury d'agrégation, il est élu quatre ans plus tard à l'Académie française ; de 1904 à 1918, il dirigera l'École normale supérieure. De 1883 à 1919, il est responsable à la Direction des études pour l'histoire au Ministère, et il préside le Conseil supérieur de l'Instruction publique.

❑ ***Lavisse et l'histoire nationale après la défaite de 1870.*** La défaite de Sedan produit sur lui un choc profond ; s'il séjourne en Allemagne, ce n'est pas seulement pour y préparer une thèse sur *La marche de Brandebourg sous la dynastie ascanienne, essai sur les origines de la monarchie prussienne* (1875). Il profite de son séjour Outre-Rhin pour tenter de répondre à cette question : pourquoi et comment la Prusse a-t-elle gagné la guerre de 1870 ? Par la suite, il renoncera à des recherches « pointues » (il n'a publié qu'un seul article dans la *Revue historique*), pour devenir un généraliste reconnu. Sur l'Allemagne, il n'a produit que des ouvrages destinés à un large public, ou bien des études inachevées. De l'histoire allemande, il tirera surtout des leçons pragmatiques sur les dangers de l'expansionnisme germanique.

Au début de sa carrière, ses convictions républicaines restent plus qu'incertaines. N'oublions pas qu'il fut précepteur du prince impérial, et longtemps bonapartiste. Pour expliquer l'effondrement de l'Empire, il ira jusqu'à invoquer la lâcheté et l'opportunisme des hommes. Il ne se rallie à la république qu'après 1878, lorsque « la défense du régime s'est confondue avec la défense de la nation » (P. Nora, *Les Lieux de mémoire, La République*, 1986, p. 253). Dans la crise boulangiste et durant l'Affaire Dreyfus, il ne prend la parole que pour prêcher la réconciliation nationale. Toute sa vie, il reste un universitaire « qui ne fait pas de politique ».

Comme chez Michelet, la France lui semble un condensé de l'Europe, indestructible et providentielle ; il lui consacre l'essentiel de son œuvre. Après avoir dirigé avec Alfred Rambaud une *Histoire générale du IVe siècle à nos jours* (12 tomes, Hachette, 1892-1901), il se fait l'éditeur d'une *Histoire de France depuis les origines jusqu'à la Révolution* (9 tomes en 18 vol., 1903-1911), et d'une *Histoire de la France contemporaine depuis la Révolution jusqu'à la paix de 1919* (en codirection avec Seignobos, 10 tomes, 1921-1922). Ces projets éditoriaux sont, chez lui, d'inspiration étroitement patriotique ; ils ont été rendus nécessaires par la défaite française de 1871 qui a revitalisé l'idée même de patrie. Pour ces vastes chantiers, il a rassemblé des équipes d'anciens élèves dont il sait admirablement fertiliser les compétences grâce à une seule consigne : écrire une histoire accessible au grand public, claire, animée et vivante, dans une maquette aérée, « d'un impeccable classicisme et d'une belle modernité » (P. Nora). Pour l'*Histoire de France* en 18 volumes, il a fait appel à une vingtaine de collaborateurs. Dans le volume premier, Vidal de La Blache ouvre l'histoire lavissienne à la modernité de la longue durée en dessinant la « personnalité géographique de la France ». Le fondateur des *Annales de géographie* insiste sur les rapports anciens entre le sol et l'homme, qui ont fini par donner à l'Hexagone une physionomie si « profondément humanisée » qu'elle en paraît « comme une personne ». Alors que pour Michelet, la personnalité géographique de la France ne se définit qu'après l'An mil, pour Lavisse, cette terre existait bien avant son histoire. A G. Bloch, Lavisse confie le volume sur la Gaule romaine. Le Moyen Age occupe à lui seul le tiers de l'œuvre ; A. Luchaire, C.-V. Langlois, A. Coville, C. Petit-Dutaillis, H. Lemonnier s'en sont partagé les sept volumes. E. Lavisse, qui se considère comme « le » spécialiste du siècle de Louis XIV, ne rédige qu'un seul volume, celui qui court de 1645 à 1685, et qui nous présente la phase ascendante du grand règne, la seule qui l'intéresse. Il y excelle dans l'art du portrait. Ainsi, s'il montre une préférence pour Colbert, c'est moins à l'homme qu'elle s'adresse (il lui apparaît « improbe, capable de perfidies noires, de violences et de bassesses... ») qu'au ministre réformateur soucieux des finances de l'État, grand symbole de l'unité nationale, anticipation d'un idéal de gestion républicaine à laquelle Lavisse a fini par adhérer (*Histoire de France illustrée depuis les origines jusqu'à la Révolution*, Hachette, 1911, tome VII, 1re partie).

Cette histoire lavissienne peut apparaître aujourd'hui trop descriptive, obsédée par des batailles qui finissent par se ressembler, exagérément fidèle à la trame événementielle, animée par une « philosophie sous-jacente de la continuité de l'État » (P. Nora). Dans la préface de son *Histoire Générale*, Lavisse tâche de se prémunir contre ce genre de critiques : fidèle à Voltaire, il a demandé à ses collaborateurs de s'intéresser aussi aux « mœurs et à l'esprit des nations ». Et de fait, des parties de chapitres sont consacrées à l'économie, aux classes sociales, à l'histoire des Églises, aux sciences, aux lettres et aux arts. Fasciné par le contemporain, Lavisse ne répugne pas à aborder l'histoire immédiate ; ainsi, le dernier volume de l'*Histoire Générale*, publié en 1901, s'ouvre à l'histoire du « temps présent », non seulement en Europe, mais aussi sur les autres continents.

Néanmoins, ce qui a sans doute le plus vieilli aujourd'hui dans l'œuvre de Lavisse, c'est la prétention, bien propre à son époque, de raconter le « réel » historique tel qu'il est livré par le récit de l'historien ; pour lui, cette « vérité historique » est « sacro-sainte » et ne saurait être niée. L'historien est convaincu qu'il raconte les événements tels qu'ils se sont passés (pour reprendre la formule de Ranke).

❑ ***Lavisse, instituteur national.*** E. Lavisse ne fut pas seulement un auteur d'ouvrages historiques. Passionné d'enseignement et d'action civique, secrétaire de la Société de l'enseignement supérieur et membre du Conseil de l'Instruction publique, il inspira des lois et des règlements ainsi que des programmes scolaires – par exemple, en 1880, il signait un rapport sur la réforme de la licence d'histoire. Soucieux de l'intérêt des étudiants, dont le nombre se multipliait, il travaille à une réforme de l'agrégation et du diplôme d'études supérieures. Par ailleurs, il n'a rien d'un universitaire reclus ; devenu rédacteur en chef de la *Revue de Paris*, cet « autoritaire doux » (R. Doumic) fréquente les salons où sa personnalité (qui évoque celle d'un « préfet à poigne à l'œil bleu caressant ») séduit tout autant que son art de la parole – une merveilleuse diction, un style vigoureux et coloré, qui font aussi merveille dans les multiples causeries et conférences qu'il donne ici ou là. Ainsi, en 1898, il accepte d'animer un cycle de conférences à l'école militaire de Saint-Cyr, où il fait l'apologie du soldat et célèbre le culte de la patrie, qui a « un corps et une âme » : comme tant d'autres intellectuels, il s'interroge sur les conditions du renouveau français : « Travaillons... apprenons tout ce que savent nos ennemis et que nous ignorons ; passons par l'école et par l'armée... et que la discipline reflue dans les familles et dans la société car là est le vrai, l'unique remède... » (cité par F. Hartog, 1988, p. 52).

Comme son maître V. Duruy, il souhaite une renaissance de l'enseignement supérieur. Grâce à ses amis Albert Dumont et Louis Liard, directeurs au Ministère, il rédige une partie de la loi Poincaré de 1896 sur l'enseignement supérieur, qui recrée des universités provinciales et réforme l'agrégation d'histoire. Il pousse à la création d'universités « nationales » et « décentralisées », qui armeraient le pays pour les luttes économiques et pour le combat patriotique. En 1899, dans la préface qu'il donne à la réédition de *L'Étudiant* de J. Michelet (1848), il propose à la jeunesse étudiante de France une mission de réconciliation : « je vous ai entretenus de votre devoir envers la patrie française qui est de continuer… l'unification de la France» (E. Lavisse, «Étude», *in* : J. Michelet, *L'Étudiant*, 1899, p. 32).

Comme Duruy encore, Lavisse s'intéresse au premier degré de l'enseignement: à partir de 1876, il rédige une série de manuels qui rencontreront un énorme succès jusqu'à la Seconde Guerre mondiale. Pour faire aimer et comprendre la patrie par les futurs citoyens, rien ne vaut l'histoire nationale ! Ces manuels tirés à des millions d'exemplaires lui valent bientôt le titre de «pape et de maréchal de l'Université» (D. Halévy). S'il ne fut pas un directeur de conscience (à la façon d'un Taine), il resta un maître de la conscience nationale pour des millions d'enfants. Il apparaît comme un prédicateur laïque de la République (P. Nora, «E. Lavisse : son rôle dans la formation du sentiment national», *Revue historique*, t. CCXXVIII, 1962, p. 73-104). Le *Petit Lavisse*, dont la première édition remonte à 1884, est en remaniement perpétuel, intégrant de plus en plus d'histoire contemporaine. A la veille de la Grande Guerre, ce manuel avait connu des dizaines d'éditions. En 1912, Lavisse écrit une autre version pour le cours moyen qui parviendra jusqu'à sa 50e édition en… 1950. Ce manuel était complété par des livres de lecture et par des fascicules d'instruction civique, comme le *Tu seras soldat* de 1888, écrit sous le pseudonyme de Pierre Laloi. Une des clés du succès du *Petit Lavisse* tenait à sa mise en page, conçue par l'éditeur Armand Colin lui-même, et qui mêlait subtilement au texte de nombreuses vignettes. Sa facture était plus moderne que les autres manuels de l'époque (ceux de Zévort, Aulard et Debidour, Calvet, Devinat, Gautier-Deschamps…). Le *Petit Lavisse* se voulait simple, moral et civique. Il racontait une histoire politique et militaire, écrite dans une langue limpide, qui escamotait les problèmes sociaux et religieux. Le gros de l'édition originelle était centré sur la révolution de 1789, dont l'œuvre était identifiée à la patrie, malgré des réserves sur les violences – mais dès 1893, et surtout après l'édition de 1912, la mort du roi est approuvée. De l'Ancien Régime, Lavisse accepte l'héritage: la naissance de la patrie avec Jeanne d'Arc, l'unité française, la sécurité des frontières, la force de la France arbitre du monde, la centralisation administrative. Au passif de la monarchie: l'orgueil des rois, leurs dépenses, leurs guerres. La République est célébrée, qui a fait la liberté des Français, et qui, par la colonisation, a élargi l'espace national. Dans son manuel d'instruction civique, Lavisse veut imposer une morale impérative autour des valeurs de l'ordre social et du respect des autres (il condamne la Commune de Paris, qualifiée de «criminelle»). L'histoire doit former de bons citoyens, des électeurs et des soldats, et justifier une légitimité politique. Si Lavisse cultive l'héroïsme à travers l'histoire-bataille, il veut en même temps apaiser les conflits sociaux («le peuple n'a plus besoin de s'insurger»). Culte de la terre et des morts, obsession de la faiblesse du sentiment national; la République est devenue sous sa plume la Providence de la France.

Dans la galerie des portraits d'historiens, Lavisse détonne: il n'a pas perfectionné de méthode nouvelle d'érudition ni renouvelé la problématique. Ce généraliste a gardé de l'histoire une vision pragmatique, espérant qu'elle donnerait à la jeunesse de France des leçons pour demain: leçons de morale laïque, mais aussi leçons patriotiques. Cette mission nationale, *Le Petit Lavisse* l'avait sans doute bien remplie à la veille de la Grande Guerre.

LA PHILOSOPHIE DE L'HISTOIRE DÉLAISSÉE PAR LES HISTORIENS DE MÉTIER

Tout au long du XIXe siècle, les historiens français semblent ne pas avoir éprouvé de gros besoins philosophiques. D'ailleurs, les débats philosophiques en langue allemande restent encore peu accessibles au public français, malgré les premières traductions de Hegel par le « spiritualiste éclectique » V. Cousin, dès la fin des années 1820. Il faut attendre le début du XXe siècle pour que les travaux des grands philosophes allemands commencent à faire l'objet de débats parmi les historiens français.

L'émergence d'une philosophie critique de l'histoire

Depuis le rationaliste Descartes (1596-1650), l'histoire est tenue en piètre estime, malgré sa réhabilitation par les empiristes John Locke (1632-1704) et David Hume (1711-1776). Durant la première moitié du XVIIIe siècle, le Napolitain Giambattista Vico (1668-1744) rejette le rationalisme cartésien, au profit d'une analyse cyclique de l'évolution humaine. Pour lui, le monde est en devenir constant, s'avançant de la barbarie vers la civilisation selon un rythme en spirale *(corsi et recorsi)*; chaque civilisation passe nécessairement par les trois âges de la vie : la formation, le développement et la décadence ; à chaque cycle correspondent un type de gouvernement, des institutions et un langage. Ces cycles successifs et emboîtés rendent possible l'histoire comparative entre des périodes très éloignées dans le temps (*Principes de la science nouvelle*, 1725).

En postulant que tout doit se soumettre à la Raison critique, Emmanuel Kant (1724-1804) jette les bases de la méthode scientifique moderne, fondée moins sur la connaissance de l'essence des objets que sur les catégories de leur conceptualisation et sur les principes du raisonnement. Plus décisif encore pour la construction de la science moderne : Kant établit le principe de causalité – fondé à la fois sur l'antériorité et la dépendance logique de toute cause par rapport à son effet... Sur le plan de la morale et de la métaphysique, le philosophe rejette toute censure à la liberté de raisonner, la seule réserve restant la contrainte morale, dictée par la raison elle-même. La religion, le droit et la politique, trois domaines « sensibles » de l'Ancien Régime, relèvent désormais du libre et public examen (« Notre siècle est le vrai siècle de la critique, rien ne doit y échapper... », P. Raynaud, « Introduction » à : *E. Kant, Opuscules sur l'histoire*, GF-Flammarion, 1991, p. 12).

Dans une série d'essais parus entre 1784 et 1798, le philosophe de Königsberg traite plus précisément du sens de l'Histoire et de la notion de Progrès. « Les cas qui peuvent renfermer une prédiction [sur le futur] sont au nombre de trois : ou bien le genre humain se trouve en perpétuelle *régression* ; ou bien il est en constante *progression* [...], ou bien il demeure en *stagnation*... » (*ibid.*, p. 9). Mais ces trois positions lui paraissent l'une et l'autre dogmatiques ou prophétiques, dans la mesure où chacune d'entre elles peut être réfutée par une expérience nouvelle : pour Kant, en effet, la liberté de l'homme lui permet de dépasser par la raison les contraintes de la nature. L'état originel, décrit par J.-J. Rousseau comme naturellement bon, lui apparaît plutôt comme la source du mal, de l'orgueil, de l'ambition, bref de la stagnation humaine. Grâce à l'invention continue de la raison, l'homme doit être capable de profiter des expériences malheureuses, et de dépasser ce qui semble être un « plan de nature » prédéterminé. En luthérien convaincu, Kant exprime l'idée (qui sera reprise et développée par Hegel) selon laquelle le mal reste une condition nécessaire de l'éducation de l'humanité, vraie « ruse de la raison » qui lui permet de passer de l'état de nature à l'état de liberté. Ce sont les souffrances de la guerre juste qui sauvent l'humanité de l'esclavage ; c'est l'appât du gain qui encourage le commerce et le développement (« Bref, c'est en fin de compte la méchanceté de l'homme libre qui permet à la morale de se réaliser dans le monde en le transformant... », L. Guillermit, « Emmanuel Kant », *Encyclopædia Universalis*, 1972, vol. 9, p. 622, c. 3).

Hegel ou l'identité entre l'histoire et la raison

Profondément imprégné de l'histoire troublée de son temps, Georg Wilhem Friedrich Hegel (1770-1831) s'efforça à travers toute son œuvre de concilier le réel et la pensée, la chose et le concept, l'objet et le sujet, l'histoire et la logique, le fini et l'infini, la temporalité et l'éternité, la fin et le commencement, dans une complète réorganisation du savoir, un peu à la façon d'Aristote. Penser la réalité dans sa totalité lui sembla la seule démarche cohérente, selon la fameuse formule : « Ce qui est rationnel est réel et ce qui est réel est rationnel » (Préface aux *Principes de la Philosophie du Droit*, 1821). Par « rationnel », Hegel entend, à la fois, l'essence et l'existence des choses, qui se révèlent par leurs concepts. Contre le subjectivisme, il restitue au langage, forme majeure de la rationalité, son pouvoir de logique, et finalement, de connaissance : chaque mot est l'incarnation d'une Idée, et chaque Idée l'incarnation de l'Être. On le voit, Hegel ne dissocie pas spéculation philosophique et révélation religieuse : le savoir humain reste une expression de l'Absolu et du Divin, figure cosmique et divine, ou encore, comme l'écrit Henri Lefèbvre, l'Idée hégélienne « laïcise la conception théologique du christianisme... » (*Histoire de la philosophie*, tome 3, p. 219). Selon lui, l'existence sociale implique trois moments, différents et complémentaires : la famille, fondée sur l'altruisme particulier, la société civile, domaine de l'égoïsme universel, et enfin l'État – une idée empruntée à Kant –, où s'exprime l'altruisme universel. Mais seul l'État moderne, après un long processus historique qui commence avec la cité antique, est parvenu à concilier ces intérêts contradictoires dans l'intégration politique (*Phénoménologie de l'Esprit*, 1806). Dans une conférence donnée en 1822 et publiée à titre posthume en 1837 sous le titre *Philosophie de l'Histoire*, le maître de Berlin expose les étapes historiques qui ont ainsi conduit l'homme des temps primitifs jusqu'à l'État moderne accompli. Seule la raison humaine permet d'appréhender les étapes apparemment chaotiques de cette histoire et de leur donner un sens. Ainsi, l'histoire humaine est un processus cosmique par lequel se développe l'Esprit, au besoin en empruntant les chemins détournés de la passion humaine, à travers laquelle s'exerce la Providence divine. L'homme en général, les Grands Hommes en particulier – Alexandre, Napoléon –, ne sont souvent que de simples instruments de l'Histoire, ignorant la portée de leurs propres actes, mais qui travaillent inconsciemment à la construction rationnelle du développement historique ; c'est la fameuse « ruse de la raison » déjà entrevue chez Kant. Par un processus dialectique, tout concept premier (la thèse) implique sa propre négation par son contraire (l'anti-thèse), l'un et l'autre étant dépassés par et intégrés dans un concept plus élaboré (la synthèse). L'Histoire s'est donc déroulée à partir du développement contradictoire des diverses réalités sociales, et la société est progressivement passée du despotisme oriental à la démocratie limitée de la cité grecque pour se parachever dans des modèles comme l'Empire germanique ou la monarchie de Juillet, dans lesquels Hegel voit en marche la conscience universelle de la liberté. C'est dire que pour Hegel, l'Histoire semble se figer dans un stade de conservatisme qui dénie tout progrès et même tout avenir. L'État laïc moderne devra, selon lui, organiser rationnellement la société, à la manière dont l'Église chrétienne aurait dû réaliser l'esprit absolu à travers l'histoire.

« Ensemble outrancier » (selon H. Lefebvre), la pensée hégélienne qui se voulait systémique s'est prêtée à de nombreuses interprétations. Déjà dans les années 1830-1840, elle se scindait entre une droite romantique et nationaliste, qui mettait l'accent sur la notion d'éternité et de divinité, un centre orthodoxe et une gauche hégélienne, qui parlait du « sujet », de la « conscience », et même – s'agissant de Feuerbach – de matérialisme : Marx y puisera bientôt son inspiration.

Auguste Comte et le rationalisme total dans les sciences sociales

Auguste Comte (1798-1857) apparaît comme un précurseur de la vision scientiste de l'histoire. Obscur répétiteur de mathématiques à l'École polytechnique, il a concentré toute son ambition sur un projet intellectuel, celui de fonder un système encyclopédique des connaissances, une science nouvelle, baptisée tour à tour « science politique », « physique sociale », et « sociologie », qu'il cherchait à rapprocher des modèles de la biologie et de l'astronomie : « les sociétés comtiennes vont fonctionner comme des organismes, ou comme un système solaire... » (J.-P. Enthoven, « La physique sociale, dernière née des sciences positives », *in* : Yvon Belaval, *Histoire de la philosophie*, Gallimard, 1974, p. 199). La théorie comtienne est si proche de celle du socialiste-philosophe Claude-Henri de Saint-Simon (1760-1825) – dont Auguste Comte avait été le secrétaire entre 1817 et 1824 –, qu'il est parfois difficile de démêler les fils de leurs inspirations respectives, particulièrement dans les analyses de la société industrielle naissante et du rôle dévolu aux nouveaux cadres de l'âge industriel, savants, ingénieurs, entrepreneurs, banquiers, experts et technocrates de toute sorte, appelés à remplacer les anciennes élites des sociétés d'Ancien Régime, noblesse et clergé.

A. Comte intéresse l'historien, avant tout par sa vision téléologique de l'histoire intellectuelle et sociale de l'humanité. Il a formulé sa loi évolutionniste du « développement historique », qui se propose de « lier l'ensemble de l'avenir à celui du passé». Dans son *Cours de philosophie positive*, publié en 6 tomes entre 1830 et 1842, il formule la fameuse théorie des «trois âges de l'humanité», que Michel Serres apparente aux formes triadiques, conceptuelles ou symboliques, de la vieille culture indo-européenne. Selon cette loi, «chaque branche de nos connaissances passe successivement par trois états différents, l'état théologique ou fictif, l'état métaphysique ou abstrait, l'état scientifique ou positiviste» (*Cours...*, tome 1, p. 6). L'originalité de la thèse comtienne réside dans l'analogie qui est opérée entre l'éducation de l'individu et la formation de l'espèce : de même que chacun d'entre nous a été, tour à tour, «théologien dans son enfance, métaphysicien dans sa jeunesse et physicien dans sa virilité» *(ibid.)*, ainsi l'histoire de l'humanité a pu passer successivement par ces trois phases. Les sociologues d'aujourd'hui ont beau jeu de critiquer ce «totalisme méthodologique», cette manie des classements sociaux, conventionnels et figés, et même son mysticisme. Même si les historiens ne lisent plus guère aujourd'hui son *Cours de philosophie positive* ou son *Système de politique positive*, ils ne doivent pas oublier l'influence durable de la pensée comtienne en France et à travers le monde : elle a imprégné la sociologie française (de Durkheim à Raymond Aron), la pensée maurassienne, et de manière plus diffuse, l'esprit technocratique de notre temps, adorateur des compétences.

Marx et le matérialisme historique

En ces temps de doute idéologique, il n'est peut-être pas inopportun de rappeler que la pensée de Karl Marx ne saurait être confondue ni avec le marxisme-léninisme soviétique ni avec les marxismes qui se sont multipliés après sa mort. Chez lui, le savant et le révolutionnaire se confortent ; dans l'homologie de leurs langages, le philosophe de l'histoire et le praticien du changement social ne font qu'un.

Philosophe-historien et révolutionnaire allemand, Karl Marx (1818-1883) reste, avant tout, le père du matérialisme historique, un avatar imprévu de la pensée hégélienne. Étudiant en droit à Berlin mais déjà philosophe de goût, Marx avait fréquenté ceux qu'on appelait les «jeunes hégéliens» de gauche, un courant libéral et matérialiste dont les chefs de file étaient Bruno Bauer (1809-1882) et Ludwig Feuerbach (1804-1872). Très vite, il veut réconcilier le monde et la philosophie : pour lui, c'est le même esprit qui «construit les systèmes philosophiques dans le cerveau du philosophe et les chemins de fer avec les mains des ouvriers» (H. Lefèbvre, *op. cit.*, p. 233). Dès sa *Contribution à la critique de la philosophie du droit de Hegel* (1844) et dans *La Sainte Famille* (1845), ce personnage brillant et paradoxal prétend s'attaquer à la vision idéaliste de l'histoire hégélienne ; il y soutient que la véritable émancipation ne viendra pas du droit bourgeois, mais bien plutôt de la révolution prolétarienne : «La libération de l'Allemagne n'est possible que par la libération de l'homme. La philosophie est la tête, le prolétariat est le cœur de cette libération...». Influencé par le matérialisme de Feuerbach et l'économie politique (anglaise), il démonte le mécanisme de la reproduction du pouvoir à travers la production des richesses : «Le travail ne produit pas que des marchandises ; il se produit lui-même et produit l'ouvrier en tant que marchandise... » (*Premier manuscrit de 1844*, p. 57). Si *L'Idéologie allemande* (1845-1846), signée conjointement par Marx et Engels, prétendait fonder la théorie du matérialisme historique, c'est *Le Capital* (1867) qui expose le plus complètement la théorie « marxienne » de l'évolution historique : la force motrice de l'histoire réside dans la lutte des classes, plus particulièrement dans la révolution sociale conduite par le prolétariat, processus qui entraîne avec lui la société toute entière. La révolte sociale gronde chaque fois qu'un réel décalage se produit entre les rapports de production – définis, comme on l'a vu, dans la longue durée – et les « forces productives », machines, organisations et moyens de travail, par essence plus mouvantes. Révélée par la révolution sociale, cette contradiction se résout par la mise en place de nouveaux rapports économiques et politiques, c'est-à-dire par un nouveau mode de production. L'humanité est ainsi passée successivement par les modes de production asiatique, antique, féodal et capitaliste. Les décalages de plus en plus affirmés – les contradictions majeures – entre les forces productives et les rapports de production devront nécessairement déboucher sur l'explosion prolétarienne mondiale et – la théorie historique se fait finaliste, messianique, et pour tout dire, apocalyptique – sur la fin violente du capitalisme. C'est bien la lutte des classes qui demeure le moteur de l'histoire, avec comme enjeu central la propriété et le contrôle des moyens de production : le capitalisme finira par tomber sous les coups de butoir des exploités, pour céder la place à un régime transitoire avant le millénium communiste.

Ce durcissement de la pensée du « vieux Marx » l'éloignait de sa propre philosophie humaniste des années 1840 ; après l'échec de la Commune de Paris, il va même jusqu'à justifier la dictature du prolétariat, seul moyen pour la classe ouvrière de subordonner l'État, cet État que l'exilé de Londres décrit comme l'instrument coercitif que la bourgeoisie et la classe dirigeante utilisent pour aliéner le prolétariat, à travers la « superstructure » juridique et politique. Car l'État contrôle aussi l'ensemble de la vie intellectuelle, politique et sociale : c'est le fameux poids de l'idéologie dominante, un ensemble de pratiques et de croyances (le droit, l'esthétique, la famille, etc.), qui renforcent le pouvoir économique de la minorité...

Le foisonnement de la pensée de Marx, héritier dévoyé du génie universel et complexe de Hegel, peut expliquer son impact sur les historiens du XIXe siècle en quête d'histoire totale.

Wilhelm Dilthey, l'historicisme ou la méthode « compréhensive » en histoire

Contre le positivisme strict, mais aussi contre la pensée « paralysante » de Hegel, Friedrich Nietzsche (1844-1900) protestait déjà, au nom de la Vie et de l'avenir : « Un excès d'histoire détruit l'homme [...]. L'histoire doit se mettre au service de la vie, et c'est pourquoi elle ne sera jamais une science pure [...]. L'excès d'histoire a transformé les hommes en une race d'eunuques pour garder le grand harem de l'histoire universelle [...]. Le verdict du passé est toujours le verdict d'un oracle [...]» (*Considérations inactuelles*, 1874, I-II, «De l'utilité et des inconvénients de l'histoire pour la vie», trad. Aubier, 1964, p. 197 *sq.*).

Contre le scientisme historique, le philosophe allemand Wilhem Dilthey (1833-1911), «génie solitaire et négligé» (selon l'historien anglais R.G. Collingwood) faisait paraître en 1883 un ouvrage dérangeant, son *Introduction à l'étude des Sciences humaines.* Tout en revendiquant une démarche scientifique, Dilthey annonce son intention de produire une «critique de la raison historique» (hommage à peine voilé à Kant). Dès l'introduction, il établit nettement la distinction entre les sciences de la nature et les sciences «noologiques» (ou sciences de l'esprit), qui se différencient tant par leurs objets que par leurs méthodes: si les premières s'efforcent de dégager des lois générales, les secondes s'attachent avant tout à saisir le singulier, l'individuel – à ce titre, elles sont nécessairement de type historique. Par ailleurs, leurs méthodes ne peuvent être, comme dans les sciences exactes, «explicatives», mais seulement «compréhensives». Comment l'historien reconstruit-il, en effet, le passé? Certes en s'appuyant sur des documents, mais avant tout en exerçant la plénitude des capacités de son esprit, grâce à son expérience intérieure qui lui permet de faire revivre le passé en lui: «C'est exclusivement dans l'expérience interne, dans les faits de conscience que j'ai trouvé le sol ferme où j'ai pu ancrer ma réflexion...» (*Introduction, op. cit.,* trad. 1924, p. 4 et 501). Selon Dilthey, l'historien procède en reconstituant des totalités signifiantes qu'il analyse non seulement à partir de la raison, mais également à partir de la volonté et du sentiment. Soucieux de fixer les règles d'une authentique doctrine des sciences de l'homme, Dilthey s'attache aussi à démontrer comment celles-ci se sont progressivement détachées d'une métaphysique qui, depuis l'époque des Grecs, était omniprésente et proposait de tout ramener à un seul principe explicatif – l'Idée ou la Divinité. Il n'aura pas fallu moins de vingt siècles, conclue-t-il, pour voir les sciences de l'esprit (anthropologie, psychologie, histoire) dépasser la métaphysique pour devenir aussi respectables que les sciences exactes.

Émergence des philosophies du vécu dans le champ de l'histoire

Au début du XXe siècle, deux conceptions nouvelles, la phénoménologie allemande et le spiritualisme de Bergson, semblent venir à la rescousse de l'historicisme, contre le scientisme un peu figé mais encore bien vivace.

La phénoménologie allemande, représentée par Edmund Husserl (1859-1938), Karl Jaspers (1883-1969) et Martin Heidegger (1889-1976), introduit à une connaissance immédiate du monde: elle affirme qu'on ne peut comprendre l'homme et les sociétés qu'à partir de leurs réalités propres: «[...] le monde est toujours "déjà là" avant la réflexion, comme une présence inaliénable...». La phénoménologie, c'est du «vécu réfléchi», qui semble remettre en question les certitudes scientistes quant à la distanciation «objective» de l'historien et de son objet d'étude: «C'est l'essai d'une description directe de notre expérience telle qu'elle est, et sans aucun égard à sa genèse psychologique et aux explications causales que le savant, l'historien ou le sociologue peuvent en fournir...» (M. Merleau-

Ponty, *Phénoménologie de la perception*, Gallimard, 1945, p. 1). En France, la phénoménologie ne commencera à être connue qu'après la Seconde Guerre mondiale, en partie vulgarisée par *L'Être et le Néant* (1943) de J.-P. Sartre ; ce décalage explique que son influence directe sur l'histoire française soit à peu près inexistante avant 1945. De son côté, aussi, Henri Bergson (1859-1941) rejetait le positivisme et l'intellectualisme ambiants, en séparant le champ de la conscience intérieure – un ensemble de sentiments, d'intuitions, de sensations plus ou moins irrationnels – de la pensée rationnelle qu'implique toute connaissance (historique en particulier). Mais la nouveauté bergsonienne sera de faire redécouvrir à l'historien la notion psychologique du temps vécu, décrit comme une succession d'états d'âmes où le passé immédiat résonne, encore présent dans l'instant de la conscience, à la manière des phrases musicales qui font se succéder à l'ouïe des temps très rapprochés (*Essai sur les données immédiates de la conscience*, 1899). Cette philosophie de la perception ouvre la voie à l'étude des mentalités et des représentations.

Dès le début du siècle, l'historicisme faisait une percée décisive dans plusieurs pays européens, en Allemagne (avec W. Windelband, H. Rickert, G. Simmel, F. Meinecke, etc.), en Italie (B. Croce), en Angleterre (R.G. Collingwood) et en Espagne (J. Ortega y Gasset). Pour ces héritiers de Dilthey, l'histoire ne peut dégager des lois ; elle reste la « science du particulier » – en termes plus savants, elle n'est pas « nomothétique », mais « idiographique » – du grec *nomos*, « loi », et *idios*, « qui appartient en propre à quelqu'un ». La connaissance historique ne peut être atteinte qu'à travers l'expérience subjective de celui qui la conduit, car elle postule l'historicité du chercheur lui-même. En Italie, elle fut brillamment défendue par le philosophe-historien Benedetto Croce (1866-1952), historien de l'art et de la littérature, mais aussi historien politique de l'Europe. Croce a systématisé la thèse diltheyenne dans deux ouvrages remarqués en leur temps : *Théorie et histoire de l'historiographie* (1912) et *L'Histoire comme pensée et comme action* (1939). Pour Croce, toute véritable histoire est d'abord un acte de pensée, qui se différencie des « pseudo-histoires » que sont la chronique, l'érudition, ou l'histoire rhétorique. « Un fait est historique dans la mesure où il est pensé, et d'autre part rien n'existe en dehors de la pensée. [...] On ne peut affirmer qu'un fait historique soit réel, sans connaître en même temps ce qu'il est, c'est-à-dire sans le qualifier » (*Théorie*..., 1954 [1912], p. 53 et 73). Dans son ouvrage posthume *The Idea of History* (1946), le Britannique R.G. Collingwood (1889-1943) oppose la « compréhension » à l'« explication » scientiste qui feint de croire que l'histoire existe déjà dans les traces du passé, alors qu'elle n'est qu'un montage de documents mis bout à bout « avec de la colle et des ciseaux ». Il condamne cette prétention prométhéenne à vouloir reconstruire le passé : « L'historien n'est pas Dieu regardant le monde d'en haut. Il est un homme de son temps et de son pays. Il regarde le passé avec le point de vue du présent ; point de vue qui n'est valable que pour lui-même et pour son peuple... » (*The Idea*..., p. 109).

Dominée par le courant méthodique, l'historiographie française resta longtemps fermée à l'historicisme ; deux auteurs seulement, le philosophe-sociologue R. Aron et l'historien H.-I. Marrou, ont contribué à en divulguer les postulats.

Raymond Aron (1905-1983) a été longtemps rejeté par l'intelligentsia française à cause de son libéralisme et de son pessimisme actifs. Journaliste de talent, conseiller des « princes » pour les relations internationales, cet ancien normalien a porté son esprit critique sur les paradoxes de son temps – *L'Opium des intellectuels*, 1957, *Dix-huit leçons sur la société industrielle*, 1962, etc. (Nicolas Baverez, *Raymond Aron. Un moraliste au temps des idéologies*, Lyon, La Manufacture, 1986). Bon connaisseur de la philosophie et de la sociologie allemandes, il défendit des positions « historicistes » dans plusieurs de ses ouvrages. Dès son *Introduction à la philosophie de l'histoire* (1938), au sous-titre révélateur – *Essai sur les limites de l'objectivité historique* –, il développe une analyse classique de ce qu'il appelle l'« historisme » : l'historien exprime dans son œuvre autant de lui-même et de son temps que de l'époque qu'il prétend raconter ; chaque société écrit sa propre histoire en prétendant raconter (au présent) son propre passé. Mais, pour autant, R. Aron ne cède pas au pyrrhonnisme qui invaliderait toute recherche : ses conclusions se veulent nuancées, qui postulent l'existence d'une « vérité positive et partielle » (*Introduction…*, *op. cit.*, Gallimard, 1986 [1938], p. 385). En 1961, R. Aron poursuivait dans cette voie « moyenne » ; d'un côté « la réalité et la connaissance de cette réalité sont inséparables » et « l'homme n'a vraiment un passé que s'il a conscience d'en avoir un » ; mais de l'autre, l'historien applique des méthodes rigoureuses pour répondre à des questions qu'il s'est posées librement (*Dimensions de la conscience historique*, Plon, 1961, p. 15 *sq.*). Plus tard encore, dans ses leçons au Collège de France, R. Aron approfondira sa position « historiste » en l'enrichissant d'une approche herméneutique (« On peut dire que ce que nous faisons quand nous pensons l'histoire consiste à *interpréter*. Interpréter les langages qui ont été écrits par les hommes du passé ou interpréter les œuvres ou les monuments qu'ils nous ont laissés : toute connaissance historique est une connaissance de l'homme par l'homme et, pour ainsi dire, un défrichement… » (*Leçons sur l'histoire*, éd. de Fallois, 1992 [1972], p. 15).

Henri-Irénée Marrou (1904-1977) fut autant un humaniste chrétien, un musicologue compétent qu'un historien de l'Antiquité, spécialiste de saint Augustin et de l'éducation. Avec son ouvrage *De la connaissance historique* (1954), il intervient dans le débat historiciste en avançant des positions également nuancées : s'il admet que l'histoire est bien une « connaissance scientifiquement élaborée du passé humain », c'est pour ajouter aussitôt que cette quête reste un idéal, car l'historien n'explore que les « traces » du passé. Pour approfondir sa méthode, l'historien doit définir « sa » panoplie de concepts, sur le modèle de l'« idéal-type » emprunté à Max Weber : car, sans épure conceptuelle, pas de connaissance possible d'un réel, en soi inaccessible. Mais Marrou sait bien que la conceptualisation est un acte mental fictif, voire irréel, et que l'historien est à chaque instant menacé d'« intoxication idéaliste ». Aussi l'historien devra-t-il se méfier en permanence de deux écueils opposés, l'hyperréalisme et l'abstraction nominaliste : « Ni objectivisme pur, ni subjectivisme radical, l'histoire est à la fois saisie de l'objet et aventure spirituelle du sujet connaissant […]. L'histoire est un mixte indissoluble de sujet et d'objet […]. » (*De la connaissance historique*, *op. cit.*, p. 230 *sq.*).

L'historiographie de la IIIe République est finalement plus complexe et, sans doute, moins caricaturale qu'on ne l'a écrit. Au plan de la méthode, elle appliqua une grande rigueur dans le rassemblement des sources manuscrites et dans la critique externe et interne des traces d'événements ayant réellement existé. Mais elle manqua probablement d'ambition et d'ampleur de vue pour pratiquer la synthèse et la méthode comparative. Noyée, sous la masse d'une documentation politique et administrative, elle eut bien du mal à s'abstraire du « tout politique ». Influencée par les sciences de l'observation, elle fut tentée en permanence par l'homologie entre la « réalité » et le récit, entre « *Geschichte* » et « *Historie* ».

Malgré ces réserves, l'école méthodique a laissé aux générations suivantes un principe méthodologique qui n'a guère été remis en cause par les apports de la linguistique moderne : à savoir que toute histoire implique une lecture critique et explicative – « une herméneutique » – des sources. Aujourd'hui, en ces temps de doute où les historiens des *Annales* préconisent un « retour à l'archive », à la parole transmise et aux œuvres, une telle modestie déontologique ne peut que séduire. Si l'on ajoute à ce précepte de saine méthodologie, la conscience de l'imperfection de la démarche – par exemple chez Langlois et Seignobos –, on peut penser que l'école historique de la IIIe République n'a pas toujours mérité les attaques mordantes et les condamnations définitives qui lui ont été adressées par la suite.

DOCUMENTS

■ Érudition française contre science allemande

Ce compte rendu polémique, par Fustel de Coulanges, d'un ouvrage de Jules Zeller sur les « Origines de l'Allemagne et de l'empire germanique », a été publié dans une revue conservatrice et nationaliste au lendemain de la défaite française face à la Prusse. L'auteur règle son compte à la fois aux historiens libéraux et à l'« âme germanique », avant de célébrer la vieille tradition philologique française.

Pendant les cinquante dernières années, il ne venait presque à l'esprit d'aucun Français qu'on pût parler de ce pays [l'Allemagne] qu'avec le ton de l'admiration. Cet engouement date de 1815. Notre école libérale, en haine de l'empire qui venait de tomber, s'éprit d'un goût très vif pour ceux qui s'étaient montrés les ennemis les plus acharnés de l'empire. [...] On se représenta une Allemagne toujours laborieuse, vertueuse, intelligente. [...] Que n'a-t-on pas dit sur la race germanique ! Nos historiens n'avaient que mépris pour la population gauloise, que sympathie pour les Germains. La Gaule était la corruption et la lâcheté ; la Germanie était la vertu, la chasteté, le désintéressement, la force, la liberté. [...] On dirait une race de philosophes et de stoïciens. [...]

Ce peuple a dans l'érudition les mêmes qualités que dans la guerre. Il a la patience, la solidité, le nombre, il a surtout la discipline et le vrai patriotisme. [...] Avec de telles habitudes et de telles mœurs scientifiques, on comprend la puissance de la science allemande. [...]

Les Allemands ont tous le culte de la patrie, et ils entendent le mot patrie dans son sens vrai ; c'est le *Vaterland*, la *terra patrum*, la terre des ancêtres [...]. Ils aiment ce passé, surtout ils le respectent. Ils n'en parlent que comme on parle d'une chose sainte. A l'opposé de nous, qui regardons volontiers notre passé d'un œil haineux [...]. L'érudition en France est libérale ; en Allemagne, elle est patriote. [...]

Nous continuons à professer, en dépit des Allemands, que l'érudition n'a pas de patrie [...]. L'histoire que nous aimons, c'est cette vraie science française d'autrefois, cette érudition si calme, si simple, si haute de nos bénédictins, de notre académie des inscriptions, [...] de tant d'autres, illustres ou anonymes, qui enseignèrent à l'Europe ce que c'est que la science historique, et qui semèrent, pour ainsi dire, l'érudition d'aujourd'hui. L'histoire, en ce temps-là, ne connaissait ni les haines de parti, ni les haines de race ; elle ne cherchait que le vrai, ne louait que le beau, ne haïssait que la guerre et la convoitise. Elle ne servait aucune cause ; elle n'avait pas de patrie ; n'enseignant pas l'invasion, elle n'enseignait pas non plus la revanche. Mais nous vivons aujourd'hui dans une époque de guerre.

Fustel de Coulanges, « De la manière d'écrire l'histoire en France et en Allemagne depuis cinquante ans », *Revue des Deux Mondes*, 1972, p. 241-251.

1872

■ Le programme de l'histoire « méthodique »

Ce texte fondateur du premier numéro de la Revue historique *insiste sur les nouvelles méthodes et sur la volonté d'œcuménisme politique et idéologique (qui veut s'écarter de l'engagement « à droite » de la* Revue des Questions historiques, *fondée une dizaine d'années plus tôt).*

Grâce au progrès des sciences et des méthodes scientifiques, l'histoire possède aujourd'hui de merveilleux moyens d'investigation. Par la philologie comparée, par l'anthropologie, par la géologie elle-même, elle plonge ses regards dans des époques pour lesquelles les monuments font défaut aussi bien que les textes écrits. Des sciences accessoires, la numismatique, l'épigraphie, la paléographie, la diplomatique, lui fournissent des documents d'une autorité indiscutable. Enfin, la critique des textes, établie sur des principes et des classifications vraiment scientifiques, lui permet de reconstituer, sinon dans leur pureté primitive, du moins dans une forme aussi peu altérée que possible tous les écrits historiques, juridiques, littéraires qui ne nous ont pas été conservés dans des manuscrits originaux et autographes. Ainsi secondée, armée de pareils instruments, l'histoire peut, avec une méthode rigoureuse et une critique prudente, sinon découvrir toujours la vérité complète, du moins déterminer exactement sur chaque point le certain, le vraisemblable, le douteux, le faux. [...]

La *Revue historique* [...] veut non seulement favoriser la publication de travaux de détail originaux et sérieux, mais encore et surtout servir de lien entre tous ceux qui consacrent leurs efforts à la vaste et multiple investigation dont l'histoire est l'objet, leur faire sentir leur solidarité ; leur fournir des renseignements précis et abondants sur tout ce qui s'accomplit à l'heure actuelle dans les domaines variés des sciences historiques. Nous voudrions contribuer à former par l'exemple d'une bonne méthode les jeunes gens qui veulent entrer dans la carrière historique, encourager et maintenir dans la bonne voie ceux qui y marchent déjà, servir à tous de centre de ralliement et d'information.

[...] Nous prétendons rester indépendants de toute opinion politique et religieuse. [...] Nous ne prendrons donc aucun drapeau ; nous ne professerons aucun credo dogmatique, nous ne nous enrôlerons sous les ordres d'aucun parti ; ce qui veut dire que notre *Revue* sera une babel où toutes les opinions viendront se manifester. Le point de vue strictement scientifique auquel nous nous plaçons suffira à donner à notre recueil l'unité de ton et de caractère...

Gabriel Monod, G. Fagniez, « Du progrès des sciences historiques depuis le XVIe siècle », *Revue historique*, 1876, pp. 27-39.

7

Des Annales *à la Nouvelle Histoire*

Entre l'« Histoire des Annales*» et la Nouvelle Histoire, pas de solution de continuité : l'une et l'autre ont reflété les conceptions successives de la revue des* Annales*, vaste courant qui commence en 1929 et qui s'est poursuivi sans heurts apparents jusqu'à la fin des années 1980. Les transitions épistémologiques y ont été progressives, contrôlées majoritairement par un même groupe d'historiens, celui de l'École pratique des hautes études en sciences sociales. Avant d'examiner, plus loin, les écarts épistémologiques qui ont fini par différencier assez nettement ces deux moments historiographiques, on peut proposer une coupure symbolique, située entre le départ à la retraite de Fernand Braudel (1972) et la publication, en 1974, d'un ouvrage à prétention programmatique,* Faire de l'Histoire*, sous la direction de J. Le Goff et de P. Nora.*

NAISSANCE DES *ANNALES*

Une revue d'avant-garde

La création des *Annales* apparaît d'abord comme une réaction contre l'histoire « méthodique », mais aussi contre l'histoire nationaliste et germanophobe, proche de l'*Action Française*, dont les représentants les plus lus étaient Jacques Bainville, mort en 1936 (*Histoire de France*, 1924, *La Troisième République*, 1935) et Pierre Gaxotte (1895-1982), ancien secrétaire de Charles Maurras et futur Académicien, auteur de plusieurs livres à succès, dont une *Révolution française* (1928). C'est à l'Université de Strasbourg, « vitrine et bastion avancé de la culture française face à l'Allemagne » (A. Burguière), que cette « révolution épistémologique » (K. Pomian) allait prendre corps, assurant ainsi symboliquement la revanche de la « science française » sur « l'érudition allemande ». C'est en janvier 1929 que fut publié par la maison A. Colin le premier numéro des *Annales d'Histoire économique et sociale*, dont les codirecteurs étaient Lucien Febvre et Marc Bloch. Soixante-cinq ans après cet acte fondateur, « l'héritage des *Annales* n'appartient plus à la revue, il est le bien commun de la plupart des historiens », et le recul du temps a suffisamment émoussé les passions pour ne pas céder à la tentation d'une histoire apologétique des origines (A. Burguière, «*Les Annales* 1929-1979 », *AESC*, 1979, n° 6, p. 1346).

❑ ***L'apport des sciences humaines.*** La création des *Annales* ne peut se comprendre en dehors de la poussée des jeunes sciences humaines, en particulier de la sociologie. Dès 1903, l'économiste-sociologue François Simiand (1873-1935) dénonçait les « trois idoles de la tribu des historiens [...] l'idole politique, l'idole individuelle et l'idole chronologique... » (*in* : « Méthode historique et science sociale », *Revue de synthèse historique*, 1903). Très dynamiques, les élèves d'Émile Durkheim (1858-1917), le fondateur de *L'Année sociologique*, ne voyaient dans l'histoire qu'un simple champ d'expérimentation des sciences sociales dans le passé, et Lucien Fevbre reconnaîtra plus tard sa dette à *L'Année sociologique* « qui fut, entre 1900 et 1910, une de nos meilleures maîtresses à penser » (Hans Dieter-Mann, *Lucien Febvre. La pensée vivante d'un historien*, A. Colin, Paris, 1971, p. 17). Une autre influence, tout aussi décisive, a été celle du géographe Vidal de La Blache (1845-1918), le fondateur des *Annales de géographie*. Dans l'entre-deux-guerres, la géographie vidalienne était perçue comme « le » secteur de pointe des sciences sociales. Cette école géographique française, dite du « possibilisme », produisait des monographies régionales, qui étudiaient sous forme d'inventaire, mais dans la longue durée, les rapports complexes qui lient les groupes sociaux à leur milieu (G. Lefebvre, *La Naissance de l'historiographie moderne*, 1971 [1946]). L'histoire des *Annales* y puisera une inspiration profonde et durable sur les rapports entre l'histoire et le milieu. On ne saurait omettre, enfin, le dialogue prolongé que les pères fondateurs des *Annales*, Lucien Febvre en particulier, ont entretenu avec Henri Berr (1862-1955), un professeur de rhétorique du lycée Henri-IV, fondateur de la *Revue de synthèse historique* (1900), qui s'efforçait de concilier la réflexion épistémologique et la pratique des recherches érudites.

❑ ***Une histoire économique et sociale.*** C'est parmi les universitaires de talent résidant à Strasbourg que furent choisis, dans un esprit pluridisciplinaire, les premiers collaborateurs de la revue. Celle-ci se voulait non seulement « économique » (une idée de Febvre), mais encore « sociale » – à l'initiative de Marc Bloch. Il s'agissait, aussi, de briser les barrières disciplinaires et d'unifier empiriquement (« par l'exemple et par le fait ») le champ social. La vérification statistique réalisée par François Dosse confirme que l'histoire économique arrivait largement en tête (avec 58 % du nombre des articles recensés pour la période 1929-1945), suivie par l'histoire sociale (25 %), et très loin derrière, par l'histoire culturelle (10 %). L'histoire politique traditionnelle avait quasiment disparu – 3 % seulement des titres d'articles, contre 50 % dans la *Revue historique* (*L'Histoire en miettes*, 1987, pp. 46-47). Autre constat : une répugnance affichée pour la « scholastique » et la théorie : « [...] sur ce point-là, entre Bloch et moi – écrira L. Febvre – aucune divergence. Pas de méthodologie abstraite, à l'allemande [...] Les idées d'un historien se tirent de l'histoire même » (cité par H.-D. Mann, *op. cit.*, p. 20). Les fondateurs s'attachent seulement à quelques principes de méthode : rechercher les « choses » derrière les mots (le postulat du « réel » historique est un héritage du XIXe siècle), élargir le concept de source historique au domaine du non-écrit (iconographie, archéologie), et surtout, chaque fois que cela est possible, pratiquer l'histoire comparative.

❑ ***Une revue « frondeuse » et « dynamique ».*** L'amitié entre les deux hommes, révélée par une correspondance poursuivie de 1928 à 1943, scellait leur collaboration dans le partage des responsabilités éditoriales de la revue, malgré des conditions matérielles précaires, sans subventions ni secrétariat de rédaction. Plus méthodique, moins intuitif, M. Bloch semble avoir porté l'essentiel du fardeau, particulièrement dans les années 1933-1936, après l'élection de L. Febvre au Collège de France (P. Schöttler, *Lucie Varga. Les autorités invisibles*, Cerf, 1991, p.17). Quant à l'image frondeuse de la revue, elle tenait à l'activisme enthousiaste des deux historiens, à leur « langage carnassier », à leur « ton polémique et quelque peu messianique » (J. Revel et R. Chartier). Ce dynamisme tranchait singulièrement avec le climat feutré des universités et le ton plus apaisé des autres revues. Les fondateurs se situaient dans une sorte de modernité d'idées « progressistes », mais sans idéologie explicite. Revue d'avant-garde, les *Annales* l'étaient aussi par l'ampleur de l'espace accordé au monde contemporain et à l'histoire du temps présent. « L'information et la réflexion sur les phénomènes très contemporains... y sont étonnamment présentes » note J. Revel (*Annales, E.S.C.,* 1979, p. 1365). Passé et présent se conjuguaient dans un aller-retour entre les origines d'un problème et son état actuel.

La guerre et l'occupation poussent les deux pères fondateurs à un choix douloureux : faut-il continuer à publier les *Annales* ? Et à Paris, ou en zone « libre » ? Marc Bloch, frappé par les lois antisémites, s'est réfugié en zone sud, tandis que L. Febvre continue ses cours au Collège de France pendant toute la période de l'occupation. Finalement, la revue paraîtra sans périodicité régulière, et avec un nouveau titre : les *Mélanges d'histoire sociale*. Cette décision a alimenté une cabale. On a même accusé L. Febvre d'« accommodement » avec l'occupant (Philippe Burrin, *La France à l'heure allemande*, 1940-1944, Seuil, 1994). Mais cette interprétation semble faire fi des convictions anti-fascistes de L. Febvre. Par ailleurs, Marc Bloch a continué de collaborer activement à la revue jusqu'à la fin.

La légitimation et l'impact international après 1945

En 1946, la revue adoptait son titre définitif : *Annales, Économies, Sociétés, Civilisations* – par le pluriel, il s'agissait de reconnaître la diversité des sociétés et des cultures. Après la disparition de Marc Bloch, fusillé par les Allemands en 1944, L. Febvre est secondé par F. Braudel, G. Friedman, P. Leuilliot et C. Morazé. En 1947, l'histoire des *Annales* entre dans une phase de « consolidation bureaucratique » avec la création de la VIe Section de l'École pratique des hautes études, dont le programme interdisciplinaire était aussi celui de la revue. Cette VIe Section avait été arrachée de haute lutte par L. Febvre, infatigable battant, qui avait également obtenu un financement par la Fondation Rockefeller. La VIe Section était dotée d'un laboratoire de cartographie et d'un centre d'édition (le SEVPEN) qui ne publia pas moins de 164 titres jusqu'à la fin des années 1960. Si l'on ajoute à cette « structure » un important Centre de recherches historiques qui lançait de grandes études statistiques et publiait des atlas, on perçoit l'ampleur de l'innovation historique autour des *Annales.*

Après la mort de L. Febvre (1956) et jusqu'en 1969, la revue fut dirigée par un autre « entrepreneur d'histoire », Fernand Braudel, secondé par Charles Morazé, Robert Mandrou, et Marc Ferro au secrétariat de rédaction. Braudel infléchit l'esprit de la revue dans le sens d'une histoire expérimentale, ouverte à de nouveaux « objets historiques », du climat à l'alimentation, du sexe à la vie privée, étudiés avec des méthodes quantitatives de plus en plus affinées. L'historien américain Hexter a bien montré le « décollage » éditorial des *Annales*, exceptionnelle dans la presse historique de l'après-guerre. En 1962, Braudel obtenait un don de la Fondation Ford pour créer la Maison des sciences de l'homme.

L'Histoire des *Annales* sort alors de l'Hexagone. Jusqu'à la fin des années 1960, elle attire une élite cosmopolite : des historiens allemands (Schieder, Conze, Bosl, Wehler), italiens (C. Ginzburg), britanniques (Rude, Hobsbawn, Laslett, E.P. Thompson), américains (N. Zemon Davis, J. O. Malin, T. C. Cochran, W. Aydelotte), russes (A. Gourevitch), mais aussi polonais (B. Geremek, W. Kula), hongrois, tchèques, espagnols (J. Vicens Vives), latino-américains (A. Jara, E. Florescano, R. Romano), qui ont tous reconnu leur dette à l'histoire des *Annales* – particulièrement durant la période « braudélienne » (H. Coutau-Bégarie, *Le Phénomène « Nouvelle Histoire »*, Economica, 1983, pp. 9-11). Au début des années 1970, les médiévistes français ont fait école au Japon, grâce à des émules comme Y. Amino et S. Katsamuta. L'esprit des *Annales* semble également influer sur la revue britannique *Past and Present* (1952), ou encore sur *Comparative Studies in Sociology and History* (1957).

En 1969, un « triumvirat », formé de Jacques Le Goff, Emmanuel Le Roy Ladurie et M. Ferro, remplaçait la direction unique, mais la statue du commandeur était toujours là, qui continuait d'exercer son magistère moral. Cette nouvelle direction collégiale allait renforcer le caractère pluraliste et ouvert de la revue. En 1975, la VIe Section devenait l'École des hautes études en sciences sociales, un « conglomérat » d'enseignements comprenant quelque 150 séminaires dont plus du tiers étaient consacrés à l'histoire. Des historiens – Jacques Le Goff, François Furet – ont logiquement succédé à Braudel à la tête de l'École. Selon Hexter, une telle concentration de forces intellectuelles ne pouvait guère se concevoir en dehors de la structure universitaire française, pyramidale et centralisée. Bien que Fernand Braudel ait toujours récusé l'existence d'une École des *Annales* au sens strict, c'est-à-dire un système de pensée fermé sur lui-même, il a reconnu l'existence d'un « esprit des *Annales* », qui tenait surtout à une vision spécifique des rapports entre l'individu et la société : une sorte de déterminisme social, tempéré par la croyance en la vitalité de l'homme, capable de s'inventer des plages de liberté face aux contraintes de l'espace ou de la longue durée. Un autre point commun aux gens de la revue : un certain rationalisme, qui s'exprime dans la préférence pour les méthodes quantitatives ou comparatistes. Face aux zones d'ombre et aux incertitudes, on préfère suspendre son jugement plutôt que de flirter avec le mysticisme (H. R. Trevor-Roper « F. Braudel, the *Annales* and the Mediterranean », *Journal of Modern History*, Chicago, n° 4, 1972, p. 470).

LES PÈRES FONDATEURS DE L'ÉCOLE DES *ANNALES*

Lucien Febvre et l'« histoire-problème »

Fils d'un agrégé normalien, L. Febvre (1878-1956) fait des études brillantes à Nancy, puis à l'École normale supérieure où il choisit la section des Lettres. En 1911, il soutient sa thèse sur *Philippe II et la Franche-Comté*, une étude régionale qui cherche à définir la personnalité – formes politiques, institutions, mais aussi seigneurie, noblesse de robe et bourgeoisie – de la petite Comté pendant la seconde moitié du XVIe siècle, province de culture française, mais encore dominée par un prince étranger, le puissant Charles-Quint. Dans *La Terre et l'évolution humaine*, publiée en 1922 dans la collection « L'Évolution de l'humanité » chez Albin Michel, il aborde un problème épistémologique qui lui est cher : quelles sont les influences (« subtiles, multiples et complexes ») de la géographie sur l'homme en général et sur l'homme historique en particulier ? A ces questions méthodologiques, l'auteur apporte des réponses prudentes, touchant à la définition de la géographie « humaine ». L. Febvre passe systématiquement en revue les données géographiques qui interfèrent avec l'histoire : le climat, les paysages géographiques, les frontières, les axes de communication, les genres de vie. Au passage, il récuse la thèse déterministe du géographe allemand Ratzel, et plaide plutôt pour un « prédéterminisme », pour un « possibilisme » qui laisse à l'homme une certaine autonomie : « Les hommes ne se soustraient jamais totalement [...] à l'emprise du milieu. Ceci dit, suivant ce qu'ils sont [...], ils tirent parti plus ou moins complètement des possibilités géographiques » (*La Terre*, A. Michel, 1970 [1922], p. 342). En 1932, il accepte (en partie pour des raisons financières) la direction de l'*Encyclopédie française*. Le projet était novateur dans la mesure où il s'agissait de décrire les sociétés du XXe siècle dans l'esprit de la sociologie durkheimienne en brisant par des découpages transversaux les barrières étanches entre spécialités. Febvre en fera une encyclopédie de « problèmes » plutôt que de références ; il met en avant la dépendance des savoirs par rapport à l'outillage mental des sociétés. En 1934, il cosignera avec son ami H. Berr l'article « History » dans l'*Encyclopædia of the Social Sciences*. Cette année-là, il fait la connaissance d'une jeune historienne juive autrichienne, Lucie Varga, qui devient sa secrétaire de recherche et dont il fait sa maîtresse. Elle semble avoir contribué à introduire dans les *Annales* une ouverture vers l'anthropologie historique (Peter Schöttler, *op. cit.*, 1991).

Mais déjà, un autre champ attire ce spécialiste du XVIe siècle : l'histoire des mentalités collectives, perçues à travers le filtre de certaines personnalités. Dès 1928, dans *Martin Luther*, il posait « [le] problème des rapports de l'individu et de la collectivité [...] problème capital de l'histoire : tel a été notre dessein... ». Il reconnaît en Luther le père de l'esprit germanique moderne, qui avait su imposer à l'Allemagne une révolution religieuse, malgré son échec devant les princes allemands... Dans la même veine de l'histoire des mentalités paraît en 1942, *Le Problème de l'incroyance au XVIe siècle. La religion de Rabelais*. Au point de départ de cet important ouvrage, la récusation des thèses d'Anatole France et d'Abel Lefranc sur l'incroyance de Rabelais. Dans sa méthode, L. Febvre s'appuie sur l'étude des perceptions, du langage et des concepts du temps. En commençant, bien sûr, par Rabelais lui-même : « La démarche s'imposait [...] : centrer l'enquête sur un homme, choisi non seulement parce qu'il demeure célèbre, mais parce que l'état des documents permet de reconstituer sa pensée... » (*Le Problème de l'incroyance..., op. cit.*, 1968 [1942], p. 23). Après avoir passé en revue les témoignages de l'entourage, L. Febvre examine à travers les écrits de Rabelais (le « Crédo des Géants » par exemple) ce qu'il appelle son christianisme, qui lui semble plus proche de la religion tolérante d'un Érasme que des superstitions de ce temps-là. La conclusion paraît s'imposer d'elle-même : au XVIe siècle, l'athéisme scientifique n'était pas possible, et Rabelais ne pouvait être ce qu'on appelait au début du XXe siècle un libre penseur. Petite révolution épistémologique : L. Febvre avait simplement transformé la question de : « Est-il *vrai* que ?... » en : « Est-il *possible* que ?... » (L. Febvre, *Le Problème de l'incroyance, op. cit.*, 1968 [1942], p. 142). A la façon d'un L. Levy-Bruhl (1858-1939) analysant la *Mentalité primitive* (1922), l'historien distinguait le raisonnement prélogique et mystique de la pensée logique, l'outillage mental des gens du XVIe siècle et l'esprit scientifique du XXe siècle (J. Revel, « Lucien Febvre », *in* : A. Burguière, *Dictionnaire des Sciences historiques*, *op. cit.*, 1986, pp. 280-281). L'intérêt de L. Febvre pour l'histoire des mentalités se retrouve encore dans *Amour sacré, amour profane : autour de l'Heptaméron* (1944), qui pose la question du décalage mental entre le XXe et le XVIe siècle, décalage qui nous empêche de mieux comprendre la complexité d'une époque lointaine. Au point de départ, une énigme : celle de Marguerite, reine de Navarre et sœur de François Ier, qui a pu écrire deux textes apparemment incompatibles à l'esprit : les longues épîtres pieuses du « Miroir de l'âme pêcheresse » et les contes gaulois de « l'Heptaméron ». L. Febvre s'attache à expliquer cette énigme en démontrant qu'une personne de la Cour pouvait fort bien concilier en elle un comportement religieux et une attitude morale émancipée.

Vers la fin de sa vie, L. Febvre avait réédité une partie des quelque 500 articles autrefois publiés dans des revues (*Revue de synthèse*, *Annales*, *Revue historique*, etc.) dans trois recueils thématiques : *Au cœur religieux du XVIe siècle* (1957), *Pour une histoire à part entière* (1962), *Combats pour l'histoire* (1963). Ce volumineux « testament » frappe par la curiosité des goûts et la vivacité du ton ; il s'agit, la plupart du temps, de réflexions méthodologiques (rarement épistémologiques) inspirées par des ouvrages récents, et le plus souvent par de volumineuses thèses portant sur la géographie « humaine », l'économie, l'histoire des techniques, l'histoire religieuse ou l'histoire intellectuelle. Il continue d'y pourfendre (puisqu'il s'agit de « combats ») la vieille histoire-tableau et l'histoire philosophique. Car jusqu'à la fin, Lucien Febvre a revendiqué le droit d'« être un historien qui se pose des problèmes, au lieu d'épuiser des inventaires ».

Marc Bloch, historien des mentalités

Comme son aîné L. Febvre, M. Bloch (1886-1994) est un brillant « héritier » (on a vu que son père, Gustave Bloch, avait été professeur d'histoire romaine à la Sorbonne) : École normale supérieure, agrégation, bourses de recherches à la Fondation Thiers à Paris, séjours à Berlin et à Dresde, où il s'initie à la méthode historique allemande. Après avoir enseigné aux lycées de Montpellier et d'Amiens, il est mobilisé dès août 1914 ; actif et courageux au combat, blessé et décoré, il termine la Grande Guerre comme capitaine. En 1919, il est nommé maître de conférences à Strasbourg, la nouvelle vitrine de l'intelligentsia française. Dès l'année suivante, il soutient à la Sorbonne une thèse intitulée *Rois et serfs, un chapitre d'histoire capétienne*. Il restera en Alsace jusqu'en 1936, date de son élection à la Sorbonne dans la chaire d'histoire économique de Henri Hauser (1866-1946).

En 1924, il publie son premier grand livre, *Les Rois thaumaturges*, où il étudie le pouvoir magique de guérison reconnu aux rois de France et d'Angleterre après leur sacre. Sa curiosité pour les rites et les croyances avait été renforcée durant la Grande Guerre, lorsqu'il eut l'occasion d'observer chez les soldats au combat une régression vers des mentalités dites « primitives ». Renouant avec l'histoire religieuse de Fustel de Coulanges, et bénéficiant de la très riche bibliothèque de Strasbourg, il inaugure une histoire anthropologique en étudiant « l'histoire d'un miracle et de la croyance à ce miracle » (J. Le Goff, *Les Rois thaumaturges*, Gallimard, 1983, p. XI). Il y démontre l'existence d'un lien entre le pouvoir de guérison attribué au roi et le moment du sacre qui, par l'instrument de la Sainte Ampoule de Reims, instaure une véritable royauté sacerdotale. Cette croyance en la guérison des « écrouelles » – une inflammation des glanglions lymphatiques – s'est prolongée jusqu'à la fin de l'Ancien Régime. Plusieurs fois réédité, l'ouvrage apporte une bonne illustration de la méthode comparatiste, si souvent prônée par les fondateurs des *Annales*.

Sans doute plus encore que L. Febvre, M. Bloch a fait de la confrontation du passé et du présent « son ascèse quotidienne » (A. Burguière), tout en sachant intégrer les apports des autres « sciences sociales », particulièrement de la sociologie et de l'anthropologie. De la géographie régionale (dont il avait assuré la « couverture » dans la *Revue de synthèse historique*), il tire *Les Caractères originaux de l'histoire rurale française* (1931) en pratiquant une méthode « régressive » qui lui permet de décrypter les structures agraires à partir des formes du paysage rural vivant : « Il n'est presque pas un trait de la physionomie rurale de la France d'aujourd'hui dont l'explication ne doive être cherchée dans une évolution dont les racines plongent dans la nuit des temps » (*Les Caractères originaux, op. cit.*, p. 250). Ses responsabilités multiples aux *Annales* ne l'empêchent pas de publier en 1939 *La Société féodale*, un ouvrage auquel son ami L. Febvre reprochera une certaine « dérive » sociologique – dans la mesure où il associe trop strictement les attitudes morales ou affectives aux seules conditions économiques et démographiques. Toujours séduit par la méthode comparative, M. Bloch explique, dans son premier cours de la Sorbonne, les contrastes observés entre les paysages ruraux de l'Angleterre du Sud et ceux de la Picardie par l'histoire du manoir anglais et de la seigneurie française : dans le premier cas, le pouvoir féodal s'est exercé au détriment de la petite propriété ; dans le second, la monarchie française a limité le dépouillement du laboureur.

Lors de la Seconde Guerre mondiale, il est mobilisé sur sa demande comme capitaine d'état-major. M. Bloch subit la débâcle de la bataille des Flandres et passe en zone « libre ». Exclu de la fonction publique par Vichy à cause de ses origines juives, puis « relevé de déchéance » pour ses mérites d'historien, il est détaché dans les universités de Clermont-Ferrand et de Montpellier. En 1943, il se réfugie dans sa maison de campagne de la Creuse, puis il entre dans la résistance à Lyon. Associé à l'élaboration du programme du « Conseil National de la Résistance », il est arrêté, torturé, puis exécuté par les Allemands en juin 1944.

Durant l'été 1940, alors qu'il s'est réfugié dans la Creuse, il rédige un « témoignage » sur *L'Étrange défaite* de l'armée française. Dans ce document rédigé au cours des semaines qui suivent la débâcle, c'est l'historien qui se met au service de l'actualité : le regard reste détaché, mais le jugement porté sur les faiblesses de la France en ces heures sombres est impitoyable. Pour lui, les militaires ne sont pas les seuls responsables de la déroute ; certes, le haut commandement s'est révélé incapable de prévoir cette guerre moderne, obsédé qu'il était par le dogme de la guerre défensive – celle de 1914. Mais c'est toute la structure militaire qui a révélé son impuissance, engluée qu'elle était dans la paperasserie et la bureaucratie à tous les échelons. A un niveau plus général, M. Bloch n'hésite pas à désigner les vrais responsables : non seulement la droite défaitiste et la bourgeoisie « corrompue jusqu'à la moelle », mais aussi les classes moyennes, les fonctionnaires, les syndicats et même la classe ouvrière, laïque et pacifiste. S'il assume pleinement sa condition de Juif français, M. Bloch, universitaire sévère et attiré par la morale militaire, n'a pas de mots assez durs face à une démission collective de la France (« Il faut avoir le courage de le dire. Cette faiblesse collective n'a peut-être été souvent que la somme de beaucoup de faiblesses individuelles [...]. J'appartiens à une génération qui a mauvaise conscience. », *ibid.,* pp. 165-202).

Le dernier manuscrit de M. Bloch, d'ailleurs inachevé, *Apologie pour l'Histoire, ou métier d'historien*, a été rédigé hâtivement et avec peu de notes dans son refuge de la Creuse, en 1941-1942. Ce « testament » d'un historien, plusieurs fois réédité grâce aux soins de L. Febvre, doit son succès national et international moins à la perfection du style qu'à la sûreté des avis d'un praticien parvenu au faîte de son art – c'est le « memento d'un historien », selon le mot de G. Duby. Cette « apologie » veut défendre l'histoire, à la fois contre les « positivistes de stricte observance » et contre la sociologie durkheimienne. En quatre chapitres d'inégale importance, M. Bloch donne sa propre vision de l'histoire, sans jamais tomber dans la théorisation, toujours mal reçue chez les historiens français. Après avoir justifié l'utilité sociale du genre historique – une science de l'homme dans le temps, qui peut, à l'occasion, se révéler distrayante –, il s'attaque à une forme d'histoire figée dans le culte des origines et qui semble oublier la dialectique obligatoire entre le présent et le passé. Plus méthodologiques, les chapitres suivants prémunissent contre les risques d'une mauvaise lecture des documents (qui ne sont que des « traces »), ou contre ceux d'une méthode critique déficiente – au passage, il rend hommage à l'érudition française du XVIIe siècle et met en garde son lecteur contre l'érudition allemande, « une attraction qui touche au vertige ». On croirait lire du Fustel de Coulanges ! (*Apologie*, A. Colin, U « prisme », p. 81).

Aujourd'hui, la distinction qu'il opère entre l'« erreur » et le « mensonge » peut sembler dépassée, voire naïve, mais M. Bloch pense alors autant aux effets de la propagande de Vichy et de la censure allemande qu'aux faux capitulaires ou aux faux diplômes du Moyen Age ! Fidèle à l'esprit des *Annales*, il fait une apologie mesurée de la « linguistique » (« toute analyse veut d'abord, comme outil, un langage approprié. », *ibid.*, p. 131). Et de conclure, à la manière d'un W. Dilthey ou d'un B. Croce : « Un mot, pour tout dire, domine et illumine nos études : "comprendre"... Les faits historiques sont, par essence, des faits psychologiques. » (*ibid.*, p. 121-155).

Fernand Braudel, « patron » des Annales

Héritier de L. Febvre, Fernand Braudel (1902-1985) a su faire fructifier le patrimoine intellectuel et institutionnel des *Annales* en lui donnant une dimension internationale. Mais à sa mort, en 1985, Braudel laissait l'institution à des épigones vieillissants.

❑ ***L'ascension d'un fils d'instituteur.*** Fils d'un directeur d'école primaire, le jeune Fernand se souviendra longtemps de la « lumière de [son] enfance » dans un village lorrain, où l'un de ses instituteurs « récitait l'histoire de France comme on célébrerait la messe » (F. Braudel, 1990, p. 11). Détourné de la médecine, il réussit l'agrégation d'histoire à vingt ans (en partie grâce à une mémoire exceptionnelle). Enseignant en Algérie prendant huit ans, il dépose une thèse d'histoire « événementielle » portant sur la politique méditerranéenne de Philippe II. Durant les vacances d'été, il travaille dans les archives de Madrid, Simancas, Rome, Venise, Gênes, et surtout Dubrovnik. De retour en France en 1932, il enseigne dans plusieurs lycées parisiens, avant d'accepter en 1935 une mission de trois ans à l'université de São Paulo (Brésil) : ce séjour dans l'espace-temps de l'Amérique du Sud est décisif pour sa conception de l'histoire. Nommé en 1938 à l'École pratique des hautes études, il est sur la ligne Maginot durant l'hiver 1940 – il passera les cinq ans de la guerre dans un camp de représailles à Lübeck où il rédige sa thèse sur des cahiers d'écolier : « [...] il accomplit ce tour de force inouï d'écrire de mémoire les uns après les autres les chapitres successifs d'une thèse de onze cents pages... » (L. Febvre, *Pour une histoire à part entière*, EHESS, 1962, p. 169).

En 1947, l'année même où il soutient sa thèse, *La Méditerranée et le monde méditerranéen à l'époque de Philippe II,* F. Braudel se voit confier par son maître, L. Febvre, la codirection des *Annales.* Dès lors, son ascension aux postes-clés est irrésistible : professeur au Collège de France en 1949, président du jury d'agrégation (de 1950 à 1955), directeur de la VIe Section de l'École des hautes études en sciences sociales (1956-1972). Un an avant sa mort, il était élu à l'Académie française. Sens inné de l'organisation, tempérament d'animateur, goût du pouvoir : Braudel était un « bâtisseur d'empire » (Le Roy Ladurie), un patron « impérial, rutilant d'humour et d'autorité » (P. Goubert). Il révélait un flair sans égal pour recruter des collaborateurs ou des chercheurs de talent, parfois aux quatre coins du monde. Correspondant d'une dizaine d'académies, élu docteur *honoris causa* dans une vingtaine d'universités, ouvert aux étudiants étrangers, il a été l'ambassadeur de l'« école des *Annales*» dans le monde entier.

❑ ***Une nouvelle perception de l'espace et du temps.*** Braudel a toujours eu le goût du grand large. Ainsi, sa thèse sur la Méditerranée est une œuvre contemplative au souffle majestueux, méditée pendant plus de vingt ans, et plus particulièrement durant les années de captivité. Elle promeut « la mer à la dignité d'un personnage historique. Personnage multiple, encombrant, [...] captivant, insidieux, pénétrant, [...] énorme » (L. Febvre, *Pour une histoire à part entière, op. cit.,* p. 170). Loin d'être d'une seule coulée, le temps braudélien se décompose en un temps géographique (ou « géo-histoire ») quasi immobile, un temps social lentement rythmé et un temps individuel. Dans un article-référence des *Annales*, intitulé « La longue durée » (n° 4, oct.-déc. 1958, p. 725-753), Braudel élargira sa théorie des trois temps aux cycles économiques ou à l'« outillage culturel » des sociétés. Plus tard, beaucoup plus tard, on s'interrogerait sur les implications épistémologiques d'une telle conjugaison des temps : la prééminence accordée au temps long ne souffre-t-elle pas d'exceptions ? Comment justifier les accélérations de l'histoire : comme ajustement au temps long ou comme irruption de l'événement qui bouleverse les structures ? La priorité donnée à la géo-histoire ne reflète-t-elle pas l'impuissance de l'homme à modifier la structure qui le conditionne ? Le contemporain n'est-il que l'écume des jours dans un océan d'immobilisme ? Braudel lui-même insistait sur le poids de la longue durée. Il incitait historiens (et surtout) géographes à « tenir un compte suffisant de [la] formidable permanence de cette géo-histoire [...]. La Méditerranée [...] est une collection de musées de l'Homme, de l'homme d'autrefois mais qui reste encore et toujours l'homme d'aujourd'hui. [...] Entre passé et présent, point de coupure brutale [...]. L'homme nous apparaît moins libre qu'à l'historien d'hier. Hommes modernes, nous devenons sensibles à la présence de forces massives [...] dont nous sentons bien qu'elles nous dépassent » (*La Méditerranée..., op. cit.,* p. 296 et 1098).

Le philosophe Paul Ricœur donne de la *Méditerranée* une autre lecture, qui infirme le point de vue de L. Febvre et de tant d'autres. Pour lui, il est évident que le chef-d'œuvre de F. Braudel doit être lu dans la complémentarité des trois niveaux temporels, qui ont été séparés par l'auteur surtout pour des raisons pédagogiques. *La Méditerranée* constitue, selon Ricœur, une vaste intrigue, ou plutôt un ensemble de « sous-intrigues » emboîtées, comme : le rôle des crises économiques dans l'histoire des sociétés, « le déclin de la Méditerranée comme héros collectif sur la scène de l'histoire mondiale », la lutte entre l'Empire turc et l'empire espagnol, et le retrait de la puissance ibérique du *mare nostrum*, l'affrontement des diverses civilisations (Morisques, juifs, etc.), qui peuplent ces régions. Même le premier niveau (celui de la géo-histoire) ne cesse pas d'être historique, implicitement relié aux second et troisième niveaux ; au second surtout, qui apparaît au philosophe comme un point d'équilibre instable entre les deux autres niveaux (Paul Ricœur, 1983, p. 300).

Alors que Braudel manifestait encore son optimisme face au « sens de l'histoire » dans la *Grammaire des civilisations* (1963), il semblait l'avoir totalement perdu, à la veille de sa mort : « Je pense que l'homme n'est pas libre [...]. Marx se trompe plus qu'à moitié quand il dit que les hommes font l'histoire ; c'est plus sûrement l'histoire qui fait les hommes. Ils la subissent [...]. L'histoire *volontariste*, c'est une illusion, une goutte d'eau dans l'océan [...]. L'histoire avance comme une procession espagnole : chaque fois que l'on fait deux pas en avant, on en fait un ou même deux en arrière. Chaque progrès accompli pose de nouveaux problèmes » (*Magazine littéraire*, n° 212, nov. 1984, pp. 21-24). De façon générale, Braudel postulait la complexité de l'« homme social », une réalité aussi complexe que la vie, « entrecroisée » entre l'individu et la société, soumis aux accidents de la vie collective (*Écrits sur l'histoire*, pp. 15-38).

❑ ***Braudel en retraite, ou le temps de l'écriture.*** Jusqu'à la fin, F. Braudel n'a guère cessé de produire : en 1977, sort une *Méditerranée* collective, plus attentive à des faits de civilisation qu'à l'économie ; en 1979, sa trilogie : *Civilisation matérielle, économie et capitalisme* XVe-XVIIIe *siècles* – dont un résumé sera donné en 1985, sous le titre : *La Dynamique du capitalisme*. Avec Ernest Labrousse, il codirige une importante *Histoire économique et sociale de la France* (en 4 vol., 1977-1982). Un an avant sa mort paraissent *L'Identité de la France* ainsi qu'un ouvrage somptueux sur *Venise*, « un amour de jeunesse ».

La *Civilisation matérielle* qui paraît chez Armand Colin en 1979, dans la collection « Destins du monde », prétend répondre à la lancinante question du progrès des civilisations. Réponse prudente où l'on retrouve l'historien pessimiste de la Méditerranée : « du XVe au XVIIIe siècle [...], il y a eu progrès lent, très lent, à long terme, coupé de reculs vifs [...] nous ne sommes pas parvenus [...] à une sociologie péremptoire du progrès et de ses innovations ». Dans sa démonstration, Braudel s'emploie d'abord à décrire, à l'échelon européen puis mondial (mais en s'enracinant dans le souvenir de son petit village lorrain), la lente montée en puissance du capitalisme. En commençant par les « structures du quotidien » : « le pain de chaque jour », les cultures, les outils, les transports, les maladies, les populations et les villes, etc. Puis viennent les « jeux de l'échange », c'est-à-dire les lois de l'économie de marché ; et enfin, « le temps du monde », caractérisé par l'extension à une économie-monde, à partir de centres dominants, Venise, Amsterdam, Londres. Le capitalisme y apparaît moins comme un système que comme une série de pratiques et de stratégies d'entreprises à taille humaine, bref comme une géo-politique.

Quant à son *Identité de la France* (Arthaud-Flammarion, 1986), méditée une dizaine d'années durant, elle est comme l'ébauche tardive et avortée d'une histoire nationale que chaque historien porte en soi. « J'aime, avoue-t-il, la France avec la même passion, exigeante et compliquée, que Jules Michelet... ». Fidèle à la longue durée, Braudel entreprend cette histoire dans « l'épaisseur entière du passé de la France », une histoire « sous-jacente, obscure, dure à mourir », et qui ne s'arrête pas aux frontières de l'Hexagone, replacée dans le mouvement du monde. Des quatre volumes prévus par F. Braudel, seuls les deux premiers ont vu le jour de son vivant: le premier *Espace et Histoire* décrit la géo-histoire française, dans ses rapports profonds avec la géographie: diversité de ses provinces et morcellement de ses «pays», richesse de ses patois et de ses toponymies, complexité de ses souches raciales, enracinement de la civilisation du village et histoire «longue» de l'urbanisation. Le second volume *(Les Hommes et les Choses)* est une réflexion autour de la démographie française, depuis l'époque préhistorique jusqu'à nos jours, sans oublier l'épineux problème ultra-contemporain de l'intégration culturelle des minorités maghrébines. L'ancien professeur du lycée d'Oran n'hésite pas à s'engager: «Depuis longtemps, nous en avons fini, Français, avec nos guerres de Religion. [...] Qui voudrait, sur notre territoire, en voir renaître de nouvelles?» (*Identité, op. cit.,* vol. II, p. 200).

Dans ce long parcours consacré à Clio, F. Braudel n'a guère changé sa vision de l'histoire. A la fin de sa vie, il réitérait ses préférences, à peine modulées d'une teinte d'ironie pour tant de constance: la longue durée, la cohabitation avec les sciences de l'homme («l'interscience»), et surtout la croyance en la scientificité de l'histoire – un avatar imprévu de l'École méthodique? Mais dans la solitude de sa retraite, F. Braudel pressentait-il que peu d'épigones étaient disposés à poursuivre l'ambitieux programme qu'il avait tracé?

L'HISTOIRE MARXISTE: UN COURANT RIVAL ET COMPLÉMENTAIRE DES *ANNALES*

«Mieux connaître le passé pour comprendre le présent et le transformer»: cette définition instrumentale proposée par Antoine Casanova (*Aujourd'hui l'histoire*, éd. Sociales, 1974) définit assez bien la pensée historique marxiste, synthèse séduisante entre la philosophie allemande et le socialisme français.

Jusqu'au début des années 1950, cette historiographie marxiste avait plusieurs points en commun avec l'histoire des *Annales*: la quête d'une histoire totale (une idée «marxienne» au départ), le concept de la longue durée, le poids des structures et le rôle des masses dans l'Histoire. D'ailleurs, au lendemain de la guerre, l'image à la fois paranoïaque et rationnelle du marxisme (selon une expression de Le Roy Ladurie) fascina de jeunes historiens, qui devinrent jusqu'à la déstalinisation, sympathisants du Parti, «compagnons de route» ou même «encartés» : G. Duby, J. Le Goff, R. Mandrou, E. Le Roy Ladurie, A. Besançon, D. Richet, F. Furet, M. Vovelle, P. Lévêque, P. Vilar, J. Bouvier, M. Agulhon, M. Perrot, J.-P. Vernant, Cl. Mossé... et quelques autres. Si après le rapport Krouchtchev, beaucoup d'entre eux prirent leur distance, d'autres militants chercheurs sont restés fidèles au parti de leur jeunesse, tâchant malgré tout d'«historiser le marxisme» – pour reprendre la formule de K. Korsch.

Une lecture socialiste de la Révolution française

Depuis la fin du XIXe siècle, l'historiographie de la Révolution française a fait l'objet de lectures essentiellement marxistes, à l'exception notable, toutefois, d'Augustin Cochin (1876-1916), un chartiste admirateur du sociologue Durkheim, longtemps oublié et réhabilité en 1978 par F. Furet. Cet historien contre-révolutionnaire reprenait la vieille thèse de l'abbé Barruel (1741-1820), en accusant les protestants et les francs-maçons d'être à l'origine de la Révolution française (« la Révolution est sortie des Loges », F. Furet, *Penser la Révolution française*). Cette thèse du complot lui permettait d'expliquer tous les maux de la République (F. E. Schrader, *Augustin Cochin et la République française*, Seuil, trad. 1992).

Dans son imposante *Histoire socialiste de la Révolution française* (1901-1908), le philosophe historien Jean Jaurès (1859-1914), député socialiste de Carmaux et tribun pacifiste assassiné en juillet 1914, propose, dans une langue limpide et puissante, une interprétation proche du marxisme orthodoxe (par son adhésion au matérialisme économique et à la lutte des classes), mais qui s'en détache par sa croyance en une possibilité de démocratie républicaine et sociale, et par son rejet de la dictature du prolétariat : « [...] Ainsi le socialisme se rattache à la Révolution sans s'y enchaîner. Et c'est pourquoi nous avons suivi d'un esprit libre et d'un cœur fervent les héroïques efforts de la démocratie révolutionnaire » (*Histoire socialiste*, 1901-1903). Au début du siècle, Alphonse Aulard (1849-1928), premier titulaire de la chaire d'histoire de la Révolution française, créée en 1886 à la Sorbonne, se faisait l'apologiste de Danton et de sa politique (« laïque et française »), tandis qu'Albert Mathiez (1874-1932) prenait la défense du « véritable » Robespierre, « l'homme d'État clairvoyant et juste qui n'a respiré que pour le bien de son pays » (*Autour de Robespierre*, 1924). En justifiant la terreur robespierriste par les conditions « objectives » du temps, Mathiez établissait une claire analogie entre la dictature de l'An II et celle des Bolcheviks, encore toute proche. Georges Lefebvre (1874-1959), auteur d'une magistrale thèse sur *Les Paysans du Nord pendant la Révolution française* (1952), voyait dans le phénomène de *La Grande Peur de 1789* (1932) le « reflet » des circonstances économiques, de la crise agraire et démographique qui frappait la France en 1789. De cette révolution mythique, Lefebvre montrait toute la complexité (« il n'y a pas une Révolution, mais plusieurs... »), tout en insistant sur la révolution paysanne et « ses tendances anti-capitalistes ». Plus contemporain, Albert Soboul (1914-1982), historien des « sans-culottes » parisiens de l'An II, défendit également une idéologie néo-jacobine proche du marxisme.

Ernest Labrousse (né en 1895), venu du courant socialiste, se situait à la charnière des *Annales* et du marxisme. Sa thèse de droit (*Esquisse du mouvement des prix et des revenus en France au XVIIIe siècle*, 1932) et sa thèse de lettres (*La Crise de l'économie française à la fin de l'Ancien Régime et au début de la Révolution*, 1943) révèlent la double influence de François Simiand et de Marx, mais d'un Marx placé « sous le contrôle vigilant de l'Histoire » (J. Bouvier, « E. Labrousse », *in* : A. Burguière, *Dictionnaire des Sciences historiques*, PUF, 1986, p. 406). Si l'on en croit M. Agulhon, E. Labrousse se voulait « marxiste, ouvriériste et populiste », mais pas communiste. L'histoire « labroussienne » reste fondamentalement marxiste dans la mesure où elle donne à la conjoncture économique une force implicite de détermination dans l'accélération des crises, aussi bien pour la grande Révolution de 1789 que pour celle de février 1848.

A la recherche d'une épistémologie marxiste

Pour bien des marxistes, le risque était grand, dans les années 1950-1960, de confondre recherche historique et dogmatisme. Spécialiste du monde chinois et vietnamien, Jean Chesneaux passa ainsi, avec armes et bagages, de la stricte obédience à Moscou à l'admiration pour le modèle chinois – son petit livre *Du passé faisons table rase!* (Maspero, 1976) se voulait avant tout un coup de pied dans la fourmilière: («L'histoire, écrit-il, est quelque chose de beaucoup trop important pour être laissée aux historiens... »). Pierre Vilar apparaît comme un épistémologue beaucoup plus vigilant face au piège idéologique. A son propos, Le Roy Ladurie note: «[Il] venait au tréfonds de ce qu'il y a de meilleur dans la pensée de Marx : une analyse dépourvue de préjugés sinon d'intentions, qui opère à tous les niveaux, social, économique et politique... » (*Paris-Montpellier*, 1982, p. 119). Géographe de formation, il s'est ouvert très tôt à la pluridisciplinarité, avant de prendre goût à la théorisation durant sa captivité à Nuremberg. Dans sa thèse consacrée à *La Catalogne dans l'Espagne moderne* (1962), il posait une problématique marxiste autour des rapports entre le nationalisme catalan et les fondements économiques de l'Espagne. Tout en reconnaissant ses dettes à L. Febvre, F. Simiand ou E. Labrousse (à ce dernier, pour ses analyses conjoncturelles), il admettait avoir emprunté à Marx sa théorie de la nation et son ambition de la totalité («La mémoire vive des historiens», *in* : *Passés recomposés*, 1995, p. 264 *sq.*). Ses recherches sur *L'Or et la monnaie dans l'histoire* (1974) restent sous-tendues par l'hypothèse d'un surdéterminisme économique. «Compagnon de route» du Parti communiste, il ouvrit une polémique avec le philosophe structuraliste (et marxiste) Louis Althusser à propos des rapports entre le «réel» historique et les concepts utilisés par les historiens (par exemple, la notion de mode de production, les transitions en histoire, les concepts de temps et de durée). Il se montrait plutôt réticent face au concept braudélien de «longue durée»: «L'historien (surtout marxiste) se méfiera de [ce] concept. Pour lui, *tout change*». Et de conclure: «*Tout penser historiquement*, voilà le marxisme... » («Histoire marxiste, histoire en construction», *in* : J. Le Goff et P. Nora, *Faire de l'histoire*, t. I, Gallimard, 1974, pp. 199-208).

Plus contemporain, et de ce fait, un rien anachronique en ces temps de déclin de l'histoire économique et marxiste, Guy Bois a voulu appliquer la grille de lecture du «matérialisme historique» à une période où le capitalisme commercial était encore dans les limbes. Dans *La Crise du féodalisme* (F.N.S.P., 1976), il cherche à démontrer, à partir du cas de la Normandie orientale, comment la crise du «premier féodalisme» a entraîné, à la fois, une aggravation du prélèvement seigneurial sur la petite propriété et un renforcement de la centralisation féodale. Selon lui, il existait déjà dans les sociétés pré-capitalistes des mécanismes régulateurs déterminés par les contradictions de classes. Dans un ouvrage plus récent, *Les Mutations de l'An Mil* (Fayard, 1989), Guy Bois applique à nouveau les vieux outils conceptuels du marxisme sur une micro-société du Mâconnais (Lournais); le haut Moyen Age lui apparaît comme une époque de transition entre une société esclavagiste de type antique et une société féodale caractérisée par l'affaiblissement des fonctions de l'État.

LA NOUVELLE HISTOIRE, HÉRITIÈRE DES *ANNALES*

Empruntée à la « New History » américaine des années 1910, l'expression a été officialisée en 1978 par l'ouvrage collectif publié aux Éditions Retz par J. Le Goff, sous le titre : *La Nouvelle Histoire*. La formulation est cependant trompeuse dans la mesure où elle suggère une cohérence conceptuelle, qui n'existait pas entre les « nouveaux historiens ». Le discours des « nouveaux historiens » se voulait triomphaliste : pour J. Le Goff, cette histoire nouvelle était « une science en marche, une science dans l'enfance », qui allait bouleverser « non seulement le domaine traditionnel de l'histoire, mais aussi celui des nouvelles sciences humaines (ou sociales) et même, sans doute, tout le champ du savoir. » (*La Nouvelle Histoire, op. cit.*, 1974, p. 11).

Des principes aux pratiques

Héritière institutionnelle des *Annales*, la *Nouvelle Histoire* s'en est différenciée progressivement au plan épistémologique : alors que la première postulait une histoire « totale » et relativement structurée, la seconde cédait à un réel éclatement des curiosités historiennes, tout en privilégiant une nouvelle approche, la méthode quantitative et un « nouvel objet », l'anthropologie historique, particulièrement l'histoire des mentalités.

❑ ***Apologie du « tout quantitatif ».*** Pour J. Le Goff, « l'histoire de l'homme quotidien » devrait être la finalité du futur chercheur : « le curé de Montaillou n'est-il pas aussi intéressant que Mazarin ou Talleyrand… ? » (*ibid.,* p. 12). Cette histoire des masses impliquait qu'on recourût aux approches « quantitatives » : des techniques et des procédures de traitement de données chiffrées, mais aussi une nouvelle manière d'évaluer les « faits » historiques ; décomposés en éléments « standard », répétitifs et comparables, ces faits devaient être incorporés dans des séries homogènes qui leur donneraient sens, tout en les relativisant. Le fait historique devenait une unité discrète dans un ensemble. Par l'ordinateur, il serait possible d'explorer les séries économiques ou démographiques, fiscales ou sociales, afin d'éclairer des domaines aussi divers que les jacqueries, l'inventaire des intérieurs, l'iconographie religieuse ou la sexualité. L'exploitation quantitative des contrats de mariages et des testaments pourrait servir à étudier aussi bien l'endogamie que l'alphabétisation, l'ascension sociale que la sensibilité face à la mort. En 1974, P. Chaunu ne cachait pas son optimisme face à cette histoire sérielle : « […] le quantitatif maîtrisé, grâce à l'économique, hier, et l'informatique demain, peut atteindre un pan capital d'une histoire de l'essentiel. » (*Faire de l'histoire*, 1974, II, *op. cit.,* p. 67). Persuadés que seul le mathématisable est rationnel, les quantitativistes cédaient à l'illusion scientiste.

Mais si, au début des années 1960, P. Chaunu, F. Furet ou E. Le Roy Ladurie ne juraient encore que par le mesurable et le quantifiable, vingt ans plus tard, ils modéraient leur enthousiasme. Dès 1974, F. Furet avait d'ailleurs exprimé une réserve de fond : la standardisation des événements ne ferait-elle pas perdre le sens global du moment historique ? Déjà, on commençait à s'interroger sur le statut de l'« événement », longtemps discrédité, et qui pourtant reste la matière première de la réflexion historienne, véritable révélateur, parfois même accélérateur du temps historique (P. Nora, « Le retour de l'événement », *Faire de l'histoire*, t. I, 1974).

❑ ***Le « boum » de l'anthropologie historique.*** Longtemps réduite au « folklore » ou à l'ethnologie coloniale, l'anthropologie exerce une séduction nouvelle sur les historiens, qui découvrent alors l'« altérité » et les mérites de l'observation « participante ». En 1962, l'élection au Collège de France de C. Lévi-Strauss contribuait, également, à vulgariser le structuralisme et l'idée d'une cohérence des systèmes sociaux (*Structures élémentaires de la parenté* paraît en 1949, et l'*Anthropologie structurale* en 1958). Ce structuralisme anthropologique, qui prenait parfois l'allure d'un formalisme logique, métaphorique ou poétique, proposait des voies nouvelles dans l'étude des rituels et des mythes. L'ethnologie offrait aussi à la nouvelle histoire des méthodes nouvelles, comme les études de terrain, les enquêtes orales, l'étude iconographique, l'élaboration statistique des données, et même les recherches archéologiques.

La richesse de la collaboration fut telle qu'une nouvelle discipline se constitua, l'« anthropologie historique », appliquée aux sociétés disposant d'écritures (par différence avec l'« ethno-histoire », consacrée à l'histoire des peuples sans écriture, et qui était plutôt pratiquée par les ethnologues). Elle s'orientait vers deux directions : la civilisation matérielle et l'histoire des mentalités.

❑ ***La civilisation matérielle.*** Emprunté aux pays de l'Est, ce concept a pris une connotation plus large en France, puisqu'il englobait à la fois la vie matérielle, les histoires du climat (Le Roy Ladurie), de l'alimentation, de la maison, du vêtement, des objets et des outils et, de façon générale, l'histoire des techniques et des innovations industrielles, sans oublier les « techniques du corps » (l'expression est de Marcel Mauss), comme la gestuelle du travail ou du sport. Autre domaine original de la culture matérielle, l'étude des maladies : origine et évolution des épidémies (pestes, grippes, dysenteries, syphilis, demain sida ?), milieux réceptifs, effets sociaux, discours et pratiques de la médecine populaire ou savante, représentations complexes de la morbidité et de la mort (par le malade, par le guérisseur, par le médecin – J. Revel et J.-P. Peter, « Le corps… », *in* : Le Goff, Nora, *Faire de l'histoire, op. cit.,* t. III, 1974, p. 169 *sq.*). Longtemps domaine impur et tabou, le corps humain révèle ses désirs et ses appétits dans la nourriture : cuisine et arts de la table, code gourmand d'une gastronomie d'apparat. Ce thème a été étudié par J.J. Hermadinquer, et surtout par le philosophe-historien J.-P. Aron – dans un ouvrage de vulgarisation, *Le Mangeur au XIXe siècle*, Aron prétendait montrer le prolongement de la lutte des classes dans la dialectique des appétits du bourgeois et du prolétaire !

Au total, les productions de cette histoire matérielle n'ont pas été à la hauteur des ambitions initiales, dépassées par la mode envahissante de l'histoire des mentalités.

❑ ***Les mentalités, un concept fourre-tout.*** Dans les années 1970, l'histoire des mentalités faisait fureur parmi les historiens. Ce terme, emprunté aux ethnologues et au psychologues, était déjà employé par M. Bloch dès 1924 (dans *Les Rois thaumaturges*) et par L. Febvre, qui dans *L'Encyclopédie française* de 1937 évoque la notion d'« outillage mental ». Georges Lefebvre l'utilisa aussi dans *La Grande Peur*, en lui donnant le sens d'un symptôme de la réalité sociale (1932). Cette même année, était traduit *L'Automne du Moyen Age* (1919) de Johan Huizenga. Cet historien hollandais fait preuve d'une modernité prémonitoire en étudiant l'histoire complexe du « vécu » (on dirait sans doute aujourd'hui, de la « représentation ») des gens du XVe siècle : amour de la vie, puissance de l'imaginaire, mais aussi expression des sens et de l'érotique, importance de la symbolique et de l'allégorie, le tout vu à travers la musique, les arts – statues et images de toute sorte – et surtout la littérature, les poèmes d'Eustache Deschamps, de Christine de Pisan ou de Charles d'Orléans.

Mais c'est surtout après 1960 que l'étude des mentalités se développe, impulsée par l'ouvrage de Philippe Ariès, *L'Enfant et la vie familiale sous l'Ancien Régime* (1960). Le numéro spécial des *Annales* intitulé *Famille et société* (1972) voyait dans ce concept un immense champ de recherches. Ce « nouveau territoire » faisait appel aux compétences de l'ethnologue, du psychologue, de l'historien quantitativiste et même du structuraliste ! Domaine élastique, assurément, allant des comportements sexuels jusqu'aux attitudes devant l'impôt en passant par la perception du temps, la sociabilité, la fête ou les représentations de Satan ! A cette liste inépuisable, les modernistes ont ajouté, au gré de leurs curiosités, la culture populaire (R. Mandrou), la mort (F. Lebrun), la peur (J. Delumeau), etc. Ambiguïté d'un mot (les mentalités) qui prétendait embrasser ce « troisième niveau d'histoire » qui régit les principes, les valeurs, les croyances et les pratiques. Pour E. Labrousse, la mentalité représentait la zone d'ombre et de résistance de la longue durée : « sur l'économique, retarde le social, et sur le social, le mental ». Dans *Les Trois ordres ou l'imaginaire du féodalisme*, G. Duby décrit plutôt un modèle idéologique, presque une superstructure, mais qu'il refuse de déconnecter du « réel social » : « L'histoire des mentalités et des idéologies n'est pas possible sans une connaissance très sûre et très approfondie des structures de base, économiques, politiques et sociales » (*Aujourd'hui l'histoire*, 1974, p. 211). Pour R. Mandrou, la « nouvelle histoire », c'est surtout une autre vision de la culture, celle des masses, fondée sur des mécanismes d'imitation et de mimétisme, en opposition à la culture savante. Dans ces années-là, la mentalité restait finalement connotée à l'idée d'inertie sociale, de résistance « mentale », figurative des « lenteurs de l'histoire » (J. Le Goff), ou des « prisons de la longue durée » (F. Braudel). Rétrospectivement, F. Furet a ironisé sur ce mot « mentalité » (sans équivalent dans les autres langues), « un substitut à la française du marxisme et de la psychanalyse [...], bonne illustration de ce qu'il y a de traditionnellement léger dans l'attention que les historiens portent à leurs outils conceptuels... » (*L'Atelier de l'histoire*, 1982, p. 25). « Durant les années 1970 – s'interrogeait F. Braudel à la fin de sa vie – les historiens français se sont jetés sur l'histoire des mentalités. Se rendent-ils compte qu'il s'agit là d'une histoire particulière qu'il faut absolument rattacher à l'ensemble ? Vont-ils le faire ? » (*Magazine littéraire*, n° 212, nov. 1984, p. 23).

Au début des années 1980, l'histoire des mentalités était mise en veilleuse, peu à peu relayée par l'histoire de l'« imaginaire », qui devenait ainsi le nouveau concept à la mode dans l'outillage mental de l'historien. Vieux concept, mais encore plus vague, et donc plus chargé de significations, non seulement dans l'ordre du social, mais encore dans celui du symbolique. « L'imaginaire débouche presque fatalement sur des images littéraires, sur des images artistiques... » admettait J. Le Goff en 1986 (cf. Radio France, *Histoire et imaginaire*). Mais le flou théorique demeurait : le champ de l'imaginaire est-il chaotique (« la folle du logis ») ou, au contraire, structure-t-il les sociétés ? Existe-t-il des cycles de l'imaginaire qui engloberaient plusieurs générations (du grand-père au petit-fils) ? Cet imaginaire protéiforme est-il une force créatrice ou un résidu, une résistance, etc. ?

Les « territoires » délaissés par la Nouvelle Histoire

❑ ***L'histoire « économique et sociale » en déshérence.*** « Territoire » privilégié de l'« École des *Annales* », l'histoire économique a été peu à peu délaissée par la « Nouvelle Histoire ». Et pourtant, de 1945 à 1970, F. Braudel et E. Labrousse avaient inspiré de nombreuses recherches. Les travaux de Philippe Wolff, d'Yves Renouard et de Maurice Lombard pour le Moyen Age, ceux de Pierre Chaunu et de Frédéric Mauro sur l'aire sud-américaine à l'époque moderne, ceux de Jean Meuvret pour l'histoire des « subsistances » sous Louis XIV, ou encore de Roger Dion sur l'histoire de la vigne et du vin étaient parmi les plus représentatifs. Le XIXe siècle avait bénéficié des recherches pionnières de Jean Bouvier (sur le Crédit Lyonnais), de Maurice Lévy-Leboyer (sur la banque et l'industrialiation de l'Europe), de François Crouzet (sur la révolution industrielle en Grande-Bretagne), de Pierre Léon (sur l'industrialisation en Dauphiné), et plus récemment de François Caron (sur l'histoire des chemins de fer). L'histoire « sociale » avait aussi produit quelques « chefs-d'œuvre », comme le désormais classique *Beauvais et le Beauvaisis de 1600 à 1730*, de Pierre Goubert (1960), ou la thèse d'E. Le Roy Ladurie sur *Les Paysans du Languedoc* (1966). Les recherches d'Annie Kriegel, de Rolande Trempé, de Michelle Perrot, de Madeleine Rébeyrioux ou d'Yves Lequin avaient marqué l'histoire ouvrière et urbaine de la période contemporaine. Mais cette histoire sociale restait encore trop souvent positiviste, véritable histoire-bataille des « luttes sociales », des affrontements idéologiques, laissant dans l'ombre les représentations et le « vécu » des acteurs. Souvent écrites par des militants, elles n'échappaient pas à un fort subjectivisme. Deux ouvrages collectifs majeurs ont fait le point sur cette histoire économique et sociale « à la française » : une *Histoire économique et sociale du monde*, en 6 volumes, sous la direction (finalement posthume) de P. Léon, publiée chez A. Colin en 1977 ; une *Histoire économique et sociale de la France*, en 4 tomes et 7 volumes, parue aux P.U.F. sous la direction de F. Braudel et E. Labrousse (en 1976).

Depuis la fin des années 1970, l'histoire économique est en crise, frappée par le déclin du marxisme et par la dépression. Née aux États-Unis, la *New Economic History*, est apparue au départ comme un modèle alternatif d'histoire quantitative et scientifique, basée sur des modèles théoriques (R. Vogel éd., *The Dimensions of Quantitative Research in History*, Princeton, 1972). Mais elle a fait peu d'adeptes en France. Pierre Vilar n'y voyait qu'une « cliométrie », et Pierre Chaunu lui reprochait de postuler un *homo œconomicus* : « sans conflit, sans latence, sans corps, sans sexe, sans affectivité, sans esprit, sans âme… » . Aussi, les voies ouvertes au milieu des années 1960 par Jean Marczewski, T. J. Markovitch et l'« Institut de science économique appliquée » ne sont guère encombrées d'élèves (Jean Heffer, « le dossier de la question », *in* : Ralph Andreano, *La Nouvelle histoire économique*, 1976). Depuis le début des années 1980, les inscriptions en thèse d'histoire économique sont en chute libre, comme si les historiens abandonnaient ce champ aux économistes « purs ».

❑ ***Démographie historique : de l'engouement au repli.*** La démographie historique, notait P. Chaunu en 1974, « est depuis dix ans, le secteur n°1 de beaucoup le plus fécond, de toute la recherche historique » (*Faire de l'histoire*, vol. 2, p. 65). Son dynamisme était dû, pour une part, à l'Institut national d'études démographiques et à sa revue *Population*, et pour l'autre, à la Société de démographie historique fondée par Marcel Reinhard. Sans oublier les recherches de l'historien Louis Chevalier. Après le travail pionnier de Louis Henry sur Crulais (village normand), le manuel de M. Fleury et L. Henry (*Nouveau manuel de dépouillement et d'exploitation de l'état civil ancien*, Paris, I.N.E.D., 1965 [1956]), fixait les règles de la méthode de reconstitution des familles, permettant ainsi de calculer des taux fiables de naissance, de fécondité et de mortalité au sein des paroisses, au moins à partir de 1670. Plusieurs centaines de monographies reproduites à l'identique permirent ainsi une bonne connaissance de la démographie d'Ancien Régime. Les travaux de P. Goubert sur le Beauvaisis, de Jacques Dupâquier sur la population rurale dans le Bassin parisien ou de J.-P. Poussou sur l'immigration bordelaise ont permis d'affiner la vision classique des crises démographiques. Paradoxalement, l'époque contemporaine a été moins bien étudiée (voir l'*Histoire générale de la population mondiale*, de M. Reinhard et André Armengaud, 1968).

En 1974, A. Burguière déplorait que cette science jeune connût déjà « les maladies de la vieillesse » : caractère répétitif des multiples monographies villageoises, ignorance des causalités majeures dans les phénomènes migratoires et dans les comportements sociaux différentiels face à la vie et à la mort. L'*Histoire de la population française,* publiée en 1988 sous la direction de J. Dupâquier rend bien compte, à la fois, de cet engouement de deux décennies et des interrogations actuelles.

❑ ***Trois domaines longtemps négligés : l'histoire ancienne, l'archéologie et l'histoire de l'art.*** L'intérêt récent porté à l'histoire ancienne, perceptible à travers le succès de certains ouvrages, comme l'*Histoire de la Guerre du Péloponnèse* (par

J. de Romilly et A. Thibaudet, Paris, R. Laffont, 1990), ne doit pas masquer le long ostracisme qui a frappé ce domaine historiographique, négligé par l'histoire des *Annales.* Les « Antiquités » étaient souvent enseignées par des professeurs de lettres classiques, reconvertis à l'histoire après un long séjour dans les Écoles françaises de Rome ou d'Athènes. L'histoire romaine s'est renouvelée à partir des recherches de Claude Nicolet sur la prosopographie (l'étude sérielle de biographies), et surtout grâce aux travaux de Georges Dumézil (1898-1986), professeur au Collège de France à partir de 1948, spécialisé en linguistique structurale et en mythologie comparée des mondes indo-européens. En histoire grecque, longtemps dominée par la figure de l'hélléniste André Aymard (1900-1964), les pionniers ont été le Britannique Moses I. Finley et le philosophe-historien J.-P. Vernant, dont le Centre de Recherches comparées des sociétés anciennes a reçu la collaboration de Cl. Mossé, P. Vidal-Naquet, Marcel Détienne, Nicole Lauraux... Plus récemment, les recherches de Cl. Bérard sur *La Cité des images* (1986), ou bien encore les travaux archéologiques de l'école anglo-saxonne ont contribué à ouvrir l'histoire ancienne à l'histoire culturelle. Si Pierre Grimal et Jacqueline de Romilly restent des historiens reconnus du grand public, Paul Veyne, professeur au Collège de France depuis 1976, a fortement marqué sa spécialité. Dans ses ouvrages il a manifesté de grandes curiosités et une vaste culture : *Le Pain et le Cirque* (un essai sur l'évergétisme – le mécénat d'un individu envers sa cité –, 1976), *Les Grecs ont-ils cru à leurs mythes ?* (1983), *L'Élégie érotique romaine.* Dans *Comment on écrit l'histoire* (1971), Paul Veyne défendait une épistémologie prémonitoire, qui s'opposait à l'esprit « scientifique » de la Nouvelle Histoire : selon lui, l'histoire n'est pas une science et n'a pas de méthode ; sans être pour autant le produit de l'imaginaire ou de la subjectivité, elle reste « un roman vrai », qui dépend beaucoup du talent de l'historien.

Considérée depuis toujours comme une science « auxiliaire », l'archéologie est restée longtemps marginale par rapport à l'histoire générale, même si, aujourd'hui, elle est amplement réhabilitée par les historiens : définition d'un patrimoine national, mode des musées, multiplication des fouilles de sauvegarde ou préventives lors des travaux de rénovation urbaine sont autant de facteurs qui ont poussé à la renaissance de la discipline. Bien que le nombre de chercheurs et de bénévoles ait fortement augmenté ces dernières années, au fur et à mesure de l'ouverture de chantiers de fouilles, la France reste encore en retard par rapport aux autres pays européens (en 1975, le rapport de Jacques Soustelle sur « la recherche française en archéologie et en anthropologie » insistait sur ce retard français). Pour Alain Schnapp, spécialiste d'archéologie grecque, le bilan reste encore réservé : « Jusqu'à quand la bureaucratie et le manque de flexibilité empêcheront-ils les Français de disposer d'institutions archéologiques efficaces ? » (*L'Histoire en France*, éd. 1990, p. 40).

Dans le domaine de l'histoire de l'art, les anciens travaux d'Élie Faure (1873-1937), ceux de l'esthéticien formaliste Henri Focillon (1881-1943), ou bien encore ceux d'Émile Mâle (1862-1954), un maître de l'art religieux médiéval, n'ont guère été renouvelés, malgré les efforts d'André Chastel pour replacer l'histoire de l'art dans l'histoire générale (en particulier dans ses éditoriaux de *La Revue de l'Art*, publiée à partir de 1968). Mais en 1986, Pierre Vaisse parlait d'une discipline « étouffée » et Maurice Brock d'un « triste bilan ». La compétition entre plusieurs administrations concernées, l'indifférence des personnels d'éducation face au problème de la formation des jeunes à l'image et à l'iconographie en seraient les causes profondes. Certes, les publications livrant des réflexions sur l'art abondent, depuis André Malraux (*Le Musée imaginaire*, Gallimard, 1965) jusqu'à René Huighe (*Sens et destin de l'art*, Flammarion, 1967). Il existe aussi de multiples collections qui s'adressent à un public déjà conquis (citons les séries de chez Skira, Gallimard, Flammarion, celle du « Cercle d'Art », ou encore « Les essentiels » de Larousse, sans parler des gros catalogues d'exposition, au succès commercial inattendu). Mais le principal reproche qu'on peut formuler à cette histoire de l'art est d'être restée érudite, et finalement peu ouverte aux sciences sociales (Ernst Gombrich, *Histoire de l'art*, Flammarion, Paris, 1986, Germain Bazin, *Histoire de l'histoire de l'art*, Albin Michel, Paris 1986, ou encore, Vernon Hyde Minor, *The History of Art History*, New York, 1993).

LES CHEFS DE FILE DE LA NOUVELLE HISTOIRE

Bien qu'ils s'en défendent aujourd'hui sous la plume de J. Le Goff, les historiens de la Nouvelle Histoire avaient su conquérir des espaces de pouvoir intellectuel et culturel. Outre l'EHESS, qui restait leur « camp retranché », ils étaient représentés au Collège de France par G. Duby (depuis 1970), E. Le Roy Ladurie (1973), J. Delumeau (1975), J.-P. Vernant et M. Agulhon (1985). Même au sein de l'Université qui fut longtemps son adversaire institutionnel, l'esprit de la nouvelle école historique a pénétré assez profondément. La Nouvelle Histoire s'est également ouvert des sphères d'influence dans les domaines de l'édition et de la communication. Plusieurs « néo-historiens » sont (ou ont été) directeurs de collection : P. Nora chez Gallimard, G. Duby, J. Le Goff, D. Richet chez Flammarion, M. Winock et J. Juilliard au Seuil, P. Goubert, G. Duby, P. Levêque chez A. Colin ; on trouve aussi des représentants de la Nouvelle Histoire chez Aubier et Payot. Plusieurs de ces historiens ont eu des tribunes dans des quotidiens (P. Chaunu au *Figaro*, Le Roy Ladurie et R. Chartier au *Monde*) ou dans les revues à grande diffusion (Burguière, Nora, Ozouf, Furet, Juilliard).

Pourtant, on aurait tort d'imaginer que ces « nouveaux historiens » constituaient un groupe homogène et consensuel, malgré les discours convenus de reconnaissance réciproque et d'allégeance aux *Annales*. Sans qu'on puisse ici prétendre donner un aperçu global de leur nombre, de leur diversité et de leurs talents, on s'attachera à en évoquer les figures les plus représentatives (en terme de reconnaissance universitaire et éditoriale).

G. Duby et J. Le Goff, deux médiévistes en mutation : de l'économique à l'imaginaire

❑ ***Georges Duby, chef de file de la Nouvelle Histoire ?*** G. Duby apparaît comme le représentant le plus éminent de la Nouvelle Histoire. Né à Paris en 1919, d'une famille originaire de la France de l'Est, il commence ses études de lettres à Lyon en 1937, sous la direction de J. Déniau et C.-E. Perrin. Jeune agrégé, il est nommé à la Faculté de Besançon, puis rapidement à celle d'Aix où il restera près de vingt ans ; en 1970, il est élu au Collège de France. Académicien (depuis 1987), il est aussi devenu un homme de communication et de télévision (par exemple, comme président d'une « chaîne culturelle »).

G. Duby a d'abord été un historien du monde rural. Parmi les maîtres qu'il se reconnaît, il cite H. Pirenne, M. Bloch et surtout L. Febvre, dont il évoque la « générosité entraînante » et l'« ouverture chaleureuse ». Il reconnaît aussi sa dette au géographe André Allix, spécialiste du Dauphiné. De la géographie, il tirera son goût pour l'histoire des anonymes et son amour des paysages. En 1952, il soutenait sa thèse d'État, publiée l'année suivante à compte d'auteur chez A. Colin, sous le titre : *La Société aux* XI*e et* XII*e siècles dans la région mâconnaise*. Conçue dans le cadre étroit d'un demi-département français, cette recherche décrit la dissolution du pouvoir régalien et la montée des seigneuries. En 1962 paraît *L'Économie rurale et la vie des campagnes dans l'Occident médiéval*, une œuvre de commande, « livre de professeur » préparé de 1955 à 1961, qui fait l'état de la question à partir d'une abondante bibliographie. Un autre travail de commande pour la *World Economic History* donna la version française de *Guerriers et paysans* (1973). Les lectures de Duby se sont élargies. Sans être matérialiste, il emprunte beaucoup au marxisme « rénové » d'Althusser et de Balibar. Mais en même temps, il s'intéresse à l'anthropologie sociale qui semble contredire l'analyse marxiste : « les réalités économiques apparaissent accessoires… ; les vraies structures sont spirituelles, de l'ordre de la surnature… » (*L'Histoire continue*, p. 259). De Marcel Mauss et de Veblen, il a retenu les études sur le don et sur les loisirs, qu'il a appliquées à la nature de l'impôt médiéval. De Karl Polanyi, il a assimilé les apports en ethnologie économique ; ainsi, dans *Guerriers et paysans,* il découvre, chez les riches comme chez les pauvres, l'importance des pratiques de réciprocité ou de dépense, qui transforment le sens économique de la rente foncière. Son intérêt pour l'histoire rurale ne s'est pas démenti, puisqu'il a codirigé la revue pluridisciplinaire *Études rurales*, puis coédité (avec Armand Wallon) l'*Histoire de la France rurale*, Seuil, 1975, 4 vol.

Au début des années 1970, Duby est séduit par Lévi-Strauss et par les travaux des ethnologues africanistes – Meillassoux, Marc Augé, ou Althabe. Il s'intéresse alors aux rapports qui existent entre l'environnement matériel et les mentalités, qu'il compare à « ces enveloppes, décidément desséchées, [qui] tombent d'elles-mêmes, découvrant alors les écorces nouvelles qui se sont formées en profondeur… [et] qui à leur tour durciront, vieilliront et se dessècheront » (« Histoire des mentalités », *in* : C. Samaran, *L'Histoire et ses méthodes*, 1960, p. 951). Dans *Le Dimanche de Bouvines*, 1973, il transforme une histoire-bataille en un essai d'histoire sociale et mentale, où l'événement devient révélateur des comportements guerriers et des jeux de mémoire. Dans *Les Trois ordres ou L'Imaginaire du féodalisme*, 1978, il renonce au terme de « mentalité » trop connoté à la « superstructure marxiste », lui préférant le concept d'« imaginaire », « réel impalpable où vécu et rêvé s'entrelacent ». En s'inspirant du modèle tripartite découvert par G. Dumézil dans le monde indo-européen, il y suit « l'évolution d'une idée, celle d'une société parfaite où les hommes se répartiraient en trois catégories, chacune chargée d'une fonction, les uns priant, les autres guerroyant, les autres enfin travaillant pour tout le groupe » (*L'Histoire continue, op. cit.*, p. 157).

G. Duby s'est également intéressé à l'art et à la sociologie de l'art, particulièrement dans ses relations avec le pouvoir et avec la sensibilité religieuse ; outre un volume sur le Moyen Age paru aux Éditions Skira, il a publié *Le Temps des cathédrales* (Gallimard, 1977, dont sera tiré une série télévisée), *L'An Mil* (Julliard, 1969), *Saint Bernard* (Flammarion, 1979), *L'Art cistercien* (Flammarion, 1989). Il a également édité ou coédité plusieurs ouvrages collectifs traitant de l'histoire urbaine, de la vie privée, de l'histoire des femmes, ou encore de l'histoire de France. La force de conviction que dégage G. Duby tient d'abord à sa personnalité, qui le pousse à avancer sur des voies nouvelles sans jamais renier son passé de chercheur. En publiant sur le tard la biographie de Guillaume le Maréchal, il brisait un tabou de l'histoire des Annales, celui du récit en forme biographique… A l'automne de sa carrière, il a su faire une autocritique sereine des premières étapes de son œuvre, lorsqu'il croyait à la vérité historique : « L'histoire d'aujourd'hui renonce à la quête illusoire de l'objectivité totale » (Duby, 1991, p. 77). Ou encore : « La vérité historique est inaccessible. […] Qu'est-ce que le discours historique, sinon l'expression d'une réaction personnelle de l'historien devant les vestiges éparpillés de son émotion, je dirais de son rêve ? Car inéluctablement, il doit rêver. Sérieusement, mais rêver. […] Il faut ajouter quelque chose comme de la poésie, les artifices du verbe… » (*Le Monde*, 26 janvier 1993). De tous les nouveaux historiens, il est celui qui invoque le moins Michelet et qui s'en rapproche le plus par sa façon de mettre en scène et de recréer la vie – adolescent, il fut lecteur assidu de Stendhal, de Voltaire, de Saint-Simon et de Chateaubriand. Chacun de ses livres offre au lecteur l'ampleur du souffle, la précision de la restitution, la chaleur du récit, et finalement, « le plaisir de l'historien ». Au risque de provoquer, Duby conclut : « Ne nous méprenons pas, la première fonction du discours historique a toujours été de divertir. La plupart des gens lisent de l'histoire pour se délasser ou rêver » (*L'Histoire continue, op. cit.*, p. 150).

❑ ***Jacques Le Goff, un généraliste de l'histoire médiévale.*** Né à Toulon en 1924, agrégé normalien, il obtient en 1958 un poste à l'École pratique des hautes études où il fera toute sa carrière ; en 1972, il est élu président de la VIe Section. A ce titre, il s'est souvent exprimé au nom des *Annales*, soit dans ses écrits, soit par ses propos – par exemple dans *Les Lundis de l'histoire* sur France-Culture. Bien qu'il se défende encore aujourd'hui d'être un « chef d'école » il fut un peu le garant de l'orthodoxie, pourfendant ses adversaires privilégiés : l'histoire événementielle, la psychanalyse ou l'histoire économique purement quantitative. Personnalité forte,

J. Le Goff a renoncé à soutenir une thèse, préférant écrire des livres ou faire des voyages d'étude en Europe Centrale. Il a suivi un itinéraire intellectuel et politique qui révèle un homme de gauche proche du marxisme (il a signé l'Appel de Stockholm), mais qui s'est intéressé aussi à l'histoire religieuse du Moyen Age – « Médiéviste, je suis fasciné par l'histoire du baptême [...], du mariage [...], de la mort » (*Essais d'ego-histoire*, 1987, p. 186).

Comme chez tout historien « de métier » (un mot d'artisan, qui lui tient à cœur), on peut repérer dans son œuvre quelques thèmes privilégiés, fruits d'une maturation qui s'est poursuivie pendant près de quarante ans. Parti de l'histoire des marchands et des banquiers, il s'est tourné vers l'étude des intellectuels et des universités. Par la suite, J. Le Goff a consacré plusieurs ouvrages à l'histoire religieuse, tout particulièrement à *La Naissance du Purgatoire* (1981) – il y montre comment l'idée de Purgatoire, constitué comme espace et comme temps, se met en place entre le IIIe et la fin du XIIe siècle, fondée sur la croyance en une possibilité de rachat des péchés après la mort. Cette croyance débouchera sur la regrettable comptabilité des indulgences à partir du XIVe siècle. J. Le Goff s'est également fait le théoricien des « représentations », tant au niveau des « mentalités » que de l'« imaginaire », concepts flous, qui ne se résument ni par l'« idéologie », ni par le « symbolique », mais qui permettent de décrypter dans l'iconographie et la littérature le sens caché des éléments de la civilisation médiévale, les notions complexes de temps ou d'espace (*L'Imaginaire médiéval*, 1985). Il reste aussi le concepteur d'un « long Moyen Age » qui s'étendrait de l'Antiquité tardive à la révolution industrielle du XIXe siècle. Récemment, il réhabilitait le champ politique : « Suscitons une histoire politique neuve, qui sera davantage une histoire *du* politique, une histoire *du* pouvoir... » (*Essais d'égo-histoire, op. cit.*, p. 235). Bien que J. Le Goff affiche une méfiance viscérale à l'égard de toute théorisation de l'histoire, il a assuré la direction de deux ouvrages épistémologiques sur la « Nouvelle Histoire » ; son rôle a donc été essentiel dans la structuration des modes et des discours de ce courant.

Quatre « modernistes », historiens de la longue durée, du culturel et du religieux

❑ ***Emmanuel Le Roy Ladurie : de la longue durée à l'histoire politique.*** Né en 1929 dans une famille « bien pensante » du Calvados, le jeune E. Le Roy Ladurie a évolué d'un « maréchalisme » passif à un stalinisme sans état d'âme, avant de virer, sans illusion, vers la social-démocratie (*Paris-Montpellier*, PC-PSU, 1945-1963, Gallimard, 1982). Puis brutalement, en 1956, il renonce à l'engagement politique pour devenir un « contemplatif » d'histoire. Nommé à l'École pratique des hautes études en 1963, il est élu au Collège de France en 1973, et termine sa carrière comme administrateur de la Bibliothèque Nationale. Sa production est vaste (une vingtaine d'ouvrages et des centaines d'articles, de comptes rendus et de préfaces).

Alors qu'il enseigne à Montpellier, entre 1955 et 1963, il commence une thèse d'histoire agraire et « régionale », en grande partie motivée par les origines rurales de sa famille, et surtout par son engagement marxiste : « …il s'agissait de voir comment s'était formée la propriété dite bourgoise ou capitaliste de la terre, à partir de l'accumulation primitive chère au *Capital* de Karl Marx » (*Paris-Montpellier*, 1982, p. 216). De ses séjours prolongés dans les archives occitanes, il tirera non seulement sa thèse, *Les Paysans du Languedoc* (1966), mais encore l'essentiel de son œuvre, orientée dans quatre directions finalement complémentaires : la société rurale d'Ancien Régime, l'histoire quantitative, l'histoire du climat et l'histoire des mentalités. Sa thèse est bâtie à partir d'une source originale : les compoix (ou anciens cadastres) languedociens. Il y analyse d'abord les données climatiques, technologiques et biologiques (les brassages humains en particulier), avant de montrer, sur plus de quatre siècles (1350-1750), la permanence du rythme malthusien population-subsistances. Les paysans du Languedoc sont étudiés selon les grilles de l'histoire économique et sociale traditionnelle, puisée aux modèles de M. Bloch, des « quantitativistes » Meuvret, Goubert, et surtout d'E. Labrousse, son directeur de thèse à partir de 1955. L'ouvrage aborde aussi les données religieuses et culturelles, comme la propagation de la Réforme ou les croyances populaires. Quelques années plus tard, l'historien se tourne vers le terrain anthropologique avec *Montaillou*, village occitan (1975), qui devient un gros succès de librairie (plus de deux millions d'exemplaires vendus). L'auteur exploite systématiquement un registre inquisitorial de Jacques Fournier, évêque de Pamiers de 1317 à 1326 (et futur pape Benoît XII), document qui avait été traduit du latin par J. Duvernoy en 1966. Le Roy Ladurie initie son lecteur à l'anthropologie d'un village perdu de la haute Ariège : vie quotidienne, mœurs et croyances cathares d'une poignée de paysans de Montaillou et du pays de Sabarthés au début du XIVe siècle ; familles et clans, structurés autour de l'*oustal* (la maison), une réalité physique et humaine qui transcende les générations et structure la société villageoise, autour des croyances religieuses, des pratiques sexuelles plus ou moins déviantes, de la « condition féminine » (la formule paraît anachronique), des jeux du mariage et de l'amour, des rites et des effrois de la mort. L'histoire de Montaillou, c'est l'événementiel des petites gens, c'est la vie communautaire éclairée par des lambeaux de vie privée arrachés aux secrets des (mauvaises) consciences. De l'avis d'A. Burguière « les paysans de Montaillou sont peut-être nos bons sauvages, l'incarnation douce-amère de nos Tristes Tropiques » (*L'Arc*, n°65, 1976, p. 19).

L'*Histoire du climat depuis l'An Mil* (1967), toujours inspirée de sources méridionales, fournit une autre illustration du temps immobile ; elle trouvait sa justification dans l'intérêt qu'un historien du monde rural ancien porte à la stricte dépendance des récoltes par rapport à « la pluie et au beau temps ». Dans cet ouvrage, l'auteur aborde la durée millénaire, « le temps inhumain de l'histoire naturelle » (Lucette Valensi, Nathan Wachtel, *in* : *L'Arc, op. cit.*, p. 7). L'homme et la société rurales semblent écrasés par le poids de la Nature. L'auteur a pu, en effet, étudier l'impact du climat sur la vie quotidienne à travers les famines et les épidémies, tout en cherchant à établir une « histoire cosmologique de la nature ». Si les méthodes quantitatives y tiennent toujours une grande place, elles n'excluent pas d'autres techniques plus inventives, comme les études du calendrier des vendanges et de la qualité des vins, la dendrochronologie (ou étude des anneaux de croissance des arbres), la phénologie (ou fructification des végétaux), l'examen des fluctuations multiséculaires des glaciers, etc.

Fait plus surprenant pour un historien des *Annales* : E. Le Roy Ladurie s'est intéressé plus tardivement à l'histoire des conflits sociaux et à l'histoire politique. Déjà, dans *Le Carnaval de Romans* (1979), l'historien exploitait une source originale, rencontrée lors de ses « fouilles » archivistiques des temps de thèse : le « rapport Guérin », qui décrit la fête rituelle du carnaval à Romans en l'an 1580. Le Roy Ladurie y étudie, dans un temps très bref et dans une conjoncture de crise, les conflits de classes, l'inversion symbolique des rapports dans la cité, doublée d'un cannibalisme fantasmatique. Toujours dans le champ politique, notre auteur éclaire, sous l'angle de la combinatoire et de la théorie des jeux, les « cabales » à la Cour de Louis XIV (« Système de la Cour », *L'Arc,* 1976, n° 65, p. 21-35). Plus tard, dans *L'État baroque, 1610-1652* (Vrin, 1985), il décrit le caractère sacré de la monarchie, « image hyperbolique de la société royale », symbolisée par l'épée, l'effigie royale, le lit de justice ou la Cour, qui en constitue le lieu géométrique. Dans deux volumes in-quarto de *L'Histoire de France*, éditée par Hachette à partir de 1987, Le Roy Ladurie réhabilite le récit autour du Politique et de l'État, négligeant volontiers l'histoire économique et sociale (à l'exception de la démographie). Il y décrit la montée des nouveaux pouvoirs, « sponsors » financiers de l'État et « robins », s'attarde à expliquer la « raison d'État » et l'absolutisme. Dans le second volume, il n'hésite pas à adopter un plan strictement chronologique qui conduit le lecteur de la guerre de Trente Ans (1610-1648) à l'apogée du règne de Louis XIV : un tel découpage n'aurait sans doute pas choqué un autre spécialiste de cette époque : E. Lavisse...

❑ ***Pierre Chaunu : de l'Amérique espagnole à la hantise de la décadence occidentale.*** Né en 1923, cet ancien élève de F. Braudel entreprend, en collaboration avec sa femme Huguette, une recherche en histoire économique inspirée des travaux de l'Américain Earl J. Hamilton sur l'aire culturelle hispano-américaine. Son énorme thèse (« trois mille quatre cents pages grand in-octavo ») porte sur l'étude des relations maritimes dans l'Atlantique et le Pacifique des Ibériques durant les deux premiers siècles de la colonisation espagnole. Son titre même, *Séville et l'Atlantique,* se voulait un hommage au Maître de la Méditerranée. Dans *L'Amérique et les Amériques* (Colin, 1964), il explique l'effondrement démographique de l'Amérique indienne par la pression des contraintes naturelles – « l'invasion microbienne » et la concurrence du bétail européen importé – sans insister suffisamment sur les effets de la colonisation (physique et culturelle). Nommé à l'Université de Caen, il crée un « Centre de recherches d'histoire quantitative » qui explique par la démographie la stagnation de l'Europe moderne. Outre des ouvrages consacrés à l'histoire religieuse et à la civilisation de l'Europe à l'époque moderne, P. Chaunu porte sa curiosité vers la méthodologie et l'épistémologie de l'histoire, tout en se faisant le défenseur de l'histoire « sérielle ». Homme de conviction, à l'étroit dans le carcan de l'histoire universitaire, il finit par écrire des essais sur « notre temps » : la prospective, la décadence, la perte des valeurs, le malthusianisme, la foi et le sacré, la liberté... Une quinzaine d'ouvrages, publiés entre 1975 et 1988, font ainsi de P. Chaunu une sorte d'historien-moraliste, aux frontières de l'histoire « scientifique », de la religion et de la morale civique.

❑ ***Jean Delumeau, historien du religieux.*** Né en 1923 à Nantes, il a été professeur à Rennes puis à la Sorbonne avant d'être élu, en 1975, au Collège de France, puis à l'Institut. Orienté d'abord par F. Braudel vers des études d'histoire économique, il s'est ensuite tourné vers l'histoire religieuse, et accessoirement vers l'histoire de la civilisation italienne, qu'il a décrit dans plusieurs ouvrages (*L'Italie de Botticelli à Bonaparte*, 1974, est le plus classique). « Historien chrétien » de la Réforme et de la Contre-Réforme, il décrit dans *Le Péché et la peur en Occident* (1983) une Renaissance pessimiste où l'homme reste culpabilisé. La peur de l'Enfer a créé en Occident un climat d'angoisse qu'on peut opposer aux religions apaisantes de l'Orient. Dans un ouvrage plus récent, *Histoire du Paradis* (1993), Jean Delumeau cherche à fixer l'« archéologie » de ce concept vieux comme l'humanité, que l'on trouve déjà dans la culture antique aussi bien que dans la Genèse. Le paradis est ainsi devenu une sorte d'Arcadie, pays de jouvence mythique vers lequel les Occidentaux ont porté leurs rêves nostalgiques, faute d'avoir pu établir une géographie paradisiaque un peu plus précise. En 1995, il achève ce cycle de l'histoire des croyances par une *Histoire du millénarisme*, ce vaste courant nostalgique du futur qui, de saint Irénée jusqu'aux témoins de Jehovah, postule le retour du Christ sur la terre pour un règne de mille ans.

❑ ***Philippe Ariès, précurseur de l'histoire des mentalités.*** P. Ariès (1914-1984) a ironisé sur son prétendu amateurisme, lui qui échoua à l'agrégation (en 1941) et devint documentaliste dans un centre privé s'occupant d'agriculture tropicale. Historien marginal, « historien du dimanche », « banni du zoo » comme il l'a écrit lui-même, il a cherché sa voie dans la liberté de l'invention et à l'abri des jugements de l'institution : « J'ai, écrit-il dans des *Essais de mémoire* (1993), une optique de visiteur, pourquoi pas ? de touriste. Le spectacle du monde m'importe plus, au fond, que les explications que je suis contraint d'en donner ». Il obtint, à soixante ans passés, un poste de directeur de Recherches à l'EHESS, malgré son « catéchisme politique », inspiré des idées de l'*Action française*, qui font de lui un catholique traditionnaliste et anti-moderniste. Mais sa démarche historienne devait moins aux historiens maurassiens – J. Bainville ou P. Gaxotte – qu'au sociologue M. Halbwachs ou encore au médiéviste M. Bloch. Longtemps ignoré de la profession, P. Ariès fut découvert aux États-Unis, où son livre sur *L'Enfant et la vie familiale sous l'Ancien Régime* (1960) connut un succès de « best-seller », lançant ainsi la mode des recherches sur la famille – le thème démographique avait déjà inspiré son premier livre important, *L'Histoire des populations françaises et de leurs attitudes devant la vie depuis le XVIIIe siècle* (1948). P. Ariès s'est fait le spécialiste des choses « qui sont derrière les choses », des conduites secrètes, des désirs et des angoisses qui émergent difficilement et rarement du subconscient, par exemple les « raisons » qu'on se donne pour contrôler une naissance, ou encore la représentation qu'une société se fait de l'enfant. Dans son dernier ouvrage, *L'Homme devant la mort* (1977), P. Ariès s'intéressait à l'évolution des attitudes mentales, aux rituels, aux pratiques funéraires et aux représentations littéraires et iconographiques de la mort depuis l'époque romaine jusqu'au XXe siècle. En se situant dans la très longue durée, il suit l'évolution des perceptions de la mort : « apprivoisée » au Moyen Age, ostentatoire à l'époque baroque, dramatique au XIXe siècle, la mort est aujourd'hui évacuée, voire niée, comme un mal intolérable, comme un scandale insupportable face à « l'intégrité du Moi ». L'influence de P. Ariès est sensible dans les travaux de Michel Vovelle et de François Lebrun sur la mort, ou de J.-L. Flandrin sur la famille et la sexualité.

Reconnaissance tardive des historiens du contemporain

❑ ***François Furet, historien « révisionniste » de la Révolution.*** Né en 1927, directeur d'études à l'EHESS, coauteur avec Denis Richet de *La Révolution Française* (1965), il a fait de la relecture iconoclaste du grand mythe révolutionnaire son domaine de prédilection. Dans *Penser la Révolution française* (1978), il s'attache à montrer que les interprétations successives de 1789 n'ont pas échappé à une certaine pensée totalitaire (en particulier par la collusion des jacobins et des communistes). Cette lecture démystifiante, située dans la lignée libérale, a été, bien sûr, fortement contestée. Plus récemment, dans *Orateurs de la Révolution française* (1989), Furet montrait comment la Révolution a été un produit de la parole, et plus précisément du discours littéraire. Dans un livre-testament, *L'Atelier de l'histoire*, 1982, il fait un retour sur son métier d'historien. Il insiste sur l'hétérogénéité des « néo-historiens », sur leur esprit de « vagabondage » et leur filiation idéologique : « lorsque je cherche à comprendre, vingt-cinq ans après, ce qui est resté de commun entre nous [...], je me demande si notre adolescence tardive dans les rangs du parti communiste n'y joue pas un plus grand rôle que notre activité d'historiens dans le cadre de l'École des hautes études... » (*L'Atelier de l'histoire, op. cit.*, p. 7). Dans un ouvrage récent (*Le Passé d'une illusion*, 1995), l'historien continue de pourfendre la « passion révolutionnaire » à travers l'« idée communiste » au XXe siècle. Essai original, qui montre que le communisme et le fascisme ont entretenu des rapports mutuels complexes, que le fascisme italien est un produit de l'anti-communisme et que le communisme stalinien s'est nourri de l'anti-fascisme. Le principal mérite de F. Furet tient sans doute dans sa disposition pour l'autocritique rétrospective. Après avoir renié son ancien goût pour l'histoire sérielle, il affirme sur le tard – à la façon d'un Duby – que l'histoire est un art, et l'historien, « un peintre du genre ».

❑ ***Maurice Agulhon, historien du politique contemporain.*** D'origine méridionale, M. Agulhon a enseigné successivement à Aix-en-Provence et à Paris-I, avant d'être élu (en 1985) au Collège de France. Ancien élève d'E. Labrousse, mais peu attiré par l'histoire économique, il soutient en 1969 une thèse d'histoire politique (sociologie, culture et opinion), qui fera l'objet de trois publications ultérieures. Ce spécialiste du XIXe siècle a toujours revendiqué un certain éclectisme, surtout après son élection à la Sorbonne, en 1972. Il s'est intéressé à la sociabilité (méridionale), à l'étude de l'opinion publique, à l'histoire de l'éducation physique, et plus généralement à l'ethnologie des sociétés contemporaines – il a fait œuvre de pionnier en travaillant sur la statuaire des « Mariannes » et sur les monuments aux morts, symboles de la République. En 1990, il est l'auteur du quatrième volume de l'*Histoire de France Hachette* : l'ouvrage est illustré d'une iconographie rare – caricatures, tableaux, affiches, photos – amplement commentée par l'auteur, qui sait mettre en lumière toute une série de détails, révélateurs de la sensibilité d'une nation ou d'une classe sociale (par exemple l'éveil au sport ou bien la condition féminine durant la Belle Époque). On y voit la République officielle atteinte de « statuomanie » en l'honneur des « pères-fondateurs » : Gambetta, Jules Ferry, Clemenceau, mais aussi... Jeanne d'Arc. Si l'on veut prendre la pleine mesure de cet historien, il faut également parcourir les deux volumes de son *Histoire vagabonde* (1988), un recueil d'articles jalonnant vingt ans de recherches sur l'histoire sociale du « long XIXe siècle », ouverte à toute une série de « curiosités » : mentalités, symboles (du drapeau au timbre-poste), iconographie des monuments civiques – de la mairie au monument aux morts en passant par la fontaine –, sociabilités politiques, particulièrement intenses dans le Midi provençal – ; sans oublier « le » politique qui reste l'épine dorsale de sa recherche, jamais bien éloigné de la culture et de l'ethnologie.

AUX MARGES DE LA NOUVELLE HISTOIRE

La Nouvelle Histoire est loin de représenter toute l'historiograhie des trente dernières années ; contrairement à son programme initial d'histoire totale, elle a négligé plusieurs sciences sociales ainsi que des « territoires » entiers du domaine proprement historique.

Les sciences sociales délaissées par la Nouvelle Histoire

Contrairement à leur aînés des *Annales,* les « nouveaux historiens » ont négligé la géographie, sous le prétexte qu'elle était devenue trop « technocratique ». Du côté de la sociologie jugée trop dogmatique ou trop pessimiste, les réserves des « nouveaux historiens » ont été tout aussi nettes (les travaux de Pierre Bourdieu sur les rapports entre la culture et le pouvoir ont été longtemps ignorés des historiens). L'influence de la linguistique est restée tout aussi minime – si l'on excepte les travaux d'Antoine Prost, de J. Dubois et de Régine Robin, seule historienne qui ait proposé une méthode linguistique appliquée à l'histoire (*Histoire et linguistique*, 1973). Dans ses rapports avec la psychanalyse, l'histoire nouvelle s'est montrée encore plus réservée. Comment concilier, en effet, l'obsession historienne de la mémoire et le concept de refoulement, le concept rationnalisé de « mentalité » et les archétypes junguiens de l'« inconscient collectif » ? Finalement, bien peu d'historiens se sont orientés vers ce champ, à l'exception d'Alphonse Dupront, de

Michel de Certeau, un jésuite freudien (*L'Écriture de l'histoire*, 1977), ou d'Alain Besançon (*Histoire et expérience du moi*, 1971). On a même pu parler d'une « loi du silence » au sein de la corporation des historiens face à la psychanalyse (Lloyd de Mause, *Les Fondations de la psychohistoire*, présentation par J.-M. Bizière, PUF, 1986).

Roland Mousnier : un historien en marge de l'histoire des Annales

Si A. Burguière « oublie » de citer R. Mousnier (1907-1993) dans son *Dictionnaire des sciences historiques* (1986), ce n'est sans doute pas le fruit du hasard. Car cet historien de la Sorbonne et de l'Institut d'études politiques, auteur d'une monumentale synthèse sur *Les Institutions de la France sous la monarchie absolue* (1980) s'opposait aux conceptions de la Nouvelle Histoire. Ainsi, il dénonçait le « fétichisme » de la longue durée et réhabilitait les actions uniques, les accidents aléatoires (par exemple, une bataille) : « Il est des événements d'importance capitale [...] parce qu'ils ont des répercussions étendues dans l'espace, [...] prolongées dans le temps » (R. Mousnier, *L'Assassinat de Henri IV*, « Avant-propos », 1964). Comment comprendre les révoltes paysannes du XVIIe siècle en dehors de la conjoncture brève ? « [...] Il peut se produire bien des petites variations de courte durée, décisives pour la vie quotidienne des habitants. Quelques jours de pluie torrentielle ou quelques jours de soleil, au moment où va se compléter la maturation, suffisent à faire la différence d'une bonne à une mauvaise récolte, ou inversement. [...] Notre documentation sur les mouvements de longue durée laisse échapper trop de petits événements répétés, indispensables pour comprendre les crises et les révoltes à répétition... » (*Fureurs paysannes. Les Paysans dans les révoltes du XVIIe siècle [France, Russie, Chine]*, 1967, p. 317-318).

Par ailleurs, le concept marxisant de « classes sociales » lui paraissait anachronique pour les sociétés d'ordre d'Ancien Régime, dont les hiérarchies ne se déterminaient pas selon l'échelle des fortunes, mais en raison de l'estime sociale collective attachée à chaque état et à chaque fonction (*Les Hiérarchies sociales de 1450 à 1970*, Paris, PUF, 1969 ; *La Plume, la faucille et le marteau*, Paris, PUF, 1970). Les groupes familiaux, les lignées matrimoniales lui semblaient des données bien plus décisives que les séries statistiques. Il ne rejetait pas non plus le genre biographique, si longtemps décrié par les *Annales* (un an avant sa mort, il publia un monumental *Richelieu*). On le voit, R. Mousnier refusait l'opposition simpliste entre une Nouvelle Histoire et l'histoire traditionnelle : « L'histoire est avant tout intelligence, intelligence des hommes, intelligence des situations » (« Note sur la thèse principale d'histoire », *Revue historique*, juillet-sept. 1965, p. 126). R. Mousnier reprenait à sa façon l'histoire régressive ; selon lui, les études sur le passé « peuvent avoir deux sortes de points de départ : soit les problèmes posés par nos sciences sociales et il est très bon qu'il en soit ainsi, soit les problèmes que se posaient les contemporains de la période étudiée, révélée par une première lecture des documents. Ces deux façons d'aborder l'étude du passé sont complémentaires » (cité par Coutau-Bégarie, *La Nouvelle Histoire, op. cit.*, p. 57). Mais Mousnier préférait, de loin, partir de la période étudiée, afin de se garder de tout anachronisme.

Michel Foucault, historien des « fractures »

M. Foucault (1926-1984) est resté avant tout un philosophe, ce qui peut expliquer les réticences des historiens à son égard (mais aussi les siennes par rapport à l'histoire). La complexité de la méthode foucaultienne explique en partie ses malentendus avec l'histoire « nouvelle », qui a voulu voir en lui une sorte d'historien des mentalités, voire un structuraliste. En fait, son approche de l'histoire n'appartient qu'à lui-même. Ainsi, au lieu de sacraliser le document écrit, Michel Foucault propose de le traiter comme une « trace » dont les multiples sens, mais aussi les insuffisances, méritent commentaires (*L'Archéologie du savoir*, 1969, p.14-15). Il s'est efforcé de montrer la diversité des perceptions sociales : chaque système de pensée et de perception plus contemporain recouvre d'autres systèmes plus anciens dont les sens et les fonctions étaient bien différents. C'est ce qu'il appelle une « archéologie », dont il démonte les mécanismes dans deux ouvrages majeurs : *Les Mots et les Choses* (1966) et *L'Archéologie du savoir* (1969). Foucault se place résolument dans la très longue durée, où il s'emploie à débusquer les ruptures, les discontinuités, les lignes de fracture entre deux systèmes successifs de représentation ou de pensée, dans des domaines aussi divers que la folie, la médecine, la sexualité, etc. Déjà, dans son premier grand livre, *Histoire de la folie à l'âge classique* (1961), il notait l'évolution des images du fou dans la société – « envoyé de Dieu » au Moyen Age, le fou devient un malade mental à l'époque moderne. Foucault y montrait également la constitution de la psychiatrie, et la formation des catégories opposées de la raison et de la folie dans la culture occidentale. Dans la *Naissance de la clinique* (1964), il proposait « une archéologie du regard médical », montrant comment, à la fin du XVIIIe siècle, le corps humain se constitue en objet visible et connaissable. Dans sa leçon inaugurale au Collège de France (*L'Ordre du discours*, 1970), il embrassait l'ensemble des conditions de ce qu'on appelle dans le jargon scientifique la production du « vrai » et du « faux », à la fois dans les discours et dans les institutions, car toute vérité dépend à la fois du langage et des faits sociaux. Dans l'esprit du philosophe Koyré, Foucault soutenait que les progrès du savoir entraînent des changements de langage. Et changer de langage, c'est changer de vision du monde. D'autres zones de fractures qui échappent à l'ordre pur de la raison se retrouvent, par exemple, dans l'apparition du système carcéral au XIXe siècle (*Surveiller et punir*, 1975) ou dans les représentations du sexe (mais son *Histoire de la sexualité*, 1976-1984, en trois volumes, est restée inachevée).

On a souvent reproché à Foucault de ne pas être un véritable historien, dans la mesure où, s'il répond à la question du pourquoi, il n'explique pas comment l'on passe d'un système de savoir – une *épistémè* – à un autre. Pourtant, le mérite de l'approche foucaultienne de l'histoire est d'avoir dépassé la simple analyse du discours pour s'intéresser aux institutions. Pour Michel de Certeau, Foucault a essayé

« d'inventer un discours pour traiter des pratiques non discursives » (*Histoire et psychanalyse entre science et fiction*, 1987, p. 37 *sq.*).

Les paradoxes et les défis de la Nouvelle Histoire

Adeptes de la longue durée braudélienne, les « nouveaux historiens » ont eu tendance à négliger les mouvements conjoncturels et le changement social. Ils ont préféré une histoire immobile, étalée sur cinq siècles, dans l'esprit du structuralisme – à cet égard, J. Revel a raison de rappeler la coïncidence de date (1958) entre l'article de Braudel sur la longue durée paru dans les *Annales* (n° 4, 1958) et l'*Anthropologie structurale* de Lévi-Strauss.

Longtemps proches de la gauche socialiste et marxiste, les « nouveaux historiens » se sont intéressés alors à l'histoire des masses plus qu'à celle des individus. Ils ont soutenu les grandes causes de la démocratie et de la décolonisation – qu'on pense à G. Duby ou à P. Vidal-Naquet dénonçant les tortures et les mensonges liés à la guerre d'Algérie. Ils ont négligé l'histoire politique contemporaine, et plus particulièrement l'histoire du temps présent (Vichy ou la décolonisation), sous le prétexte du nécessaire recul du temps. La force de la Nouvelle Histoire a résidé surtout dans sa capacité à récupérer et à intégrer les courants novateurs, de G. Dumézil à P. Ariès en passant par M. Foucault. Pourtant, depuis le début des années 1980, cette Nouvelle Histoire était menacée d'un réel éclatement, à cause même de la diversification de ses curiosités.

DOCUMENTS

■ Présent et passé dans l'histoire

*Manuscrit inachevé, l'*Apologie *n'est pas un traité théorique, mais, comme l'écrit Duby, un « mémento d'artisan », sorte de testament professionnel où les conseils pratiques se mêlent à des analyses de fond. Dans ce passage, M. Bloch cherche à faire passer sa conception dialectique du temps : le présent explique le passé et réciproquement.*

L'homme passe son temps à monter des mécanismes dont il demeure ensuite le prisonnier plus ou moins volontaire. Quel observateur parcourant nos campagnes du Nord n'y a été frappé par l'étrange dessin des champs ? [...]. En fait, cette armature remonte à des origines si reculées que pas un savant, jusqu'ici, n'est parvenu à en rendre un compte satisfaisant : les défricheurs de l'âge des dolmens y sont probablement pour davantage que les légistes du Premier Empire [...]. L'ignorance du passé ne se borne pas à nuire à la connaissance du présent ; elle compromet, dans le présent, l'action même.

[...] Regardez, par exemple, nos villages. Parce que les conditions de travail y tiennent pendant presque toute la journée le père et la mère éloignés des jeunes enfants, ceux-ci sont élevés surtout par les grands-parents. A chaque nouvelle formation d'esprit un pas en arrière se fait donc qui, par dessus la génération éminemment porteuse de changements, relie les cerveaux les plus malléables aux plus cristallisés. De là vient, avant tout, n'en doutons pas, le traditionnalisme inhérent à tant de sociétés paysannes. [...]

[...] L'incompréhension du présent naît fatalement de l'ignorance du passé, mais il n'est peut-être pas moins vain de s'épuiser à comprendre le passé si l'on ne sait rien du présent [...]. Cette faculté d'appréhension du vivant, voilà bien, en effet, la qualité maîtresse de l'historien. L'érudit qui n'a le goût de regarder autour de lui ni les hommes ni les choses ni les événements, il méritera peut-être, comme disait Pirenne, le nom d'un utile antiquaire. Il fera sagement de renoncer à celui d'historien.

[...] L'erreur serait de croire que l'ordre adopté par les historiens dans leurs enquêtes doive nécessairement se modeler sur celui des événements. Quitte à restituer ensuite à l'histoire son mouvement véritable, ils ont souvent profit à commencer par la lire... à rebours. Car la démarche naturelle de toute recherche est d'aller du mieux ou du moins mal connu au plus obscur [...]. Pour avoir omis de pratiquer, quand et où elle s'imposait, une méthode purement régressive, les plus illustres d'entre nous se sont parfois abandonnés à d'étranges erreurs. [...]

Il n'y a donc qu'une science des hommes dans le temps et qui sans cesse a besoin d'unir l'étude des morts à celle des vivants. [...]

Marc Bloch, *Apologie pour l'histoire*, A. Colin, Paris, 1978 (1942), p. 44-50.

■ De l'usage du concept en histoire

H.-I. Marrou propose une version modérée de l'approche « compréhensive » de l'histoire (opposée à la méthode « explicative » des scientistes) : toute « réalité » passe par le filtre de l'intelligence et par la conceptualisation.

L'instrument essentiel [...] paraît être le concept : connaître, ici connaître historiquement, c'est substituer à un donné brut, de soi insaisissable, un système de concepts élaborés par l'esprit, et cela dès que la connaissance historique apparaît chez l'historien, antérieurement à toute préoccupation de mise en forme, d'expression littéraire à l'usage du public. Comme l'a très bien vu Croce, l'historien ne peut appréhender quoi que ce soit du passé, fût-ce le « fait » le plus élémentaire, le plus simple, le plus objectif (disons par exemple : la mort de Jules César) sans le « qualifier » : on ne peut se contenter de dire qu'il a existé, été, sans préciser de quelque façon ce qu'il a été. [...]

[...] Par opposition aux concepts véritablement universels, l'historien fait usage de notions techniques dont la validitié est limitée dans le temps et dans l'espace. Ainsi pour l'histoire de la République romaine, patricien, consul, toge. [...] On conservera, pour désigner cette autre classe, le terme d'*Idealtypus*, emprunté à Max Weber. [...] Il s'agit d'un schéma de valeur relativement générale construit par l'historien avec des éléments observés dans l'étude des cas particuliers. [...] Les caractères retenus par l'*Idealtypus* ne sont pas nécessairement ceux que fournissent les cas les plus nombreux, mais bien plutôt ceux qui fournissent les cas les plus « favorables », – c'est-à-dire ceux qui suggèrent à l'historien la notion la plus cohérente, la plus chargée de significations, la plus intelligible [par exemple, le concept de *Cité antique*].

[...] Le stade ultime de la connaissance ne peut pas être représenté par des concepts généraux ou abstraits, car la réalité est toujours plus riche, plus nuancée, plus complexe qu'aucune des idées que nous pouvons élaborer pour l'atteindre.

Henri-Irénée Marrou, *De la connaissance historique*, Seuil, Paris, 1975 (1954), p. 139-160.

■ Rapports ambigus de l'histoire et des sciences humaines

Dans son analyse de « l'archéologie » des sciences humaines, Michel Foucault développe un double paradoxe : en même temps que « tout » devenait historique au XIXe siècle, l'homme perdait son sens de l'historicité ; en même temps que l'Histoire donnait à chaque science humaine son socle chronologique et géographique, elle lui retirait sa prétention à l'universalité.

[...] On n'a pas parlé de l'Histoire, bien qu'elle soit la première et comme la mère de toutes les sciences de l'homme. [...] Peut-être [...] n'a-t-elle pas place parmi les sciences de l'homme ni à côté d'elles : il est probable qu'elle entretient avec toutes un rapport étrange, indéfini, ineffaçable, et plus fondamental que ne le serait un rapport de voisinage dans un espace commun.

[...] depuis le fond de l'âge grec, elle [l'Histoire] a exercé dans la culture occidentale un certain nombre de fonctions majeures : mémoire, mythe, transmission de la Parole et de l'exemple, véhicule de la tradition, conscience critique du présent, déchiffrement du destin de l'humanité, anticipation sur le futur ou promesse d'un retour [...] ; on concevait une histoire lisse, uniforme en chacun de ses points. [...] Or, c'est cette unité qui s'est trouvée fracturée au début du XIXe siècle dans le grand bouleversement de l'*épistémè* occidentale. [...] Les choses ont reçu d'abord une historicité propre qui les a libérées de cet espace continu qui leur imposait la même chronologie qu'aux hommes. Si bien que l'homme s'est trouvé comme dépossédé de ce qui constituait les contenus les plus manifestes de son Histoire : la nature ne lui parle plus de la création ou de la fin du monde, de sa dépendance ou de son prochain jugement ; elle ne parle que d'un temps naturel [...] ; l'homme qui apparaît au début du XIXe siècle est « déhistoricisé »... : le temps lui venant d'ailleurs que de lui-même, il ne se constitue comme sujet d'histoire que par la superposition de l'histoire des êtres, de l'histoire des choses, de l'histoire des mots. Il est soumis à leurs purs événements.

[...] Puisque l'homme historique, c'est l'homme vivant, travaillant et parlant, tout contenu de l'Histoire quel qu'il soit relève de la psychologie, de la sociologie ou des sciences du langage. Mais inversement, puisque l'être humain est devenu de part en part historique, aucun des contenus analysés par les sciences humaines ne peut rester stable en lui-même ni échapper au mouvement de l'Histoire. L'Histoire forme donc pour les sciences humaines un milieu d'accueil à la fois privilégié et dangereux. A chaque science de l'homme, elle donne un arrière-fond qui l'établit, lui fixe un sol et comme une patrie : elle détermine la plage culturelle – l'épisode chronologique, l'insertion géographique – où on peut reconnaître à ce savoir sa validité ; mais elle les cerne d'une frontière qui les limite, et ruine d'entrée de jeu leur prétention à valoir dans l'élément de l'universalité [...]. Toute connaissance s'enracine dans une vie, une société, un langage qui ont une histoire.

Michel Foucault, *Les Mots et les choses*, Gallimard, Paris, 1966, p. 378-384.

8

Un nouvel éclectisme historiographique

Face à la crise des sciences sociales, au recul des modélisations totalisantes et des systèmes explicatifs fermés, la notion même d'« école historique » semble se dissoudre, au profit d'un éclectisme des méthodes et des champs de recherche. Certains ont perçu dans l'éparpillement de la discipline une crise d'identité, une « phase de difficile incertitude » (Théodore Zeldin) ; d'autres, plus optimistes, préfèrent y entrevoir de nouveaux « chantiers », d'où sortiront les écoles historiques de demain (Roger Chartier). Plus généralement le genre historiographique (dont relève le présent essai) est réhabilité, au point de sembler confirmer cette remarque de B. Croce : « l'historiographie nous sauvera de l'histoire ».

Une tendance s'affiche toutefois : le recul du collectif pris comme objet d'histoire, au profit du sujet, de son identité, voire de son intimité. Longtemps rejeté par les sciences sociales et par le structuralisme triomphant, l'individu resurgit en force, dont on cherche à décrypter les discours et les pratiques. Plus généralement, il s'agit de suivre le mouvement de la vie à travers les traces documentaires, dont la signification n'est jamais épuisée, mais sans qu'on puisse, pour autant, en dégager des interprétations globalisantes.

UNE HISTOIRE ÉCLATÉE ?

L'épuisement du modèle scientiste

Dès 1966, M. Foucault, philosophe et historien des ruptures, repérait une « déconstruction » des sciences humaines et une fragmentation des savoirs, contraires au principe de causalité et à l'idée de structure (*Les Mots et les choses*). Au cours des années 1970, l'histoire elle-même s'atomisait en autant de méthodes, de procédures, de « territoires » et de « chantiers », qui tendaient à infirmer l'idéal braudélien d'une histoire totale (ou « générale » pour parler comme M. Foucault). Pour R. Rémond, « le champ que prospecte l'histoire aujourd'hui est devenu si vaste et si divers qu'il n'est plus possible – mais le fut-il jamais ? – à aucun historien d'en embrasser toute l'étendue : [...] le temps de l'histoire globale est aussi celui de l'histoire éclatée » (*Essais d'égo-histoire*, 1987, p. 342). L'histoire est désormais scindée en unités partielles et juxtaposées dont la méthodologie devient décisive, chaque objet se suffisant à lui-même, tout en renvoyant à un objet voisin dans un persistant jeu de miroirs, intégrable dans une série, dans un corpus, sans qu'une logique causale préside à leur agencement. On a parlé d'une « parcellisation » (A. Casanova), d'une « histoire en miettes » (P. Nora), d'un « morcellement » (F. Dosse). Un peu partout dans le monde, on observe une division de l'histoire en un grand nombre de sous-disciplines séparées les unes des autres. Métastase des champs historiques, empirisme descriptif, manie du dénombrement, engouement pour l'ordinateur, ses bases de données et ses logiciels tableurs, rejet de l'explication causale, et même de la « compréhension diltheyenne ». Chaque « objet » historique ne renvoie désormais qu'à lui-même, sans cause surdéterminante ni finalité explicite ; mais s'il ne s'explique pas « en dernière instance », il peut faire l'objet d'analyses sophistiquées, grâce aux méthodes des sciences humaines auxquelles l'historien recourt de plus en plus.

La multiplication des objets historiques et des « histoires spécialisées » annonce-t-elle la fin des histoires générales ? La difficulté de la synthèse se donne à voir dans la multiplication des ouvrages collectifs confiés par les maisons d'édition à des historiens reconnus. En vingt ans (1972-1992), on a pu dénombrer en France une vingtaine d'histoires collectives, dont les trois quarts ont été éditées au cours de la dernière décennie : histoires générales de la France, mais surtout histoires spécialisées (histoire rurale ou urbaine, Ancien Régime, vie privée, famille, population, femmes, mémoire, presse, etc.). La formule en est simple : un historien reconnu attelle à son projet plusieurs spécialistes (parfois plusieurs dizaines comme dans l'*Histoire de la vie privée* ou l'*Histoire des femmes*, et même plus d'une centaine pour les *Lieux de mémoire*), qui découpent l'objet à étudier en autant de thèmes et de rubriques. Ce savoir analytique et encyclopédique invalide tout essai de synthèse par un historien unique. A peine peut-on s'appuyer sur quelques préfaces pour y quêter quelque vision homogène du projet. L'histoire de demain semble invalider l'histoire synthétique façon Michelet ou façon Braudel.

On chercherait en vain une logique implicite dans l'émergence de ces réseaux de pratiques et de ces nouveaux objets de l'histoire. A l'approfondissement des méthodes quantitatives et de l'histoire orale (deux héritages de la Nouvelle Histoire) s'est ajouté le récit historique, rénové et modernisé. Plus spectaculaires : le retour du politique et du culturel qui, métamorphosés, exercent leurs séductions jusque sur les « nouveaux historiens ».

Des « territoires » revisités

❑ ***Le retour du politique.*** La future histoire politique constituera-t-elle, comme le pense Marcel Gauchet, « le niveau le plus englobant » de l'histoire sociale ? Pourra-t-elle ranimer une histoire politique « totale » en déshérence ? C'est tout l'enjeu des futures recherches (« Changement de paradigme en sciences sociales ? », *Le Débat*, n° 50, 1988). Héritière de la tradition des *Annales*, la Nouvelle Histoire avait montré pour l'histoire politique plus que des réticences : un véritable dédain. Feignant d'en faire le « procès » devant le tribunal de l'histoire nouvelle, J. Julliard finissait, pourtant, par lui trouver des circonstances atténuantes : « mes seuls doutes [...] portent sur l'identité de l'accusée, et sur l'opportunité de maintenir à son égard l'interdiction de séjour dont elle est frappée» (*Faire de l'Histoire*, 1974). Déjà, R. Aron observait qu' «il n'y a jamais eu de raison, logique ou épistémologique, d'affirmer que la connaissance historique des phénomènes économiques et sociaux présente en soi un caractère plus scientifique que celui des régimes politiques, des guerres ou des révolutions».

De fait, la validation de l'histoire politique était déjà amorcée dans l'entre-deux-guerres, grâce aux travaux d'André Siegfried (*Le Tableau politique de la France de l'Ouest sous la IIIe République*, 1914), d'Albert Thibaudet (*La République des professeurs*, 1928) ou de Daniel Halévy (*La Fin des notables*, 1929). Après la Seconde Guerre mondiale, la science politique prit un nouvel essor, sous l'impulsion de la Fondation nationale des sciences politiques, de l'Institut d'études politiques et de la *Revue française de siences politiques*. La création d'une agrégation de sciences politiques (1971), et d'une section «Sciences politiques» au CNRS (en 1983) achevait de donner à cette discipline la légitimité scientifique. L'étude traditionnelle des partis politiques, conduite par l'équipe de Maurice Duverger dans les années 1950, s'enrichissait de recherches nouvelles sur les comportements électoraux et les sondages. A partir des années 1970, l'histoire politique s'inscrit dans la longue durée (par l'anthropologie politique), dans l'histoire quantitative (par l'étude des sondages), et aussi dans l'histoire sociale (par l'approche du rapport entre le politique et le social). Les travaux d'Annie Kriegel sur l'histoire du PCF, ou ceux d'Eric Hobsbawm sur l'histoire récurrente des révoltes et des millénarismes rompaient avec la simple chronique politique pour enraciner le champ dans l'imaginaire. Les travaux de Pierre Laborie sur la période de Vichy s'attachaient à replacer l'histoire politique contemporaine dans le champ des représentations mentales, tout en s'efforçant de proposer une approche méthodologique pour un sujet particulièrement complexe.

Les progrès de l'histoire politique ont été plus sensibles en histoire contemporaine qu'ailleurs (bien que les travaux du médiéviste Bernard Guénée et des modernistes autour de R. Mousnier ne soient pas négligeables). A commencer par l'histoire critique de la Révolution française conduite par F. Furet. Des recherches ont également été conduites au sein de la Fondation nationale des sciences politiques, dont Jean Touchard fut le secrétaire actif, aux côté de Georges Dupeux, Alfred Grosser (un spécialiste de l'Allemagne) et de Raoul Girardet – qui commença comme assistant de P. Renouvin à la Sorbonne. L'historien central de cette mouvance reste René Rémond (né en 1918), qui enseigna successivement à l'École normale supérieure, à la Sorbonne, à l'Institut d'études politiques de Paris et à Paris X-Nanterre. Son plus grand tort (aux yeux de certains) fut de ne s'être jamais inféodé à une école historique. Lui-même reconnaît sa dette envers des gens aussi divers que L. Febvre, R. Mousnier, Victor-Lucien Tapié (le spécialiste du baroque) ou encore Paul Hazard, l'auteur de *La Crise de la conscience européenne*. René Rémond a aussi pratiqué une certaine pluridisciplinarité, par exemple avec le droit et le journalisme. Sa production est vaste et relativement dispersée: après sa thèse *(Les États-Unis devant l'opinion française)*, il publie en 1954 *Les Droites en France*, devenu un classique pour tous les étudiants d'histoire contemporaine. Chrétien engagé, il a présidé pendant dix ans le «Centre catholique des intellectuels français» et a produit (seul ou en équipe) quatre ouvrages traitant de l'histoire religieuse, dont le dernier en date est, en codirection avec J. Le Goff, une *Histoire de la France religieuse* (1988-1992). Il s'est enfin intéressé à l'histoire des idées et à celle de l'opinion. Par ses commentaires post-électoraux à la télévision aussi bien que par ses fonctions et ses responsabilités dans l'audiovisuel, à la *Revue historique* ou au Conseil supérieur des archives, il a beaucoup contribué à réhabiliter l'image de l'histoire politique auprès des historiens. Il a même conduit un combat en faveur d'une histoire «délaissée», celle du temps présent, qu'il juge indispensable à la compréhension du monde.

Le renouvellement de l'histoire diplomatique a commencé à la fin des années 1960 par le secteur des relations internationales, sous l'impulsion de P. Renouvin et de son «Institut des relations internationales contemporaines». Membre de l'Institut, enseignant à la Sorbonne et à l'Institut d'études politiques, Jean-Baptiste Duroselle (1917-1994) a publié un grand nombre de travaux sur les relations internationales – dont l'*Introduction à l'histoire des relations internationales*, 1991, en collaboration avec P. Renouvin –, et aussi sur l'histoire des États-Unis, par exemple : *De Wilson à Roosevelt, politique étrangère des États-Unis, 1913-1945*, 1961. Sa curiosité s'étendait aussi à l'histoire italienne, aux mouvements migratoires, et aussi à la biographie (citons son *Clemenceau*, sorti en 1988). Longtemps président de la commission de publication des documents diplomatiques français, il prônait, en outre, une approche «compréhensive» des archives : «Si l'historien n'interprète pas, s'il n'essaie pas de trouver des explications, il ne fait pas son métier». D'autres historiens comme Raymond Poidevin, René Girault, Pierre Milza, A. Kaspi et plusieurs autres chercheurs qui n'appartenaient pas à la mouvance de la Nouvelle Histoire, ont approfondi et enrichi ce domaine des relations internationales. Longtemps négligée par les *Annales* (à l'exception de la branche médiévale, sous l'impulsion de G. Duby et Philippe Contamine), l'histoire militaire a été abandonnée aux... militaires, avec quelques exceptions cependant : André Corvisier pour l'époque moderne, Maurice Vaisse et son histoire du pacifisme, ou encore le centre d'études de Montpellier «États, Sociétés, Idéologie, Défense», dirigé par J. Maurin.

❑ ***Les métamorphoses de l'histoire culturelle.*** Pour avoir conçu mécaniquement les rapports entre les affects individuels et les instances collectives, «l'histoire des mentalités se trouve [aujourd'hui] placée en réserve de la république historienne», note Alain Boureau. Car «l'individu n'est ni "moyen" ni "exemplaire"; tout au plus "singulier".» Les «mentalités» ont donc cédé la place à l'«anthropologie historique» et à l'«histoire culturelle», mais dans un autre contexte : au lieu de s'intéresser aux faits répétitifs et sériels, on se penche, désormais, sur les cas singuliers, les témoignages individuels, les textes rares, censés mieux rendre compte de la complexité individuelle. C'est le retour à une «philosophie du sujet», pour dire comme Roger Chartier, ou à une «philosophie de la conscience» pour reprendre une formule de Marcel Gauchet. Cette «nouvelle» histoire culturelle s'ouvre à de nouveaux objets de la culture populaire : vie, mort, rituels, sociabilité, parenté, mais sans renoncer systématiquement au quantitatif massif. On s'est également rendu compte que toute culture dite « populaire » empruntait à la culture savante des idées, des codes, des images, tout en les aménageant et les transformant de manière inattendue (c'est le cas pour la lecture ou pour les perceptions de l'espace). L'histoire culturelle s'oriente donc aujourd'hui vers deux nouvelles directions ; d'abord, la recherche des « pratiques » culturelles, qui sont loin d'être prédéterminées par l'appartenance à un groupe social ; ensuite, l'étude des systèmes de perception et de classification, celle des « représentations », imbriquées dans des stratégies mouvantes et complexes (R. Chartier, « Histoire culturelle », *in* : *L'État des sciences sociales en France*, 1986, p. 71).

En 1987, le ministère de la Culture et l'institut d'Histoire du temps présent donnaient, sous la signature de J.-P. Rioux, un ample rapport sur ce nouvel « objet », que semblait découvrir, un siècle et demi après F. Guizot, une nouvelle génération d'historiens : la culture, traduction bien imprécise du mot allemand *« Kultur »*, qui renvoie autant à la « civilisation » qu'à la « culture ». Véritable « nébuleuse » (Mireille Gauzère), ce « concept aux 161 définitions » – si l'on en croit P. Bénéton – semblait fluctuer entre plusieurs approches « légitimes ». Si Maurice Grubelier était parti d'une vision ethnologique (dans sa thèse, puis dans son *Histoire culturelle de la France, XIXe-XXe siècle*, 1974), par la suite, on a pu distendre ce concept vers de multiples et contradictoires directions : l'histoire politique « et » culturelle, l'histoire des institutions et des politiques culturelles, l'histoire religieuse, mais aussi les « œuvres de culture », comme le musée, le livre et la lecture (R. Chartier), le patrimoine, le cinéma, la radio, l'histoire de l'art. Ainsi, loin de se réduire à « l'ensemble des représentations collectives propres à une société » (P. Ory), cette histoire tendait à se fondre, sous l'impulsion du ministère de tutelle, dans un « tout culturel ».

Une génération montante aspire à donner de nouvelles perspectives à cette histoire, qui a proliféré dans les années 1980, mais qui semble stabilisée au milieu des années 1990. D'une production vaste et disparate, qui contribue à renforcer la confusion du genre, on retiendra le volume IV de l'*Histoire de la France*, intitulé *Les Formes de la culture* (1993), publié sous la direction d'A. Burguière et J. Revel, et qui veut répondre à cette question : comment s'est bâtie la singularité culturelle de la France ? S'inspirant d'assez près de l'étude des formes et des configurations, chères à Norbert Elias, les auteurs débusquent les souches profondes que représentent les cultures familiale et paysanne, les progrès de l'individuation et de l'esprit laïque, avant que la culture de masse ne vienne déstabiliser ce lointain héritage.

On a reproché à ce genre historique non seulement son éclectisme, mais aussi son manque de perspective relativiste, son refus de prendre suffisamment en compte les distorsions de la durée, et enfin, son manque de perspective comparatiste. Ce n'est pourtant pas le cas des travaux de l'« américaniste » Serge Gruzinski, qui a publié à partir de 1985 deux ouvrages traitant de l'acculturation croisée entre le monde blanc et le monde indien du Mexique, face à face et inter-croisement de deux cultures (*La Colonisation de l'imaginaire, La Guerre des images...*, 1990-1992). Dans les deux premiers volumes de son *Histoire du nouveau monde* (1993, écrit en collaboration avec l'ethnologue Carmen Bernand), il ouvre un débat de fond autour de la question des métissages culturels. On le voit, cette histoire revisitée est en mutation profonde et continue.

Le nouvel éclectisme des méthodes

❑ ***Du quantitatif à l'ordinateur.*** Diffusées par la Nouvelle Histoire, les méthodes quantitatives ont bénéficié des récents progrès de l'informatique dans le traitement des données, sans pour autant tomber dans le fétichisme de la machine. Déjà, l'économétrie avait permis à Jean Heffer d'étudier le port de New-York à partir de modèles économiques (en 1986). Cette même année, Peter Denley créait l'« International Association for History and Computing », dont les centres d'intérêt s'orientèrent rapidement vers la démographie, la cartographie historique, l'enregistrement de banques de données et, de plus en plus, les bases de données « interactives », qui permettent d'associer aux notes manuscrites, les graphiques, l'image et le son. En France même, les champs d'application se multiplient. Ainsi, le laboratoire d'histoire maritime du CNRS a mis au point un logiciel (« Navi-base ») qui permet d'établir une base interactive sur les flottes de guerre à l'époque moderne. A Montpellier, l'« Institut de recherche historique par l'informatique et la statistique » (l'IRHIS) a enregistré quinze mille actes de registres paroissiaux et d'état civil, permettant ainsi de reconstruire des généalogies. Pour ce travail, l'équipe de Montpellier a utilisé le logiciel Kleio, mis au point par Manfred Thaller, un chercheur allemand de l'Institut Max Plank de Bottingen. Les recherches de Christiane Klapish et David Herlily ont porté sur 250 000 cas individuels enregistrés dans le cadastre fiscal de Florence ; André Zysberg a étudié 60 000 galériens du temps de Louis XIV. Un autre exemple : celui de Pierre Dedieu, chercheur du CNRS à Bordeaux III, qui a travaillé sur huit mille procès de l'Inquisition espagnole. Confronté aux contraintes du classement informatique, l'historien est incité à mieux formuler sa problématique ; et surtout, il peut, grâce à ce nouvel outil, manier une quantité considérable de données, inexploitables par la méthode artisanale des fiches manuscrites ; dans certains cas, il peut même utiliser des modèles de simulation pour évaluer l'importance de telle ou telle donnée dans un processus historique.

❑ ***Retour à l'histoire orale.*** L'enquête orale relève-t-elle de la simple technique archivistique, ou bien est-ce une autre manière d'écrire l'histoire – depuis Hérodote ou Polybe, ces deux activités sont naturellement liées ? A la fin du XIXe siècle, les ethnologues « folkloristes » s'employaient à collecter témoignages et vieilles chansons – par exemple dans la *Revue des traditions populaires*. Après 1945, l'histoire orale a été approfondie aux États-Unis, à partir des méthodes de l'ethnographie des sociétés indiennes, avant de pénétrer dans la plupart des pays européens – ainsi, l'historien britannique Edward Palmer Thompson (1924-1993) y a recouru pour son principal ouvrage *Formation de la classe ouvrière anglaise*, 1955, consacré à la culture ouvrière vue « de l'intérieur ». Toujours en Grande-Bretagne, le mouvement des *History Workshops* réhabilite pleinement l'enquête orale, qui devient la source principale, tandis que les documents écrits ne servent plus que de compléments ou de contre-exemples.

En France, l'histoire universitaire ne s'est ouverte à l'enquête orale qu'à la fin des années 1970, par le biais de l'ethnographie rurale (Daniel et Claudine Fabre) ou par les enquêtes en milieu ouvrier (R. Trempé, M. Rébeyroux et quelques autres). Dans bien des cas, il s'agissait de sauver les témoignages menacés de disparaître. Cette nouvelle histoire orale s'intéresse plus particulièrement à la vie quotidienne (le village, l'école, le travail) et à l'expression des sentiments des enquêtés : « Notre but est de saisir le discours qu'une société tient sur elle-même et sur son passé [...] » note l'historien-mémorialiste Philippe Joutard dans *Ces voies qui nous viennent du passé*, 1983. Un vrai problème demeure toutefois : quelle est la validité de ces témoignages ? L'historien de l'oralité doit véritablement connaître les règles minimales de la pratique ethnologique, bien choisir ses informateurs, se poser en observateur participant, à mi-chemin entre le silence et la directivité. Il doit aussi transcrire ces témoignages oraux, afin de les confronter aux sources écrites traditionnelles. Mais il faut savoir que la mémoire n'échappe pas à l'autocensure (surtout la mémoire collective), qu'elle peut subir des éclipses volontaires, que les mémoires des uns et des autres peuvent se contredire ou se compléter (Claire Auzias a pu observer qu'en milieu anarchiste, les hommes se souviennent des grands mythes politiques, alors que les femmes portent témoignage sur les événements familiaux et affectifs, *in* : « Histoire orale et histoire de femmes », *Bulletin de l'Institut d'Histoire du Temps Présent*, octobre 1982).

❑ ***Réhabilitation du récit et de l'événement.*** Depuis les années 1950, l'historiographie des *Annales* croyait avoir banni le récit, au profit de l'histoire-problème. Et pourtant, dès 1967, R. Barthes niait cette disparition, et un peu plus tard, le philosophe P. Ricœur s'est attaché à démontrer que le temps pensé est nécessairement raconté, et que toute histoire suppose une forme de récit (« ma thèse est que les événements historiques ne diffèrent pas radicalement des événements encadrés par une intrigue », *Temps et récit*, 1983, p. 289).

La réhabilitation récente de l'histoire-récit peut s'expliquer par une conjonction de facteurs : les limites du tout quantitatif, le retour en force de la dimension culturelle, et surtout le recul de la perception causale du temps historique, au profit du principe d'indétermination qui refuse de privilégier un facteur, fût-il économique ou social. Dans le cas des nouveaux historiens anglais baptisés *antiquarian empiricists* (Conrad Russell, John Kenyon), le retour du récit se justifie surtout par la conviction que l'irrationnel et l'incohérence président à l'histoire des individus et des sociétés. Cette nouvelle histoire événementielle plaît par ses qualités descriptives ou par son appel à la mémoire collective, même si elle sort nécessairement appauvrie au niveau explicatif (Lawrence Stone, « Retour au récit... », *Le Débat*, 1980, p. 116-142).

La dynamique du récit a été réintroduite par des chercheurs étrangers, comme le sociologue allemand Norbert Elias (*La Civilisation des mœurs*, trad. 1973, et surtout *La Société de cour*, trad. 1974), ou encore par l'historien anglais T. Zeldin (*Histoire des passions françaises*, trad. 1978). Certains historiens de la Nouvelle

Histoire avaient déjà relevé le défi, par exemple G. Duby dans *Le Dimanche de Bouvines* (1973) ou Le Roy Ladurie, avec *Le Carnaval de Romans* (1979). Mais il faut attendre juin 1993 pour que la revue des *Annales* réhabilite à son tour l'« événement », dans une livraison spéciale consacrée à « Vichy et l'Occupation » ; dans ce numéro, une place particulière est accordée aux phénomènes d'opinion qui semblent fonctionner comme autant d'événements imaginaires chargés d'efficacité sociale (P. Laborie).

VERS UNE HISTOIRE DE L'INDIVIDU

La mutation récente de l'histoire n'est pas seulement méthodologique : elle touche aussi à ce qui fut l'objet même de l'histoire. Si jusqu'ici l'historien ne s'intéressait guère qu'aux masses, aux classes, à la foule, voici qu'aujourd'hui il se penche sur des groupes sociaux réduits ou spécifiques : c'est le cas pour la micro-histoire, la vie privée, la famille, la sexualité ou l'histoire des femmes. Même le genre biographique est revisité.

Le modèle de la micro-histoire

Ce qu'on appelle micro-histoire se situe à l'opposé de l'histoire sérielle ou quantitative. Dérivée de l'anthropologie culturelle nord-américaine, mais aussi de l'histoire française des mentalités, elle s'attache à reconstruire, par « un changement de focale » (J. Boutier, D. Julia), par des méthodes interactionnistes, et à partir de témoignages fragmentaires, la condition sociale et l'univers mental d'un petit nombre d'acteurs représentatifs des classes subalternes. Elle cherche à approfondir des personnalités, jugées représentatives d'une culture plus large. Là où l'histoire sociale traditionnelle s'intéressait aux groupes sociaux et à leurs mécanismes, la micro-histoire privilégiera plutôt la manière dont les individus s'allient à des groupes, à des familles ou à d'autres individus. On est ainsi passé du sondage « représentatif» parmi les « classes » à une analyse aléatoire qui intègre le « vécu » et le « subjectif» de quelques acteurs sélectionnés – sans pour autant écrire des biographies.

La greffe a d'abord pris en Espagne (avec Jaime Contreras), mais surtout en Italie, où la *microstoria* a connu une forte résonnance à la fin des années 1970, sous l'impulsion d'Edoardo Grendi et de Giovanni Levi. Ainsi Rafaelle Romanelli s'est intéressée à des secrétaires de mairie et Franco Ramelle à un hameau de paysans-tisserands. Le plus connu en France, parce que le plus traduit, reste C. Ginzburg. Il est né à Turin en 1939 et a enseigné à l'Université de Bologne et de Los Angeles. Dans *Les Batailles nocturnes* (*I benandanti*, 1966, trad. 1980), il applique la recherche des « indices » à quelques cas de sorcellerie et aux rituels agraires du Frioul, une province archaïque de l'Italie, aux XVIe et XVIIe siècles. Dans *Le Fro-*

mage et les vers, il étudie les idées et les croyances d'un certain « Menocchio », meunier hérétique de ladite province du Frioul, et qui fut brûlé par l'Inquisition à la fin du XVIe siècle. Chez ce meunier autodidacte s'étaient greffés sur un fond de culture orale des lambeaux de culture sérieuse et savante touchant à l'origine du monde, à la divinité du Christ, à l'Ascension de Marie, à la tolérance religieuse, etc. Il avait puisé ces connaissances dans plusieurs livres (par exemple, *Les Voyages* de Sir John Mandeville) dont il méditait et réinterprétait certains passages dans un sens plutôt matérialiste : selon lui, le monde s'était fait lui-même, à la façon dont se caille le fromage et se forment les vers dans le lait, métaphore qui a donné le titre à l'ouvrage. Dans *Le Sabbat des sorcières* (Gallimard, Paris, 1992), C. Ginzburg raconte comment, du XIVe au XVIIe siècle, des hommes se livraient la nuit au sabbat : en présence du diable, s'adonnant à des orgies, à l'anthropophagie, à la profanation des rites chrétiens. Ces pratiques, qui appartiennent à l'héritage d'un fond culturel chamanique vieux de plusieurs millénaires, sans doute eurasiatique, œuvraient à la charnière du monde visible et du monde invisible, du monde des vivants et de celui des morts.

Telle est aujourd'hui la perpective micro-historienne, qui postule que les études de cas peuvent être représentatives d'un « exceptionnel normal » qui éclaire aussi la totalité du social (E. Grendi, « Micro-analisi e storia sociale », *Quaderni storici*, 35, 1972, p. 506-520 ; ou encore : C. Ginzburg, « Traces. Racines d'un paradigme indiciaire »). Ce genre de travaux se retrouve chez Nathalie Davis, *Society and Culture in Early Modern France* ou encore dans les études sur le charivari de E.P. Thompson. Ce dernier justifie la micro-histoire en l'opposant à « l'impressionnisme grossier et répétitif de l'ordinateur, qui répète jusqu'à la nausée un unique élément récurrent, mais ignore toutes les données documentaires pour lesquelles il n'a pas été programmé... ». En France, les recherches d'Arlette Farge s'apparentent à ce courant novateur. « Fascinée » par les archives, elle a cherché à se dégager de « l'impérialisme d'une certaine histoire économique et sociale », en se penchant sur l'archive judiciaire et policière, décodée « comme bribe, morceau de phrase, fragments de vies recueillies dans ce vaste sanctuaire des paroles mortes, oubliées par le temps et par les fautes [des acteurs] » (*La Vie fragile. Violence, pouvoirs et solidarités à Paris au XVIIIe siècle*, Hachette, Paris, 1988, p. 7). Dans cette contre-histoire sociale « à la française », l'auteur s'intéresse à des individus – filles à marier, amants, parents et enfants – et à des groupes familiaux ou professionnels noyés dans l'anonymat des « foules ». Refusant la terminologie socio-professionnelle moderne, Arlette Farge ranime les « corporations » et les « ateliers », autour desquels gravitent des individus plus ou moins asociaux.

La vie privée, la famille, la sexualité

Encore inexploré au début des années 1980, ce nouveau « chantier » de la vie privée attire de plus en plus d'historiens. A la charnière de l'histoire des mentalités, de la sociologie, de l'anthropologie culturelle et de la micro-histoire, il constitue la revanche tardive de la psychologie et de la psychanalyse, si longtemps décriées par la Nouvelle Histoire (J. Le Goff en particulier). Si l'on peut connaître « des » vies privées, il est aléatoire de vouloir reconstruire « la » vie privée comme une épure conceptuelle valable pour les individus, les familles et les classes sociales. Cette histoire du privé privilégie incontestablement deux sources nouvelles (dans la pratique historienne) : la littérature, particulièrement le genre romanesque, et les œuvres d'art – peinture, dessin, caricature, affiche et photo – dont les codes servent à l'interprétation des sensibilités et des symboles – soit dit en passant, cette analyse des expressions artistiques pour en dégager des archétypes de l'inconscient collectif avait déjà été très largement utilisée par le psychanalyste C. G. Jung. Dans la préface de leur volumineuse *Histoire de la vie privée* (Seuil, 1985-1987), G. Duby et P. Ariès admettent l'incertitude théorique de ce concept, appliqué rétrospectivement (et anachroniquement) à des périodes de l'histoire où la séparation entre les sphères du public et du privé n'existait pas. C'est en effet seulement au XIXe siècle qu'on observe un repli familial vers l'intimité, repli qui n'exclut pas le maintien de sociabilités mixtes (l'atelier ou le lavoir, le quartier, le club ou le cabaret par exemple). La notion de *« privacy »*, empruntée au modèle anglais du *« sweet home »* s'impose progressivement aux traditions coutumières des quartiers et des villages tout au long du XIXe siècle : monde clos et secret où se mêlent les espaces masculins et féminins, monde de protection contre l'agression grandissante de la ville. La victoire de la vie privée commence, bien sûr, avec les processus d'individuation et d'affirmation de la personne, repérables par exemple dans la mode des prénoms (et des surnoms) qui tendent à identifier plus fortement les enfants d'une même famille. La poussée de l'individualisme semble s'accentuer dans le second XIXe siècle, d'abord au sein des classes élevées, avant de se diffuser progressivement dans le reste de la société. Tocqueville notait déjà en 1850 : « L'individualisme est un sentiment paisible qui dispose chaque citoyen à s'isoler de la masse de ses semblables et à se retirer à l'écart avec sa famille et ses amis. » (*Histoire de la vie privée*, vol. IV, p. 612). Car la vie privée, c'est d'abord le triomphe de la famille et de son espace physique – la maison et le jardin – qui s'adapte progressivement à ses nouvelles fonctions par une organisation interne plus adaptée à la famille nucléaire, par le chauffage et l'éclairage, par la mise en scène de pièces d'apparat (l'entrée et le salon) et par le confort grandissant des pièces à vivre. De cet « âge d'or » de la vie privée que représente le XIXe siècle, A. Corbin a magistralement décrit les « coulisses » : la sphère de l'intimité, celle des secrets familiaux (mais aussi des indiscrétions), des drames et des conflits passionnels, des violences et de la mélancolie, des fêtes ou des solitudes. Par différence avec la vie quotidienne qui se donne à voir dans l'anonymat collectif, la vie privée se cache volontiers sous la pudeur et la honte, quand elle ne se met pas en scène pour la parentèle, le voisinage ou la domesticité. Intimité qui demande à être percée, décodée, et qui ne s'étale au grand jour que dans le drame, car on préfère « laver son linge sale en famille » et dévoiler une face lisse.

Le domaine le plus secret de cette vie privée reste évidemment le corps nu et la sexualité. Le colloque de Clermont-Ferrand (*Aimer en France (1760-1880)*, 1980), le numéro de *L'Histoire* sur « Amour et sexualité » (janvier 1984), les travaux de M.-J. Bonnet sur l'homosexualité féminine, ceux d'A. Corbin sur la prostitution

(*Filles de noce*, 1978), ceux de J.-L. Flandrin sur *Les Amours paysannes* (1975) ou sur *Le Sexe et l'Occident* (1981), ont posé des jalons vers la reconnaissance d'un domaine resté longtemps tabou, où seul le discours officiel fonctionnait (voir M. Foucault, *Histoire de la sexualité*, 1976).

Au cours de la seconde moitié du XXe siècle, la frontière entre vies privée et publique se fait plus floue, sous l'influence des médias et de la publicité (« nos contemporains, écrit A. Prost, [...] jouent dans leur intimité les rôles privés que leur suggère l'opinion » (*Histoire de la vie privée*, 5, p. 152). A l'époque contemporaine, il est encore plus difficile de délimiter clairement un espace privé, tant les catégories sociales se sont multipliées. L'individu de la seconde partie de ce siècle perd de sa cohésion identitaire, imprégné d'images multiples qui lui parlent de la guerre, de la maladie, de la vieillesse ou de ses fantasmes sexuels. Bref, l'individu reste toujours à la recherche d'une (pseudo) identité stable. Par ailleurs, de fortes diversités culturelles isolent (pour longtemps ?) quelques minorités aux imaginaires fortement enracinés : le chrétien, le juif, le communiste. Mais depuis 1945, l'*« American Way of Life »* a introduit ses stéréotypes culturels qui modifient les comportements les plus traditionnels, si bien que la notion même de « vie privée » tend à perdre de sa cohésion. Malgré tout, en cette fin de XXe siècle, face au recul des idéologies et à la montée des violences, la tendance est au repli sur soi : « [...] le temps des foules solitaires vieillira en charentaises : à nous familles nucléaires, petits bonheurs, douceur du *home* et autocélébration gourmande de l'individu [...] » (J.-P. Rioux, « Le triomphe de la vie privée », *Le Monde*, 15 avril 1988).

L'histoire des femmes ou le refus de l'« éternel féminin »

L'histoire des femmes se situe dans le prolongement de la vie privée, à la charnière de l'anthropologie de la famille et de la sexualité. La démarche pionnière a été lancée après 1968 aux États-Unis par les *Womens Studies*, bientôt imitée en Angleterre, en Pologne, en Allemagne et en France seulement à partir des années 1970-1975. Depuis l'époque « positiviste », la femme semblait « oubliée », alors que Michelet l'avait célébrée, tout en la rejetant dans l'ordre de la nature, tour à tour lumineuse et sombre, en opposition à la culture, par essence « masculine ». Ce nouvel intérêt pour la femme tenait aussi bien à des raisons politiques et sociologiques qu'à des arguments scientifiques : d'un côté, la poussée en force d'une nouvelle génération d'étudiants en histoire et de féministes ; de l'autre, les progrès de l'anthropologie de la famille et de l'histoire démographique. L'histoire des femmes s'est progressivement inscrite dans la longue durée et dans la pluridisciplinarité, s'ouvrant à l'étude du corps féminin (maternité, prostitution, etc.) et à celle du travail. Jadis et naguère, « éternelles pleureuses dont les chœurs accompagnent en sourdine toutes les tragédies » (G. Duby), les femmes n'avaient pas d'histoire. Elles étaient perçues à travers le seul regard des hommes, rejetées dans la sphère du privé, ignorées des chroniqueurs. Comme déesse, comme entité symbolique ou comme *« sex symbol »*, la femme devait se contenter de peupler l'imaginaire des hommes. Pour écrire cette histoire, la nouvelle génération de chercheurs s'est d'abord appuyée, à défaut d'archives spécifiques, sur les fonds privés ou sur les histoires de vies. Puis, comme pour l'histoire de la vie privée, l'étude des représentations de la femme s'est nourrie de nouvelles sources : les peintures, les tapisseries, toutes sortes d'images, sans oublier les textes littéraires, d'autant plus évocateurs qu'ils sont moins rigides. Mais là encore, la femme reste avant tout conditionnée par les images – de séductrice, d'éducatrice, de consolatrice – que chaque société se forge. Dans toutes les cultures « machistes », la nature féminine est souvent décrite comme sauvage et désordonnée, appelant à ce titre le contrôle, la surveillance, le dressage.

Depuis le milieu des années 1980, l'histoire des femmes est guettée par la tentation du « tournant linguistique » : sous la poussée de l'historiographie anglo-saxonne, particulièrement de Joan Scott, la « nouvelle » histoire des femmes tend à se focaliser sur le « genre », une notion culturelle qui évacuerait la question du « sexe », simple catégorie biologique : le genre serait donc devenu une catégorie décisive d'analyse historique, qui considère les catégories du masculin et du féminin comme la résultante d'une relation sociale et historique (Thomas Laqueure, *La Fabrique du sexe, Essai sur le corps et le genre en Occident*, 1992).

L'*Histoire des femmes*, publiée en 1991 sous la direction de G. Duby et M. Perrot, constitue la première approche globalisante de ce nouveau « territoire ». A ce projet en cinq volumes, confié à soixante-dix collaborateurs et collaboratrices, Michelle Perrot a apporté une contribution décisive. Féministe active mais non extrémiste, d'abord engagée dans l'histoire ouvrière par excès de mauvaise conscience bourgeoise, elle s'est efforcée de ne pas écrire une histoire féministe réservée aux femmes, « nouveau ghetto où les femmes s'enfermeraient, dans le plaisir de l'entre-soi » (*Essais d'ego-histoire*, *op. cit.*, p. 292). Cette histoire se veut plurielle et contradictoire – en même temps que fortement européocentrée, laissant dans l'ombre les femmes des tiers-mondes (soit, dit en passant, les trois quarts de la féminité). Cette histoire s'est orientée dans deux directions : d'une part, celle de la prise de parole et du rapport complexe des femmes à la culture lettrée (car là commence l'identité) : depuis la lente alphabétisation jusqu'à l'écriture poétique et romanesque, cette voix féminine s'est faite plus forte dans les deux derniers siècles, et plus encore, lors des deux dernières décennies. Et si le matriarcat fut un mythe inventé au XIXe siècle par Bachofen et Morgan, il fut aussi un rêve nostalgique chez les premières féministes, face à l'univers masculin, qui a réussi à maintenir sa domination dans les sphères du public et du privé. Conclusion désabusée de M. Perrot : des trois « sanctuaires » masculins que représentent encore aujourd'hui les domaines politique, religieux et culturel, le plus fermé reste encore le politique, celui par lequel s'opère habituellement le changement.

La biographie historique revisitée

Paradoxe des temps : le retour en force, au début des années 1980, d'un genre longtemps décrié comme « historiciste » par les *Annales,* la biographie – notons qu'il n'avait jamais faibli dans les pays anglo-saxons. C'est le retour vers la philosophie du sujet, la récusation des déterminations collectives. Cette nouvelle biographie, parfois baptisée « biographisme », peut se rapprocher de la littérature, dans la mesure où elle refuse les cloisonnements stricts entre histoire-récit, sociologie et même fiction, un peu dans l'esprit des romans d'Alberto Moravia ou de Christa Wolf – dans ce cas la démarche littéraire pourrait permettre de combler les silences de la documentation sur la vie privée des acteurs. Et si les historiens aiment les parcours cohérents, les décisions sans failles, ils savent, depuis Proust ou J. Joyce, que la contradiction et la fragmentation psychologique existent aussi chez les personnages « historiques ». Soutenue par la demande éditoriale, cette « nouvelle biographie » se démarque nettement des biographies anecdotiques et naïves de jadis (on pense aux vies de saints à finalité hagiographique, ou encore aux récits de vies d'artistes « illustres »). Ce nouveau genre ne se confond pas, non plus, avec l'autobiographie qui reste un récit à la première personne dont les premiers modèles ont sans doute été les *Confessions* de saint Augustin.

Bien que la nouvelle biographie se soit intéressée à tous les types de personnages (même parfois partiellement romancés), ce sont les grands de ce monde, vivants ou morts, qui gardent la préférence des éditeurs, de Philippe Pétain (par M. Ferro) à G. Pompidou (par E. Roussel) en passant par De Gaulle (J. Lacouture) ou Gaston Gallimard (P. Assouline). Plusieurs motivations peuvent justifier le succès de cette mode : la révolution individualiste (Gilles Lipovetsky), le goût de la vie privée (voir plus haut), la mode « rétro », le rejet du tout sériel, le comblement du vide idéologique.

Notons bien, toutefois, que ce genre biographique s'efforce d'intégrer les nouvelles données de l'historiographie contemporaine : « Nul aujourd'hui ne détacherait son héros de son milieu... Nul n'écrirait une vie sans centrer son examen sur le va-et-vient de l'individuel et du collectif» (J.-P. Rioux). Parfois, la méthode reste un peu « bricolée », proche du genre journalistique (Jean Lacouture a écrit successivement sur Hô Chi Minh, Nasser, N'kruma, Bourguiba, Mauriac, Julie de Lespinasse, Mendès France, De Gaulle... et quelques autres).

La nouvelle biographie devient particulièrement intéressante lorsqu'elle « cible » un ou plusieurs sujets supposés représentatifs d'une catégorie sociale. Ainsi Nathalie Zemon Davis a-t-elle raconté « le retour de Martin Guerre », et Daniel Roche a édité le journal de Jacques-Louis Ménétra, compagnon vitrier au XVIIIe siècle : biographie et contexte social s'éclairent alors mutuellement, trajectoire individuelle et comportement social se croisent dans un jeu de placements et de déplacements individuels. A côté de cette biographie « modale », on peut imaginer la biographie « croisée » (J. Verger a confronté saint Bernard et Abélard, deux célébrités de la première moitié du XIIe siècle), ou encore la « prosopographie » – un corpus de notices individuelles, supposées représentatives d'un milieu, traitées de manière sérielle. Cette perception assez déterministe des itinéraires de vies semble validée par le sociologue P. Bourdieu, qui affirme : « le style personnel n'est jamais qu'un écart par rapport au style propre à une époque ou à une classe ». La prosopographie recourt à l'ordinateur quand il faut embrasser une masse documentaire : ainsi, depuis 1971, R. Cornevin a rassemblé quelque trente mille notices de missionnaires, de militaires et de fonctionnaires métropolitains en vue d'un dictionnaire biographique de l'Empire colonial français. De son côté, Jean Maîtron a travaillé depuis les années 1950 jusqu'à sa mort en 1987 à la réalisation d'un monumental *Dictionnaire biographique du mouvement ouvrier français et international*. Le 43ᵉ volume édité en 1993 sous la direction de Claude Pennetier complète un ensemble de plus de 110 000 biographies de militants connus et inconnus depuis la Révolution française jusqu'aux années 1930. Renouvelé, le genre biographique peut servir l'histoire dans les domaines les plus divers : réécriture des vies de saints, biographies de « décideurs » (patrons, ingénieurs, banquiers), récits de vie des chercheurs en histoire de la médecine (F.-O. Touati et M. Trebitsch, *Problèmes et méthodes de la biographie*, Colloque de « Sources », 1985).

Alors ? simple illusion du genre biographique ou nouvelle histoire en construction ? Face au problème de l'interférence entre les actions individuelles et collectives, le débat reste encore ouvert. Les uns supposent que le groupe est antérieur à l'individu, auquel il impose ses normes et sa rigidité, dans un contexte parfaitement rationnel ; pour d'autres, il existe un interstice de liberté individuelle qui trouve sa source dans l'incohérence des systèmes sociaux ou dans la propre irrationalité de l'individu (G. Levi, « Les usages de la biographie », *Annales ESC*, nov.-déc. 1989, p. 1325-1337 ; Jean Peneff, *La Méthode biographique*, A. Colin, 1990).

VERS UNE NOUVELLE HISTORIOGRAPHIE

Les enjeux de la mémoire

Au début des années 1990, s'esquisse une autre « histoire nouvelle », associée aux notions vagues et circulaires de « représentations », d'identité et de « mémoire collective », un concept proposé par le sociologue M. Halbwachs dès les années 1950. Au sens fort, la mémoire serait tout ce qu'une société veut retenir de son passé – particulièrement ses mythes et sa religion. Or, depuis le début des années 1980, on assiste en France à un réinvestissement massif dans la mémoire nationale. Certes, le fait n'est pas nouveau dans ce pays où une relation « circulaire » et permanente s'est établie pendant des siècles entre son histoire, sa mémoire nationale et ses mémoires régionales ou locales. Très forte de 1870 à 1914, cette mémoire nationale s'est considérablement distendue par la suite ; aujourd'hui, il ne subsisterait guère plus que des mémoires parcellaires ou particulières (par exemple, celle des juifs, des résistants ou des déportés...), traces fugaces, évanescentes, incertaines qui ont besoin d'être périodiquement revivifiées. On le voit, la mémoire ne se confond pas avec l'histoire : celle-ci est un discours rationnel, construit (au présent) autour du passé, celle-là est le souvenir discontinu d'un fragment de passé, qui ne revit dans la conscience qu'au rythme de la commémoration par le calendrier national ou républicain. Mais la mémorisation invite souvent au passéisme, surtout en temps de crise – pensons à l'Année du Patrimoine (1980), au Bicentenaire de la Révolution française ou au cinquième Centenaire de la découverte de l'Amérique. Avec la fin des paysans, la nostalgie bucolique est devenue à la mode, et *Germinal* se vend bien (en livre ou en film) depuis la disparition des gueules noires... Par ailleurs, nous savons bien que toute mémoire, individuelle ou collective, cherche à enfouir dans l'inconscient les souvenirs qui blessent, et l'historien américain Robert Paxton, dans sa *France de Vichy, 1940-1944* (1973), a fait resurgir à la conscience collective des Français « maréchalistes » la réalité de la collaboration et de l'antisémitisme du gouvernement de Vichy.

Avec les *Lieux de mémoire*, P. Nora propose une nouvelle *épistémè*. Conçu pour un séminaire de l'École pratique des hautes études, le projet allait devenir, dix ans plus tard, une entreprise proliférante, un ouvrage collectif de plus de cent collaborateurs, de six mille pages en sept volumes, publiés de 1984 à 1992. Pour P. Nora, une constatation froide s'imposait : l'évacuation rapide de la mémoire « nationale » dans la vie de tous les jours, en rupture complète avec les commémorations officielles. Pour tenter de comprendre cette montée de l'oubli dans le présent, il fallait d'abord procéder à un inventaire des « lieux » où cette mémoire nationale s'exerçait. Là encore, la démarche (bien française) est aux antipodes de la théorisation. Qu'est-ce qu'un « lieu de mémoire » ? *Le Grand Robert* (1993) en emprunte la définition à Nora lui-même : c'est une « unité significative, d'ordre matériel ou idéel, dont la volonté des hommes ou le travail du temps a fait un élément symbolique d'une quelconque communauté ». Un lieu de mémoire, c'est, aussi bien, un espace géographique qu'un cadre, matériel ou abstrait, dans lequel la mémoire nationale se met en scène (ou se cache). Car, en fin de compte, un lieu de mémoire se définit d'abord par sa nature symbolique et immatérielle. Il peut y avoir des lieux-espaces, comme une région (la Vendée), une ville (Reims) ou un monument (le Panthéon) ; des lieux-signes, comme l'hymne national, un dictionnaire fétiche (le Grand Larousse), un spectacle collectif (le Tour de France cycliste), une devise (« Liberté, Égalité, Fraternité ») ou des proverbes ; sans oublier les « lieux-événements », comme le 14 juillet ou encore les funérailles de V. Hugo. Loin d'être figés, tous ces « lieux » se reconstruisent et se remodèlent en fonction du temps présent. Cette mémoire collective peut s'exercer dans l'enracinement le plus ancien, le plus profond et le plus charnel (la *Nation*) ; elle peut aussi se manifester sur le plan idéologique (la République) ; elle peut, enfin, s'exprimer dans des lieux communs, comme « la terre, le clocher, la cour, le Tour de France ou la tour Eiffel » (P. Nora). Tout cela relève, on le voit, d'un échantillonnage éclectique et atomisé – à propos de son livre, on a pu parler d'un « inventaire à la Prévert ».

« Ce théâtre de mémoire aux nombreuses entrées, aux multiples trajets, aux spectacles les plus divers… » (J. Le Goff) implique aussi ses bardes ou ses fonctionnaires (Gérard Namer, *Manuels d'histoire et mémoire collective,* communication au colloque de Paris, 7 avril 1981). Car pour lutter contre les amnésies collectives, le culte de la mémoire officielle a viré à la manie commémorative chez plus d'un responsable du patrimoine et de la culture (pour l'Américain William M. Johnson, le culte des anniversaires remplit aujourd'hui le vide laissé par la mort des idéologies – *in* : *Post-modernisme et Bimillénaire*, 1992). Cette liturgie célébratoire rencontre souvent l'assentiment du public, car elle contribue à renforcer symboliquement l'identité collective, bien menacée par ailleurs. Ainsi, mémoire, patrimoine et identité (nationale, régionale...) font bon ménage dans le musée imaginaire de l'Hexagone – simple coïncidence ? 1980 fut à la fois l'« Année du patrimoine » et celle du projet des *Lieux de mémoire*. Depuis moins d'une décennie, la télévision est devenue le miroir de cette manie célébratoire du passé national : représentations théâtrales, musicales, folkoriques, expositions se sont multipliées aux quatre coins du pays, en concurrence avec la commémoration officielle du 11 novembre ou du 14 juillet. Les spectacles « Son et Lumière » viennent au secours de l'instruction civique conviviale – mais le spectacle du Puy-du-Fou (Vendée) se permet d'« écrire » (au rayon laser) une contre-histoire encore dérangeante. On sait aussi l'importance symbolique qui fut accordée au Bicentenaire de 1789, vrai miroir de la société française et de ses clivages politiques à l'intérieur du consensus.

Ainsi, l'objet « lieu de mémoire » semblait échapper à son « concepteur », récupéré et « patrimoinisé » par les notables politiques ou institutionnels. C'est ainsi qu'au début des années 1990, la France comptait plus de deux cent cinquante écomusées (ou assimilés), dont le rôle premier restait l'évocation de la mémoire locale. Dans tel cas, le lieu de mémoire a rejeté sa fonction nostalgique pour se transformer en un facteur de développement « alternatif» ou touristique : c'est le cas du musée de la soie dans le Gard, de l'Écomusée d'Alsace à Ungersheim ou du musée des huîtres de Bouzigues (Hérault). Ici ou là, la mémoire d'un château ou d'une ville est récupérée par le patrimoine et le tourisme. Face à cette dérive, *Les Lieux de Mémoire* de P. Nora restent sous-tendus par une vision critique, soulignée par Stefan Collini : « Le résultat de telles analyses est forcément plus démystificateur que célébratoire ».

Dans un domaine plus dramatique, la commémoration du cinquantenaire de la rafle du « Vél d'Hiv. » (juillet 1992) est même devenue un enjeu politique pour l'ensemble des partis. A croire que désormais, histoire et mémoire se confondent – en juin 1990 était organisé à la Sorbonne un colloque international sur un thème révélateur : « Les échos de la mémoire. Comment enseigner la Seconde Guerre mondiale dans l'Europe d'aujourd'hui ? ». Mais cette nouvelle « histoire-mémoire », façon P. Nora, se défend d'être une sorte d'inventaire après-décès de l'histoire française. A l'inverse, elle se veut une histoire « par » la mémoire, pour répondre à une évolution de la nation française, qui chercherait à se réconcilier avec son passé. Naguère paysanne et chrétienne, la France est devenue urbaine et civile ; jadis puissance mondiale et porteuse d'idéologies prophétiques, elle se retrouve démocratie ordinaire en partie dépolitisée. Après la fin de l'« exceptionnalité » de l'histoire française, l'histoire par la mémoire serait mieux adaptée à cette nouvelle perception.

Une des originalités de cette histoire-mémoire est de rejeter la périodisation diachronique, restituant à l'instance politique et au temps présent leur vraie place, celle du regard rétrospectif. Ainsi, le tome « Un » des *France*, intitulé *Conflits et partages*, fait coexister des études sur Francs et Gaulois, catholiques et laïcs, Français et étrangers, droite et gauche, gaullistes et communistes. Sans disparaître pour autant, la longue durée braudélienne est réinterprétée en partant du présent vers le passé (alors que l'histoire des *Annales* insistait plutôt sur le poids déterminant du passé sur le présent). Elle illustre parfaitement l'idée que toute histoire s'enracine dans le présent le plus immédiat pour servir un horizon d'attente plus ou moins proche. « Traiter l'objet historique en lieu de mémoire, c'est donner la parole au présent, non comme l'héritier du passé, mais comme l'usager du passé, toujours susceptible de réanimer des objets qui somnolent », observe M. Ozouf. C'est aussi ce que pense l'ethnologue africaniste M. Augé : «[Cette histoire] est au comble de l'histoire contemporaine ». Elle s'enracine dans une surmodernité du monde, résultat d'une imbrication extrême entre l'histoire et l'actualité : « L'histoire tend à devenir actualité » (*Magazine littéraire*, février 1993). Au fond, cette mémoire ravivée reste bien « le discours que les vivants tiennent sur les morts ». Par sa recherche de lieux de mémoire propres à l'identité française, la démarche de P. Nora répond aussi à une forme de post-modernisme dans la mesure où elle célèbre davantage une histoire « soft » qui privilégie le consensus plutôt que l'affrontement, autour d'une seule valeur patrimoniale : le passé national. Mais P. Nora a, par ailleurs, raison de rappeler que ce vertige des « lieux de mémoire » est bien le produit de notre temps incertain, adapté à un monde en crise : « Quand une autre manière de l'être-ensemble se sera mise en place, quand aura fini de se fixer la figure de ce qu'on n'appellera plus l'identité, le besoin aura disparu d'exhumer les repères et d'explorer les lieux. L'ère de la commémoration sera définitivement close. La tyrannie de la mémoire n'aura duré qu'un temps – mais c'était le nôtre » (*Les France*, III, 3, p. 1012).

L'histoire immédiate en quête de légitimité

Par le biais de la mémoire, on saisit combien l'écriture historique donne sens aux événements à partir du présent, qui devient ainsi une clé interprétative essentielle du passé. Or, pendant longtemps, les événements très contemporains n'étaient pas perçus comme « historiques ». On disait volontiers : « jusqu'à telle date – souvent les trente ans habituels de fermeture des archives –, ce n'est pas de l'histoire, mais de la géographie, de la sociologie ou de la science politique… ». Le débat est d'ailleurs loin d'être clos aujourd'hui parmi les historiens. Certains reprochent à cette immédiateté l'absence du recul (du temps et des passions), la rareté des archives et le foisonnement de sources hétéroclites, sa confusion avec le journalisme, la manipulation médiatique, etc. Et pourtant J.-F. Soulet rappelle que depuis Hérodote ou Thucydide jusqu'à M. Bloch en passant par Voltaire, l'« histoire immédiate est aussi vieille que l'histoire » (*L'Histoire Immédiate*, QSJ, 1994). Déjà, dans ses leçons du Collège de France, R. Aron ne distinguait-il pas l'« histoire originelle », racontée par les témoins des événements, de l'« histoire réfléchie », abstraite et reconstruite intellectuellement *« ex-post »* par des professionnels ? L'histoire immédiate répondrait aussi à une réelle demande scolaire et sociale – n'est-il pas significatif que la vénérable collection de « La vie quotidienne » (Hachette) se tourne de plus en plus vers des événements très contemporains (par exemple, *La vie quotidienne à l'Élysée sous de Gaulle*). Un Institut d'histoire du temps présent a été créé en 1978 par le CNRS, et un Groupe de recherche en histoire immédiate à Toulouse en 1990 (F. Bédarida, *Écrire l'histoire du temps présent*, 1993).

Ce champ historique est encore aujourd'hui si incertain que son nom et son champ chronologique ne sont pas définitivement fixés : histoire de notre temps ? histoire du temps présent ? histoire instantanée ? Marcel Roncayolo en propose une définition originale : l'histoire immédiate serait « l'histoire de la génération à laquelle nous appartenons ». Mais on pourrait tout aussi bien aussi la définir comme celle qui couvre deux générations de témoins : celle des acteurs directs et celle qui l'a immédiatement suivie, susceptibles l'une et l'autre de produire encore des témoignages vivants.

Majoritairement orientée vers l'histoire politique, les relations internationales, les événements majeurs de l'actualité, cette histoire « immédiate » peut donner l'impression de n'être qu'une chronique additive (à l'image de ces chronologies quasi exhaustives proposées par la presse), sans possibilité d'analyses profondes, sans enracinement temporel. Et pourtant, le genre connaît depuis une dizaine d'années un certain regain, sous l'effet des bouleversements qui secouent la planète, particulièrement le continent européen. A cette demande, d'ailleurs sélective, tour à tour conformiste et amnésique, historiens et éditeurs répondent très largement si l'on en croit le nombre de collections historiques spécialisées dans le second XXe siècle. Les programmes scolaires français ont intégré depuis 1982 la part la plus contemporaine de notre passé. Faut-il donc réhabiliter cette histoire très récente ? Oui, à condition de se souvenir qu'il s'agit souvent d'un travail pionnier, qui appellera d'autres mises au point. Malgré la fameuse « absence de recul », un historien de l'immédiat peut combiner sa distanciation professionnelle et son « vécu » d'acteur, de témoin ou d'observateur.

Il est vrai que de jeunes chercheurs protestent (au nom des « droits de l'homme », de la « transparence » et du « devoir de mémoire ») contre la fermeture officielle des archives publiques de moins de trente ans, délai minimal imposé en France par la loi de 1979 (Sonia Combe, *Archives interdites. Les Peurs françaises face à l'histoire contemporaine*, 1994). Mais si la fin de l'URSS et des pays de l'Est a entraîné, un peu partout, des ouverture d'archives, elle n'a pas, pour autant, fait « jaillir la vérité » historique sur ces pays, car toute consultation de sources implique, à la fois, une critique vigilante et une bonne problématique (« Les trésors de la Stasi ou le mirage des archives », *Passés recomposés*, Autrement, 1995). Par ailleurs, la documentation contemporaine ne fait pas défaut. D'importants gisements documentaires sont édités périodiquement par des journalistes d'investigation ou par des hommes d'État, sans parler des multiples synthèses annuelles publiées par de nombreux centres de recherche. Des sources privées prolifèrent dans certaines fondations – en France, la Fondation Charles-de-Gaulle ou l'Institut Maurice-Thorez. On ne saurait oublier, par ailleurs, les énormes ressources audiovisuelles : cinémathèques, vidéothèques, etc. Selon R. Debray, nous serions, en effet, entrés dans l'ère de la « vidéosphère », où l'information et le savoir passent par l'image, même si celle-ci fait l'objet d'idolâtrie et de fétichisme (d'« audiolâtrie »). Les années 1990 ont vu se multiplier les émissions télévisées, enrichies de nombreux documentaires, qui incitent l'historien à ne pas négliger ces sources – *Histoire parallèle*, de M. Ferro, *Les Brûlures de l'histoire*, de Patrick Rotman. En fin de compte, ce dont souffrirait cette histoire immédiate serait plutôt le trop-plein documentaire, tant la masse d'informations paraît chaotique, désordonnée, cumulative, répétitive ou contradictoire. La méthode « prudemment régressive » chère à M. Bloch devrait permettre de relier le présent immédiat à l'histoire la plus enfouie, tandis que l'approche comparatiste peut aider à éclairer des situations analogues dans d'autres régions, à une époque où l'histoire s'est mondialisée. Enfin, l'historien de l'immédiat peut et doit s'appuyer sur les autres sciences sociales afin d'enrichir sa problématique, tout en espérant apporter le point de vue du généraliste. Certes, tous les doutes épistémologiques ne sont pas levés : cette histoire doit-elle rester essentiellement politique, ou au contraire s'ouvrir à l'étude des mutations sociales, économiques, à la vie privée, à l'histoire religieuse et culturelle ? Un tel élargissement impliquerait que l'on définisse clairement les rapports entre cette histoire du contemporain proche et les sciences sociales. Par ailleurs, le danger permanent pour l'historien de l'immédiateté reste le préjugé idéologique (ce fut le cas des soviétologues nord-américains) ou le (supposé) conformisme social des amateurs d'histoire. C'est dire que l'histoire du temps présent reste encore un objet en construction.

L'ego-histoire, ou la mémoire des historiens

Évolution extrême : voici que depuis quelques années, des historiens se retournent sur leur propre passé ! Jusqu'alors viscéralement méfiants vis-à-vis de toute forme de subjectivité, attachés à l'idéal d'impartialité, ils n'avaient guère l'habitude de se livrer, cachant habituellement leur « ego » derrière un « nous » de modestie intellectuelle. A présent, l'historien semble revendiquer sa propre subjectivité, et au lieu de cacher son « moi » derrière un style anonyme et impartial, il n'hésite plus à laisser entrevoir sa personnalité et à recourir aux ressources de son imagination.

Certes, ce n'est pas sans maladresse, sans gaucherie ni sans fausse pudeur que les historiens de métier, et reconnus par la profession, se mettent à parler de leur itinéraire d'historien. L'ouvrage collectif *Essais d'ego-histoire* (1987), suscité par P. Nora, semble ouvrir une brèche dans cette loi du silence : sept historiens évoquent librement leur parcours, depuis l'enfance jusqu'à leur apogée professionnel. Riche expérience, qui permet de dégager de cet échantillon quelques traits du « métier d'historien ». La plupart appartiennent à la petite bourgeoisie, et relèvent de la méritocratie républicaine. La vocation à l'histoire ne s'est pas dessinée très tôt, mais plutôt à la fin des études générales : un maître (du secondaire, mais surtout du supérieur) les a encouragés quand il ne les a pas aidés, dans une relation ambiguë de parrainage et de paternalisme. Le rôle de F. Braudel semble avoir été décisif pour une grande majorité de ses élèves, dont plusieurs semblent avoir eu, sur le tard, des velléités parricides. Certains appellent « hasard » ce qui fut d'abord une propension à tirer parti de certaines opportunités à partir desquelles l'ascension devenait beaucoup plus facile – mais il n'est pas faux de dire que la période qui court de 1960 à 1990 fut particulièrement favorable à l'histoire, surtout grâce aux médias.

Ces essais d'ego-histoire permettent aussi de mettre en évidence une idéologie commune, celle de la gauche engagée, parfois colorée de teintes marxisantes (des parcours comme celui de R. Girardet et surtout de P. Ariès détonnent dans ce « conformisme »). Chez plusieurs d'entre eux, on pressent une relation implicite entre les thèmes de recherche et l'idéologie. Autre enseignement : l'importance de l'écriture et l'obsession de survivre par les œuvres (comme chez les écrivains de fiction). Après la thèse universitaire – un chef-d'œuvre médiéval imposé (ou suggéré) par un maître et réalisé à partir d'archives dans un domaine relativement étroit –, l'historien se lance dans des ouvrages de synthèse qui sont souvent le produit d'une commande éditoriale. Appliquée à d'autres cas, l'ego-histoire devrait permettre de mieux déceler le rôle des déterminations et des hasards (?) dans les infléchissements et les changements de cap. Elle montrerait la part des circonstances (programmes de financement, offres des éditeurs, propositions de collègues) dans le choix des sujets, ou encore l'alternance entre des sujets personnels et des thèmes imposés. Dans l'échantillon rassemblé par P. Nora, rares sont les historiens qui, à l'instar de G. Duby, sont restés de bout en bout fidèles à leur « territoire » d'origine ; la plupart évoluent vers des thèmes ou des problématiques élargis, voire radicalement neufs. Mais dans une carrière de trente ans, un historien n'aborde guère plus de deux à trois champs de recherche.

Vers une réhabilitation de l'historiographie ?

Depuis quelques années, la *Bibliographie de l'Histoire de France* enregistre une réelle progression des ouvrages d'historiographie. Serions-nous entrés dans l'« âge historiographique », définie par « une perspective, un regard porté sur le chemin parcouru, une interrogation de l'histoire sur ses présupposés et ses pratiques... » (F. Hartog, « Comment écrire l'histoire de France », *Magazine littéraire*, février 1993, p. 30). Cette histoire de l'histoire trouve sa justification à la fois dans le retard de l'historiographie française et dans le raccourcissement du délai d'obsolescence des écoles historiques, particulièrement dans les années 1980 : si l'histoire des *Annales* et la Nouvelle Histoire ont perduré chacune le temps d'une génération, on peut se demander si ce sera bien le cas des autres – P. Nora lui-même associe ses *lieux de mémoire* à la mode évanescente des commémorations.

Cette historiographie future devrait s'intéresser non seulement aux nouveaux objets et aux nouvelles pratiques, mais encore aux motivations des chercheurs, et à leur langage (opposant, par exemple, le langage concret, artisanal ou guerrier de l'histoire des *Annales* à celui des « nouveaux historiens » qui manipulent les mots plus abstraits de la linguistique, de la psychologie ou de la logique).

En ces temps de modes historiques évanescentes, sachons nous souvenir que si l'histoire d'un objet appartient à cet objet lui-même, la réflexion historiographique fait partie intégrante de l'Histoire.

DOCUMENTS

■ L'histoire privée, entre l'intimité et le secret

Dans cette introduction, Michelle Perrot expose les facteurs sociaux qui ont permis, à la fois, la naissance de la vie privée au XIXe siècle et le développement de cette nouvelle forme d'histoire au début des années 1980. Elle en énumère les sources et les méthodes.

Au seuil du privé, l'historien – tel un bourgeois victorien - a longtemps hésité, par pudeur, incompétence et respect du système des valeurs qui faisait de l'homme public le héros et l'acteur de la seule histoire qui vaille d'être contée : la grande histoire des États, des économies et des sociétés.

Pour qu'il y pénètre enfin, il a fallu que, par un renversement de l'ordre des choses, le privé devienne autre qu'une zone maudite, interdite et obscure [...] : une expérience de notre temps.

A la massification croissante des idéologies, des discours et des pratiques [...] a succédé [...] l'exaltation des particularismes et des différences. Plus que les classe englobantes, catégories d'âges et de sexes, variantes ethniques ou régionales quadrillent les sociétés. Le mouvement des femmes insiste sur la différence des sexes, moteur de l'histoire. La jeunesse se pense comme un groupe à part et se donne une singularité vestimentaire et musicale. Le moi psychanalysé, autobiographié (le *récit de vie* est la voie royale de l'histoire dite « orale ») affirme sa force et sa faconde.

Pour Norbert Elias [l'auteur de *La Civilisation des mœurs*], la privatisation est consubstantielle à la civilisation [...]. Les manières d'habiter, de se laver, d'aimer – et par conséquent d'habiter – se modifient au gré d'une conscience de soi qui passe par l'intimité des corps. [...] Le XIXe siècle esquisserait ainsi un âge d'or du privé, où les mots et les choses se précisent et les notions s'affinent. Entre société civile, privé, intime et individuel se dessinent des cercles idéalement concentriques et réellement enchevêtrés.

Pour écrire cette histoire, on dispose de sources surabondantes et lacunaires, bavardes et muettes, fermées sur les secrets de l'intérieur : discours normatifs ou descriptifs dont la famille est l'épicentre. [...] Les sources les plus directes et les plus riches, les archives privées, sont cependant socialement dissymétriques et d'un accès aléatoire. Correspondances familiales et littérature « personnelle » (journaux intimes, autobiographies, Mémoires) [qui] obéissent à des règles de savoir-vivre et de mise en scène de soi par soi. [...] Rien de moins spontanée qu'une lettre [...]. Quant au roman du XIXe siècle, voué aux intrigues familiales et aux drames intimes, fiction plus « vraie » que les sécrétions du vécu, nous ne l'utiliserons pourtant qu'avec précaution [...], conscients de l'importance de la médiation esthétique et de la spécificité du travail textuel. Mais ses héros nous habitent, sa musique nous pénètre.

[...] Reste néanmoins la difficulté de connaître autre chose que la face externe et publique de la vie privée ; l'impossibilité d'aller de l'autre côté du miroir. Dans ce domaine, le dicible fabrique de l'indicible, la lumière sécrète l'ombre...

Michelle Perrot, *Histoire de la vie privée*, tome IV, Le Seuil, Paris, 1987, p. 9-13.

■ Histoire et mémoire

Dans cette brillante préface des Lieux de mémoire, *P. Nora, oppose point par point les deux démarches, objets de toutes les confusions « commémoratives » : la mémoire et l'histoire.*

Mémoire, histoire : loin d'être synonymes, nous prenons conscience que tout les oppose. La mémoire est la vie, toujours portée par des groupes vivants et à ce titre, elle est en évolution permanente, ouverte à la dialectique du souvenir et de l'amnésie, inconsciente de ses déformations successives, vulnérable à toutes les utilisations et manipulations, susceptible de longues latences et de soudaines revitalisations. L'histoire est la reconstruction toujours problématique et incomplète de ce qui n'est plus. La mémoire est un phénomène toujours actuel, un lien vécu au présent éternel ; l'histoire, une représentation du passé. Parce qu'elle est affective et magique, la mémoire ne s'accomode que des détails qui la confortent ; elle se nourrit de souvenirs flous, téléscopants, globaux ou flottants, particuliers ou symboliques, sensibles à tous les transferts, écrans, censure ou projections. L'histoire, parce qu'opération intellectuelle et laïcisante, appelle analyse et discours critique. La mémoire installe le souvenir dans le sacré, l'histoire l'en débusque, elle prosaïse toujours. La mémoire sourd d'un groupe qu'elle soude, ce qui revient à dire comme Halbwachs l'a fait, qu'il y a autant de mémoires que de groupes ; qu'elle est, par nature, multiple et multipliée, collective, plurielle et individualisée. L'histoire, au contraire, appartient à tous et à personne, ce qui lui donne vocation à l'universel. La mémoire s'enracine dans le concret, dans l'espace, le geste, l'image et l'objet. L'histoire ne s'attache qu'aux continuités temporelles, aux évolutions et aux rapports des choses. La mémoire est un absolu et l'histoire ne connaît que le relatif.

Au cœur de l'histoire, travaille un criticisme destructeur de mémoire spontanée. [...] Le mouvement de l'histoire, l'ambition historienne ne sont pas l'exaltation de ce qui s'est véritablement passé, mais sa néantisation. Sans doute un criticisme généralisé conserverait-il des musées, des médailles et des monuments, c'est-à-dire l'arsenal nécessaire à son propre travail, mais en les vidant de ce qui, à nos yeux, en fait des lieux de mémoire. Une société qui se vivrait intégralement sous le signe de l'histoire ne connaîtrait en fin de compte, pas plus qu'une société traditionnelle, de lieux où ancrer sa mémoire.

Pierre Nora, *Les Lieux de mémoire*, I : « La république », Gallimard, Paris, 1984, p. XIX-XX.

Conclusion

Crise de l'histoire ou tournant critique ?

De la tradition historique occidentale, qui perdure depuis vingt-cinq siècles, on vient de tracer l'un des itinéraires : celui qui conduit de l'époque fondatrice des Grecs à l'état présent de l'historiographie française. En parcourant, même rapidement, les œuvres de plusieurs centaines d'historiens, on a pu prendre conscience de cette réalité triviale, à savoir que l'Histoire (avec un grand H) est écrite par des individus, le plus souvent isolés dans leur cabinet, mais contribuant à l'œuvre commune. De la recension attentive des œuvres et des auteurs, se dégage la spécificité du genre historique : contrairement aux sciences exactes qui s'inscrivent dans une progression des savoirs – les plus récents dépassant et englobant les plus anciens – l'histoire occidentale présente une réelle continuité, pour ne pas dire une récurrence, de ses problématiques et de ses méthodes.

En premier lieu, il apparaît clairement, que l'Histoire est fille de son temps, qu'elle en exprime les préoccupations et les rêves, qu'elle s'appuie sur les méthodes du moment, et qu'elle en reflète, tout à la fois, les ignorances et les suffisances. Écrire sur le passé, ce n'est pas seulement révéler sa propre subjectivité d'historien, mais c'est en même temps, informer sur son époque : c'est en lisant les *Histoires* d'Hérodote qu'on prend conscience de la force du patriotisme et des croyances pesantes qu'avaient les Grecs en la force du Destin ; de même, les *Recherches de la France* (1621) d'Étienne Pasquier nous informent aussi bien sur l'humanisme que sur la virulence des conflits religieux de la fin du XVIe siècle. Enfin, parcourir l'œuvre d'Ernest Lavisse, c'est découvrir la profondeur des convictions républicaines et laïques des Français à la veille du Premier conflit mondial. Cette subjectivité involontaire du livre d'histoire conforte l'hypothèse d'un Lucien Febvre, pour qui présent et passé restent indissociables (depuis peu, nous savons aussi que le temps du futur, même hypothétique, aide à construire la « science » historique).

Une confrontation systématique des auteurs et des écoles rassemblés dans ce livre permettrait sans doute de mettre en évidence les trois principes méthodologiques, plus ou moins constants, propres au métier d'historien, à savoir : l'enquête documentaire, le récit, l'explication. Certains historiens ont privilégié l'enquête – retrouvant ainsi le sens premier du mot « histoire » –, et ils ont « tiré » leurs recherches du côté de l'érudition, de la collecte raisonnée des documents et de leurs publications. L'un des sommets de cette tradition se situe à la charnière du XVIIe et du XVIIIe siècle, avec les travaux érudits de l'Académie des inscriptions et belles lettres et de la congrégation de Saint-Maur.

D'autres historiens ont accordé la priorité au récit, qui donne un effet de réel à des événements du passé : de Xénophon à G. Duby en passant par Froissart ou par les historiens romantiques, on sait l'importance de la rhétorique, du beau style et de la mise en scène comme armes démonstratives du discours historique. Une troisième approche a privilégié la fonction explicative de l'histoire, s'inspirant du grand ancêtre que représente ici Thucydide, et dont on retrouve des repères dans Tacite, Commynes, Renan et les historiens des *Annales*.

Parmi les finalités du travail d'historien, c'est incontestablement la fonction idéologique et politique qui reste prédominante. Parodiant le mot d'Yves Lacoste (« la géographie, ça sert d'abord à faire la guerre »), nous pourrions affirmer que l'« histoire n'est jamais très éloignée de la politique » : ainsi, toute l'histoire romaine semble avoir été écrite pour expliquer les soubresauts de la République – César rédigea même ses *Commentaires* pour justifier sa politique conquérante. A la fin du Moyen Age, les *Chroniques* de saint Denis révèlent la fonction légitimatrice et légendaire d'une certaine forme d'histoire officielle en faveur de la monarchie française.

Depuis le milieu des années 1980, insidieusement une incertitude frappe les historiens de métier. « On parle beaucoup actuellement de crise de l'histoire en général, et de crise de l'école des *Annales* en particulier », admet, à moitié convaincu, J. Le Goff, qui poursuit : « Si crise il y a, il faut la relier au succès même de cette histoire, passée en une génération de l'âge des "pionniers" à celle des simples exploitants ». (*La Nouvelle Histoire*, ed. Complexe, 1988). Empruntant la démonstration que Braudel avait faite dès 1958, J. Le Goff explique la situation actuelle de l'histoire par l'« incontestable crise des sciences sociales et de la notion même de social ». « Il est possible, souligne-il encore, que la conception d'une histoire totale ou globale ait eu un aspect idéologique, qui a subi le contrecoup de la critique des idéologies » (*ibid.*, p. 11). Mais l'auteur de *La Naissance du Purgatoire* persiste à défendre les modèles globalisants, critique le « récit » (qu'il réserve à la pédagogie et à la vulgarisation !), et refuse toute histoire politique qui ne serait pas revivifiée par l'anthropologie. De manière plus globale, il condamne les historiens traditionnels ou « néo-traditionnels » qu'il compare aux émigrés de 1815, sorbonnards réactionnaires qui n'auraient rien appris ni rien oublié.

« Temps d'incertitude », « crise épistémologique », « tournant critique », « nouveaux défis » : ces expressions euphémisées de R. Chartier ne laissent guère planer de doute sur le malaise que connaît, depuis quelques années l'histoire des *Annales*, même si l'idée d'une crise profonde est encore niée (R. Chartier, « Le temps des doutes », *Le Monde*, 18 mars 1993). On retrouve le même état d'esprit dans un ouvrage collectif dirigé par J. Boutier et D. Julia, dont la prétention est de procéder à la recension clinique des maux actuels de l'histoire (*Passés recomposés*, *Autrement*, 1995). Quels sont donc les nouveaux principes que la génération actuelle devra intégrer dans ses pratiques ? Ils touchent essentiellement à quatre domaines, d'ailleurs imbriqués, de la pratique historienne : le caractère supposé « scientifique » de l'histoire, la validité du modèle quantitatif, la vraie nature du document historique et, enfin, le statut du récit historique.

Pour R. Chartier, les historiens ont trop cru – avatar des temps positivistes ! – à la validité des « lois scientifiques de l'histoire » et à la pertinence du tout quantitatif. Vingt ans après la publication par J. Le Goff et P. Nora de l'ouvrage-programme *Faire de l'histoire*, un tel aveu chez un « historien des *Annales* » sera perçu comme une révision déchirante. Car jusqu'ici, les historiens en mal de théorisation avaient massivement emprunté et « bricolé » (pour reprendre un mot du sociologue F. Bourricaud) sans vergogne les concepts d'autres disciplines. Alliée privilégiée des sciences sociales, l'histoire subit ainsi de plein fouet les conséquences du recul du structuralisme et des « grands paradigmes » établis par des auteurs tels que M. Foucault, P. Bourdieu ou J. Habermas.

Par ailleurs, voici que l'histoire semble renoncer à « expliquer » la société par des modèles conceptuels globalisants ; elle va même jusqu'à exprimer un doute méthodique sur la validité et la pertinence du social comme grille de compréhension. Insidieusement, le collectif et le général cèdent la place à l'individuel et au local. L'historien redécouvre l'individu, ses situations vécues et ses stratégies ; il s'intéresse aux actions et aux intentions des acteurs, à l'intrication du discours et du social (François Dosse, *Histoire du structuralisme*, Paris, La Découverte, 1992, 2 vol.).

On sait que l'historien écrit à partir de documents-traces sur lesquels il applique un certain nombre de vérifications qui lui permettent de neutraliser les menteurs et les faussaires ; en ce sens, il garde une prétention à la rigueur scientifique, à cause de ces procédures d'autocontrôle. Mais C. Ginzburg s'attaque à l'illusion qui consiste à croire que les sources de l'historien sont un « donné brut », assimilable à du « réel » : « L'objet historiographique n'est jamais donné, mais construit », suggère l'auteur du *Fromage et les vers*. Et, plus loin : « La confiance de nature essentiellement positiviste qui permettait aux historiens de brasser des sources disparates (séries de prix, recensements, inventaires, testaments...) comme s'il s'agissait de pièces neutres ou plutôt de fenêtres ouvertes sur la réalité sociale, doit compter aujourd'hui avec une critique qui s'attaque en même temps aux méthodes et aux résultats. Les sources doivent être regardées à contre-jour et analysées, avant tout, comme des documents construits selon des codes spécifiques à des fins spécifiques » (*Le Monde*, 19 janvier 1990).

Par ailleurs, nous assisterions à une double réhabilitation, iconoclaste par rapport aux postulats des *Annales* : celle de l'historien et celle du récit historique. Moins que jamais, le « sujet-historien » n'aurait à se cacher derrière le masque de l'objectivité. On lui demanderait, plutôt, d'assumer son ego professionnel. Voici qu'on redécouvre aujourd'hui cette réalité triviale, maintes fois affirmée par les « historicistes » : à savoir que l'historien a l'obligation d'interpréter, s'il veut donner du sens à sa documentation. A sa façon, il est un « écrivain », qui construit son texte, grâce à des artifices littéraires (d'autant plus voyants qu'il est malhabile...). L'Histoire-*Geschichte* ne serait pas autre chose que « les événements et leur narration » : « l'histoire n'a cessé de dire les faits et gestes des hommes, de raconter, non pas le même récit, mais des récits aux formes diverses... » (F. Hartog, *in* : *Passés recomposés*, 1995, p. 193). Ainsi, l'historien apprend (tardivement) du philosophe P. Ricœur (*Temps et récit*, tomes 1 et 3, 1983) que son discours reste toujours un récit, qui s'appuie sur les figures de la narration et de la rhétorique : métaphores, procédures démonstratives, effets stylistiques ou poétiques. Tout comme un écrivain dit de fiction, il reste en partie tributaire de son imagination narrative, dont l'écrivain mexicain Carlos Fuentes nous dit qu'elle est seule capable « de reproduire, si imparfaitement que ce soit, si incomplètement que ce soit, quelque chose de la réalité par l'intermédiaire du verbe ». Car l'histoire reste avant tout un document écrit, dont le sens viendrait moins de la réalité extérieure qu'il décrit que de la logique implicite de sa propre construction. Bref, on ne pourrait penser la réalité sociale en dehors du langage ! L'histoire serait donc (partiellement ?) une autre forme de fiction – comme le suggère l'Américain Hayden White. La coïncidence, jusqu'alors supposée, entre le passé et sa représentation, serait ainsi remise en doute. L'histoire écrite peut-elle prétendre dire quelque chose sur le passé « réel », ou bien n'a-t-elle qu'une existence linguistique : là est tout l'enjeu de ce que d'aucuns appellent déjà le « tournant linguistique » (G. Eley, « De l'histoire sociale au "tournant linguistique" dans l'historiographie américaine des années 1980 », *Genèses*, 7, 1992).

A un niveau plus général, l'histoire très contemporaine semble confrontée à une crise des valeurs politiques et culturelles et à une perte de sens : « l'Histoire s'évapore » affirmait R. Barthes, dès la fin des années 1970. La vision téléologique du temps (vers Dieu, le Progrès, la Démocratie ou le Socialisme) se trouve aujourd'hui obscurcie. On se prend à imaginer un temps discontinu, fracturable, imprévisible, et pour certains, apocalyptique. L'improbable historique (l'effondrement de l'URSS, par exemple) se réalise, démentant la continuité supposée de l'Histoire (Stéphane Mosès, *L'Ange de l'Histoire*, Seuil, 1992). Pire : l'absence de perspective et d'enjeux donne à l'histoire l'apparence d'une société du spectacle et du simulacre, où les événements s'amoncellent comme des déchets (Jean Baudrillard, *L'Illusion de la fin*, 1992, et Alain Touraine, *Critique de la modernité*, 1992). Au point que certains ont pu croire que l'Histoire s'arrêtait, et que la « révolution libérale mondiale » serait le prélude à une paix perpétuelle, et pour tout dire « hégélienne », la société de la consommation et du « bonheur national brut » pour toutes les nations, version d'un millénarisme laïcisé, le contraire de l'Apocalypse ! (F. Fukuyama, *La Fin de l'histoire et le dernier homme*, 1992). Le monde semble à court d'utopies, sans idéologie de remplacement, et l'on s'interroge. Sans attendre la fin de l'Histoire, l'on s'enquiert d'un autre système de pensée qui donnerait du sens à cet avenir sans nom. C'est peut-être cela, le malaise qu'on appelle « crise de la modernité ».

La crise de l'histoire (écrite) ne serait-elle pas, en fin de compte, le reflet de cette anomie du temps, de cette crise de la pensée et des utopies ? Peut-on écrire l'histoire sans la rattacher à un certain « sens de l'histoire » ? Pas d'histoire sans perspectives, admettait Le Roy Ladurie dès 1982 : « comment vivre sans certitudes, sans l'armature corsetée d'un réseau de principes grâce auxquels on interprète le monde, l'histoire, et la vie de bout en bout ? » Aujourd'hui, la distance critique de l'historien se perd au milieu des images médiatisées et anecdotiques du « vécu », et les lieux émotionnels de mémoire ne proposent que des vérités historiques approximatives. Car, comme le note Éric J. Hobsbawn, « la projection dans le passé des désirs du temps présent ou, en termes techniques, l'anachronisme, est la technique la plus courante et la plus commode pour créer une histoire propre à satisfaire les besoins collectifs de communautés imaginaires… » (*in* : *Diogène*, n° 168, oct.-nov. 1994, cité par R. Chartier, *Le Monde*, 24 février 1995). L'histoire écrite renonce à éclairer la conscience du monde. Nous quittons le temps de la modernité rationnelle, vieille de deux siècles, pour entrer dans l'ère trouble du pastiche, du simulacre et de la dérision. Serait-ce cela, le temps du post-modernisme ?

Certes, le doute n'est pas nouveau dans l'histoire de l'humanité – qu'on se souvienne seulement du pessimisme d'un Spengler ou d'un Toynbee dans l'entre-deux-guerres. Peut-on écrire une « histoire négative », s'interrogeait déjà B. Croce au début de ce siècle ? Toute histoire digne de ce nom est, en effet, beaucoup plus qu'une simple « enquête » (au sens grec) sur des événements passés : on sait aussi que l'histoire européenne véhicule une téléologie implicite, version modernisée d'une histoire prophétique dans laquelle le progrès aurait remplacé le salut. Or, dans cette période instable, fugitive, et même évanescente, nous ne pouvons plus relier rationnellement notre passé reconstruit à un futur vraisemblable, souhaitable, ou même seulement imaginé. Comme l'a magistralement démontré R. Koselleck, « l'histoire se constitue entre la mémoire et l'espoir », dans une tension continue entre une expérience historique et un horizon d'attente plus ou moins entrevu. Face au brouillard de l'avenir, les historiens sont en quête du chaînon manquant entre le passé et le futur, les deux temps-clés de toute historicité. Comme nos plus anciens ancêtres (et comme Michelet, encore une fois), nous voici réduits à célébrer le culte de la mémoire et des morts. Les oracles se sont tu, et cela ressemble plus au silence des cimetières qu'à celui de la méditation. Sans le support d'une utopie revivifiante, l'histoire ne peut plus éclairer le trou noir du passé.

Bibliographie sommaire

■ Historiographie et épistémologie : généralités

BIZIÈRE J.M. (dir.), *Dictionnaire des biographies,* 6 vol., A. Colin, « Cursus », Paris, 1992-95.

BOURDE G., MARTIN H., *Les Écoles historiques,* Seuil, « Points », Paris, 1994.

BREISACH E., *Historiography, Ancient, Medieval and Modern,* University of Chicago Press, 1983.

BURGUIERE A. (sous la dir. de), *Dictionnaire des Sciences historiques,* PUF, Paris, 1986.

CARBONELL C.-O., *L'Historiographie,* PUF, QSJ, 1986 (1966).

« L'apport de l'histoire de l'historiographie », *in* : *Certitudes et incertitudes de l'histoire,* PUF, Paris, 1987, pp. 205-209 [brève bibliographie commentée].

CARBONELL C.-O., WALCH J., *Les Sciences historiques,* Larousse, Paris, 1995.

COLLECTIF, *L'Histoire en France*, La Découverte, « Repères », Paris, 1990.

DUFAYS J.M., « L'histoire de l'historiographie moderne : activités internationales et tendances récentes de la recherche 1970-1984 », *Revue belge d'Histoire contemporaine*, XV, 1984, 3-4, pp. 511-539.

EHRARD J., PALMADE G., *L'Histoire,* A. Colin, coll. U, Paris, 1964.

HALPHEN L., *L'Histoire en France depuis cent ans,* A. Colin, Paris, 1914.

LEFEBVRE G., *La Naissance de l'historiographie moderne,* préface de G. Palmade, Flammarion, Paris, 1971 (1946).

MARROU H.-I., *De la Connaissance historique,* Seuil, Paris, 1954.

MOMIGLIANO A., *Problèmes d'historiographie ancienne et moderne,* Gallimard, Paris, trad. française, Paris, 1983.

SAMARAN C. (dir.), *L'Histoire et ses méthodes,* Gallimard, « La Pléiade », Paris, 1961.

VEYNE P., *Comment on écrit l'histoire,* Seuil, Paris, 1971.

■ Histoire antique

GRANT M., *The Ancien Historians,* New York, 1970.

■ L'histoire au temps des Grecs

BLANCO W., TOBERT ROBERTS J. (ed. by), *The Histories,* New York, 1992.

EFFENTERRE H. VAN , *L'Histoire en Grèce,* A. Colin, coll. U, Paris, 1967.

HARTOG F., *Le Miroir d'Hérodote. Essai sur la représentation de l'autre,* Gallimard, Paris, 1980.

PEDECH P., *La Méthode historique de Polybe,* Les Belles Lettres, Paris, 1964.

ROMILLY J. DE, *Thucydide et l'impérialisme athénien,* Les Belles Lettres, Paris, 1951.

Histoire et raison chez Thucydide, Paris, 1956.

ROUSSEL D., *Les Historiens grecs,* PUF, Paris, 1973.
WATERS K.H., *Herodotos the historian. His problems, methods and originality,* London, 1985.

■ L'histoire au temps des Romains

DOREY T.A. (ed. by), *Latin Historians*, New York, 1966.
GIANAKARIS J., *Plutarch,* New York, 1970.
GRIMAL P., *Tacite,* Fayard, Paris, 1990.
RICE HOLM T., *Caesar's conquest of Gaul,* Oxford, 1911.
SYME R., *Tacitus,* Oxford, 1958.
WALSCH P.G., *Livy his historical aims and methods,* Cambridge, 1961.
WISEMAN A et P. (ed. by), *Julius Caesar. The battle for Gaul,* Boston, 1980.

■ L'histoire médiévale

BEAUNE C., *Naissance de la nation France,* Gallimard, « Bibliothèque des Histoires », Paris, 1985.
CORBETT N., *La Vie de Saint Louis,* « Le témoignage de Jehan, seigneur de Joinville », Sherbrooke, 1977.
COURCELLE P., *Histoire littéraire des grandes invasions germaniques,* Études Augustiniennes, Paris, 1964.
DUFOURNET J., *La Destruction des mythes dans les Mémoires de Philippe de Commynes,* Droz, Genève, 1966.
FONTAINE J., *Isidore de Séville et la culture classique dans l'Espagne wisigothique,* Paris, 1939.
GUENEE B., *Histoire et culture historique dans l'Occident médiéval,* Aubier, Paris, 1980.
LACROIX B., *Orose et ses idées,* Montréal, 1965.
LAISTNER M.L.W., *Thought and letters in Western Europe A.D. 500 to 900,* London, 1957.
MARROU H.I., *Saint Augustin et la fin de la culture antique,* Paris, 1945.
PARIS G., JEANROY A., *Extraits des chroniqueurs français,* Hachette, Paris, 1890.
REYDELLET M., *La Royauté dans la littérature latine de Sidoine Apollinaire à Isidore de Séville,* Rome, Collection de l'École française de Rome, 1981.
SPIEGEL G.M., *The Chronicle Tradition of Saint-Denis. A survey,* Brookline, 1978.

■ L'histoire à l'époque moderne

L'Histoire au XVIIIe siècle, Centre aixois d'études et de recherches sur le XVIIIe siècle, Aix-en-Provence, 1980.
ALTHUSSER L., *Montesquieu, la politique et l'histoire,* PUF, Paris, 1959.
Histoire et conscience historique à l'époque moderne (Actes du colloque de 1986 de l'association des historiens modernistes des universités), Paris, 1987.
BARRET-KRIEGEL B., *Les Historiens et la monarchie,* PUF, Paris, 1988-1989.
BRUMFITT J.H., *Voltaire historian,* Oxford, 1968.
COIRAULT Y., *L'optique de Saint-Simon*, A. Colin, Paris, 1965.

DUBOIS C.G., *La Conception de l'Histoire en France au XVIe siècle* (1560-1610), Nizet, Paris, 1977.
EVANS W.H., *L'historien Mézeray et la conception de l'histoire au XVIIe siècle,* Paris, 1930.
FEUGERE L., *Essai sur la vie et les ouvrages d'Étienne Pasquier,* Paris, 1848.
FUZELLIER R., *Essai sur l'histoire de Charles XII de Voltaire : un historien, son personnage et un mythe*, Thèse dact., 5 vol., Université de Paris-Sorbonne, 1995.
GEMBICKI D., *Histoire et politique à la fin de l'Ancien Régime, Jacob-Nicolas Moreau (1718-1803)*, Paris, 1979.
GOYET Th., *L'Humanisme de Bossuet,* Klincksieck, Paris, 1965.
GRELL Ch., *L'Histoire entre érudition et philosophie. Étude sur la connaissance historique à l'âge des Lumières,* PUF, Paris, 1993.
GUSDORF G., *L'Avènement des sciences humaines au siècle des Lumières,* Payot, Paris, 1973.
HAZARD P., *La Crise de la conscience européenne 1680-1715,* Fayard, Paris, 1942.
HUPPERT G., *L'Idée de l'histoire parfaite,* Flammarion « Science », Paris, 1963.
LABROUSSE E., *Pierre Bayle, hétérodoxie et rigorisme,* M. Nishoff, La Haye, 1964.
MESNARD P., *L'Essor de la philosophie politique au XVIe siècle,* Vrin, Paris, 1936.
RANUM O., *Artisans of glory, writers and historical thought in seventeenth century France,* Chapel Hill, 1980.
RASKOLNIKOFF M., *Histoire romaine et critique dans l'Europe des Lumières. La naissance de l'hypercritique dans l'historiographie de la Rome antique*, Rome, collection de l'École française de Rome, 1992.
REBELLIAU A., *Bossuet historien du protestantisme,* Paris, 1892.
STEINMANN J., *Richard Simon et les origines de l'exégèse biblique,* Desclée de Brouwer, Paris, 1960.
THICKETT D., *Étienne Pasquier the versatile barrister of 16th century France,* London, 1979.
THIERRY A., *Lettres sur l'histoire de France pour servir à l'introduction de cette histoire,* Paris, 1827.
Dix ans d'études historiques, Paris, 1834.
Considérations sur l'histoire de France, Paris, 1840.
TYVAERT M., *Recherches sur les histoires générales de la France au XVIIe siècle,* domaine français, Thèse dact., 2 vol., Université de Paris-Panthéon, 1973.

■ Histoire romantique et libérale

BROGLIE G. de, *François Guizot et la culture politique de son temps,* Le Seuil, Paris, 1991.
JOHNSON D., *Guizot, Aspects of French History, 1787-1874*, Routlège & Kegan, Londres, 1963.
MOREAU P., « L'Histoire en France au XIXe siècle. État présent des travaux et esquisse d'un plan d'études », *Études françaises,* cahier 35, Les Belles Lettres, Paris, 1935.
REIZOV B., *L'Historiographie romantique française 1815-1830,* Moscou, s.d.
ROSANVALLON P., *Le Moment Guizot,* Gallimard, Paris, 1985.
WALCH J., *Les Maîtres de l'histoire (1815-1850) (Thierry, Mignet, Guizot, Thiers, Michelet, Quinet)*, Champion-Slatkine, Paris, Genève, 1986.

■ Histoire démocratique et méthodique

AESCHIMANN W., *La pensée d'Edgar Quinet : étude sur la formation de ses idées,* Anthropos, Paris, 1986.

FURET F. (introd. de), *La Gauche et la Révolution française au milieu du XIXe siècle : Edgar Quinet et la question du jacobinisme,* Hachette, Paris, 1986.

GASNIER M., *La Destinée posthume de Renan de 1892 à 1923. Essai sur une réception idéologique,* Thèse d'État, Brest, 1988.

HALPHEN L., *« France », Histoire et historiens depuis cinquante ans,* Alcan, 1927, 2 vol.

LE POTTIER J., *Histoire et érudition. Recherches et documents sur l'histoire et le rôle de l'érudition médiévale dans l'historiographie du XIXe siècle,* thèse dact. de l'École des Chartes, 1979, 2 vols.

LOUBERE L.A., « Louis Blanc's philosophy of history », *Journal of the history of ideas,* New York City College, janvier 1956.

PETITBON P.-H., « Taine, Renan, Barrès, Étude d'influence », *Études françaises,* cahier n° 32, Les Belles Lettres, Paris, 1934.

■ Michelet, Tocqueville, Fustel de Coulanges, Lavisse

ASSOUN P.-L. *et al., Analyses et réflexions sur Tocqueville, De la démocratie en Amérique,* Marketing, Paris, 1985.

ASSOUN P.-L., *Idéologie politique et lutte des classes dans le discours historiographique du « Fatalisme historique » en France sous la Restauration,* thèse de l'IEP, Paris, 1987.

BARTHES R., *Michelet par lui-même,* Seuil, Paris, 1965.

FAUQUET É., *Michelet ou la gloire du professeur d'histoire,* Cerf, Paris, 1990.

FURET F., Préface à A. de Tocqueville, *De la Démocratie en Amérique*, Paris, GF Flammarion, 1981, pp. 7-55.

HARTOG F., *Le XIXe siècle et l'histoire. Le cas Fustel de Coulanges*, PUF, Paris, 1988.

LAVISSE E., *Souvenirs* (intr. de J. et M. Ozouf), Calmann-Lévy, Paris, 1988 (1912).

LECA A., *Lecture critique d'Alexis de Tocqueville,* Aix-en-Provence, 1988.

NAUET G., *Les Deux sexes de l'esprit : analyse et synthèse chez Michelet.* Thèse de l'EHESS, Paris, 1987.

RICHARD-PELITIER P., *Moi, Histoire-Nature. Géographie et Biologie : le modèle culturel dans l'œuvre de Michelet autour de 1830.* Clermont II, 1987.

RICHER-ARBEY L., *Une vision du Moyen Age : Michelet.* Thèse d'État de Paris IV, 1992.

VIALLANEIX P., *Michelet. Œuvres complètes,* 21 vol., Flammarion, Paris, 1971.

■ Philosophie de l'histoire

ARON R., *Leçons sur l'histoire,* présenté par S. Mesure, de Fallois, Paris, 1989.

CROCE B., *Théorie et histoire de l'historiographie,* Droz, Paris, trad. française 1968 (1912).

RICŒUR P., *Temps et récit,* vol. 1 et 3, Seuil, Paris, 1983-1985.

■ L'histoire des *Annales*

Bloch M., *Apologie pour l'Histoire ou le métier d'historien,* éd. critique préparée par Et. Bloch, préface de J. Le Goff, A. Colin, Paris, 1993. *Mélanges historiques,* P. Ehess, Paris, 1983 (1963), 2 vol.

Braudel Fernand, *Écrits sur l'histoire,* II, Arthaud, Paris, 1990.

Chartier R., Revel J., « Lucien Febvre et les sciences sociales », *Historiens et géographes,* 1979, pp. 427-442.

« Georges Duby », *L'Arc,* n° 72, Aix-en-Provence, 1978.

« Le Roy Ladurie », *L'Arc,* n° 65, Aix-en-Provence, 1976.

Febvre L., *Pour une Histoire à part entière,* A. Colin, Paris, 1962.

■ La Nouvelle Histoire (années 1960-1970)

Ariès P., *Le Temps de l'histoire,* Seuil, « L'Univers historique », Paris, 1986.

Dosse F., *L'Histoire en miettes, des « Annales » à la « Nouvelle Histoire »,* La Découverte, Paris, 1987.

Duby Georges, *L'Histoire continue,* Odile Jacob, « Points », Paris, 1991.

Le Goff J. et Nora P., *Faire de l'histoire,* Gallimard, Paris, 1974, 3 vol.

■ Les grands débats historiographiques (années 1980)

Bédarida F. (dir.), *Écrire l'histoire du temps présent,* éd. CNRS, Paris, 1993.

Bédarida F. (dir.), *L'histoire et le métier d'historien en France (1945-1995),* Éditions de la Maison des Sciences de l'Homme, Paris, 1995.

Levi G., *« On microhistory », in* : P. Purke (éd.), *New Perspectives in Historical Writing,* Oxford, Policy Press, 1993, pp. 93-113.

Nora P. (éd.), *Les Lieux de mémoire,* Gallimard, Paris, 1984-1992, 7 vols.

Soulet J.-F., *L'Histoire immédiate,* PUF, Que sais-je ?, Paris, 1994.

Szaluta J., *la Psychohistoire,* PUF, Que sais-je ?, Paris, 1987.

■ Crise de l'histoire ou tournant critique ?

Boutier J. et Julia D. (sous la dir. de), *Passés recomposés, Champs et chantiers de l'histoire, Autrement,* Paris, 1995.

Chartier R., *L'Histoire aujourd'hui : doutes, défis, propositions,* Université de Valence, vol. 42, 1994.

Lepetit Bernard (sous la dir. de), *Les Formes de l'expérience. Une autre histoire sociale,* Albin Michel, Paris, 1995.

Ranciere J., *Les Mots de l'histoire. Essais de poétique du savoir*, Seuil, Paris, 1992.

Scott J.W., « History in crisis ? The others side of the story », *American Historical Review*, XCIV, 1989.

■ L'histoire des Annales

Index

N'apparaissent dans cet index que les historiens ayant fait l'objet d'un certain développement.

Table

Table des documents

Collection CARRÉ HISTOIRE

- Pierre ALBERTINI, *L'École en France, XIXe-XXe siècle.*
- Serge BERSTEIN, *Démocraties, régimes autoritaires et totalitarismes au XXe siècle.*
- Jean-Marie BERTRAND, *Cités et royaume du monde grec : espace et politique.*
- Raphaël CARRASCO, *L'Espagne classique, 1474-1814.*
- Gérard CHOLVY, *La Religion en France de la fin du XVIIIe à nos jours.*
- Joël CORNETTE, *Histoire de la France : l'affirmation de l'État absolu. 1515-1652.*
- Joël CORNETTE, *Histoire de la France : Absolutisme et Lumières. 1652-1783.*
- Jean-Louis DUFOUR, Maurice VAÏSSE, *La Guerre au XXe siècle.*
- Michèle FOGEL, *L'État dans la France moderne.*
- Benoît GARNOT, *Société, cultures et genres de vie dans la France moderne, XVIe-XVIIIe siècle.*
- Jean-Philippe GENÊT, *Le Monde au Moyen Age.*
- Pascal GRISET, *Les Révolutions de la communication, XIXe-XXe siècle.*
- André GUESLIN, *L'État, l'économie et la société française, XIXe-XXe siècle.*
- Françoise HILDESHEIMER, *Fléaux et société: de la Grande Peste au choléra, XIVe-XIXe siècle.*
- Jean-Pierre JESSENNE, *Histoire de la France : Révolution et Empire. 1783-1815.*
- Jean LEDUC, *Histoire de la France : l'enracinement de la République : 1879-1918.*
- Jacques MAURICE, Carlos SERRANO, *L'Espagne au XXe siècle.*
- Marc MICHEL, *Décolonisations et émergence du tiers monde.*
- Hubert NÉANT, *La Politique en France, XIXe-XXe siècle.*
- Gérard NOIRIEL, *Population, immigration et identité nationale en France. XIXe-XXe* siècle.
- Guy PERVILLÉ, *De l'Empire français à la décolonisation.*
- Jean-Luc PINOL, *Le Monde des villes au XXe siècle.*
- Marie-Pierre REY, *De la Russie à l'Union soviétique : la construction de l'Empire.*
- Simone ROUX, *Le Monde des villes au Moyen Age.*
- Patrick VERLEY, *Entreprises et entrepreneurs du XVIIIe siècle au début du XXe siècle.*
- Danièle ZÉRAFFA-DRAY, *Histoire de la France, d'une République à l'autre : 1918-1958.*
- Élisabeth CAZENAVE, Caroline ULMANN-MAURIAT, *Presse, radio et télévision en France de 1631 à nos jours.*

Achevé d'imprimer sur les presses de JOUVE. - Dépôt légal n° 1767-11/95
Collection n° 80 - Édition n° 01 14/4872/9 - N° 231077U